KARO L MYŚLIWIEC

HERR BEIDER LÄNDER

ÄGYPTEN IM 1. JAHRTAUSEND V. CHR.

KULTURGESCHICHTE DER ANTIKEN WELT

BAND 69

VERLAG PHILIPP VON ZABERN · GEGRÜNDET 1785 · MAINZ

KAROL MYŚLIWIEC

HERR BEIDER LÄNDER

Ägypten im 1. Jahrtausend v. Chr.

ÜBERSETZT VON

TADEUSZ KACHLAK

VERLAG PHILIPP VON ZABERN · MAINZ AM RHEIN

288 Seiten mit 22 Strichzeichnungen, 87 Schwarzweißabbildungen und 15 Tafeln mit 24 Farbabbildungen

Umschlag: Osiris mit der »*hemhem*«-Krone. Malerei auf dem Boden der hölzernen Sargwanne eines hohen thebanischen Beamten der 21./22. Dynastie. Metropolitan Museum of Art, New York (Courtesy: Museum)

Die Deutsche Bibliothek – CIP-Einheitsaufnahme

Myśliwiec, Karol:
Herr Beider Länder : Ägypten im 1. Jahrtausend v. Chr. /
Karol Myśliwiec. Übers. von Tadeusz Kachlak. – Mainz am Rhein : von Zabern, 1998
(Kulturgeschichte der antiken Welt ; Bd. 69)
ISBN 3-8053-1966-5

ISBN 3-8053-1966-5

Printed in Germany by Philipp von Zabern
Printed on fade resistant and archival quality paper (PH 7 neutral)

Inhaltsverzeichnis

Einleitung

Ein Rückblick

Das pharaonische Ägypten verbinden wir vor allem mit drei machtvollen Perioden dieses Staates: dem Alten, dem Mittleren und dem Neuen Reich. Die erste von ihnen ist die Zeit der Errichtung der großen Pyramiden aus Stein, die später von den Griechen als eines der Weltwunder angesehen wurden. Die berühmtesten unter den erhaltenen Bauwerken dieser Zeit sind die Stufenpyramide des Djoser in Sakkara vom Anfang der 3. Dynastie und die drei Pyramiden der 4. Dynastie in Gisa, errichtet für Cheops, Chephren und Mykerinos.

Altes Reich

Mittleres Reich

Die zweite Phase imperialer Größe des Pharaonenstaates, das Mittlere Reich, wird von den Ägyptologen als die «klassische» Zeit angesehen. Damals, in der Regierungszeit von Königen mit den wiederholt auftretenden Namen Amenemhet, Sesostris und Mentuhotep, entstanden die herrlichsten Werke der ägyptischen Literatur, die später kopiert und jahrhundertelang nachgeahmt wurden, darunter die berühmte Erzählung über Sinuhe, die den Alten als Muster guten Stils galt.

Neues Reich

Das Neue Reich, die letzte der drei großen Perioden, ist die Regierungszeit der Pharaonen mit den Namen Amenophis, Thutmosis und Ramses. Man verbindet diese Namen am häufigsten mit dem berühmten Tal der Könige, der Begräbnisstätte dieser Herrscher in Theben (das heutige Luxor) am Westufer des Nil. Zur Weltsensation wurde das Grab von Tutanchamun, das einzige, in dem die reichen Beigaben erhalten blieben, darunter Hunderte von goldenen oder mit Goldfolie überzogenen Objekten.

Spätzeit

Diese Blütezeit, die, getrennt durch die sogenannten Zwischenzeiten, die drei genannten Perioden einschließt, erstreckt sich von etwa 2700 bis 1070 v. Chr., umfaßt also mehr als sechzehn Jahrhunderte. Wir wissen jedoch, daß die Regierungszeit der Pharaonen bis zur Eroberung Ägyptens durch Alexander den Großen im Jahre 332 v. Chr. andauerte. Obwohl die Ptolemäer und die römischen Kaiser gleichfalls als Pharaonen auftraten und als solche auch in der ägyptischen Kunst dargestellt wurden, endet die Geschichte des dynastischen Ägyptens mit der Machtübernahme durch die Diadochen, die Nachfolger Alexanders des Großen, gegen Ende des 4. Jahrhunderts v. Chr.

Wissenslücken

Was geschah in Ägypten zwischen 1070 und 332 v. Chr., das heißt im Laufe der mehr als sieben Jahrhunderte, die vom Untergang des Neuen Reiches bis zu den Eroberungen Alexanders des Großen vergangen sind? Dies ist eine Frage, die sich der an der Geschichte des alten Ägyptens interessierte Leser selten stellt. Dies kann man ihm aber kaum zum Vorwurf machen, denn auch in der populärwissenschaftlichen Literatur nehmen diese Zeiten, die fast ein Drittel der dynastischen

Periode füllen und manchmal allgemein als «Spätzeit» bezeichnet werden, nur wenig Platz ein. Wie kam es dazu? Diese äußerst stürmischen Zeiten verwischten viele Spuren, die zum besseren Verständnis der erhaltenen Quellen hilfreich gewesen wären. Zu den letzteren gehören sowohl Texte als auch Überreste von Städten, Tempeln und Gräbern. In vielen Fällen können wir die Schönheit der Statuen oder Reliefs würdigen, aber nur wenig über die historischen Ereignisse sagen, die ihre Entstehung begleiteten. Das ist sogar dann der Fall, wenn auf den Denkmälern Inschriften oder – was wesentlich häufiger vorkommt – deren Bruchstücke erhalten sind, da es an vielen Bindegliedern fehlt, die es ermöglichen würden, die beschriebenen Ereignisse mit anderen bekannten Fakten in Verbindung zu bringen.

Schwierige Zeiten

Man sollte sich Gedanken machen, warum gerade diese Periode so viele Rätsel birgt, und warum die Ägyptologen so vorsichtig an die Rekonstruktion von deren Geschichte herangehen, als bewegten sie sich unter Ruinen, die jederzeit einzustürzen drohten. Es gibt dafür viele Ursachen.

Die erste ist die spezifische politische Situation dieser Zeit. Die sich ständig verändernden politischen Konstellationen, verbunden sowohl mit dem inneren Zerfall des Staates als auch mit Überfällen der Nachbarn, bewirkten, daß möglicherweise eine Reihe wesentlicher Fakten entweder schriftlich nicht fixiert oder auf eine Art und Weise notiert wurden, die ihr Verständnis und ihre Interpretation erschwert. Man muß also oft zwischen den Zeilen lesen, indem man die historischen Ereignisse von gewöhnlicher Propaganda oder literarischer Fiktion trennt. Die ständige Wiederholung bestimmter literarischer oder ikonographischer Schemen in Quellen, die den Schein eines «historischen Dokuments» wecken, lassen uns skeptisch werden, was ihre Glaubwürdigkeit anbetrifft.

Fragwürdigkeit der Quellen

Es ist fast zur Regel geworden, daß die Ägypter sich selbst als Sieger in den Kriegen gegen ihre Feinde darstellten, während die Inschriften, die von den letzteren hinterblieben sind, von einer Besiegung Ägyptens sprechen. Auf die Quellen beider Seiten, trotz ihrer Parteilichkeit, sind wir jedoch angewiesen, weniger für die Suche nach einer objektiven Information, als vielmehr, um überhaupt einmal die Chronologie der beschriebenen Fakten festzulegen. In dieser Hinsicht ergänzen sich mitunter die ägyptischen und asiatischen Quellen wie Lösungswörter in einem Kreuzworträtsel. Inhaltsmäßig passen sie aber selten zueinander und beseitigen die Fragezeichen nicht. Der Historiker fühlt sich dann wie der Besitzer einer Schatulle mit Wertgegenständen, zu der er keinen Schlüssel hat.

Erhaltungszustand der Denkmäler

Ein genauso relevantes Hindernis wie die Parteilichkeit der Quellen ist ihr Erhaltungszustand. Da die entscheidenden politischen Ereignisse sich in jener Zeit meistens im Norden des Landes, also in Unterägypten, im Nildelta, abspielten, sind die dort aufgedeckten Denkmäler von erstrangiger Bedeutung für die Klärung historischer Fakten. Leider sind gerade hier die wenigsten Überreste der Vergangenheit erhalten. Das feuchte Klima des Deltagebiets verursachte nicht nur den raschen Zerfall der Konstruktionen aus Lehmziegeln, z. B. der Wohnhäuser und der Wehrmauern, sondern vor allem die Zerstörung wichtiger, auf Papyri geschriebe-

Abb. 1 Karte des Nildeltas bzw. Unterägyptens.

ner Dokumente. Man kann sich kaum vorstellen, um wievieles reichhaltiger unser Wissen wäre, wenn sich die Archive der Tempel oder Paläste in Heliopolis, Memphis, Tanis, Bubastis, Sais, Athribis, Mendes oder Pithom erhalten hätten. Weder die monumentalen Bauten, noch die in ihnen aufbewahrten Papyrusrollen haben sich jedoch bis in unsere Zeiten erhalten. Nur aus den Beschreibungen griechischer Reisender, wie Herodot und Strabon, erfahren wir mitunter, wie diese herrlichen, uralten Kulturzentren gegen Ende des Altertums aussahen.

Sekundäre Quellen

Abb. 1

Kriegsschäden

Aber nicht nur das Klima des Nildeltas ist die Ursache des schlechten Zustandes der erhaltenen Denkmäler in diesem Teil Ägyptens. Hinsichtlich ihrer politischen Lage waren diese Gebiete besonders durch Überfälle von Feinden bedroht, die zu Lande von Osten (aus Vorderasien) oder von Westen (aus Libyen) anstürmten, wie auch auf dem Wasserweg von Norden her. In strategischer Hinsicht erinnert Unterägypten sehr an die Lage Polens auf der Karte Europas. Das Schicksal der beiden politischen Organismen gestaltete sich in ähnlichem Maße stürmisch. Seit der Mitte des 2. Jahrtausends v. Chr. war das Delta oft Schauplatz hartnäckiger Kämpfe, in deren Verlauf die monumentalen Bauwerke zerstört und niedergebrannt, die wertvollsten Objekte geplündert und geraubt wurden. Die Kriegshandlungen intensivierten sich in diesem Gebiet besonders im 1. Jahrtausend v. Chr. In der Stratigraphie der hier ausgegrabenen Teile der antiken Städte spiegelt sich das als Brandschichten wider, die abwechselnd mit Spuren alter Bebauung auftreten.

Probleme für die Ausgräber

Das Nildelta ist für den Archäologen weder ein dankbares, noch ein leichtes Ausgrabungsgebiet. Das feuchte Klima und der hohe Grundwasserspiegel bewirken, daß es hier sehr schwer fällt, die antiken Lehmmauern von umgebenden Erdschichten oder gewöhnlichen Verschüttungen zu unterscheiden. Die aufgedeckten Objekte befinden sich oft in schlechtem Zustand und erzwingen eine sofortige Konservierung. Man muß oft andere Ausgrabungsmethoden anwenden als in Oberägypten, wo sich der trockene Sand als hervorragender, obwohl zufälliger Konservierer der Reliefs und Malereien betätigt. Die Ruinen der monumentalen Tempel, die einst die Städte Unterägyptens schmückten, sehen heute meistens aus wie Haufen von Steinblöcken mit Reliefdekoration.

Die Ausgrabungen im Deltagebiet beugen oft der Zerstörung der Denkmäler durch ungünstige klimatische Bedingungen sowie durch den Ausbau der heutigen Städte und Siedlungen in der Nachbarschaft der alten Kulturzentren vor. Zu solchen Grabungen gehören unter anderem die polnisch-ägyptischen Arbeiten in Tell Atrib, dem antiken Athribis, das heute ein Vorort der Industriestadt Benha ist.

Ein vermeintlich undankbares Terrain

Von den Archäologen erfordern die Ausgrabungen im Deltagebiet vor allem eine immense Erfahrung im Gelände, mitunter die Anwendung einer ausgesuchten und kostspieligen Apparatur. In Verbindung mit der Perspektive wenig spektakulärer Entdeckungen, die allerdings große wissenschaftliche Bedeutung haben können, bildet das einen Faktor, der viele Archäologen von der Aufnahme von Forschungen in Unterägypten abschreckt. In diesem Gebiet sucht man nicht nach prachtvollen Denkmälern, sondern nach Relikten, die neues Licht auf die Geschichte des Nillandes werfen können. Obwohl die internationalen Kongresse der Ägyptologie stets mit einem Appell enden, der zur Aufnahme von Forschungen in diesem Gebiet aufruft, bleibt die Archäologie des Nildeltas weit hinter der Intensität der Ausgrabungen in Oberägypten zurück.

Eine verkannte Periode

Auch dies trägt dazu bei, daß unser Wissen über das Ägypten des 1. Jahrtausends v. Chr. geringer ist als die Kenntnis der früheren Perioden. Von dieser Epoche spricht man oft als Zeit der «Dekadenz», die charakterisiert ist durch einen allmählichen Untergang oder auch durch eine Erstarrung der Tradition. Die kurze «Renaissance» in der Regierungszeit der 26. Dynastie wird als ein mechanisches, akademisches Kopieren uralter Muster angesehen. Diesen Zeiten erkennt man die schöpferische Individualität in den meisten Bereichen der Kultur ab.

Die Intention des Buches

Es ist Absicht des Verfassers, dem Leser zu zeigen, daß dies oberflächliche Einschätzungen sind. Originale kulturschaffende Elemente entstehen in dieser Zeit auf ägyptischem Boden, sie strömen aber auch von außen nach Ägypten ein, auf den Wogen der politischen Ereignisse, die einerseits den Ägyptern die Kultur anderer Länder immer näher bringen, andererseits aber auch die Zivilisation der Pharaonen über die Grenzen Ägyptens hinweg verbreiten. Das Ergebnis dieses Austausches sind Erscheinungen, die in der bisherigen Geschichte Ägyptens beispiellos dastehen. Die Darstellung ihrer Kompliziertheit, der Verweis auf die Wechselbeziehung der politischen, gesellschaftlichen und kulturellen Aspekte sowie die Darlegung der neuesten archäologischen Entdeckungen und der sich auf diese Zeit beziehenden Forschungsergebnisse, das sind die Ziele, die dem Verfasser bei der Aufnahme dieses Themas vorschwebten.

Zur Terminologie

Wir werden uns also mit einer der weniger bekannten Epochen in der Geschichte des alten Ägyptens beschäftigen, die die Zeit vom 11. bis zum 4. Jh. v. Chr. umfaßt. In der Ägyptologie wird diese Epoche in die Dritte Zwischenzeit (vom Zusammenbruch des Neuen Reiches bis zum Ende der Kuschitenherrschaft, also der 25. Dynastie) und die Spätzeit (von der saitischen «Renaissance», das heißt der 26. Dynastie, bis zur Eroberung Ägyptens durch Alexander den Großen) unterteilt. Diese Terminologie habe ich in der vorliegenden Bearbeitung übernommen.

Polnische Archäologen am Nil

Das letzte Kapitel ist den polnischen archäologischen Forschungen in Ägypten gewidmet, die sich auf die abschließende Phase dieser Epoche beziehen, wie auch auf die Fortsetzung ihrer kulturellen Inhalte in den nachfolgenden Jahrhunderten, also in der ptolemäischen, der römischen und der byzantinischen Zeit.

Die dualistische Vision der Welt und das Paradoxon der Geschichte des alten Ägyptens

Dualistische Vorstellungen

Im altägyptischen Weltbild dominiert die Überzeugung, daß jede Ganzheit aus zwei konträren Elementen besteht. Dies ergab sich vor allem aus der Beobachtung der Naturerscheinungen. Auf den Tag folgt die Nacht, auf das Leben der Tod. In jedem Menschen schlummern Elemente des Guten und der Ordnung, assoziiert mit dem Gott Horus, und daneben negative Eigenschaften, deren Personifizierung der Gott Seth war.

Osten und Westen

Ähnliche Antithesen erscheinen in den Vorstellungen geographischen, religiösen und politischen Charakters. Der von Süden nach Norden fließende Nil teilt das ganze Land in zwei Teile: den östlichen und den westlichen. Den Westen betrachtete man als das Reich der Verstorbenen, daher wurden auch die Nekropolen vorwiegend im westlichen Teil der Städte angelegt. Zu den wichtigsten gehören unter anderem Sakkara und Gisa als Gräberfeld der in Memphis residierenden Könige und Machthaber, sowie das Tal der Könige, das Tal der Königinnen und die Nekropolen der Würdenträger in Theben-West. Man nimmt an, daß aus diesem Grund schon bei den frühesten Bestattungen der dynastischen Zeit die Leichen mit dem Gesicht nach Westen gerichtet sind und auf der linken Seite mit dem Kopf in südlicher Richtung oder auf der rechten Seite mit dem Kopf in nördlicher Richtung liegen. Die Begriffe «Westen» und «Osten» waren durch zwei Göttinnen personifiziert, die auf dem Kopf Insignien und zugleich hieroglyphische Zeichen tragen, die den Osten (*J3bt*, lies : Jabet) und den Westen (*Jmntt*, lies: Imentet) bezeichnen.

Norden und Süden

Die Einteilung des Landes in den Norden und den Süden hatte dagegen eher einen politischen Charakter. Man bedachte nämlich dabei, daß aus der Verbindung dieser beiden geographischen Organismen der ägyptische Staat zu Beginn des 3. Jahrtausends v. Chr. entstanden war. Die neuesten Forschungen scheinen die Hypothese zu bestätigen, die das Werk der Vereinigung eher den aktiveren oberägyptischen Nomaden- und Jägerstämmen zuschreibt. Man ist der Meinung, daß sie die in der Vorgeschichte im Nildelta ansässigen, Ackerbau treibenden Stämme dominierten und unterjochten. Die Ägypter unterteilten also ihr Land in

Abb. 5 Oberägypten, das sich von Assuan bis an den Deltaansatz erstreckte, und in Unterägypten, das das Deltagebiet von Memphis an umfaßte. Das waren die «Beiden Länder», deren Existenz sich stark in der ägyptischen Denkweise widerspiegelte und die auf verschiedene Weise in der ägyptischen Ikonographie ausgedrückt wurden.

Symmetrien

Die Tempel, errichtet vorwiegend in der Ost-West-Achse, hatten eine symmetrische oder annähernd symmetrische Anordnung der Räume. Der Süd- und Nordteil des Tempels entsprachen einander. Dem gleichen Konzept war die Komposition der rituellen, mythologischen und historischen Szenen unterworfen, die in erhabenem oder versenktem Relief in die Wände der sakralen Bauten eingemeißelt wurden. Das Prinzip der Symmetrie erforderte, daß die wichtigeren Szenen im Nordteil ihre Entsprechungen im Südteil besaßen. Besondere Bedeutung wurde in dieser Hinsicht den Szenen entlang der Achse des Tempels beigemessen, z. B. an den Türstürzen, an den Portalen, den Pylonen und den Rückwänden der sich gegenüber dem Eingang befindenden Räume. Die Komposition dieser Szenen ist sehr oft symmetrisch und umfaßt zwei analoge oder ähnliche Elemente, z. B. Darstellungen des Königs, der den Tempel betritt, dem Gott ein Opfer bringt, einen Feind tötet und desgleichen mehr. Es sind nicht selten Szenen mit didaktischem oder gar propagandistischem Charakter. *Taf. 1.1* *Taf. 1.2*

Antithetische Kompositionen

An den Türstürzen und den Rückwänden der Räume treten oft zwei Szenen auf, die zu einem Gesamtbild mit symmetrischer Komposition verbunden werden. Die miteinander kontrastierenden Begriffe wurden oft auf antithetische Art und Weise dargestellt. Zu beiden Seiten der Achse sehen wir dann wichtige Gestalten, die einander mit dem Rücken zugekehrt sind, z. B. der Gott der Verstorbenen Osiris, der dem heliopolitanischen Gott Atum den Rücken wendet. Die antithetische Komposition erstreckt sich mitunter sogar über ganze rituelle Szenen. Der Parallelismus, die Symmetrie und die Antithese beherrschen die Komposition, auf die wir auch oft in der Ausschmückung der Grabstätten von Machthabern und Königen stoßen. Ein Bildbeispiel von vielen bieten hier zwei analoge Darstellungen von Anubis, der beidesmal in einem Naos – einer kleinen Kapelle, die die Figur der Gottheit birgt – ruht, wie wir sie oft in Grabstätten des Neuen Reiches antreffen. In der uns interessierenden Zeit dominieren diese Prinzipien auch in der Dekoration der Sarkophage und der Grabstelen. Letztere sehen vielfach aus wie zwei Seiten eines aufgeschlagenen Buches. *Taf. 2.1* *Abb. 6*

Differenzierte Vorstellungen

Einen Fehler würde jedoch derjenige begehen, der sich zu der Ansicht hinreißen ließe, daß die Ägypter die ganze Welt nach einem simplen Schwarz-Weiß- Schema klassifiziert hätten. Sie waren imstande, die Dinge in viel höherem Grade zu relativieren, als das am Beispiel der beschriebenen Schemen deutlich werden könnte. Der Totengott Osiris war gleichzeitig ein Symbol der Wiederbelebung; daher wurden ihm in Theben – besonders im 1. Jahrtausend v. Chr. – auch am Ostufer des Nil Sanktuarien errichtet. Amun-Re dagegen, der an der Spitze des thebanischen Pantheons stand, wurde auch im Reich der Toten verehrt. Denn er war eine der Erscheinungsformen des Sonnengottes, der in seiner ununterbrochenen Wanderung am Himmel abends «starb» und in der Morgendämmerung wiederauferstand.

Zweigeschlechtliche Schöpfung

Der relative Wert der miteinander kontrastierenden Begriffe fand seinen Ausdruck in den besonders subtilen Nuancen bei den Fragen über das Geschlecht. Die Ägypter waren der Meinung, daß jeder Schöpfergott zweigeschlechtig war. Neben der männlichen Form existierte also auch, obwohl sie im Schatten verblieb, eine weibliche Form, deren Name durch die Hinzufügung der Feminin-Endung *-t* an den männlichen Namen gebildet wurde. Amun hatte also seine Amunet, Atum wiederum trat mitunter in der Gestalt der Atumet auf. Diese Göttinnen waren Hypostasen, aber keine Gattinnen ihrer männlichen Entsprechungen. Intime Verhältnisse verbanden diese Götter mit anderen Göttinnen, und im Falle von Amun sogar – wie man glaubte – mit weltlichen Königstöchtern, welche die Funktion von «Gottesgemahlinnen des Amun» ausübten. Der Institution der «Gottesgemahlinnen» werden wir in einem nachfolgenden Abschnitt des Buches mehr Aufmerksamkeit widmen.

Differenzierung der Geschlechter in der Kunst

Die Differenzierung der Geschlechter fand auch seine Widerspiegelung in der koloristischen Konvention der ägyptischen Malerei. Bei den Darstellungen der Frauen hat der Körper eine gelbe Farbe, die männlichen Gestalten dagegen zeichnen sich durch eine rote Hautfarbe aus. Aber auch von dieser Regel gibt es Ausnahmen. Auf einer der Stelen der Ersten Zwischenzeit sehen wir einen verstorbenen Mann, der zweimal dargestellt wird. Sein Körper ist in einer Fassung rot, in der anderen dagegen gelb. Variiert sind auch andere Einzelheiten seiner Physiognomie. Die gelbe Farbe charakterisiert die Gestalt im fortgeschrittenen Alter, mit großem Bauch und kahlem Kopf, die «männliche» Farbe dagegen begleitet eine jugendliche, schlanke Silhouette mit langen Haaren. Es geht hier zweifellos um die Betonung von zwei entgegengesetzten Aspekten der menschlichen Natur, die in jedem Menschen vorhanden sind: Mit der dynamischen, unruhigen und aktiven Natur des Gottes Seth kontrastiert die Besonnenheit und Passivität des Gottes Horus – Eigenschaften, die in der Regel das fortgeschrittene Alter charakterisieren. Dieser Gegensatz findet seine Widerspiegelung auch in der ägyptischen Literatur, und das schon in dem ältesten bekannten Werk der religiösen Literatur, den Pyramidentexten. Eines ihrer Kapitel enthält eine naturalistische Beschreibung der Gewalt, die Seth dem Horus antat.

Farbsymbolik

Sogar die hieroglyphische Schrift ist nicht frei von solchen Assoziationen. Das Zeichen mit dem phonetischen Wert *ḥr*, das wohl mit Horus assiziiert wurde (dessen Name ähnlich klang), und das einen männlichen Kopf *en face* zeigt, ist in den farbig ausgeführten Inschriften gelb, und das oft als seine Begleiterscheinung auftauchende Zeichen *tp*, das einen Männerkopf im Profil darstellt, weist in den gleichen Inschriften eine rote Farbe auf.

Diese Beispiele zeigen, welcher unterschiedlichen Symbolik man sich bediente, um den Gedanken auszudrücken, daß jede Ganzheit aus zwei miteinander kontrastierenden Elementen besteht. Ein Bereich, in dem der Dualismus der Begriffe be-

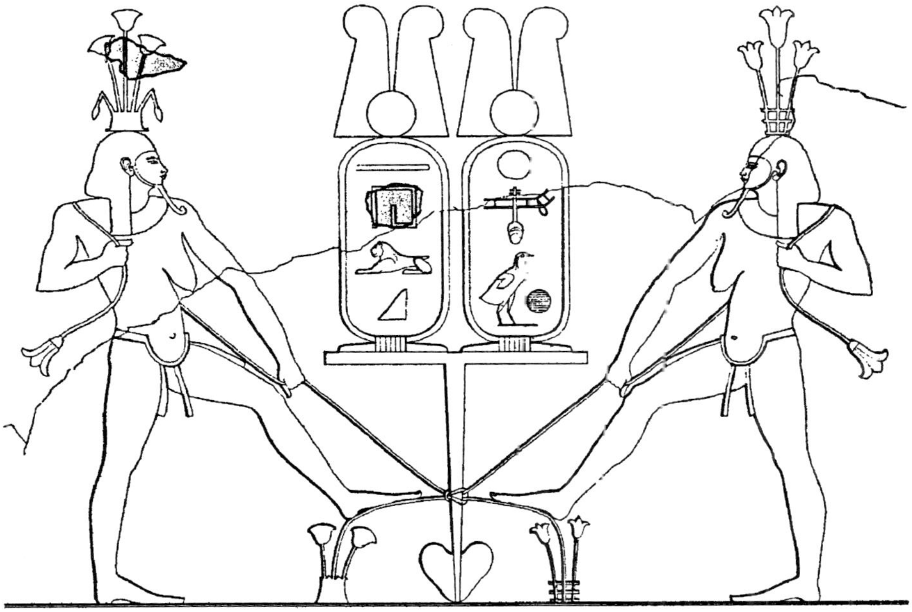

Abb. 2 Symbolische «Vereinigung der Beiden Länder» Ober- und Unterägypten. Personifizierte Nilgötter mit heraldischen Pflanzen stehen an den beiden Seiten der Namenskartuschen von Taharka. Relief am Barkensockel im Tempel vom Gebel Barkal.

Reichseinheit als Hauptaufgabe

sondere Bedeutung annahm und in besonders variierten Symbolen seinen Ausdruck fand, ist jedoch die Königsmacht. So wie die Größe der Vorfahren auf der Vereinigung von Unter- und Oberägypten zu einem Staat beruhte, so war die Legitimation der Macht der einzelnen Monarchen die Aufrechterhaltung dieser Einheit – eine insofern wichtige Aufgabe, als in der Überzeugung der alten Ägypter die Geschichte mit der Machtübernahme durch den neuen Pharao aufs Neue begann. Von diesem Zeitpunkt an begann man die Jahre neu zu rechnen. Die erste Aufgabe des neuen Königs war also die Wiederholung der «Vereinigung Ägyptens», obwohl dieser Akt einen rein symbolischen Charakter hatte.

Palermostein

Eben dieses Ereignis war die «Visitenkarte» des ersten Regierungsjahres eines jeden Herrschers in den berühmten Königsannalen aus der Zeit der 5. Dynastie, die auf einem Stein eingraviert sind, den wir heute gewöhnlich nach seinem neuzeitlichen Aufbewahrungsort «Palermostein» nennen. Jedes Regierungsjahr wurde dort nach dem wichtigsten Ereignis bezeichnet, das sich in dessen Verlauf ereignet hatte, doch das Jahr der Thronbesteigung blieb unveränderlich das Jahr der «Vereinigung der beiden Länder».

Die Notierung dieser historischen Tat erfolgt mittels eines hieroglyphischen Zeichens, das in den Rang eines graphischen Symbols aufgerückt ist, welches in der ägyptischen Heraldik äußerst häufig vorkommt. In verschiedenen Varianten, die mitunter sehr ausgebaut sein können, tritt es an den Wänden der Tempel und Grabstätten auf, schmückt den Thron des Pharaos, die Sockel der Statuen und Untersätze für rituelle Barken. Bekannt sind sogar schöne Alabastergefäße, die in Form dieses Zeichens angefertigt sind. Gefunden wurden sie vor allem im Grab des Tutanchamun. Es ist also an der Zeit, das Zeichen *sm3 t3wj* (lies: sema-taui) zu beschreiben, das die Vereinigung von Ober- und Unterägypten symbolisiert. Es ist eine symmetrische Komposition, deren Achse die Darstellung einer mit den beiden Lungenflügeln versehenen Luftröhre bildet. Um dieses zentrale Element herum verflechten sich heraldische Pflanzen, die Nordägypten (Papyrus) und seine südliche Entsprechung (Lilie) symbolisieren.

Das Emblem der Reichseinigung

Abb. 2

An den Seitenwänden des Königsthrons tritt meistens eine erweiterte Variante dieses Symbols auf. Wir sehen dort zwei Personifikationen des Nil, also Gestalten mit dicken Bäuchen und Hängebrüsten, die in den Händen die Enden der heraldischen Pflanzen halten. Einen zusätzlichen topographischen Akzent bilden Büschel dieser Pflanzen, die auf den Köpfen der beiden Gestalten angebracht sind. Damit kein Betrachter vergißt, wer der Autor des Vereinigungswerkes ist und wem die Gaben des Nil zu verdanken sind, werden oft auf dem Zeichen oder an seinen Seiten die ovalen Kartuschen mit den Namen des Pharaos angebracht.

Abb. 8

In ungewöhnlich schöner Form wurde diese Symbolik von einem der Künstler in der Zeit Amenophis' III. paraphrasiert. Er stellte eine von einer Szene bekrönte Vase her, die den König zeigt, welcher inmitten des Dickichts von heraldischen Pflanzen sitzt und in einer Hand einen Papyrusstengel, in der anderen wiederum eine Lilie hält. In diesem Fall bildet der Pharao die «Symmetrieachse» und ersetzt die Luftröhre mit der Lunge. Das Gefäß befand sich unter den Gaben für Amenophis zu dem Fest anläßlich des 30. Jahrestags seiner Herrschaft. Wir kennen es von einem Relief, das an einer Wand der Grabstätte eines hohen Beamten mit Namen Cheriuf in Theben-West angebracht wurde.

Das Thronjubiläum

Jeder Jahrestag der Thronbesteigung wurde feierlich begangen, doch dem 30. Jahrestag der Regierung wurde besonderer Rang verliehen. Es war das sogenannte *Sed*-Fest, das sich durch einen spezifischen Ritus auszeichnete, dessen Episoden in den Reliefs der Wänden einiger Sakralbauten dargestellt wurden, die eigens aus diesem Anlaß errichtet worden waren. Eine der bedeutendsten Quellen unserer Kenntnis dieser Riten sind die Reliefs Osorkons II. von einem Bauwerk, das im unterägyptischen Bubastis anläßlich dieses Jubiläums errichtet wurde.

Taf. 2.2
Abb. 28/29

Wir haben allen Grund anzunehmen, daß nicht alle Pharaonen die Geduld und die Souveränität zeigten, mit dem *Sed*-Fest bis zum 30. Regierungsjahr zu warten. Viele Jubiläumsfeierlichkeiten fanden in Heliopolis statt, dem unterägyptischen Zentrum der Sonnenkulte. Dazu gehörte zum Beispiel die Zeremonie der Eintragung der Königsnamen auf die Blätter des *Isched*-Baumes durch einen der wichtigsten Götter. In den Darstellungen dieser Episode an den Wänden der ägyptischen Tempel sehen wir meistens den König vor dem *Isched*-Baum vor einem der Schöp-

Der Isched-Baum

fungsgötter knien, der auf dem Thron sitzt und den Namen des Herrschers niederschreibt oder ihm die Insignien der Macht überreicht. Als Schreiber fungiert mitunter auch ein dritter Gott, der hinter dem Pharao steht. Die schönste Fassung dieses ikonographischen Motivs ist wohl die doppelte Szene mit einer antithetischen Komposition, eingemeißelt in die Wand des Tempels von Osiris-Hekadjet («Osiris – Herrscher der Ewigkeit») in Karnak, die aus der Zeit der 23 Dynastie stammt. *Abb. 9*

Einige Ägyptologen sind der Meinung, daß die Szenen mit dem *Isched*-Baum keinen authentischen Ritus illustrieren, sondern eher eine Art mythologisches «Wunder», eines der vielen, die die altägyptische politische Theologie in ihrem Repertoire hatte. Tatsache bleibt allerdings die gewaltige religiöse und politische Bedeutung von Heliopolis, von den Anfängen der ägyptischen Zivilisation an bis in die griechischen Zeiten. Der Hauptgott des lokalen Pantheons, Atum – als Urgott angesehen, der aus einem Hügel inmitten des Urozeans emporstieg und mittels Selbstbefriedigung das erste Gottespaar schuf – wurde in ganz Ägypten ebenso verehrt wie Ptah oder Amun-Re. Obwohl das unterägyptische Heliopolis seine Entsprechung im oberägyptischen Hermonthis (auch «südliches Heliopolis» genannt) hatte, dort mit dem Gott Month an der Spitze des Pantheons, blieb die Stadt Atums fast konkurrenzlos als uraltes Zentrum des religiösen Gedankenguts. *Atum und Heliopolis*

Daher tritt auch in den dualistischen geographisch-religiös-politischen Vorstellungen der heliopolitanische Urgott oft als Symbol von Unterägypten auf, meist in Gesellschaft eines oberägyptischen Partners. Diese Rolle wurde ihm besonders gern anvertraut, wenn es um die Betonung des doppelten Charakters der Königsmacht ging. Eines der ikonographischen Motive, die oft in den Reliefs der ägyptischen Tempel auftreten, zeigt den Herrscher in Begleitung von zwei Göttern, die den Norden und den Süden des Landes symbolisieren. Vertreter von Unterägypten ist hier meistens Atum, während in der Rolle des oberägyptischen Partners entweder Month auftritt, der Gott von Hermonthis (z. B. im Relief Ramses' IV., das den Tempel des Gottes Chonsu in Karnak schmückt), oder Chonsu – das jüngste Mitglied der thebanischen Triade, Sohn des Amun-Re und der Göttin Mut. *Pharao und Atum*

Unter Berücksichtigung seiner ungewöhnlichen Autorität wurde Atum auf besondere Weise mit der Königsmacht in Verbindung gebracht, und sogar mit dem Pharao identifiziert. Schon in den Pyramidentexten, die in der zweiten Hälfte des 3. Jahrtausends v. Chr. niedergeschrieben und gegen Ende des Alten Reiches an den Wänden der königlichen Grabkammern angebracht wurden, lesen wir folgendes Identitätszeugnis des verstorbenen Herrschers: *Pyramidentexte*

Dein (= des Königs) *Arm ist (der Arm) von Atum,*
Deine Schultern sind die (Schultern) von Atum,
Dein Bauch ist der (Bauch) von Atum,
Dein Rücken ist der (Rücken) von Atum,
Dein Unterleib ist der (Unterleib) von Atum,
Deine beiden Beine sind die (Beine) von Atum,
Dein Gesicht ist das (Gesicht) von Anubis.

Ikonographische Angleichungen

Diese theologische Auslegung der Anatomie deutet auf den heliopolitanischen Ursprung der Pyramidentexte hin und beweist, wie weit die Identifizierung des Königs mit Atum schon in der frühesten Zeit fortgeschritten war. Nur ein Körperteil des Königs, das Gesicht, assoziiert der Theologe mit einem anderen Gott als Atum, nämlich mit Anubis, der für die Mumifikation der Leichen zuständig war.

In späteren Zeiten wurde der Pharao mit solchen Beinamen versehen wie «das lebendige Bild Atums», «die Inkarnation Atums», «der Bote Atums» und sogar «das Ei Atums». Kein Wunder also, daß auch die Ikonographie des Herrschers zum Verwechseln an die Darstellungen dieses Gottes angeglichen war. In rituellen Szenen hat Atum eine anthropomorphe Gestalt und trägt auf dem Kopf eine Doppelkrone, die die Königsmacht symbolisiert und die aus der Roten (Unterägypten) und der Weißen Krone (Oberägypten) besteht. Nur die Form des Bartes ermöglicht es, diese beiden Gestalten in der ägyptischen Kunst zu unterscheiden.

Das wesentlichste Element dieser Identität war jedoch das Epitheton «Herr Beider Länder», das sowohl dem König, als auch Atum zugeschrieben wurde. Die durch die Doppelkrone ausgedrückte Herrschaft über ganz Ägypten definierte den Pharao als Emanation des heliopolitanischen Sonnengottes. Wie wir bereits erwähnt haben, war die Erhaltung der Einheit des Landes die heiligste Aufgabe und das heftige Bestreben eines jeden Monarchen.

Expansorische Bestrebungen

Seit der Mitte des 2. Jts v. Chr., also seit den Anfängen des Neuen Reiches, richtete sich das Augenmerk der Pharaonen immer häufiger über die Grenzen Ägyptens hinaus, besonders nach Nubien, das vom Süden an den Pharaonenstaat grenzte, und nach Palästina, das einen Brückenkopf zwischen den Großmächten des antiken Ostens bildete. Das Bewußtsein eigener wirtschaftlicher Macht wie auch der Drang nach Erbeutung kostbarer Werkstoffe, weckte in den Pharaonen imperialistische Neigungen.

Die größte Reichsausdehnung

Abb. 7

Es begannen Unterjochungen und langwierige Kriege, die mitunter reiche Beute und billige Arbeitskräfte einbrachten, aber ebenso oft Ägypten selbst schwächten. In der Regierungszeit Thutmosis' III. erstreckten sich die Grenzen Ägyptens eine kurze Zeit lang bis zum Königreich Mitanni in Nord-Mesopotamien. Nubien, im Altertum Kusch genannt, das auf dem Weg ins Innere Afrikas lag und vor allem reich an Gold war, wurde teilweise bereits in der Zeit des Mittleren Reiches von Ägypten kolonisiert. In den Anfängen des Neuen Reiches, nach der Durchführung weiterer Eroberungen, wurde dort das Amt eines Vizekönigs geschaffen, der den Titel eines «Königssohnes» trug, der später in den «Königssohn von Kusch» umstilisiert wurde. Opfer seiner imperialistischen Neigungen wurde letzten Endes Ägypten selbst. Das erste Symptom einer Abschwächung des inneren Zusammenhalts des Staates war die «religiöse Revolution» Echnatons gegen Ende der 18. Dynastie.

Innere Schwächeperioden

Alles verweist darauf, daß jener plötzliche Ausbruch der «monotheistischen Häresie», wie einige Historiker dieses Ereignis interpretieren, eine tiefgreifende politische Ursache hatte, die mit ihren Wurzeln in eine mehr als einhundert Jahre zurückliegende Periode reichte. Der ägyptische Thron schwankte, wie es scheint, schon damals ein wenig, als er in den Anfängen des Neuen Reiches von einer Frau beherrscht wurde – der ersten «eisernen Lady» in der Geschichte. Ihr minderjähriger Stiefsohn mußte lange warten, bis er als Thutmosis III. ihre Nachfolge antreten konnte. Die Bestimmtheit, mit der er später die an den Wänden des Tempels von Deir el-Bahari angebrachten Namen der Königin heraushacken ließ, läßt uns die Demütigungen ahnen, die er in der Regierungszeit der ehrgeizigen Stiefmutter erleiden mußte. Vielleicht haben eben diese Komplexe seinen Kampfgeist angespornt und dazu geführt, daß er nach Genugtuung in Kriegen suchte, die ihn bis an die nördlichen Ränder der zivilisierten Welt führten. Wie sehr er auf diese Eroberungen stolz war, davon zeugt die Tatsache, daß er die Chronik seiner Feldzüge an den Wänden des Amun-Re-Tempels in Karnak anbringen ließ.

Hatschepsut

Diese kriegerischen Taten versuchten seine Nachfolger nachzuahmen, übrigens mit immer geringeren Erfolgen. Die schriftlichen Dokumente jener Zeit suggerieren deutlich, daß sich die Herrscher auf dem Thron nicht allzu sicher fühlten und nach einer zusätzlichen Legitimation der Macht suchten. So wurde in den Dienst der politisch-religiösen Propaganda die Literatur gestellt, in der Erzählungen darüber auftauchen, wie der Gott – meistens Amun-Re – im Traum dem König erschien und ihm die Herrschaft über Ägypten in Anerkennung besonderer Tugenden und Verdienste anvertraute. Dazu zählte natürlich die Frömmigkeit, die unter anderem in der Errichtung von Gotteshäusern und in der Restaurierung der großen Sphinxstatue vor den Pyramiden in Gisa ihren Ausdruck fand.

Vorbild Thutmosis III.

Trotz des Fehlens eindeutiger schriftlicher Beweise empfinden wir die allmählich wachsende Bedeutung der Sonnenkulte, und, was eng damit zusammenhängt, des heliopolitanischen Klerus. Die Ausschmückung der thebanischen Gräber, besonders aus der Regierungszeit Amenophis' III., suggeriert eine Flucht in die religiöse Thematik – eine typische Erscheinung unter den Bedingungen der zunehmenden Krise. Die Expansion der Sonnenkulte mußte unumgänglich zum Konflikt mit dem Klerus des thebanischen Amun-Re führen. Die «Amarna-Revolution», die für kurze Zeit der Sonnenscheibe den Rang der wichtigsten, fast einzigen Gottheit verlieh, bildete zwar eine kurze Episode in der Geschichte Ägyptens, hatte aber unvorhersehbare Folgen für die weitere Entwicklung dieses Landes. Wie jede politische Erschütterung veränderte sie die gesellschaftlichen Verhältnisse und ermöglichte den Gruppen von Leuten einen Aufstieg, die bisher im Schatten verblieben waren. Heute würden wir das einen «Prozeß der Demokratisierung» nennen. In der ägyptischen Kunst macht sich das zwar nicht durch einen plötzlichen Pauperismus bemerkbar, aber dafür durch einen gewissen Akademismus, eine Versteifung der Form, die mit der stilistischen Raffinesse der Skulpturen und Reliefs Amenophis' III. kontrastiert.

Wachsende Bedeutung der Sonnenkulte

Amarnazeit

Von der Schwächung des Landes nach der Zeit der religiösen Häresie profitierten vor allem die militärischen Kreise Unterägyptens, denen es gelang, eine neue Dynastie zu gründen. Ramses I., der aus einer im Ostdelta ansässigen Familie

Die Ramessiden

stammte, eröffnet mit seiner knapp zweijährigen Herrschaft (1306–1304 v. Chr.) die lange, über zweihundertjährige Regierungszeit der Ramessiden, die die 19. und 20. Dynastie umfaßte. Die meisten – insgesamt elf – Herrscher dieser Zeit trugen den Namen Ramses, der «denjenigen, der von Re geschaffen wurde» bezeichnete. Schon allein der Name zeugt von der Rückkehr zur religiösen Orthodoxie der Vor-Amarna-Zeit.

Die Ramessiden legten einen übertriebenen miltärischen Ehrgeiz an den Tag. Unzählige Feldzüge, hauptsächlich gegen Asiaten, wurden in den Reliefs an den Außenwänden der Tempel jener Zeit dargestellt, so daß jeder die Taten des Pharaos bewundern konnte. Die Residenz der Ramessiden war Pi-Ramses («Haus des Ramses») im Ostdelta. Theben behielt aber seine Rolle als eines der Hauptzentren der Kultur und vor allem der Religion. Dort wurde auch, am westlichen Nilufer, im Felsen die Ruhestätte für die verstorbenen Pharaonen angelegt.

Die Residenz der Ramessiden

Gefahren für das Tal der Könige

Die an Paradoxa reiche Geschichte sollte jedoch alsbald erweisen, daß die in jahrelanger Arbeit ausgeschmückten Grabstätten im Tal der Könige zwar eine komfortable, aber durchaus nicht ewige Ruhe gewährleisteten. Schon gegen Ende des Neuen Reiches wurden die entweihenden Einbrüche in die Grabkammern, Diebstähle der reichen Ausstattung und die Fledderung der Leichen so häufig, daß die Hohenpriester der 21. Dynastie gezwungen waren, die sterblichen Überreste der großen Ahnen in einem besonderen Versteck zusammenzulegen und sie dort aufzubewahren, auf eine Art und Weise, die von den Vorstellungen der Ägypter über das Schicksal der «Söhne des Sonnengottes» weit entfernt war.

Ramses II.

Die größten Herrscher der Ramessidenzeit waren Ramses II., der im Jahre 1286 v. Chr. in der berühmten Schlacht bei Kadesch die Hethiter besiegte und in Ägypten ungewöhnlich viele Tempel errichtete, sowie Ramses III., der in Medinet Habu, unweit vom Tal der Könige, den größten erhaltengebliebenen Grabtempel des Neuen Reiches hinterließ. Dieses Bauwerk führte ursprünglich den Namen «Vereinigt mit der Ewigkeit».

Schon zur Zeit Ramses' III. wurde Ägypten von Eindringlingen aus dem Norden bedroht, die heute «Seevölker» genannt werden, also von den Philistern und den Scherdenen (von denen wahrscheinlich der heutige Name Sardinien abstammt). Dieser König kämpfte auch gegen die Libyer, die Hethiter und die Syrer an. Das Führen von Kriegen erwuchs in jener Zeit zur wichtigsten Beschäftigung des Herrschers. Kein Wunder also, daß die Ordnung innerhalb des Staates gestört wurde.

Probleme der späten Ramessidenzeit

Ein antiker Streik

Aus den auf Papyri und Ostraka festgehaltenen Dokumenten erfahren wir über die Probleme mit der Versorgung, die zu Auflehnungen führten. Gegen Ende der dreißigjährigen Regierungszeit Ramses' III. reichten die finanziellen Mittel in Theben nicht einmal mehr aus, um die zweimonatigen Gehälter der in Deir el-Medine ansässigen Nekropolen-Arbeiter zu bezahlen. Die hungernden Menschen versammelten sich im Totentempel Ramses' II., dem Ramesseum. Ein Wesir namens Ta, der gerade über Theben mit Götterstatuen zog, die aus dem Süden zu den Feierlichkeiten des königlichen Regierungsjubiläums, des *Sed*-Festes, gebracht werden sollten, versuchte zwar, die Situation mit kleinen Zuteilungen zu retten, aber bald darauf kam es erneut zu Streiks. Wir erfahren auch von der Relegierung eines Wesirs in Athribis im Norden des Landes, wo der König die Zuteilungen für den Tempel überprüfen ließ. Es muß dort zu Unruhen gekommen sein, vielleicht zu Betrugsfällen oder zu gewöhnlichem Diebstahl.

Die Korruption wurde zu einer immer allgemeineren Erscheinung. Sogar auf seinem eigenen Hof war der König nicht mehr imstande, die Situation zu kontrollieren. Gegen Lebensende Ramses' III. kommt es zu der berühmten Haremsverschwörung, die in den bekannten Papyri beschrieben wurde. Wir sind zwar nicht darüber informiert, ob der König infolge dieser Verschwörung ums Leben gekommen ist, wir wissen dafür, daß sein Leichnam auch keine Ruhe fand. Bestattet wurde Ramses III. in einem prunkvollen Grab im Tal der Könige, mit dessen Bau bereits sein Vater Sethnacht begonnen hatte. Samt anderen Königsmumien fand man Ramses vor einhundert Jahren in dem bereits erwähnten Versteck in Deir el-Bahari, wo seine Mumie von den Priestern Amuns während der 21. Dynastie vor den Plünderern geborgen wurde.

Eine Haremsverschwörung

Ein weiterer Rückgang der Autorität des Pharaos und eine allmähliche Zersetzung des Staates erfolgte unter den Nachfolgern Ramses' III. Hunger und Auflehnungen waren an der Tagesordnung. Ein dramatisches Zeugnis dieser Situation sind die entweihenden Einbrüche in die Gräber der Könige und Machthaber in Theben-West. In den Berichten von Prozessen gegen die Einbrecher lesen wir, wie zynisch und mit welcher Bestimmtheit die mit goldener Folie bezogenen Sarkophage zertrümmert und wie wertvolle Gegenstände aus den Gräbern geraubt wurden. Die Götter und ihr «lebendiges Abbild», der Pharao, wurden für viele Leute zu einer Worthülse oder zu einem sinnentleerten Bild, das an die Wände der Gräber gemalt worden war, und für die einflußreichen Priester zu einem Instrument, das ihre Korruption und Willkür verhüllte.

Grabräuber--prozesse

Einem der Priester im Tempel des Chnum in Elephantine wurde Diebstahl, Korruption und das Begehen eines Sakrilegs vorgeworfen, und sogar der Geschlechtsverkehr mit verheirateten Frauen. Zu den schwersten Anklagen gegen ihn gehörte der Verkauf der heiligen Mnewis-Stiere, die in Heliopolis aufgezogen und für Verkörperungen des Sonnengottes Re gehalten wurden. Ein nicht minder ernsthaftes Verbrechen war die Teilnahme an der Prozession der Statue des Gottes, ohne vorher die zehntägigen Reinigungsakte absolviert zu haben, zu denen das Trinken von Natron gehörte, wie auch die Bestechung der Diener des Wesirs, den Kläger zu dem Zeitpunkt zu verhaften, wenn er seine Priesterpflichten erfüllte. Die Korruption anderer Personen verursachte wesentliche Verluste des in den Tempel des Gottes Chnum gelieferten Getreides.

Abnehmende Gottesfurcht

Ein noch deutlicherer Beweis der Schwäche des Königs gegen Ende des Neuen Reiches wurde an einer der Wände des Amun-Re-Tempels von Karnak verewigt. Wir sehen dort eine Szene, die in früheren Zeiten undenkbar war, als der Tempel hauptsächlich mit Darstellungen der den Göttern vom König dargebrachten Opfer

Ramses IX. und der Hohepriester Amenophis

geschmückt wurde. Ein großformatiges Relief, direkt gegenüber dem Heiligen See angebracht, zeigt Ramses IX., der mit reichen Gaben den Hohenpriester Amenophis auszeichnet. Unabhängig von den Verdiensten des letzteren schockieren sowohl der Inhalt als auch die Form dieses Bildes. Es kam zwar schon früher, in der Zeit Sethos' II., vor, daß der Hohepriester des Amun-Re an einer Wand des Karnak-Tempels dargestellt wurde, aber man zeigte ihn dort im Augenblick, wo er den Gott um ein langes Leben und um die Überweisung des Amtes an seine Nachkommen bittet. Beispiellos ist in der ägyptischen Kunst – die über alles um die Erhaltung der richtigen Proportionen bei der Wiedergabe von Personen aus verschiedenen Ebenen der gesellschaftlichen Hierarchie bemüht war – die Darstellung des Priesters als eine Gestalt in genau der gleichen Größe wie der Pharao, und das alles in so gewaltigem Maßstab und an einer so sichtbaren Stelle! Eindeutig propagandistisch in ihrem Charakter, ist diese Szene von erstrangiger Bedeutung für die Kenntnis der gesellschaftlichen Verhältnisse gegen Ende der Ramessidenzeit.

Machtgewinn der Priesterschaft

Die Schwäche der königlichen Macht nützten die Hohenpriester, um auf der politischen Arena einen führenden Posten einzunehmen. Während die Könige Kriege führten und für lange Zeit ihre unterägyptische Residenz verließen, vermehrten die Priester des Amun-Re in Theben ihre Macht. Das Amt des Hohenpriesters wurde in jener Zeit erblich, was zur Entstehung einer theokratischen Dynastie führte, die parallel zur Königsdynastie funktionierte. Der von Ramses IX. beschenkte Amenophis war ein Sohn des Hohenpriesters Ramsesnacht und ein Bruder seines Vorgängers Nesamun. Schon ihre theophoren (einen Götternamen als Bestandteil aufweisenden) Namen allein zeugen von der allmächtigen Autorität des thebanischen Amun-Re. Jeder von ihnen enthält entweder das Element «Ra», oder das Element «Amun». Die Priester dieses Gottes wurden zur wichtigsten politischen Kraft, die allmählich die Kompetenzen des Pharaos in Oberägypten übernahm.

Panehsi und der letzte Ramessidenherrscher

Wie die schriftlichen Quellen annehmen lassen, trat gegen die Macht des Königs der «Königssohn von Kusch» auf. Gegen Ende der Regierungszeit des letzten Herrschers der 20. Dynastie, Ramses' XI., war Ägypten durch den Vizekönig von Nubien, der den Namen Panehsi trug, in einen Bürgerkrieg verwickelt. Dieser ehrgeizige Rebell hatte die politische Bühne bereits zehn Jahre früher betreten, als er dem Hohenpriester Amenophis, der zeitweilig von einem seiner Rivalen der Macht in Theben enthoben worden war, Hilfe leistete. Seine Rebellion gegen die königliche Macht stieß zwar auf den Widerstand der thebanischen Loyalisten, ebnete jedoch dem Hohenpriester, der de facto nicht nur Theben, sondern auch einen beachtlichen Teil Oberägyptens beherrschte, den Weg zur Macht.

Hoherpriester Herihor

Herihor war der erste Hohepriester, der den Mut fand, seinen Namen in die königlichen Kartuschen einzutragen. Man kann sie noch heute an den Wänden des Chonsu-Tempels in Karnak sehen. Herihors Titel «Befehlshaber der Armee» und «großer Befehlshaber der Armeen Unter- und Oberägyptens» verweisen auf die

Abb. 3, 4

Verbindung der religiösen Funktionen mit militärischer Macht, was in der Praxis die Herrschaft über den südlichen Teil des Landes bedeutete. Wir kennen zwar die Herkunft von Herihor nicht und wissen nicht, welche Qualifikationen ihn zur Übernahme des höchsten Amtes in dem theokratischen Staat prädestinierten, wir können jedoch vermuten, daß hier eine wesentliche Rolle seine Ehe mit Nodjmet spielte, die allem Anschein nach eine Tochter des Hohenpriesters Amenophis war. Es wäre einer der vielen Fälle in der Geschichte, wo der gesellschaftliche Rang der Gattin dem Mann den Weg zur politischen Karriere ebnete. Für die edel geborene Nodjmet war dies allerdings kein Hindernis, ihre Ehepflichten musterhaft zu erfüllen. Sie gebar nämlich, wie man ausgerechnet hat, neunzehn Söhne und fünf Töchter. Da die Söhne von Herihor oft libysche Namen trugen, vermutet man, daß ihr Vater, der Hohepriester, einer Familie libyscher Heerführer entstammen könnte.

Nodjmet

Eine Libyerdynastie?

Ramses XI. und Herihor

Vom historischen Standpunkt aus interessiert besonders das Verhältnis zwischen Herihor und Ramses XI., der noch, zumindest nominal, als Herrscher von Ägypten angesehen wurde und im Ostdelta residierte. Sehr aufschlußreich sind in dieser Hinsicht die Reliefs, die die Wände des Chonsu-Tempels in seinem südlichen Teil schmücken, der eben in dieser Zeit errichtet wurde. Einige der hier erhaltenen Szenen zeigen noch Ramses in der üblichen Pose der Darbringung von Opfern für die Götter, auf anderen dagegen erscheint schon Herihor bei der Durchführung ritueller Tätigkeiten, die bisher dem König als dem höchsten Priester vorbehalten waren, wie z. B. beim Abbrennen von Weihrauch vor der Barke mit dem Bildnis der höchsten Gottheit. Dies muß uns in Verwunderung versetzen, zumal der Name von Ramses in Worten erwähnt wird, mit denen die Gottheit ihre Zufriedenheit anläßlich der Errichtung eines schönen Tempels durch den König, und nicht durch Herihor, ausdrückt. Noch bedeutsamer sind die auf den Säulen in diesem Teil des Tempels eingemeißelten Szenen. Die Hälfte der acht zentralen Stützen zeigt Herihor, der den Göttern Opfer in der gleichen Weise darbringt, wie das der König tut. In den meisten Widmungsinschriften, die an den Wänden dieses Raumes in ihrem unteren Teil entlanglaufen, wird als Stifter des Bauwerkes nur noch Herihor erwähnt, und nicht Ramses.

Abb. 4

Herihor in königlichem Habitus

Der Höhepunkt dieser Entwicklung ist gegeben mit dem Inhalt der Szenen an den Wänden des Hofes, der etwas später an der Südseite angebaut wurde. Der immer noch die Priestergewänder tragende Herihor wird mit den eindeutigen Insignien der Königsmacht gezeigt: Seine Stirn schmückt die Uräusschlange, und auf dem Kopf sehen wir mitunter die Doppelkrone des Herrschers. In den Inschriften, die diese Szene begleiten, wird die Gestalt von Herihor mit der vollen königlichen Titulatur bezeichnet. Neben den in den Kartuschen eingetragenen Namen taucht sein eigener Horus-Name auf. Der Hohepriester des Amun-Re war jetzt «Horus, starker Stier, Sohn des Amun, König von Ober- und Unterägypten, König der Beider Länder, Erster Prophet des Amun, leiblicher Sohn des Re, Sohn des Amun».

Ramses XI. wird in diesen Inschriften nicht einmal mehr erwähnt. Inwiefern war

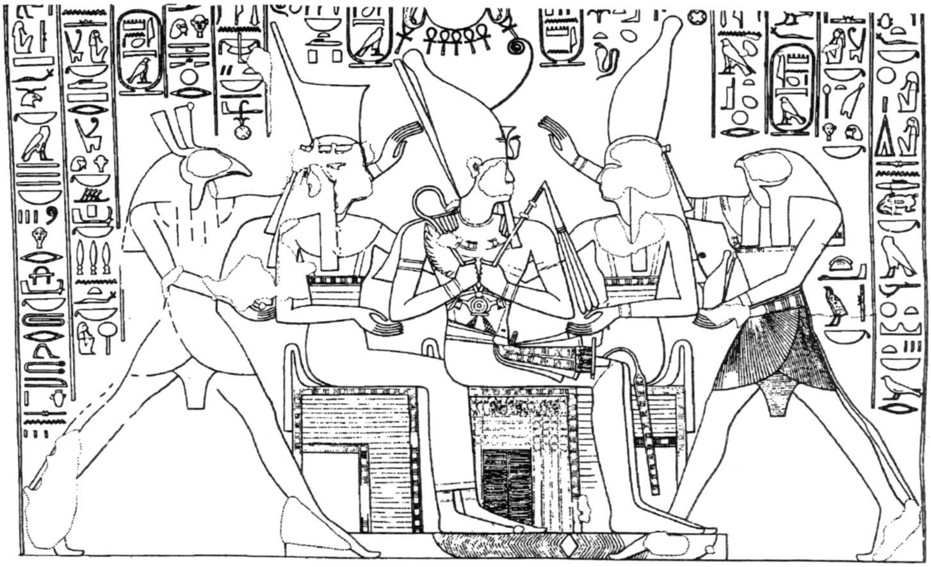

Abb. 3 Herihor zwischen den Göttinnen Uto und Nechbet und den Göttern Seth und Horus. Relief im Tempel des Chonsu in Karnak.

Wachsender Einfluß der Libyer

er noch König von Ägypten? Was machte er und von wem wurde er anerkannt? Vielleicht könnten wir einiges zu diesem Thema sagen, wenn sich irgendwelche schriftlichen Quellen aus dem Deltagebiet erhalten hätten, die sich auf die Herrschaft des letzten Ramses beziehen. Die thebanischen Texte verweisen dagegen darauf, daß aus den inneren Unruhen in der Zeit der letzten Ramessiden hauptsächlich die libyschen Stämme der Meschwesch und Libu Nutzen zogen. Ihre allmähliche Infiltration, vielleicht auf dem Wege von Eroberungen, vielleicht auch über den gesellschaftlichen Aufstieg der militärischen Kolonisten, führte dazu, daß die Libyer gegen Ende des Neuen Reiches bereits einen beachtlichen Teil des Deltas, Mittelägyptens und der westlich vom Niltal gelegenen Oasen kontrollieren konnten.

Die «Renaissance» des Herihor

Um die hoffnungslose Situation zu retten, versuchte Herihor, irgendwelche radikalen Reformen durchzuführen, eine Art «Renaissance», deren Spuren jedoch nur in schriftlichen Dokumenten zu entdecken sind. Im 19. Regierungsjahr Ramses' XI. bewirkten unbekannte Ereignisse, daß man die Jahre von neuem abzuzählen begann. Statt das Regierungsjahr des Königs anzugeben, führte man plötzlich eine neue Ära ein, die «Wiederholung der Geburt» genannt wurde. Die Inspirationsquelle dazu konnten zwei Herrscher gewesen sein, die sich schon viel früher des gleichen Terminus bedient haben. Der Gründer der 12. Dynastie, der Usurpator Amenemhet I. (um 1991–1962 v. Chr.), trug einen ähnlich klingenden Horusnamen, dagegen ergänzte Sethos I. (1309–1291 v. Chr.), der zweite Herrscher der 19.

Abb. 4 Der kniende Herihor bringt dem Gott Amun-Re einen Opfertisch dar. Relief im Tempel des Chonsu in Karnak.

Dynastie, mit demselben Begriff das Datum, das sich auf das erste und zweite Jahr seiner Herrschaft bezog. Ihrem Nachahmer, Herihor, ging es wohl um ein Programm der Erneuerung, das zu realisieren ihm nicht mehr gelang. Die thebanischen Inschriften lassen die Vermutung zu, daß der Hohepriester mindestens ein Jahr vor dem Ableben des Königs gestorben war. Das bedeutete jedoch keine Wiederherstellung der Macht Ramses' XI. in Theben. Seine Grabstätte im Tal der Könige blieb unvollendet und wurde nicht zu seiner Begräbnisstätte.

Die Gräber von Ramses XI. und von Herihor

Wir wissen bis heute nicht, wo Herihor begraben wurde. Wir haben jedoch ein Zeugnis seiner Bemühungen um die Mumien der großen Vorfahren. Die in dem bereits erwähnten Versteck in Deir el-Bahari gefundenen Sarkophage von Sethos I. und Ramses II. tragen Inschriften, die davon künden, daß Herihor die beiden Könige an einer neuen Stelle begraben ließ, jedoch noch nicht an der, wo sie gegen Ende des 19. Jhs. n. Chr. aufgefunden wurden. Die postume Wanderung des Leichnams des zweiten dieser Herrscher ist besonders interessant; sie endete nämlich nicht einmal im Augenblick ihrer Überführung von Deir el-Bahari in das Museum in Kairo. Vor zwanzig Jahren wanderte die Mumie dieses größten (obwohl von der Körpergröße ziemlich kleinen) der Ramessiden nach Paris, wo sie gründlichen Forschungen und Konservierungsarbeiten unterzogen wurde.

Ein moderner Roman...

Die Atmosphäre der Zeiten, in denen Herihor mit Ramses XI. wetteiferte und allmählich die königliche Macht über Oberägypten übernahm, gab hervorragend Boleslaw Prus in seinem Roman «Pharao» wieder. Trotz der Anachronismen in be-

...und eine antike Erzählung

zug auf die politische Geschichte, unvermeidlich bedingt durch den Stand des Wissens von vor einhundert Jahren, ist dieses literarische Werk ein getreues Bild des Anwachsens der Macht des thebanischen Klerus und der Verwandlung des Amun-Re-Tempels in die Hauptstadt des theokratischen Staates, dem sich weder der Herrscher noch irgendeine andere politische Kraft zu widersetzen vermochten.

Die Abenteuer des Wenamun

In der altägyptischen Literatur fand diese Zeit ihre beste Widerspiegelung in der Erzählung über die Abenteuer des Wenamun, eines Ägypters, der von Herihor in Handelsgeschäften nach Phönizien geschickt worden war. Sie ist auf einem Papyrus niedergeschrieben, der im Jahre 1891 in Kairo erworben wurde und der sich heute im Puschkin-Museum in Moskau befindet. Dieses Schriftdenkmal ist desto wertvoller, als es die einzige erhaltene Kopie dieses «historischen Romans» ist, wie man heute die «Reise des Wenamun» klassifiziert. Wieviel in dem Bericht über die Abenteuer des ägyptischen Boten wahr ist, wissen wir nicht. Wir können aber feststellen, daß der Autor ihn fest in den historischen Realien der letzten Jahre des Neuen Reiches verankert hat. Von diesem Standpunkt aus hat die Geschichte von Wenamun für uns den Wert eines historischen Dokuments. Sie zeichnet sich auch aus durch eine einfache Komposition, einen lebhaften Gang der Erzählung und eine hervorragende Charakteristik der Psyche der Helden über den Dialog. Leider ist der letzte Teil des Werkes, der die Rückkehr des Wenamun nach Ägypten beschreibt, nicht erhalten.

Wenamun segelt nach Phönizien

Einleitend erfahren wir, daß Wenamun, ein hoher Beamter des Amun-Tempels, auf Befehl Herihors mit dem Schiff nach Phönizien fahren soll, um dort Zedernholz für den Bau einer rituellen Barke zu kaufen, in der die Statue des Gottes Reisen auf dem Nil unternehmen wird. Derartige Barken, reich mit Reliefs und Figuren geschmückt, die aus den wertvollsten Materialien hergestellt wurden, sind des öfteren an den Wänden der ägyptischen Tempel dargestellt. Im «fünften Jahr», gerechnet zweifellos von Anfang der «Renaissance», begibt sich Wenamun nach dem Norden des Landes und stattet zuerst Nes-Ba-Neb-Djed, dem in Tanis im Ostdelta residierenden Statthalter von Unterägypten, einen Besuch ab. Es ist auffallend, daß der Beamte vor der Aufnahme einer so wichtigen Mission sich nicht mit dem Pharao verständigt. Der König wird in der Erzählung nur einmal erwähnt, und das ohne Angabe des Namens; die ganze Zeit dagegen spricht man von Amun-Re, dem König der Götter, als von der größten Autorität.

Geteilte Macht im Staat

Wir haben es also einerseits mit einem von Herihor regierten theokratischen Staat in Theben zu tun, und andererseits mit einem selbständigen Zentrum der Macht in Tanis, im Norden des Landes, wo der königliche Statthalter Nes-Ba-Neb-Djed ein Souverän ist. Alles verweist darauf, daß sich dieser nach dem Tode Ramses' XI. zum König ausrufen ließ. In dem Werk von Manetho, der in der ptolemäischen Zeit die Geschichte Ägyptens systematisierte, wird Nes-Ba-Neb-Djed als der erste Herrscher der 21. Dynastie angesehen. Die Geschichte von Wenamun liefert also ein authentisches Zeugnis des Zerfalls des Staates in zwei unabhängige Organismen bereits in der Zeit des letzten Ramses. Die beiden Zentren der Macht sind weiterhin befreundet, aber Ägypten als Staat weckt in den Nachbarn keine so große Achtung mehr, wie das Land es in der Vergangenheit genoß. Davon erfahren wir auch aus der «Reise des Wenamun».

Versorgt mit Kostbarkeiten und mit einer Figur des Gottes Amun als einem Schirmherrn der Reisenden gelangte Wenamun mit dem Schiff in die Stadt Dor im Lande der Tschekerer, das an der Ostküste des Mittelmeeres lag. Und da begann sein Pech. Von einem Mitglied der eigenen Mannschaft ausgeraubt, der mit einer beachtlichen Menge von Silber und Gold geflüchtet war, eignete sich Wenamun das Silber an, das den Matrosen gehörte, mit denen er die Fahrt fortgesetzt hatte. Den Mitgliedern der Mannschaft erklärte er zynisch:

Das Unglück des Wenamun

Ich habe euch das Silber weggenommen. Ich werde es behalten, wenn ihr mein Silber nicht findet und denjenigen, der es gestohlen hat. Ihr habt es nicht gestohlen, aber ich nehme es trotzdem. Und jetzt geht und tut, was ich euch gesagt habe.

Als Wenamun schließlich in die phönizische Stadt Gubal (Byblos) kam, mit der Ägypten seit eh und je lebhafte Beziehungen unterhielt, wollte der dortige Fürst Sakar-Baal überhaupt nicht mit ihm reden und befahl ihm, die Grenzen seines Staates unverzüglich zu verlassen. Der schlaue Wenamun, dem die Tricks der Priester wohlbekannt waren, organisierte eine Art «Orakel». Der Spruch zu seinen Gunsten ertönte aus dem Mund eines der einheimischen Priester während der Darbringung der Opfer für die Götter. Als Abgesandter des Amun wurde der Ägypter schließlich von Sakar-Baal empfangen und konnte ihm den Zweck seiner Expedition vortragen. Der Dialog zwischen dem ägyptischen Priester und dem phönizischen Kaufmann ist ein Beispiel einer eingehenden psychologischen Analyse, der Charakterisierung der Gestalten mit Hilfe ihrer eigenen Worte und der Steigerung der dramatischen Spannung. Er vermittelt auch das Mißtrauen und sogar die mißachtende Einstellung der Phönizier gegenüber dem Ankömmling, verursacht durch die sinkende Autorität des ägyptischen Staates. Das Gespräch schildert Wenamun:

Wenamun in Byblos

Sakar-Baal von Byblos

Ich traf den Fürsten in der Kemenate sitzend, in der er sich aufzuhalten pflegte: Mit dem Rücken zum Fenster gekehrt, schienen ihm die Wellen des großen Syrischen Meeres bis an den Nacken zu reichen. Ich begrüßte ihn: «Möge Amun dich segnen!» Er fragte: «Wieviel Zeit ist bis heute von dem Tag ab vergangen, als du den Sitz Amuns verlassen hast?» Ich antwortete: «Bis heute genau fünf Monate.» Darauf er: «Wir wollen mal sehen, ob das wahr ist. Wo ist das amtliche Schreiben Amuns, das du haben müßtest? Wo ist der Brief vom ersten Propheten Amuns, den du haben müßtest?»

Ich erwiderte: «Ich habe sie Nes-Ba-Neb-Djed und Tent-Amun abgegeben.» Er wurde sehr böse und sagte: «Du hast also weder ein amtliches Schreiben noch einen Brief. Und wo ist das Tannenholzschiff, das dir Nes-Ba-Neb-Djed gegeben hat? Wo ist die syrische Mannschaft? Hat er dich etwa nicht diesem ausländischen Schiffer in dem Gedanken empfohlen, daß er dich tötet und ins Meer wirft? Und wo würde man dann den Gott suchen? Und wo würde man dich selbst suchen?»

Als er mir das sagte, fragte ich: «Und war das nicht ein ägyptisches Schiff? Es ist doch eine ägyptische Mannschaft, die auf Befehl von Nes-Ba-Neb-Djed segelt. Es gibt hier keine syrische Mannschaft.» Darauf entgegnete er mir: «Und gibt es hier bei mir im Hafen nicht mindestens zwanzig Schiffe, die bei Nes-Ba-Neb-Djed Geschäfte machen? Und Sidon, an dem du vorbeigesegelt bist, gibt es dort nicht auch fünfzig Schiffe, die bei Werkatel [1] *Geschäfte machen und dann nach Hause zurückkehren?»*

Als ich eine längere Weile schwieg, fragte er mich: «Mit was für einem Auftrag bist du gekommen?» Ich erklärte: «Ich bin gekommen, um Holz für eine große und herrliche Barke des Amun-Re, des Königs der Götter, zu holen. Dein Vater lieferte es, der Vater deines Vaters lieferte es und auch du wirst es genauso liefern.»

So sagte ich zu ihm, und er antwortete mir: «Daß sie geliefert haben, ist wahr; und wenn du mir bezahlst, liefere ich auch. Ja, meine Väter haben diesen Auftrag erfüllt, aber der Pharao, möge er glücklich und gesund leben, schickte ihnen dafür sechs mit ägyptischen Waren beladene Schiffe, die sie in ihren Lagerhäusern aufbewahrten. Und was hast du mir gebracht?» Und er befahl, das Handelsbuch seiner Eltern zu holen. Als er das Buch in meiner Anwesenheit vorlesen ließ, fanden sich dort eintausend Deben verschiedener Silbergegenstände. Er sagte also: «Wenn der Herrscher von Ägypten der Herr meines Vermögens wäre, und ich sein Diener, hätte er mir kein Silber und Gold mit den Worten geschickt: ‹Erfülle den Auftrag Amuns!›. Nein, es waren keine Geschenke, die er meinem Vater schickte. Und ich? Ich bin auch nicht dein Diener, ich bin kein Diener dessen, der dich geschickt hat. Wenn ich mit großer Stimme auf dem Libanon rufe, öffnet sich der Himmel, und die Bäume strömen bis hierher heran – an das Meeresufer! Zeige mir die Segel, die du mitgenommen hast, um die mit Holz beladenen Schiffe nach Ägypten zu führen. Zeige mir die Stricke, die du mitgenommen hast, um die Tannen zu binden, die gefällt und dir geliefert werden! Auf welche Weise wirst du das Holz befördern, das man dir liefern wird? Die Segel deiner Schiffe sind zu schwach, die belasteten Bindungen werden reißen und du wirst im Meer untergehen. Denn Amun ist es, der im Himmel brüllt, und er ist es, der verursachte, daß Seth in seiner Zeit ist. [2] *Amun schuf alle Länder, er schuf sie alle, aber vor allem schuf er das ägyptische Land. Von dort kam bis hierher, wo ich wohne, die Vollkommenheit, von dort kam bis hierher, wo ich wohne, die Wissenschaft. Was bedeuten also hier deine dummen Ausreden?»*

Ich rief: «Lüge! Das, was ich sage, sind keine dummen Ausreden. Es gibt kein Schiff auf dem Fluß, das nicht Amun gehören würde; ebenso bildet das Meer, ebenso der Libanon, von dem du gesprochen hast, daß er dein ist, das Vermögen der Barke User-hat-Amun, der Herrin eines jeden Schiffes. Denn fürwahr sagte Amun-Re, der König der Götter, zu Herihor, meinem Herrn: ‹Schicke mich!›. Und er schickte mich auf den Weg mit dem großen Gott. Und siehe: Du hast erlaubt, daß dieser große Gott die ganzen 29 Tage bei dir im Hafen verbrachte, vom Augenblick des Einlaufens, und du kannst nicht behaupten, du hättest nicht gewußt, daß er da ist. Und war er nicht immer hier? Du dagegen feilschst um den Libanon mit Amun, seinem Besitzer. Und das, was du sagst, daß früher die Könige Silber und Gold schickten – ha, wenn sie Leben und Gesundheit spenden könnten, würden sie keine Waren schicken. Deinen Vätern schickten sie Waren statt des Lebens und der Gesundheit, aber Amun-Re, der König der Götter, ist der Herr des Lebens und der Gesundheit, und er war der Herr deiner Väter, die doch ihr ganzes Leben lang Amun Opfer darbrachten. Und du, du bist auch ein Diener Amuns. Wenn du Amun sagst ‹Ich erfülle alles›, und du kommst seinem Befehl nach, wirst du leben, glücklich und gesund sein, wirst die Liebe deines ganzen Landes und deiner Untertanen genießen. Begehre nichts, was Amun gehört, denn es ist wahr, daß der Löwe sein Vermögen liebt. Laß übrigens deinen Schreiber rufen, damit ich ihn zu Nes-Ba-Neb-Djed und zu Tent-Amun schicke, den Verwaltern, die Amun im Norden des Landes eingesetzt hat, und sie alles Notwendige bringen lassen. Ich werde ihn zu ihnen schicken und sagen lassen ‹Schickt alles!›, bevor ich nach Süden zurückkehre und mich bemühe, alles zu erledigen, was nötig ist – alles!» Das sagte ich ihm.

Ersatz für den Verlust aus Ägypten

Aus Ägypten kamen nach einiger Zeit die Güter, die die Bezahlung für das phönizische Holz darstellten. Es waren Gefäße aus Gold und Silber, königliches und oberägyptisches Leinen, Papyrusrollen, Rindsleder, Stricke, Säcke mit Linsen und Körbe mit Fischen. Die für die Ägypter bestimmten Bäume wurden also gefällt und es schien, daß Wenamun ruhig in die Heimat zurückkehren konnte. Da erschienen aber gerade am Horizont elf Schiffe der Tschekerer, die für den Diebstahl des Silbers mit dem ägyptischen Ankömmling abzurechnen beschlossen. Wenamun erlebt einen Augenblick des größten Schrecks:

Ich setzte mich hin und begann zu weinen. Da näherte sich mir der fürstliche Sekretär und fragte: «Was ist mit dir?» Ich antwortete: «Siehst du nicht die Vögel, die schon zum zweiten Mal nach Ägypten zurückkehren? Sieh nach ihnen! Sie fliegen in die heimischen Sümpfe, und ich, wie lange werde ich noch hier bleiben, verlassen? Siehst du denn nicht diejenigen, die gekommen sind, um mich gefangenzunehmen?» Er entfernte sich, und als er darüber dem Fürsten erzählte, fing dieser fast zu weinen an, als er die Worte hörte, die ihm wiederholt wurden – so traurig waren sie. Er empfahl seinem Sekretär, zu mir zu gehen und zwei Maße Wein und einen ganzen Hammel mitzunehmen; er befahl auch, daß die ägyptische Tänzerin Tent-Niut zu mir geht, die bei ihm war. «Singe für ihn, daß er in seinem Herzen keine schwarzen Gedanken hat!» Und mir ließ er sagen: «Iß, trinke und hege keine schwarzen Gedanken in deinem Herzen. Morgen vernimmst du, was ich sage.»

Als der Morgen kam, ließ er seinen Beirat zusammentreten, stellte sich in seiner Mitte auf und fragte die Tschekerer: «Wozu seid ihr gekommen?» Sie riefen zurück: «Wir sind auf der Jagd nach diesen elenden Kähnen gekommen, die du eben samt den Leuten nach Ägypten schickst, wir wollen mit ihnen sprechen.» Er erwiderte: «Ich kann den Abgesandten Amuns in meinem Land nicht gefangenhalten. Ihr werdet mir erlauben, daß ich ihn wegschicke, und dann könnt ihr ihm folgen, um ihn gefangenzunehmen.» Er steckte mich auf das Schiff und ließ mich den Hafen verlassen, und der Wind trieb mich in das Land Alasia.

Wenamuns Flucht nach Alasia

Der kluge Sakar-Baal ging damit zwar einem Skandal auf seinem eigenen Territorium aus dem Weg, verurteilte aber auf diese Weise Wenamun zu einer weiteren Irrfahrt. Auf der Flucht vor den Tschekerern landete der Ägypter auf Zypern (das Land Alasia), wo ihm wieder der Tod drohte, diesmal durch die Einheimischen. Aus der Bedrängnis errettete ihn jedoch die dortige Prinzessin Heteb, allem Anschein nach beeindruckt durch die Worte:

Wenn das Meer zornig ist, und der Sturm mich in das Land getrieben hat, in dem du bist, wirst du dann erlauben, daß sie mich ergreifen und ermorden? Mich, der ich ein Abgesandter Amuns bin? Aber paß auf, mich wird man suchen bis zum letzten Tag. Und die Mannschaft des Fürsten von Gubal, die man ermorden will? Wird ihr Herr, wenn er zehn Mannschaften trifft, die dir gehören, diese nicht auch ermorden?

Das fehlende Ende

Wir wissen nicht, wie sich die weiteren Abenteuer des Abgesandten des Amun gestalteten und ob er glücklich nach Ägypten zurückgekehrt ist; der weitere Teil des Papyrus ist nämlich nicht erhalten. Sicher ist dagegen, daß sich damals in Ägypten der Prozeß des Zerfalls des Staates in zwei Teile vollzog. Sein letzter Akt war das Ableben Ramses' XI.

Ägypten nach dem Tod Ramses' XI.

Nichts Ungewöhnliches oder Überraschendes ist nach diesem Tod geschehen. Alle Karten in dem politischen Spiel um die Macht waren schon zu seinen Lebzeiten verteilt worden. In Theben regierten weiterhin die Hohenpriester des Amun-Re, die oft ihre Namen in die königlichen Kartuschen eintrugen, in Unterägypten wiederum herrschte die 21. Dynastie, deren Gründer der aus der Erzählung über Wenamun bekannte Nes-Ba-Neb-Djed war. Sein Name verweist deutlich darauf, daß er aus Mendes, stammte, unweit von Tanis, der Stadt, die zur Residenz der neuen Dynastie wurde. In den griechischen Quellen lautet der Name dieses Herrschers Smendes, und diese Form wird heute von den Historikern am häufigsten gebraucht.

Ausblick auf die kommenden Ereignisse

Weder die Herrscher der 21. Dynastie noch die Hohenpriester des Amun-Re herrschten über ganz Ägypten. Das uralte Epitheton «Herr Beider Länder» verlor also in bezug auf sie jegliche Bedeutung. Auf paradoxe Weise vollzieht sich die Wiedervereinigung des Landes unter *einem* Zepter erst nach über einhundert Jahren dank der Herrscher fremder Herkunft. Es werden Libyer sein, die der militärischen Elite von Stämmen entsproßen, welche sich im Deltagebiet gegen Ende des Neuen Reiches niedergelassen hatten.

Und das ist noch nicht alles. Das geschwächte, aber eine uralte Kultur bewahrende und über die fruchtbaren Gebiete des Deltas verfügende Ägypten wird im 1. Jahrtausend v. Chr. zum Objekt des Interesses von Großmächten, die nach reicher Beute und nach einer eindrucksvollen «Visitenkarte» ihrer Macht Ausschau hielten. Als Folge der Kriegshandlungen werden den ägyptischen Thron der Reihe nach die Kuschiten, die Perser und die Griechen besteigen. In einigen Fällen wird dies eine authentische Wiedergeburt des Landes bedeuten, vor allem in wirtschaftlicher und kultureller Hinsicht. Der Titel «Herr Beider Länder» wird wieder seinen alten Inhalt erlangen, und sich sogar – hier ein neues Paradoxon – um einen neuen bereichern. Die Pharaonen fremder Herkunft werden nämlich die Herrschaft über ganz Ägypten mit der Machtausübung in ihrem eigenen Land verbinden.

Die beiden Hauptstädte des Amun: Theben und Tanis

(21. – 24. Dynastie)

Die Gottesherrschaft des Amun

Gegen Ende des 2. Jahrtausends v. Chr. herrschte der Gott Amun-Re uneingeschränkt über ganz Ägypten. Er wurde der echte «Herr Beider Länder», eine Gestalt, die die beiden Teile des zerrissenen Pharaonenstaates verband. Die Herrscher aus dem Süden und Norden wirkten daran mit, indem sie untereinander freundschaftliche Verbindungen aufrechterhielten.

Residenzstadt Tanis

Die Könige der 21. Dynastie hatten ihre Hauptstadt in Tanis, einer Stadt mit gewaltiger strategischer Bedeutung, die in der Nähe der nordöstlichen Grenze Ägyptens lag. Die vormalige Hauptstadt eines unterägyptischen Gaues wurde bereits von Smendes und seinen Nachfolgern zu solchen Ausmaßen ausgebaut, daß man sie als das zweite Theben ansah. Die Architektur von Djanet, wie man Tanis in den pharaonischen Zeiten nannte, ahmte die monumentalen thebanischen Bauwerke nach. Errichtet wurden dort gewaltige Kultstätten für verschiedene Götter, unter denen der Tempel des Amun-Re die erste Stelle einnahm. Von dem ungewöhnlichen Rang, den man eben diesem Tempelbezirk verlieh, zeugt die Tatsache, daß innerhalb seiner Umfriedung die Gräber der Könige der 21. und 22. Dynastie angelegt wurden. *Abb. 10*

Erste Grabungen in Tanis

Vom archäologischen Standpunkt aus gehört Tanis nicht nur zu den fesselndsten, sondern auch zu den rätselhaftesten Stätten in Ägypten. Noch bis vor kurzem war man der Meinung, daß sich hier sowohl Awaris befand, die Hauptstadt der Hyksos, jener asiatischen Eindringlinge, die die Ostgebiete des Deltas in der Zweiten Zwischenzeit okkupiert hatten, als auch Pi-Ramses, die Residenz der Ramessiden. Die Ausgrabungen, die hier im 19. Jh. von A. Mariette und F. Petrie durchgeführt wurden, erfaßten nur einen kleinen Teil des riesigen Gebietes, das auf einer Anhöhe lag und von sandigen Hügeln durchschnitten war. Aufgedeckt wurden Tonnen bearbeiteten Steines, sowohl mit Reliefs geschmückte Blöcke, Säulen, Fragmente von Obelisken, als auch Statuen von gewaltigen Ausmaßen, die Götter und Könige darstellten. Die meisten Bildnisse zeigten Ramses II., der fast überall in Ägypten Spuren seiner Tätigkeit hinterlassen hat.

Eine folgenschwere Fehlinterpretation

Doch die in die Steinblöcke eingemeißelten Inschriften – das heißt, die schriftlichen Quellen, von denen wir uns gewöhnlich eine Antwort auf die gestellten Fragen erhoffen – führten hier die Forscher in eine Sackgasse. Sie wiesen nämlich ein-

Abb. 11, 12, 15

deutig darauf hin, daß das meiste Material das Werk verschiedener Epochen darstellte, das in späteren Zeiten usurpiert worden war, also meist dem Abbruch früherer Bauwerke entstammte. Die Skulpturen aus der Zeit der 12. Dynastie tragen Inschriften, die in der Zeit der Ramessiden abgeändert worden sind, und die Namen der Herrscher des Neuen Reiches sind auf vielen Objekten ausgemeißelt worden, um den Kartuschen der Könige der 21. und 22. Dynastie Platz zu machen. Einige Objekte tragen Spuren mehrmaliger Wiederverwendung. Festgestellt wurde auch, daß die überwiegende Mehrheit dieser Skulpturen und Reliefs nicht an Ort und Stelle hergestellt, sondern aus anderen Plätzen hierher befördert worden war. Warum, woher und wann? Jahrelang blieben diese Fragen ohne Antwort.

Der Ort der Knechtschaft der Hebräer?

In der Überzeugung, daß San el-Hagar, wie die Araber heute diese Stelle nennen, der ursprüngliche und auch im Alten Testament erwähnte Sitz der Ramessiden war, nahm hier im Jahre 1929 der französische Ägyptologe Pierre Montet Ausgrabungen vor. Es ging ihm hauptsächlich um die Erforschung der Rolle dieser Stadt in der Zeit, die in der Bibel beschrieben ist. Er wollte Dokumente über den Aufenthalt der Juden in Ägypten und über ihren Exodus finden. Seine Hartnäckigkeit und Ausdauer wurden durch einen Erfolg gekrönt, den er wohl selbst nicht geahnt hatte. An einer besonders wenig spektakulären Stelle des Tempelbezirks, unweit seiner südwestlichen Ecke, entdeckte Montet unter einem Haufen von Ziegelsteinruinen, unter denen man die Überreste irgendwelcher armseligen Kapellen und auch Hinterlassenschaften einer Bildhauerwerkstatt feststellen konnte, vollkommen unerwartet die Gräber der Könige der 21. und der 22. Dynastie. Dieses Ereignis rief jedoch keinen so großen Widerhall hervor wie die Entdeckung des Grabes von Tutanchamun im thebanischen Tal der Könige, da es durch ein anderes historisches Ereignis in den Schatten gestellt wurde – den Ausbruch des Zweiten Weltkriegs einige Monate später. Die damals in Tanis gefundenen Schätze befinden sich heute im Obergeschoß des Ägyptischen Museums in Kairo, in unmittelbarer Nachbarschaft zu den goldenen Gegenständen aus dem Grab des Tutanchamun.

Die Königsgräber der 21. und 22. Dynastie

Die königlichen Hypogäen in Tanis sind ein wertvolles historisches Dokument. Sie schaffen nämlich einen Begriff von dem Rang der Herrscher von Tanis im Vergleich zu den Pharaonen des Neuen Reiches, deren Gräber sich in Theben erhalten haben. Wie bescheiden gestalten sich diese kleinen Räume mit einer unansehnlichen Reliefausschmückung, wenn wir sie mit den unterirdischen Labyrinthen vergleichen, die im Tal der Könige für die Thutmosiden und Ramessiden ausgehauen wurden, und die bis heute durch den Reichtum ihrer Malereien bezaubern!

Abb. 5 Zwei Uräusschlangen mit der königlichen Doppelkrone beidseitig der Kartusche mit dem Namen Ramses' III. oberhalb der heraldischen Pflanzen von Ober- und Unterägypten. Reliefdekoration einer Säule im Totentempel Ramses' III. in Medinet Habu, Theben-West.

Abb. 6 Die Mumie des Verstorbenen vor dem vergöttlichten König Amenophis I. (18. Dynastie). Antithetische Szene auf dem hölzernen Sarg des Bakenmut (21./22. Dynastie). Cleveland Museum of Art.

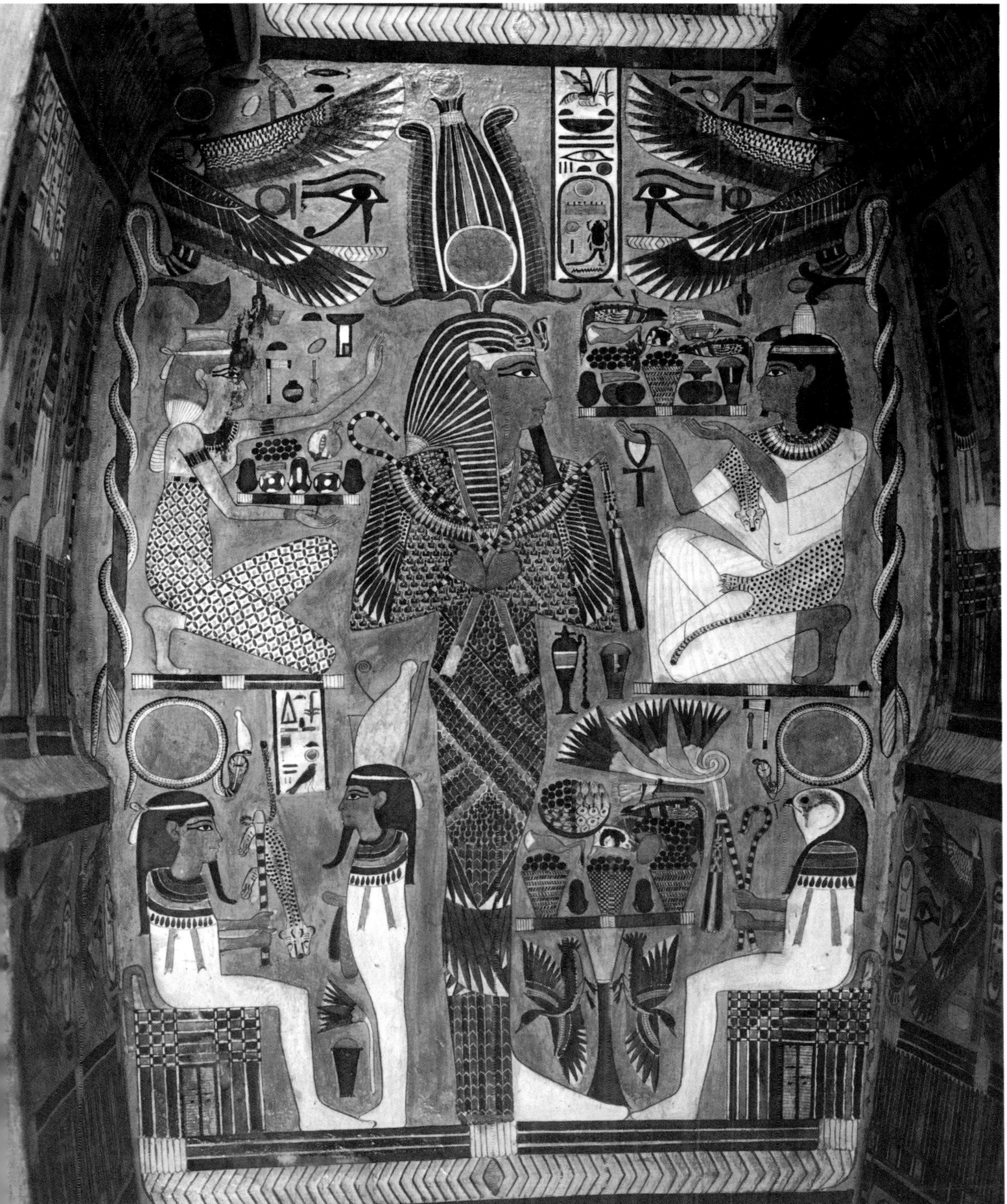

Abb. 7 Der vergöttlichte König Thutmosis III. (18. Dynastie) als Osiris in der Federtracht des Horus. Malerei auf dem hölzernen Sarg des Bakenmut (21./22. Dynastie). Cleveland Museum of Art.

Abb. 9 Doppelszene mit dem Isched-Baum auf dem Relief an einer Wand der Kapelle des Osiris-Hekadjet in Karnak. Die knienden Könige sind Osorkon III. und Takelot III. (23. Dynastie). Gott Atum schreibt die Namen des Takelot auf die Blätter des Baumes auf.

bb. 8 Pharao Amenophis III. vereinigt die heraldischen Pflanzen der «Beiden Länder» Ober- und Unterägypten. Dekoration eines runkgefäßes. Relief im Grab des Cheruef, Theben-West.

Abb. 10 Ruinen des Tempels in Tanis.

Abb. 11 Statuen und Relieffragmente der Ramessidenzeit in Tanis.

Abb. 12 Kopf einer Kolossalstatue Ramses' II. in Tanis. Sandstein.

Nachfolgende Doppelseite:

Abb. 13 Die Tempel der 11. und 18. Dynastie in Deir el-Bahari, Versteck zahlreicher Särge der 3. Zwischenzeit.

Abb. 11

Abb. 12

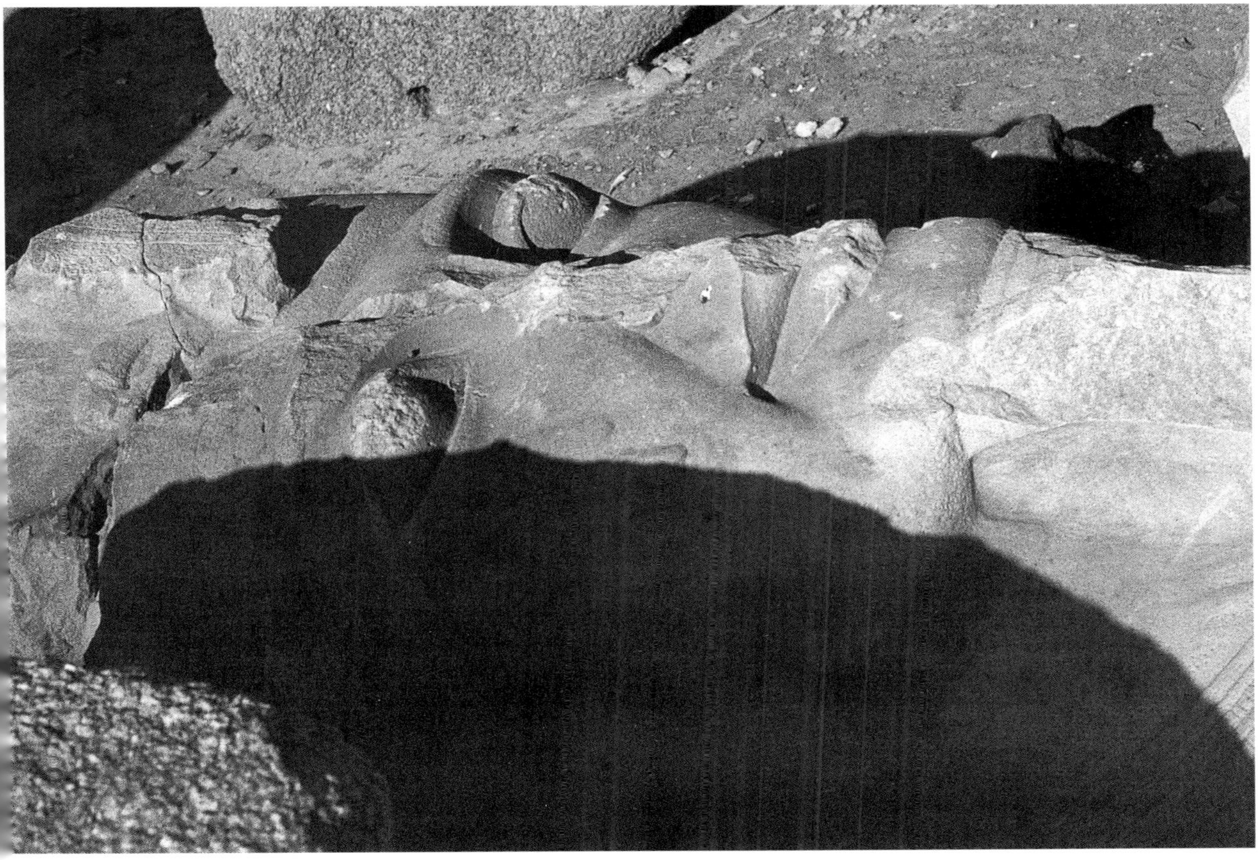

Abb. 14 Der Hohepriester Pinodjem (21. Dynastie). Relief im Tempel von Luxor.

Abb. 15 Granitstatue eines anonymen Pharaos der Ramessidenzeit mit einer Göttin. Aus Tanis, jetzt im Hof des Ägyptischen Museums, Kairo.

Abb. 16 Amun-Re erhält die eroberten palästinensischen Städte aus der Hand Scheschonks I. Relief im Tempel des Amun-Re in Karnak.

Nachfolgende Doppelseite:

Abb. 17 Ruinen der Tempel von Bubastis.

Abb. 18 Osorkon I. opfert dem Amun eine Figur der Göttin Maat. Reliefdekoration eines Granitblocks in Bubastis.

Abb. 19 Scheschonk, Sohn Osorkons II. und Hoherpriester des Ptah in Memphis, opfert dem Gott Harendotes Salben. Relief an der Grabkapelle des Scheschonk aus Memphis, jetzt im Hof des Ägyptischen Museums, Kairo.

Abb. 17

Abb. 18

Abb. 19

Abb. 21

Abb. 22

Abb. 23

Abb. 24

In Tanis fielen, ähnlich wie in Theben, die meisten königlichen Grabstätten Räubern zum Opfer; nur eine überdauerte unberührt bis in unsere Zeiten. Es ist das Grab des Psusennes, des dritten Herrschers der 21. Dynastie. Das dort von Montet aufgefundene herrliche Tafelgeschirr erlaubt es, ein wenig den Eindruck der Armut zu korrigieren, den die Architektur der Gräber in Tanis hinterläßt. Die in der Schlichtheit ihrer Form eleganten goldenen Gefäße mit der eingravierten königlichen Titulatur zeugen von der Fortsetzung der besten Traditionen des Neuen Reiches, und die Perfektion ihrer Ausfertigung kann mit den im Grab des Tutanchamun gefundenen Meisterwerken wetteifern.

Das ungeplünderte Psusennes-Grab

Die Mumie des Pharao, bedeckt mit einer goldenen Maske und überzogen mit einer Folie aus dem gleichen Material, ruhte in drei ineinandergeschachtelten Sarkophagen. Nur einer von ihnen, der innerste, war eigens für diesen Pharao hergestellt worden. Er besitzt die Form einer Mumie mit über der Brust überkreuzten Händen, die die Insignien des Osiris halten: das gekrümmte *Hekat*-Zepter und die *Nechech*-Geißel. An der Kopfbedeckung – dem breiten, auf Brust und Arme fallenden *Nemes*-Kopftuch – ist eine Uräusschlange befestigt, hergestellt aus purem Gold. Ihr Kopf erhebt sich über die Stirn des Herrschers, und die Windungen der Schlange bilden eine wellenartige Linie auf dem Tuch. In die Oberfläche des silbernen Sarkophags wurden Motive eingraviert, die an diejenigen erinnern, welche auf den thebanischen Sarkophagen aufgemalt bzw. inkrustiert wurden: den Rumpf der Mumie bedecken mit ihren ausgebreiteten Flügeln drei Vögel mit den Köpfen eines Geiers, eines Widders und eines Falken; zu Füßen der Mumie sind zwei Göttinnen als Klagefrauen dargestellt: Isis und Nephthys. Die Inschrift, die diese Gestalten begleitet, ist eine Invokation des Königs an die Göttin Nut, die hier als seine Mutter bezeichnet wird. Der Herrscher bittet sie, ihre Flügel über ihn auszubreiten, damit er wie die Polarsterne, die nie verschwinden, «unzerstörbar» und «unermüdlich» wird. Am Boden der Wanne dieses Sarkophags wurde die riesengroße Gestalt einer Göttin mit halboffenen Flügeln dargestellt, und längs der Ränder sind Worte des Trostes eingetragen, die von der Göttin an den König gerichtet

Särge und Sarkophage des Psusennes

Abb. 26

Abb. 20 Die Göttin Mut stillt den König Scheschonk I. Relief am «Bubastidenportal» in Karnak.

Abb. 21 Takelot III. mit dem Horus-Falken auf dem Kopf. Relief in der Kapelle des Osiris-Hekadjet in Karnak.

Abb. 22 Amenardis I. in einer Opferszene. Relief in der Kapelle des Osiris-Hekadjet in Karnak.

Abb. 23 Darstellung Thutmosis' III. in seinem Jubiläumstempel in Karnak. Ursprüngliches Relief nachgearbeitet, wohl zur Zeit der 23. Dynastie, möglicherweise als Vorbild einer Darstellung Takelots III. (vgl. Abb. 21).

Abb. 24 Cheded, der Gott des Vogelfangs. Relief aus der Zeit Osorkons III., 23. Dynastie, in der Kapelle des Osiris-Hekadjet in Karnak.

Abb. 25 Pharao Schebitku. Großformatiges Relief an der Vorderwand der Kapelle des Osiris-Hekadjet in Karnak.

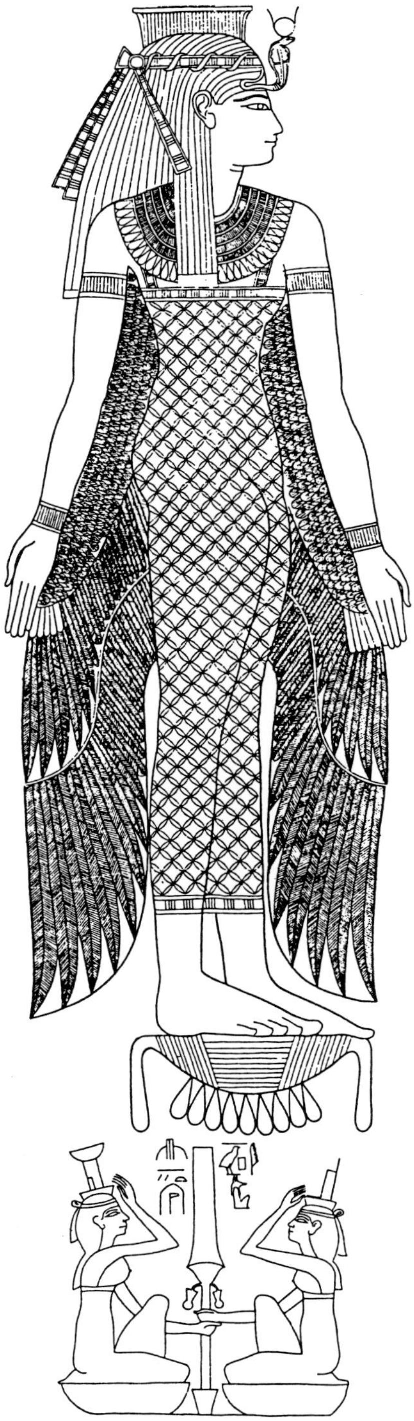

Abb. 26 Die geflügelte Göttin Nut. Unter ihr die weinenden Göttinnen Isis und Nephthys mit dem Anubis-Fetisch. Reliefdekoration des silbernen Sarges des Psusennes aus Tanis.

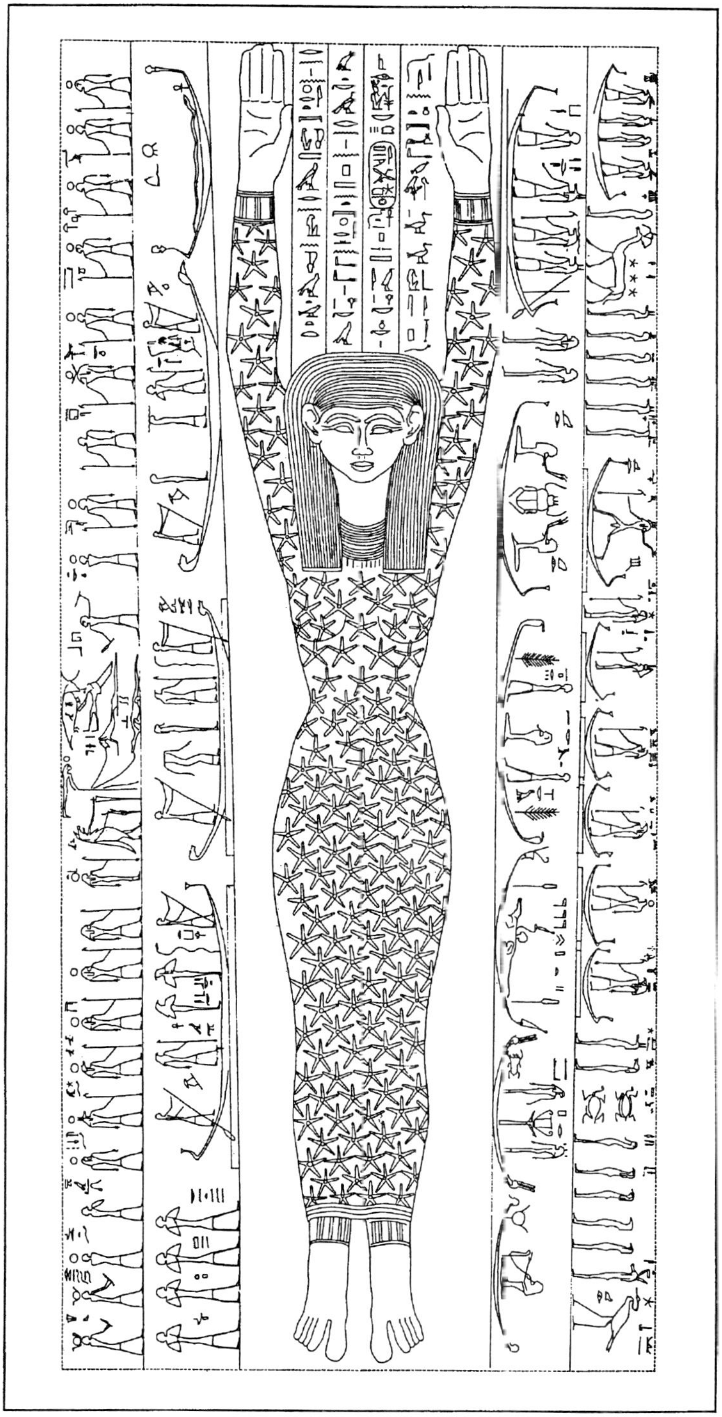

Abb. 27 Die Göttin Nut in Sternentracht, zwischen den Barken der zweiten und der dritten Stunde und den Sternen des Südens und des Nordens. Relief auf dem äußersten Granitsarkophag des Psusennes aus Tanis.

Abb. 27 werden. Der silberne Sarg wurde in einen anthropoiden (menschengestaltigen) Sarkophag gelegt, der aus schwarzem Granit bestand, und dieser wiederum in einen quaderförmigen Kasten aus rosarotem Granit.

Usurpierte Grabausrüstung

Keiner der steinernen Särge war jedoch ein originales Werk der 21. Dynastie. Der äußere Sarkophag, geschmückt mit einer schönen Figur der Göttin Nut in erhabenem Relief, wurde ursprünglich für Merenptah hergestellt, den Nachfolger Ramses' II., und der usurpierte anthropoide Sarkophag gehörte einem Adeligen aus der Zeit der Ramessiden. Schon allein die Tatsache des erneuten Gebrauchs älterer, und nicht einmal immer königlicher Särge bei der Bestattung eines Pharaos zeugt von der Pauperisierung der unterägyptischen Krone, und vielleicht ganz einfach von deren Armut.

Kollektivbestattungen

Zu ähnlichen Schlüssen muß die Tatsache führen, daß das in seinen Ausmaßen bescheidene Grab des Psusennes de facto eine kollektive Grabstätte war. Neben dem Pharao fanden dort auch einer seiner Generäle mit Namen Undjebaundjed sowie der König Amenemope, der Nachfolger des Psusennes, ihre letzte Ruhestätte. Die Mumie des Amenemope fand man in einem Holzsarg, der in einen steinernen Sarkophag gelegt worden war, welcher ursprünglich für die Königin Mutnodjmet, die Gattin von Smendes und Mutter von Psusennes, angefertigt worden war. Diese Tatsache verwundert uns um so mehr, als das vollkommen ausgeplünderte Grab des Amenemope innerhalb derselben Nekropole gefunden wurde.

Wer hat den Leichnam des Nachfolgers in dem unberührten Grab seines Vorgängers untergebracht, und das in einem Sarkophag, der für die Mutter des letzteren vorbereitet war? Das ist nur eines der Hunderte von Geheimnissen, die Tanis in sich birgt. Die dort neu aufgedeckten Denkmäler zwingen häufiger zu neuen Fragestellungen, als daß sie bei der Lösung der alten behilflich sind. Nach dem Zweiten Weltkrieg hat die französische archäologische Mission dort die Ausgrabungsarbeiten neu aufgenommen und führt sie, mit Pausen, bis heute, aber ohne neue sensationelle Entdeckungen fort. Das zu erforschende Gebiet ist so groß, daß einige Probleme wohl noch viele Jahre auf ihre Lösung werden warten müssen.

Ergänzende Befunde

Andere Fragen in bezug auf die Geschichte von Tanis werden sicher anhand des Materials gelöst, das aus anderen Fundstätten im Delta stammt. Das war zum Beispiel vor wenigen Jahren der Fall, als die österreichischen Ausgrabungen in Tell ed-Dabba und die deutschen in Qantir, zwei Ortschaften, die südwestlich von Tanis liegen, eine Antwort auf die Frage erteilten, warum die Herrscher der 21. Dynastie Tanis als die Hauptstadt von Unterägypten wählten.

Wo liegt die Ramses-Stadt?

Schon der hervorragende ägyptische Forscher Labib Habachi hatte in den sechziger Jahren unseres Jahrhunderts die mutige Hypothese aufgestellt, daß weder die Hyksos-Hauptstadt Awaris noch die Ramessiden-Residenz Pi-Ramses im Gebiet des heutigen San el-Hagar lagen. Nach seiner Meinung waren die gewaltigen Mengen von geschmückten Blöcken und Statuen, hauptsächlich aus der Zeit der Ramessiden, in der Dritten Zwischenzeit, vor allem in der Regierungszeit der 22. Dynastie, nach Tanis transportiert worden, und dies aus einem Ort, der weiter im

Westen lag und der das eigentliche Pi-Ramses war. «Verdächtigt» wurde das heutige Qantir, wo man schon früher eine beachtliche Anzahl farbiger Fließen aus Fayence gefunden hatte, die nur zum Dekor eines Königspalastes gehört haben konnten. Sie zeigen die Gestalten gefesselter Gefangener, die verschiedene Völker repräsentieren, wie auch königliche Kartuschen mit den Namen der großen Ramessidenherrscher. Mit solchen Platten wurden ganze Wand- und Bodenflächen in besonders repräsentativen Bauwerken ausgelegt. Die Vermutungen von Labib Habachi wurden durch die Forschungen bestätigt, die zur Zeit in Qantir von einer deutschen Mission durchgeführt werden. Gefunden wurden hier weitere Teile von Palästen und Tempeln, die in der Regierungszeit der 19. und 20. Dynastie errichtet und in der darauffolgenden Zeit zerstört worden waren. Die Blöcke und Skulpturen aus diesen Bauwerken sind heute über das ganze Ostdelta verstreut.

Eine Stadt wird demontiert

Aber warum wurden die Bauwerke von Pi-Ramses schon in der Regierungszeit der tanitischen Herrscher zu einem Steinbruch degradiert, und warum wurden die Teile in solchen Mengen gerade nach Tanis transportiert? Eine unerwartete Antwort auf diese Frage erteilten die komplexen Untersuchungen österreichischer Archäologen im Ostdelta, die mittlerweile über zwanzig Jahre lang unter der Leitung von Manfred Bietak durchgeführt werden. Sie konzentrieren sich in der Ortschaft Tell ed-Dabba, die in der Nähe von Qantir liegt. Die erste Sensation war dort die Aufdeckung der Hauptstadt der Hyksos, Awaris. Es sind keine so herrlichen Paläste wie im benachbarten Pi-Ramses zutage getreten, sondern bescheidenere Konstruktionen aus Lehmziegeln. Die in ihnen gefundenen Objekte – Skarabäen mit den Namen der Hyksos-Könige, eine für die Zweite Zwischenzeit charakteristische Keramik sowie Tierbestattungen – sind dagegen ein unschätzbarer Fund für die Historiker. Ihm haben wir die Information zu verdanken, wo die Hyksos ihre Hauptstadt hatten und daß die Ramessiden an einer anderen, obwohl in der Nähe gelegenen Stätte residierten.

Dekorationselemente eines Palastes

Awaris

Zu einer archäologischen Weltsensation wurde vor einigen Jahren die Entdeckung prächtiger, obwohl leider nur fragmentarisch erhaltener Malereien in minoischem Stil, die einen Palast in Awaris schmückten. Sie bezeugen enge Beziehungen der frühen 18. Dynastie zur ägäischen Welt, insbesondere Knossos und Thera.

Kontakte nach Kreta

Weitere Arbeiten der Österreicher waren auf die Untersuchung der Paläogeographie der Ostdeltaregionen in geologischer, hydrologischer, klimatischer, stratigraphischer und anderer Hinsicht ausgerichtet. Niemand hatte zuvor die natürlichen Bedingungen des östlichen Deltas während der Pharaonenzeit so genau untersucht.

Es stellte sich heraus, daß man auch in diesem Bereich eine historische Entwicklung verfolgen kann, denn die zusammenhängenden Veränderungen in der Bewässerung, in der Struktur des Geländes oder der mineralogischen Zusammensetzung des Bodens überlagern sich auf ähnliche Weise, wie die Kulturschichten in den alten Städten. Viele Prämissen verweisen darauf, daß gegen Ende des Neuen

Hydrologische Veränderungen im Nildelta

Pelusischer und Tanitischer Nilarm

Reiches eine Versandung des Pelusischen Nilarmes in seinem Unterlauf erfolgte und sein Gewässer sich daraufhin mit dem Tanitischen Arm verband, der sich etwas weiter westlich erstreckte. Die Hauptstadt der Ramessiden, die oberhalb der Stelle des Zusammenflusses lag, verlor auf diese Weise den Zugang zum Meer, was ihr normales Funktionieren blockierte, da sie nun abgeschnitten von einem wichtigen Verkehrsweg lag. Es traten wahrscheinlich auch Schwierigkeiten mit der Wasserversorgung auf. Man kann annehmen, daß die Stadt allmählich ausstarb. Den Herrschern der neuen Dynastie blieb nichts anderes übrig, als die Hauptstadt nach Tanis zu verlegen, dem nächstgelegenen Zentrum, das sich für eine königliche Residenz eignete.

Hoher Grundwasserspiegel

Auf einer Hochebene, in der Nähe einer Meeresbucht gelegen – derselben, von der aus Wenamun sich mit dem Schiff nach Phönizien begab – hatte Tanis auch eine gute Verbindung mit dem Landesinneren, dank des Nilarmes, dessen Gewässer jetzt durch die Verbindung mit einem zweiten Arm bereichert wurden. Das konnte eine Anhebung des Grundwasserspiegels bewirkt haben, und vielleicht war das eben der Grund, warum die Königsgräber in Tanis gleich unter der Oberfläche plaziert wurden und ihre Decken sehr niedrig sind. Alles scheint darauf hinzuweisen, daß für die Herrscher in Tanis immerhin die Bauwerke wichtiger waren, die mit ihrem irdischen Leben in Verbindung standen. Unter ihnen zeichneten sich Tempel aus, für deren Bau Unmengen von Steinen aus dem verlassenen Pi-Ramses herbeigeschafft wurden.

Der gleiche Gott Amun herrschte uneingeschränkt in Oberägypten. Sein Kult war wohl der wichtigste Faktor, auf den sich die Annäherung der beiden Teile des Landes in der Zeit der 21. Dynastie begründete. Auf einer mehr sekularen Ebene erfolgten diese Kontakte über die Eheschließungen zwischen den Vertretern der thebanischen Priesterdynastie und der Königsfamilie aus Tanis. Die politische Rolle der Königstöchter stieg in dieser Zeit ungewöhnlich an. Diplomatische Ehen – ein wichtiges Instrument der dynastischen Politik – wurden nicht nur mit Königen geschlossen, sondern auch mit den Göttern. Das hängt mit der Institution der «Gottesverehrerinnen» oder «Gottesgemahlinnen des Amun» zusammen, die in Ägypten schon seit den Anfängen der 18. Dynastie installiert war, aber erst jetzt besondere Bedeutung annahm. Während nämlich die Königstöchter, die diesen Titel in der Zeit des Neuen Reiches trugen, normale Ehen schließen konnten, so mußten sie seit der Zeit des Hohenpriesters Pinodjem dem Gott treu, also praktisch jungfräulich bleiben. Ihre Autorität und ihr gesellschaftlicher Status reichten in vielerlei Hinsicht an den Rang des Pharaos heran.

«Gottesgemahlinnen»

Maatkare-Mutemhet

Die Tochter Pinodjems und seiner tanitischen Ehefrau Henuttaui namens Maatkare-Mutemhet war die erste in der Reihe der jungfräulichen Gattinnen des thebanischen Gottes. Die Jungfernschaft dieser Priesterin wurde bis vor kurzem angezweifelt; denn in ihrem Sarkophag fand man neben ihrem einbalsamierten Leichnam auch eine kleine Mumie, von der man annahm, daß es sich um ein Kind der im Wochenbett verstorbenen Maatkare handeln würde. Eine Durchleuchtung bewies jedoch, daß es die Mumie eines Affen war, vielleicht des einzigen treuen Gefährten der Gottesgemahlin. *Eine Affenmumie*

Die mitunter aufgestellten Thesen von der «sakralen Prostitution» in Ägypten scheinen im Lichte dieser Forschungen unbegründet zu sein. Alles verweist darauf, daß die Teilnahme der «Gottesgemahlinnen des Amun» an der regelmäßig wiederholten «Zeugung» des Gottes Chonsu, der die Rolle des Kindes in der thebanischen Göttertriade spielte, rein symbolisch war.

Nach dem Tod des Herihor, im siebenten Jahr der Ära der «Renaissance», wurde Pianchi zum neuen Hohenpriester in Theben ernannt, dessen Herkunft – ähnlich wie im Falle seines Vorgängers – in den ägyptischen Quellen stillschweigend übergangen wurde. Die Praxis der Jahreszählung von der «erneuten Geburt» an wurde mit dem Tode von Ramses XI. eingestellt, als die Macht in Tanis Smendes übernahm, der auch in Theben als König anerkannt wurde. Aber schon der nächste Hohepriester des Amun, ein Sohn des Pianchi namens Pinodjem, ließ sich selbst zum König ausrufen. Seine ehrgeizigen Ambitionen überraschen uns durchaus nicht, er war schließlich Ehemann der Prinzessin Henuttaui, einer der Töchter Ramses' XI., und «Schwiegervater» des Gottes Amun, dem er die Hand seiner Tochter Maatkare anvertraute. Er verfügte letzten Endes in seinem Hof über eine ebensolche Autorität wie die Königin Nodjmet, die Witwe des Priesters und usurpatorischen Königs Herihor. *Hoherpriester Pianchi* *Pinodjem* *Abb. 14*

Die Macht Pinodjems nahm derartige Ausmaße an, daß es ihm gelang, seinen Sohn Psusennes auf den unterägyptischen Thron zu setzen. Obwohl diese Filiation noch nicht hundertprozentig gesichert ist, bleibt es eine Tatsache, daß der (gräzisierte) Name Psusennes in der hieroglyphischen Schreibung «Stern, der in Theben(?) aufgegangen ist» bedeutet; und neben der klassischen königlichen Titulatur schreiben ihm die Inschriften in Tanis auch den Titel eines «Hohenpriesters des Amun-Re, des Königs der Götter» zu. Ägypten wurde damals also von einem Priester-König (in Theben) und einem Königs-Priester (in Tanis) regiert. Bedeute dies nun, daß uns nur ein Schritt von der erneuten Vereinigung des Landes trennt? *Machtfülle des Pinodjem* *Psusennes*

Vielleicht wäre dies zustande gekommen, wenn die Priester sich nur mit religiösen Fragen befaßt hätten. Aber ihre zweite Funktion, ebenso wichtig und ebenso politisch wie das Priesteramt, war die militärische Befehlsgewalt. Jeder von ihnen war ein General, der den Titel eines «großen Befehlshabers der Armee» führte und sogar eines «großen Befehlshabers der Armee des ganzen Landes».

Die geographischen Grenzen des thebanischen Supremats waren genau abgesteckt und reichten im Norden bis zur Ortschaft Taudjoi (das heutige El-Hibe) in Mittelägypten. Dort, in einer Entfernung von etwa dreißig Kilometern von Herakleopolis, östlich des Nils, an einer Stelle, wo die felsige Böschung der Wüste fast an das Flußufer reicht, ließ der Hohepriester Mencheperre eine Festung errichten. Sie sollte den theokratischen Süden Ägyptens nicht nur vor den Eroberungsgelüsten der Herrscher von Tanis schützen, sondern auch – mit der Zeit immer mehr – vor den Überfällen seitens der libyschen Stämme, die schon früher ihre Oberhoheit *Taudjoi* *Taf. 4.1*

Meschwesch den Gebieten westlich des Niltals aufzwangen. Der einflußreichste dieser Stämme hieß Meschwesch, kurz Ma. Ähnliche Festungen ragten längs des Nils im gesamten Gebiet empor, das von Theben kontrolliert wurde. Das ruft das Gefühl der Bedrohung wach, das im ganzen Südteil des Landes geherrscht haben mußte und beweist, daß dieser Staat in gleichem Maße theokratisch wie militärisch war.

Plünderungen der Gräber

Taf. 3

Ein anderes wichtiges Sorgenkind der thebanischen Priester waren die ständigen Einbrüche in die Gräber am westlichen Nilufer. Sie wurden ausgeplündert, die Leichen wurden geschändet, was im Fall der königlichen Mumien besonders grauenhaft war. Es waren schließlich Götter, Inkarnationen des Osiris, denen seitens des Priestertums besondere Fürsorge gebührte. Die verzweifelte Suche nach einem sicheren Platz für die Mumien der Pharaonen ist eines der Merkmale dieser Zeit. Seit Herihors Zeiten bis zum Pontifikat von Pinodjem II., das heißt in den einhundert Regierungsjahren der 21. Dynastie, wurden Inspektionen der Königsgräber durchgeführt, die Mumien der großen Vorfahren restauriert und verlegt, bis letzten Endes vierzehn göttliche Leichname im unterirdischen Felsgrab Amenophis' II. im Tal der Könige einen Unterschlupf fanden; zwanzig andere dagegen wurden in einem tief im Felsen südlich von Deir el-Bahari ausgehackten Versteck zusammengelegt. Dieses Geheimdepot wird in der ägyptologischen Literatur mit dem französischen Begriff «Cachette» bezeichnet.

Geheime Mumienverstecke

Abb. 13

Die Entdeckung der «Cachette» – einer der sensationellsten Funde in der Archäologie Ägyptens – war ein Ereignis mit einem kriminell-detektivistischen Beigeschmack. Es sah nämlich ganz so aus, als sollten die schon im Altertum schmählich behandelten Mumien gegen Ende des 19. Jhs. n. Chr. noch einmal bestohlen und geschändet werden. Als Anfang der siebziger Jahre des vergangenen Jahrhunderts auf dem Antiquitätenmarkt kostbare Gegenstände aufzutauchen begannen, die allem Anschein nach aus einem nicht identifizierten Königsgrab stammten, wurde die ägyptische Altertümerverwaltung, damals unter der Leitung des französischen Ägyptologen Gaston Maspéro, in Bereitschaft versetzt. Alle «klassischen» Methoden der Festnahme des Räubers über die Antiquitätenhändler versagten. Man mußte äußerst vorsichtig vorgehen, da die Organisation des Verkaufs dieser Objekte einen erfahrenen Meister des Diebeshandwerks verriet. Wo befand sich das Grab? Wer war der glückliche Entdecker? Was wurde zerstört, und was war noch zu retten? Diese Fragen bescherten dem französischen Gelehrten, der für die Rettung der pharaonischen Denkmäler verantwortlich war, schlaflose Nächte.

Funde im Kunsthandel

Ein «agent provocateur»

Im Jahre 1881 schickte Maspéro zuerst ein Telegramm an die Polizei in Luxor, die lokalen Antiquitätenhändler nicht mehr aus den Augen zu lassen. Dann delegierte er dort einen seiner Mitarbeiter als Detektiv. Er sollte einen reichen Touristen spielen, der auf Einkäufe gut vorbereitet war. Ohne die Aufmerksamkeit auf sich zu lenken, erwarb er einige wertvolle Objekte und gewann das Vertrauen der Händler. Als man ihm eines Tages eine kleine Statue brachte, die zur Ausrüstung eines Grabes aus der Zeit der 21. Dynastie gehörte, hatte er keine Zweifel mehr: Hier ging es um ein Königsgrab. Nach längerem Feilschen kaufte er die Statuette.

So stieß er auf Ahmed Abd er-Rassul, der zusammen mit seinem Bruder Mohammed seit längerer Zeit die Händler mit Objekten versorgte, die aus der thebanischen Nekropole stammten. Sie wurden nach Luxor unter den Kleidern oder in Gemüsekörben geschmuggelt. Die Familie Abd er-Rassul zeichnete sich in diesem Gewerbe durch eine besondere Aktivität aus. So erschien sie auch der Polizei in Luxor und dem Abgesandten Maspéros besonders verdächtig. Der zweite Verdächtige war Mustafa Aga Ayat, ein Türke in den Diensten des belgischen, britischen und russischen Konsulats. Mit der diplomatischen Immunität versehen, konnte Aga Ayat ohne Hindernisse Mumien und andere Objekte ankaufen.

Eine Grabräuberdynastie

Im April 1881 wurden die beiden Brüder Rassul verhaftet und in Fesseln auf die Polizeistation nach Kena gebracht. Sie schworen bei allen Heiligen, daß sie unschuldig seien, was durch die Tatsache belegt zu sein schien, daß in ihrem Haus keine Altertümer gefunden wurden. Da weder Torturen noch Überredungskünste zu einem Ergebnis führten, wurden die Brüder alsbald entlassen. Man vermutet heute, daß der Polizeikommandant Daud Pascha der Familie Rassul recht nahe stand. Alles hätte ein glückliches Ende genommen, wenn es nicht zu einem heftigen Familienstreit über die Verteilung der Beute aus dem königlichen Versteck gekommen wäre. Es wird Zeit, das Geheimnis zu lüften, daß eben jener Ahmed Abd er-Rassul zufällig die «Cachette» entdeckt hatte, als er nach einer verlorengegangenen Ziege suchte. Die Mumien der großen Pharaonen samt den Resten der reichen Grabausrüstung ruhten in einer unterirdischen Kammer, zu der ein leerer, unansehnlicher Schacht führte. Fast zehn Jahre lang beuteten die Brüder diese «Goldader» aus. Sie konnten doch eine Preissenkung dieser Objekte nicht zulassen, noch deren Aufbewahrung zu Hause riskieren. Von den Händlern in Luxor wurden die Denkmäler dann sofort an reiche ausländische Touristen weiterverkauft.

Erstes Verhör

Eine wahre «Goldader»

Als Ahmed einen größeren Teil der Beute als Wiedergutmachung für die bei der Polizei erlittenen Torturen verlangte, kam es in der Familie zu Streitigkeiten. Die Nachricht davon verbreitete sich alsbald in der ganzen Umgebung, was die Aufmerksamkeit der Altertümerverwaltung erneut auf die Familie Rassul lenkte. In einer Anwandlung von Zorn, als er mit dem Bruder nicht handelseinig werden konnte, kehrte Mohammed – nur drei Monate nach dem Verhör – zur Polizei zurück, bekannte sich zu seiner Tat und erzählte in allen Einzelheiten die Geschichte der Beraubung der Grabstätte. Einige Tage später führte er eine Gruppe von Personen, unter denen sich der Ägyptologe Emil Brugsch als offizieller Vertreter der Regierung befand, zu dem königlichen Versteck. Die Mitglieder dieser Expedition waren bis an die Zähne bewaffnet, da man die Rache der einheimischen Bevölkerung befürchtete. Man kann sich leicht die Gefühle von Brugsch in dem Augenblick vorstellen, als man ihn an einem langen Seil in den tiefen Schacht herabließ. Mit sich führte er einen Vorrat an Kerzen. Wie groß war sein Schrecken, als er plötzlich in ihrem schwachen, flackernden Licht den größten Herrschern des alten Ägyptens ins Gesicht sah. Es befanden sich unter ihnen Ahmose, der Besieger

Folgenschweres Zerwürfnis

Archäologen bergen die Königsmumien

Die großen Pharaonen

der Hyksos, der berühmte Thutmosis III. und die ersten beiden Herrscher der 19. Dynastie, Sethos I. und Ramses II. Die Särge der großen Königinnen waren haufenweise aufgestapelt, und in dem ganzen Raum verstreut lagen Eingeweide-Urnen (Kanopen) und Trinkgefäße. Es fiel schwer, sich davon zu überzeugen, daß dies kein Traum war.

Sofort wurden dreihundert Arbeiter eingestellt, um den Schatz zu bergen. Das Unternehmen verlief unter strenger Aufsicht, unter Beachtung aller möglichen Vorsichtsmaßnahmen. Im Laufe von achtundvierzig Stunden wurden der erste Teil der ehrwürdigen Toten und ein Komplex wertvoller Objekte auf ein Schiff verladen. Maspéro schreibt, daß das Schiff «El-Menshieh», das dabei die Funktion des größten Leichenwagens in der Geschichte ausübte, in Theben von einer Menge wehklagender Frauen und Gewehrsalven abgebender Männer verabschiedet wurde. Zyniker fragten sich, ob sich die Trauerbezeigungen beim Abschied nicht eher auf die dahinschwimmende Einnahmequelle bezogen. Die Mumien brachte man in das Ägyptische Museum in Kairo, wo sie sich bis heute befinden. Sie wurden eingehend untersucht und exakt dokumentiert, und eine von ihnen machte unlängst – wie wir bereits erwähnt haben – eine weitere postume Reise, diesmal über das Meer. Sie wurde mit dem Flugzeug nach Paris transportiert, wo sie weiteren konservatorischen Eingriffen unterzogen wurde. Der Nachweis von Krankheiten, die während der anthropologischen Untersuchungen und Durchleuchtungen erbracht wurden, welche auch die übrigen Mumien über sich ergehen lassen mußten, legt den Gedanken nahe, daß nicht nur Zahnschmerzen die Pharaonen für eine Weile vergessen ließen, daß sie Götter waren.

Überführung nach Kairo

Ein weiteres Mumienversteck

Kaum zehn Jahre nach der Entdeckung der königlichen «Cachette» südlich von Deir el-Bahari lieferte die thebanische Nekropole den Archäologen eine neue Sensation. Entdeckt wurde nämlich ein zweites Versteck mumifizierter Leichen, diesmal der thebanischen Priester. Es befand sich unmittelbar in Deir el-Bahari, unweit der beiden Tempel Hatschepsuts und Thutmosis' III., die jetzt Gegenstand polnischer Forschungen sind. Es war ein einfaches Felsengrab, ausgehauen in der Zeit der 19. Dynastie, vertieft und erweitert von dem Hohenpriester Mencheperre aus der 21. Dynastie mit der Bestimmung als Grablege für seine Familie. Etwas später wurde es zur «Cachette» umgewidmet, als darin die Leichen der Amunpriester vom Ende der 21. Dynastie untergebracht wurden. Der französische Ägyptologe Georges Daressy entdeckte dort im Jahre 1891 nicht mehr und nicht weniger als 153 Holzsärge, darunter 101 Doppelsärge, sowie eine Unmenge von Objekten, die zur Ausrüstung der Gräber gehörten, unter anderem 200 Statuetten und über 70 Papyri.

Geborgene Priesterbestattungen

In das Grab führt ein 15 Meter tiefer Schacht, auf dessen Boden eine 120 m lange Galerie mit einem Seitenkorridor beginnt. Die Särge der Priester und Priesterinnen, einer auf dem anderen längs der Wände aufgestapelt, füllten den Raum bis zur Decke. Sie befinden sich nunmehr in Kairo und in anderen Museen der Welt. Arbeiten an diesem ungewöhnlich reichen Material führte zuletzt der polnische

Forscher Andrzej Niwiński durch, der die Geschichte dieser Zeit um eine Reihe neuer Feststellungen bereicherte. Nach seiner Meinung wurden alle diese Särge, die unter anderem die Leichen vieler Kinder und Enkelkinder des Hohenpriesters Mencheperre selbst enthielten, im Bab el-Gasus – so der heutige Name des Verstecks – zur gleichen Zeit angesammelt, in der die Königsmumien in die «Cachette royale» südlich von Deir el-Bahari verlegt wurden, also zur Amtszeit des Hohenpriesters Pinodjem II., das in die Regierungsjahre von Siamun in Tanis fiel.

Angehörige des Mencheperre

Dies waren nur zwei Punkte eines gigantischen Entwurfs zur Rettung der bedrohten Mumien. In Theben-West entdeckte man nämlich noch einige andere Verstecke, die in der gleichen Zeit eingerichtet worden waren, unter anderem im Assasif, wo in neun Schächten sechzig Mumien in ihren Särgen unterbracht waren, wie auch in Deir el-Bahari, wo Auguste Mariette – der Wegbereiter der französischen Archäologie in Ägypten – im Jahre 1858 nicht weniger als 71 Särge von Priestern des Gottes Month entdeckte. Alles wies darauf hin, daß die unterirdischen Gräber in verborgenen Schlupfwinkeln des Hatschepsut-Tempels den bedrohten Mumien den besten Schutz boten. Die Einrichtung dieser Verstecke zeugt am besten von dem allgemeinen Gefühl der Bedrohung, das in dem theokratischen thebanischen Staat in der Regierungszeit der Hohenpriester des Amun, besonders gegen Ende der 21. Dynastie, herrschte.

Vielfache Sekundärbestattungen

Die Massenhaftigkeit dieser sekundären Bestattungen verweist auf den Verfall der gesellschaftlichen Ordnung. Noch einhundert Jahre früher hätte jeder dieser Verstorbenen ein eigenes Grab mit großen Ausmaßen gehabt, ausgehauen aus dem Felsen westlich von Theben und mit schönen Malereien verziert. Davon konnte Anfang des 2. Jahrtausends v. Chr. nicht mehr die Rede sein. Es obwaltete ein eiliges, fieberhaftes Retten der wertvollsten Sachen, als ob jeden Tag alles zusammenstürzen könnte.

Verzicht auf Grabmalerei

Die Verzierung der Holzsärge der thebanischen Priester zeugt allerdings davon, daß die besten Traditionen der Vergangenheit nicht in Vergessenheit geraten waren. Im Miniaturmaßstab war man bemüht, auf den Särgen alles unterzubringen, was an den Wänden der Gräber fehlte. Jeder Zentimeter der Fläche dieser anthropoid geformten Kästen ist mit farbigen Malereien und Inschriften bedeckt. Ihr Inhalt und ihre Form erinnern an die Verzierung der thebanischen Gräber aus der Zeit der Ramessiden. Äußerst reich ist die Thematik der mythologischen Szenen, die Auszüge großer ikonographischer Programme der früheren Zeit darstellen, wie des Unterweltbuches «Amduat», das aus den Königsgräbern bekannt ist, oder auch des «Totenbuches», das meistens auf Papyri kopiert wurde, welche den Mumien der hohen Beamten mitgegeben wurden. Die Phantasie der Künstler jener Zeit, befreit von Schemata, die in Zeiten größerer religiöser Orthodoxie von Bedeutung waren, schuf neue, überraschende Kompositionen, indem sie mitunter auf willkürliche Weise Elemente der klassischen Archetypen verarbeitete.

Reich dekorierte Särge

Ein Beweis der Sehnsucht nach den guten alten Zeiten sind die wiederholt auftretenden Bildnisse der größten Könige der 18. Dynastie, besonders von Amen-

Abb. 6

ophis I. – dem Begründer der Größe dieser Dynastie, der schon in der Zeit der Ramessiden vergöttlicht wurde – und von Thutmosis III., in dessen Regierungszeit Ägypten die größte Blüte erlebte. Mit dem mumienförmigen Osiris identifiziert, wurden diese Herrscher oft im Großmaßstab am Boden des Holzsarges dargestellt, als ob man den Verstorbenen unter den magischen Schutz des göttlichen Vorfahren stellen oder ihm gar eine ähnliche Inkarnation nach dem Tode gewährleisten wollte. Ein Symbol der Wiedergeburt sind in diesen Szenen die Gestalten von Falken mit um die Gestalt des Herrschers ausgebreiteten Flügeln oder das federartige Gewand des letzteren, das an den Körper eines Vogels erinnert, der mit Horus, dem Sohn des Osiris, assoziiert wurde. In den an den Wänden der Särge angebrachten Inschriften wird Amun-Re oft mit dem heliopolitanischen Sonnengott zu einem Wesen verbunden, und zwar in verschiedenen seiner Aspekte: Chepri – die auferstehende Morgensonne –, Atum – die untergehende Sonne –, wie auch Horachti – «Horus der beiden Horizonte».

Abb. 7

Schützende Flügel

Synkretismen

Dieser Synkretismus, der die Möglichkeit schuf, fast jeden Gott mit jedem anderen zu identifizieren, steht an der Grenze eines Monotheismus, der jedoch einen vollkommen anderen Charakter haben würde als der Kult des Aton, also der Sonnenscheibe in der Zeit des Echnaton. Der solare Amun hatte in seiner jetzigen Gestalt eine allmächtige magische Kraft. Seine Statue, von den Priestern auf den Schultern getragen, konnte schon durch ihre Neigung nach einer bestimmten Richtung über alles entscheiden – einen solchen Ablauf hatten nämlich zumeist die Orakel, die in jener Zeit äußerst populär waren. An sie richtete man sowohl triviale Fragen, zum Beispiel wer die Kleidung oder einen Topf gestohlen hat, wie auch gewichtige Probleme, beispielsweise bezüglich politischer und militärischer Entscheidungen. Sich auf den «Willen» der Götter berufend, konnten die Priester auf diese Weise über alles entscheiden. Da sie dabei ein wesentlich größeres Wissen hatten als alle anderen, waren sie praktisch die Herren über Leben und Tod eines jeden Ägypters. Die Statue der Gottheit konnte mit einer Neigung «entscheiden», wer die Priesterfunktionen im Tempel übernehmen und wer die Funktion der «Gottesgemahlin des Amun» ausüben durfte.

Orakel

Pinodjem II. befragt das Orakel

Die Orakel hatten eine derartige Bedeutung, daß einige der bei ihnen erörterten Fragen sogar in Inschriften an den Tempelwänden festgehalten sind. Zu diesen gehört ein in Karnak erhaltener längerer Text aus der Zeit des bereits erwähnten Pinodjem II. Wir erfahren daraus, daß sich der Hohepriester selbst an das Orakel mit einer Frage über die Unehrlichkeit eines Beamten wandte, da der Gott allem Anschein nach «keine Lust hatte», die alljährliche Prozession in den Tempel in Luxor anzutreten, solange die Sache nicht entschieden worden sei. Vor die Statue der Gottheit wurden damals zwei Tafeln gelegt, die eine mit einer positiven, die andere mit einer negativen Antwort.

Mythologische Papyri

Auch die Verstorbenen wurden unter die Obhut der magischen Worte von Amun-Re gestellt, wovon einer der in Deir el-Bahari gefundenen Papyri zeugt. Die Papyri, welche den verstorbenen Priestern und Priesterinnen mit ins Grab gegeben wurden, bilden heute, neben den Holzsärgen, die wichtigste Quelle der Kenntnis der Religion jener stürmischen Zeit. Besonders interessant sind die mythologischen Papyri. Manche Motive oder ihre Verarbeitung finden wir erst später in den Tempelreliefs der Ptolemäerzeit wieder. Wie sich die Zwischenstufen gestalteten, wissen wir nicht, da aus den weiteren Jahrhunderten nur wenige vergleichbare Quellen erhalten geblieben sind.

Siamun

Ähnlich wie Theben erlebte auch Tanis eine deutliche Krise in der zweiten Hälfte der Herrschaft der 21. Dynastie, das heißt zu Beginn des 1. Jahrtausends v. Chr. Von den fünf Nachfolgern des Psusennes hinterließ nur Siamun (978–959 v. Chr.) Spuren größerer Bauunternehmen. Zu seinen Werken zählte eine große Kapelle aus Granit; und zahlreiche, im Tempel von Amun und Mut gefundene Grundsteine zeugen von dem Elan, aus dem man das Vorhandensein beträchtlicher Mittel und ein entsprechendes Selbstbewußtsein ablesen kann. Die Gräber der Nachfolger des Psusennes sind dagegen klein und bescheiden. Wir sind nicht einmal sicher, ob sie der gleichen genealogischen Linie angehörten. Man vermutet, daß einer von ihnen, Osorkon, der erste Herrscher libyscher Abstammung gewesen sein könnte.

Osorkon

Saul und David als Nachbarn Ägyptens

In der Regierungszeit der 21. Dynastie betrat Israel, das in der Außenpolitik Ägyptens eine immer wichtigere Rolle zu spielen begann, die politische Bühne. Dieser in den Kämpfen gegen die Philister abgehärtete und von Saul – dem ersten israelitischen König – konsolidierte Staat erstarkte unter der Regierung von David (1010–970 v. Chr.), der die Hauptstadt von Hebron nach Jerusalem verlegte. Im Buch Samuel des Alten Testaments, das über die Taten Davids berichtet, wird Ägypten nur anläßlich des Feldzugs des Königs nach dem Nordsinai erwähnt, wo er einen Ägypter, den Sklaven der beduinischen Amalekiter, vor dem Hungertod rettete (1. Sam 30, 11–13).

Hadad von Edom erhält Asyl

Etwas später gewährte der Königshof in Tanis dem jungen Hadad, dem Thronfolger im transjordanischen Edom, Asyl. Der von David enterbte Hadad kam seinerzeit nach Ägypten und heiratete die Schwester der Königin (1. Kön 11, 14–22). Auch der Nachfolger Davids, Salomo (970–930/929 v. Chr.), erhielt eine Tochter des Pharaos als Gemahlin: Gattin des hebräischen Monarchen wurde die Tochter von Siamun, die als Brautgeschenk die Philisterstadt Geser im Vorgebirge von Judäa, die zuvor von demselben Pharao erobert worden war (1. Kön 9, 16–24), mitbrachte.

Fremde Prinzessinnen

Diese lakonischen im Alten Testament enthaltenen Informationen sagen uns aber sehr viel über den Rang Ägyptens in der internationalen Arena aus. Wie grundsätzlich unterscheidet er sich von der imperialen Macht der Pharaonen in der Zeit des Neuen Reiches, die als Gemahlinnen asiatische Königstöchter nahmen! Wie schwach mußte sich der Herrscher von Tanis fühlen, der samt der Tochter dem hebräischen König eine von den Philistern eroberte Stadt abgab!

Schwindende Macht

Alles weist darauf hin, daß die letzten tanitischen Herrscher, ähnlich wie die thebanischen Hohenpriester des Amun, langsam die Herrschaft über das Land verloren. Eine Reihe von Provinzen geriet allmählich unter die Kontrolle libyscher Stämme. Der wichtigste von ihnen, derjenige der Meschwesch (Ma), erlangte einen zunehmend größeren Einfluß auf die Entwicklung der Ereignisse in Tanis und Memphis. In Mittelägypten, wo die Festung Taudjoi die Grenzen des thebanischen Gottesstaates des Amun verteidigte, errichtete dieser Stamm seine eigene Festung und unterstellte die Stadt Herakleopolis seiner Kontrolle. Die Atmosphäre der Bedrohung, die den Untergang der Macht und den Zerfall der gesellschaftlichen Strukturen begleitete, erleichterte den Aufstieg der neuen politischen Kraft.

Taf. 4.1

Scheschonk I.

Um das Jahr 950 v. Chr. marschierte Scheschonk, einer der Anführer der bereits am Nil ansässigen Libyer, mit seiner Armee in Theben ein und ließ sich wenig später zum Pharao ausrufen. Um gegen keine Formalitäten zu verstoßen, zog er die Orakelstätte des Amun zu Rate, ob er in Abydos den Kult seines Vaters Nimlot einführen dürfe. Das nördlich von Theben gelegene Hauptzentrum des Osiriskultes war nämlich eine Stätte, an der traditionell Kultkapellen für die verstorbenen Vorfahren errichtet wurden. Der Text dieses ungewöhnlichen Dekrets wurde auf einer Granitstele eingemeißelt, deren unterer Teil bis in unsere Zeiten erhalten blieb. In Übereinstimmung mit den Prinzipien der thebanischen Theokratie richtete der regierende Herrscher, also Psusennes II., die Frage an das Orakel. Die Kosten der Stiftung, die den Baldachin und die Statue des Verstorbenen umfaßten, sollten zwischen Scheschonk als dem Herrscher der Ma und dem ägyptischen König aufgeteilt werden. Wir sind Zeugen eines politischen Gewaltaktes, kaschiert mit dem Mantel der Frömmigkeit und der gezierten Rhetorik der ägyptischen Schriftsprache. Amun war natürlich «entzückt» über den Vorschlag und richtete an Scheschonk Worte der höchsten Anerkennung. Auf diese Weise wurde der theologische Boden für seine Machtübernahme vorbereitet. In den Reliefs, die Scheschonk darstellen, verraten nur noch die Feder auf seinem Haupt und der Titel des Stammeshäuptlings die Herkunft des neuen Herrschers von Ägypten. Der Pharao, der aus der Linie der fünf großen Herrscher der Ma stammte, war nämlich schon vollkommen ägyptisiert.

Psusennes II.

Die Bubastiden-Dynastie

Scheschonk I. gründet eine neue, die 22. Dynastie. In der antiken Geschichtschreibung (Manetho) wurde sie Bubastiden-Dynastie genannt, da der Sitz der neuen Herrscher die im Nildelta südwestlich von Tanis gelegene Stadt Bubastis war. In diesem Hauptzentrum des Kultes der Göttin Bastet, deren heiliges Tier die Katze war, entstanden in der Regierungszeit der libyschen Herrscher zahlreiche monumentale Bauwerke.

Abb. 17, 18

Libysche Fremdherrscher

Nichts läßt die Vermutung zu, daß die Übernahme des Pharaonenthrones durch einen Menschen fremder Herkunft das Land erschütterte oder ihm auf irgendeine andere Weise Schaden zufügte. Im Gegenteil: Die Energie der libyschen Neophyten erwies sich als heilsam für das geschwächte und in Korruption geratene Land. Unter dem Zepter der Bubastiden erfolgte eine erneute Vereinigung Ägyptens. Der Titel «Herr der Beiden Länder» erlangte seine alte Bedeutung wieder. In Tanis, im Tempelbereich des Amun, wurden der Tradition gemäß die Grabstätten der Könige eingerichtet. Ähnlich wie im Falle ihrer Vorgänger haben sie die Form von Hypogäen.

Theben verlor jedoch nicht seinen Ruf als zentrale Kultstätte des Amun-Re. Weiterhin prosperierte hier ein reicher Priesterstand mit dem Hohenpriester und der Gottesgemahlin des Amun an der Spitze. Um seine Macht zu erhalten, mußte der über den Süden herrschende König um ihre Gunst bemüht sein, aber auch ständig darauf achten, daß das thebanische Zentrum nicht zum Keim von Unruhen und Separationsbestrebungen wurde. Darüber wachte der königliche Statthalter, meist einer der Söhne des Pharao, mit Sitz in dem bereits erwähnten Taudjoi in Mittelägypten. Diese Festung wurde in der Zeit der 22. Dynastie ausgebaut, wovon unter anderem die schönen Tempelreliefs zeugen, die dort von einer deutschen Mission vor einigen Jahrzehnten entdeckt worden sind. Sie befinden sich heute in der Heidelberger Universitätssammlung. Die Reliefs zeigen Scheschonk I., den Gründer der Dynastie, gemeinsam mit verschiedenen Gottheiten. Seine Errichtung eines Tempels in einer Ortschaft, die in geographischer und strategischer Hinsicht Ober- und Unterägypten verband, war wohl ein Dankopfer des Königs gegenüber den Göttern für ihr Wohlwollen. Für uns hat es den Wert eines Symbols mit einer identischer Aussage wie das *sema-taui*-Zeichen, das die Verbindung der beiden Landesteile unter dem Zepter eines Pharaos darstellt.

Theben bleibt Zentrum

Taf. 4.1

Tempelreliefs aus Taudjoi

Sogar der Stil der in El-Hibe (Taudjoi) gefundenen Reliefs ist für uns eine bedeutsame Information. Die Modellierung des Gesichtes des Königs und verschiedener ikonographischer Einzelheiten verweist nämlich deutlich darauf, daß die Quelle der Inspiration für die Künstler jener Zeit die äußerst subtilen, in ihrer Form raffinierten Flachreliefs der Zeit der Thutmosiden (18. Dynastie) waren. Neben den bereits erwähnten Darstellungen der Könige der 18. Dynastie auf den Holzsärgen der 21./22. Dynastie stehen wir hier also vor einem weiteren Beweis des historischen Bewußtseins, das seinen Ausdruck in der Sehnsucht nach «besseren Zeiten» findet, die mit der ersten Hälfte des Neuen Reiches assoziiert wurden. Die Werke der Pharaonen mit Namen Thutmosis und Amenophis wurden zu Mustern, die fünfhundert Jahre später in der Regierungszeit der Scheschonks, Osorkons und Takelots – wie sich meistens die Herrscher der libyschen Dynastie nannten – nachgeahmt wurden.

Künstlerische Rückgriffe

Nach den neuesten Forschungen regierten in der Zeit von der Mitte des 10. bis zum Ende des 8. Jh. v. Chr. wahrscheinlich sogar sechs Pharaonen mit dem Namen Scheschonk, drei Osorkons und drei Takelots. Angesichts der sich wiederholenden Namen und Titel wie auch des fragmentarischen Erhaltungszustandes der Überlieferungen fällt es mitunter schwer festzustellen, ob es um zwei unterschiedliche oder um ein und denselben Pharao geht. Noch komplizierter ist die Erforschung der Genealogie, der Chronologie und der gegenseitigen Verknüpfungen der Beamten, die in den Dokumenten jener Zeit angeführt werden. Schon allein die Festlegung ihrer Identität stellt eine beachtliche Herausforderung für den Historiker dar, der sich mit der Dritten Zwischenzeit befaßt. Eingehende Untersuchungen

Scheschonk Osorkon Takelot

der Geschichte dieser Periode und die ersten zusammenfassenden Bearbeitungen sind erst ein Werk der letzten vier Jahrzehnte.

Der von Scheschonk I. und seinem Nachfolger konsolidierte, von Leuten militärischer Abkunft verwaltete ägyptische Staat entwickelte sich zu einer politischen und militärischen Macht, die bei ihren asiatischen Nachbarn Schrecken hervorrief. Ein Ausdruck dessen ist die aktive Politik Ägyptens gegenüber Palästina. Die ägyptischen Quellen entnommenen Informationen ergänzt in diesem Punkt das Zeugnis des Alten Testaments. Demzufolge fand am Hofe Scheschonks I. der Hebräer Jerobeam, den Salomo töten wollte, da er in ihm einen von den Propheten angekündigten Konkurrenten sah (1. Kön 11, 29–43), Asyl. Nach dem Tode Salomos (930 v. Chr.) kehrte Jerobeam in seine Heimat zurück und verursachte einen Bruch zwischen den Stämmen, zwischen Judäa und Israel, Jerusalem und Samaria. Diese Tatsache nützte der Pharao, um im Jahre 925 v. Chr. mit einer mächtigen ägyptischen Armee in Palästina einzumarschieren, unterstützt von nubischen und libyschen Truppen. Das ägyptische Heer plünderte das Land der Philister, die beiden hebräischen Königreiche und den Negeb vollkommen aus. Scheschonk drang in Jerusalem ein, wo er die Schätze des Jahwe-Tempels und des königlichen Palastes raubte (1. Kön, 14, 25–27). Er nahm auch die goldenen Schilde mit, die Salomo hatte anfertigen lassen. Der judäische König Rehabeam stiftete später an ihrer Stelle bronzene Schilde.

Aktive Außenpolitik

Ägypten gewährt Asyl

Plünderung Jerusalems

Die Herausgabe der Schätze an die Ägypter rettete Jerusalem und dessen Volk wohl vor einer totalen Ausrottung. Ein Produkt der neuzeitlichen Phantasie ist dagegen die Überzeugung, die Armee Scheschonks hätte damals die berühmte Bundeslade geraubt. Die biblischen Texte schweigen sich darüber aus, die Meinungen der heutigen Forscher gehen auseinander. Die Archäologen haben nach der Bundeslade nie im Gebiet von Tanis gesucht. Aus dem Alten Testament erfahren wir dagegen, daß der Feldzug des Scheschonk letzten Endes eine positive Bedeutung hatte, er zwang nämlich Rehabeam und seinen Hof zur Frömmigkeit, was ihn wieder in den Genuß der Gnade Gottes und des Wohlstandes brachte.

Scheschonk erbeutet den Tempelschatz

Den Sieg Scheschonks illustriert eine riesengroße Szene, angebracht an der Südwand des Amun-Tempels in Karnak. Vergeblich würden wir dort jedoch nach konkreten Episoden des palästinensischen Feldzugs oder auch nach Namen der eroberten Städte Jerusalem oder Geser suchen. Denn hier wurde der Herrscher auf durchaus konventionelle Weise, die ikonographischen Schemata des Neuen Reiches nachahmend, gezeigt, wie er mit einer Keule die überwiegend asiatischen Gefangenen niederschlägt, die mit den Haaren an einen hohen Pfahl gebunden sind. Ihm gegenüber steht Amun-Re, der in der rechten Hand ein kurzes Krummschwert hält, und in der linken Stricke, mit denen die Gestalten gefesselt sind, die die unterworfenen Völker repräsentieren. Der Rumpf jeder dieser Gestalten hat die Form eines ovalen Mauerringes, in den sein geographischer Name eingetragen ist. Diese gigantische Liste, die über 150 Städtenamen umfaßt, hat aber nur geringen Wert als historisches Dokument.

Der Siegesbericht

Abb. 16

Die Reihenfolge der geographischen Namen läßt es nicht zu, die Topographie der Eroberungen festzulegen. Überraschend ist das Fehlen irgendwelcher Spuren der Anwesenheit Scheschonks im Zentrum Israels bei gleichzeitiger Genauigkeit, was das periphere Samaria und Erwähnungen von Edom betrifft. Sollte man sich nur auf diese Überlieferung stützen, dann müßte man daran zweifeln, ob Scheschonk überhaupt je nach Jerusalem vorgedrungen war. Den Urhebern dieses Reliefs ging es – wie man sieht – eher um eine treue Kopie der Muster aus den Zeiten von Thutmosis III., Amenophis II. oder der großen Ramessiden als um die historische Wahrheit. Noch einmal zeigte sich die Progaganda stärker als die Fakten. *Ein Produkt der Propaganda?*

Obwohl die Informationen aus der Bibel und aus den ägyptischen schriftlichen Quellen nur wenig Übereinstimmungen aufweisen, was den Feldzug Scheschonks nach Palästina anbetrifft, so bestätigen die archäologischen Entdeckungen doch, daß ein solcher Feldzug stattgefunden hat und daß die Beziehungen Ägyptens mit dem asiatischen Nachbarn in jener Zeit äußerst lebhaft waren. In Meggido, einer Stadt im Norden Palästinas, wurde das Fragment einer Inschrift gefunden, die Scheschonk erwähnt, aus Byblos dagegen stammen Fragmente von Statuen dieses Königs und seines Nachfolgers Osorkon I. Die letzteren wurden zweifellos als Geschenke der Pharaonen für die Fürsten von Byblos überwiesen, mit denen die Herrscher der 22. Dynastie die freundschaftlichen Beziehungen wiederaufgenommen hatten. Auf der Statue Osorkons I. aus rotem Quarzit, die sich heute im Louvre befindet, wurde sowohl eine Kartusche mit dem hieroglyphisch geschriebenen Namen des Königs, wie auch eine phönizische Inschrift eingemeißelt, die das Standbild dem König von Byblos, Elibaal, zuschreibt. Die Ikonographie und der Stil dieser schönen Skulptur lassen hinsichtlich ihrer Identifizierung nicht den geringsten Zweifel aufkommen. Der Pharao wird mit einer langen Perücke und mit der Uräusschlange an der Stirn dargestellt, seine jugendlichen Züge scheinen Frohsinn und Selbstbewußtsein auszustrahlen. *Widersprüche zum biblischen Bericht* *Osorkon I.* *Elibaal von Byblos*

Keine der bisher bekannten Quellen erlaubt es, mit voller Sicherheit festzustellen, ob der Feldzug Scheschonks nach Palästina die Bestrebungen Jerobeams in seinem Kampf um die Macht unterstützen sollte oder ob es ein gewöhnlicher Raubüberfall war bzw. der Steigerung des Ansehens Ägyptens und des neuen Pharaos dienen sollte. Die reiche Beute, die Scheschonk aus Jerusalem und anderen Städten mitbrachte, gewährleistete ihm und seinem Nachfolger einen Wohlstand, der unter anderem in den monumentalen Bauwerken sichtbar ist, deren Überreste bis auf unsere Zeiten in Tanis und Bubastis erhalten blieben. *Abb. 17, 18*

Besonders das letztgenannte Zentrum erlebte eine bemerkenswerte Blütezeit. Unter seinen Ruinen, die heute auf dem Tell Basta in einem Vorort von Zagazig liegen, verdienen zahlreiche Blöcke besondere Aufmerksamkeit, die von einem Portal stammen, das anläßlich des *Sed*-Jubiläums Osorkons II. (874–850 v. Chr.), des Nachfolgers Takelots I., errichtet wurde. Der monumentale Torbau aus rotem Granit entstand im Bereich des großen Tempels, der der Göttin Bastet geweiht war. Verziert ist das Portal mit äußerst interessanten Reliefs, die verschiedene Epi- *Sed-Fest-Tor Osorkons II.*

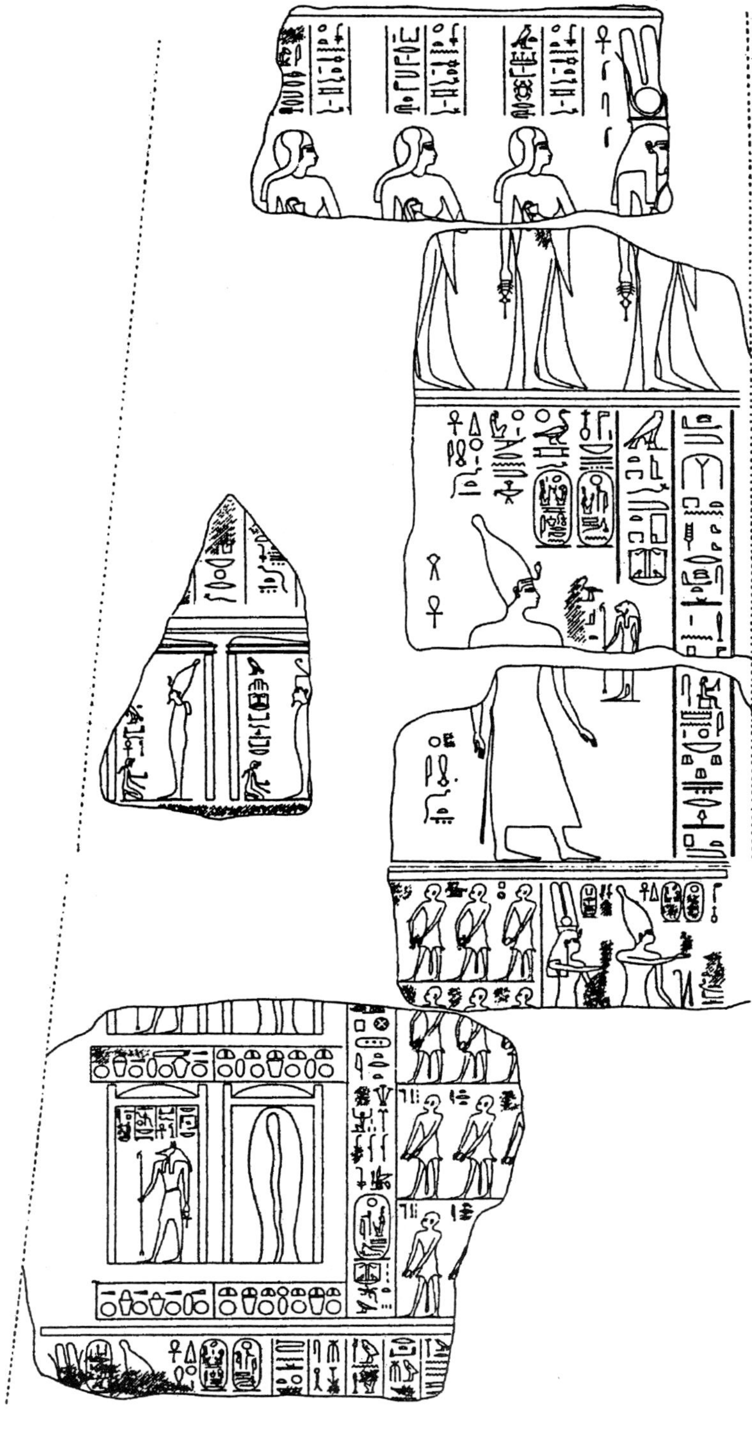

Abb. 28 Ritualszenen des Sed-Festes Osorkons II. Relief aus Bubastis.

Abb. 29 Osorkon II. in der Prozession seines Sed-Festes. Reliefs vom Jubiläumsportal des Königs in Bubastis.

soden des Rituals dokumentieren, das mit dem königlichen Jubiläum zusammenhing.

Der komprimierte Inhalt und die gekürzte Form dieser Darstellungen haben zur Folge, daß nicht alle Szenen für uns vollends verständlich sind. Nichts desto weniger gehört das Portal Osorkons II. in Bubastis zu den vollständigsten Illustrationen des *Sed*-Festes in einem ägyptischen Reliefzyklus. Bei diesem Ereignis trug der König ein langes, einfaches Gewand, und die Insignien des Osiris in seinen Händen identifizierten ihn mit dem Gott, der eine Personifikation der Wiedergeburt war. Der König bestieg erneut den Thron Ober- und Unterägyptens, was durch die Symbolik der von ihm getragenen Kopfbedeckungen, abwechselnd der Weißen und der Roten Krone, unterstrichen wurde.

Taf. 2.2
Abb. 28, 29

Riten des Sed-Festes

Einen integralen Bestandteil des Rituals bildeten Prozessionen, Tänze, Gesänge und Rezitationen religiöser Texte. Zeremonienmeister waren Priester, die wir sofort an den Gewändern erkennen. Die wichtigsten von ihnen, die oft Königssöhne waren, zeichneten sich durch Pantherfelle aus, die ihren Leib schmückten. Der König selbst, der als der höchste Priester angesehen wurde, erscheint mitunter in der ägyptischen Kunst mit einem Pantherfell bekleidet und noch häufiger mit einem Amulett in Form eines am Gürtel befestigten Pantherkopfes. Die Rollen der anthropomorphen Gottheiten mit Tierköpfen spielten während der Feste Priester, die auf dem Kopf den Skalp eines Tieres oder eine Maske ähnlicher Form trugen.

Innenpolitik

Nicht nur die militärischen Erfolge in Palästina waren der Grund für die Größe Ägyptens während der Regierungszeit der Bubastiden. Von ebenso großer Bedeutung war eine kluge Politik nach innen, die an die besten Traditionen der Vergangenheit anknüpfte. Einen Beweis dafür, daß die Machtübernahme durch die neue Dynastie ohne größere Konflikte von Statten ging, liefert die Ehe von Osorkon I. mit Maatkare, der Tochter von Psusennes II., dem letzten König der 21. Dynastie. Maatkare wurde die Mutter von Scheschonk II., einem der nächsten Herrscher der «libyschen» Dynastie. Über innere Unruhen zu Beginn der Regierungszeit dieser Dynastie informiert uns lediglich eine Stele, die in der Oase Dachla gefunden wurde, und die aus dem fünften Regierungsjahr von Scheschonk I. stammt.

Dynastische Verschränkungen

Die Parvenüs mit libyschem Blut beschenkten auch reichlich die Priester der größten ägyptischen Gottheiten, die einen potentiellen Keim des politischen Widerstands darstellten. Wir erfahren davon u. a. aus einer Stele, die in Herakleopolis (Mittelägypten), dem Kultzentrum des mit einem Widderkopf dargestellten Gottes Herischef (griechisch Harsaphes) gefunden wurde. Der auf der Stele eingravierte Text berichtet von der Wohltätigkeit Nemrods, eines der Söhne Scheschonks I. Dieser Fürst trug den Titel eines «Befehlshabers der ganzen Armee». Nemrod berichtet dem König, daß der Tempel des herakleopolitanischen Gottes die üblichen Tribute in Form von Stieren nicht erhalten habe, die für die zahlreichen Opfergaben im Laufe des ganzen Jahres unentbehrlich waren.

Prinz Nemrod bedenkt Herakleopolis

Um diese krasse Nachlässigkeit wiedergutzumachen, verpflichtete sich Nemrod, 60 Stück Rindvieh zu liefern, mit dem Rest dagegen sollten die umliegenden Städte und Dörfer, wie auch die hohen Beamten belastet werden. Scheschonk wurde eine genaue Liste der Schuldigkeiten vorgelegt. Der König akzeptierte die Idee und erteilte dem Fürsten einen Lob. Fürwahr eine militärische Ordnung, Loyalität und Wirtschaftlichkeit – oder vielleicht nur eine diplomatische Maßnahme, um die Gunst des Priestertums des Herischef zu erhalten?

Anfängliche Erfolge

Die militärischen Erfolge und architektonischen Errungenschaften der ersten Scheschonkiden können den Eindruck wecken, daß beide Teile des Landes integriert worden seien und daß in Ägypten Einheit herrschte. Dabei war die Situation viel komplizierter.

Abb. 30

Nach der Regierungszeit Scheschonks I., Osorkons I. und Osorkons II., die insgesamt fast genau einhundert Jahre umfaßte (945–850 v. Chr.), wurden auf der politischen Karte Ägyptens immer deutlicher tiefe Risse bemerkbar. In einigen wichtigen Zentren der Verwaltung und der Religion wuchsen neue Generationen großer Befehlshaber des Stammes der Meschwesch (Ma) heran. Mit dem König verwandt oder verschwägert strebten sie immer mehr eine Auflockerung der Bande an, die sie mit dem Machtzentrum verbanden. Die Erbfolge der Regierung in den provinziellen Zentren war ein Faktor, der ihre Verselbständigung förderte. Um die lokalen Herrscher für sich zu gewinnen, wurden sie von den Königen oft mit gewalti-

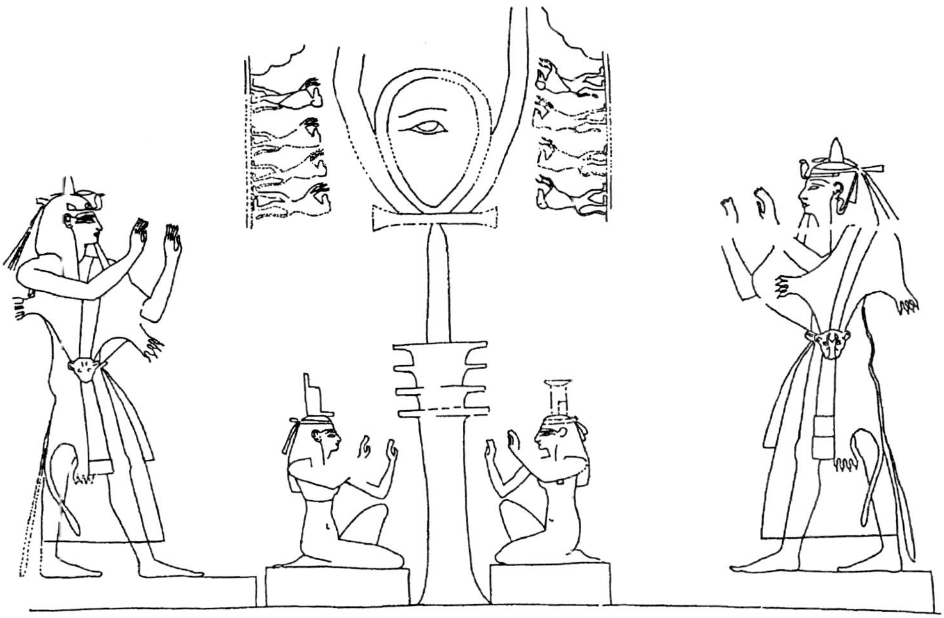

Abb. 30 Osorkon II., Isis und Nephthys in Adoration des Djed-Pfeilers und des Anch-Zeichens. Doppelszene im Grab Osorkons II. in Tanis.

Zusammenbruch der Zentralgewalt

gen Landgütern beschenkt. Diese kurzsichtige Politik vermehrte den Besitzstand der Machthaber. Im Endergebnis entstanden einige starke, miteinander wetteifernde Machtzentren. Die königlichen Geschenke in Form großer Landgüter führten unter anderem zur Entstehung selbständiger Machtzentren in Athribis und Pharbaethos im Deltagebiet.

Gegen Ende der 22. und in der Regierungszeit der 23. Dynastie gehörten zur Krone mit Sicherheit nur noch die zwei größten Städte des Ostdeltas: Tanis und Bubastis. In ihrer Nähe entwickelte sich ein zunehmend unabhängigeres Machtzentrum: Leontopolis, das altägyptische Taremu, gelegen in der Gegend des heutigen Tell el-Moqdam. Verehrt wurden hier eine Löwengöttin und ihr wilder Sohn Mahes. Innerhalb ihres Tempelbezirks wurde die Grabstätte einer der Königinnen dieser Zeit gefunden.

Leontopolis

Taf. 4.2

Im Gebiet des Westdeltas trat ein politisches Zentrum in Erscheinung, das sich langsam in ein selbständiges Königreich verwandelte. Es war Sais, die Kultstätte der kriegerischen Göttin Neith, die mit Pfeilen und einem Bogen in den Händen dargestellt wird. Im behandelten Zeitraum kontrollierten die Herrscher von Sais die Gebiete im Westen bis nach Libyen und im Norden bis zum Mittelmeer, das heißt mehr als ein Drittel des Deltagebietes.

Sais

Die erwähnten Fürstentümer wetteiferten mit dem Pharao um Einflüsse im Gebiet von Memphis, der uralten Hauptstadt des Landes an der Deltaspitze, südlich des heutigen Kairo. Hier dominierte das Priestertum des Ptah-Tempels, wo als Hohepriester in der Regel einer der Königssöhne fungierte. Es war in jener Zeit Sitte, daß die Priestergräber innerhalb des Tempelbezirks angelegt wurden. Zu den schönsten gehörte die Grabstätte des Hohenpriesters Scheschonk, eines Sohnes Osorkons II., in Gestalt einer aus Sandsteinblöcken errichteten Kapelle. In Memphis vor einigen Jahrzehnten entdeckt, schmückt diese Kapelle heute den Garten vor dem Museum in Kairo. An ihren Wänden wurden Reliefs angebracht, die den jungen Scheschonk in einem Pantherfell bei der Anbetung des Gottes Ptah zeigen, welcher die Gestalt einer Mumie mit Königsbart besitzt.

Gräber im Tempelbezirk

Abb. 19

Prinz Scheschonk

Der Apis-Stier

Eine der wichtigsten Funktionen der Priester in Memphis war die Sorge um den Apis-Stier, eine Inkarnation des Ptah. Die verstorbenen Apis-Stiere, die man mit dem Gott der Unterwelt Osiris identifizierte, wurden mumifiziert und zeremoniell in unterirdischen Galerien im Gebiet der königlichen Nekropole begraben. Kein Wunder also, daß um die Macht über dieses wichtige religiöse und strategische Zentrum auch Würdenträger libyscher Herkunft bemüht waren, die in ihren Fürstentümern im Deltagebiet regierten. Memphis fiel für kurze Zeit in die Hände des Herrschers von Sais, in dessen Heer auch Soldaten aus Libyen dienten.

Taf. 4.1

Den Königskindern war die Verwaltung Mittelägyptens und des thebanischen Bezirks vorbehalten. Ihr Sitz war die Festung Taudjoi, die – wie bereits erwähnt – in der Nähe von Herakleopolis lag. Von dort aus sollten sie Oberägypten kontrollieren, indem sie besonders die Entwicklung der Ereignisse in Theben beobachteten – dem potentiellen Zentrum der Auflehnung. Die königlichen Statthalter trugen zwar den Titel eines Hohenpriesters des Amun von Theben, aber wie konnten sie diese Funktion praktisch erfüllen, wenn sie einige hundert Kilometer weiter im Norden residierten? Sie erschienen in Theben nur einige Male im Jahr, anläßlich der größten Feiertage. Das gab ihnen die Gelegenheit, die Stimmungen abzuschätzen und zu demonstrieren, daß es in Unterägypten noch einen authentischen König gab.

Die Hohenpriester des Amun

In Wirklichkeit erfüllte die Pflichten des Hohenpriesters im Amun-Tempel einer der einflußreichsten lokalen Würdenträger. Im Laufe der Zeit stieg das Gefühl der Unabhängigkeit des thebanischen Priestertums von der königlichen Macht an. Wir haben zwar Beweise der Loyalität des Hohenpriesters Iuput, des dritten Sohnes Scheschonks I., aber schon der Hohepriester Osorkon, ein Sohn Takelots II., mußte um die Erhaltung der Ordnung in Theben kämpfen. Der erste von ihnen brach mit der Tradition der Erblichkeit dieses wichtigsten Priesteramtes. Das gab zwar einem starken König die Möglichkeit, dieses Amt zu manipulieren, schuf aber auch eine Chance für die Feinde des Pharaos im Augenblick von dessen Schwäche.

Harsiese

Schon in der Zeit Osorkons II. ließ sich ein gewisser Harsiese zum König von Theben ausrufen und im Totentempelbezirk Ramses' III. in Medinet Habu ein Grab anlegen.

Diese verworrene Periode der Geschichte Ägyptens läßt bis heute mehr Fragen

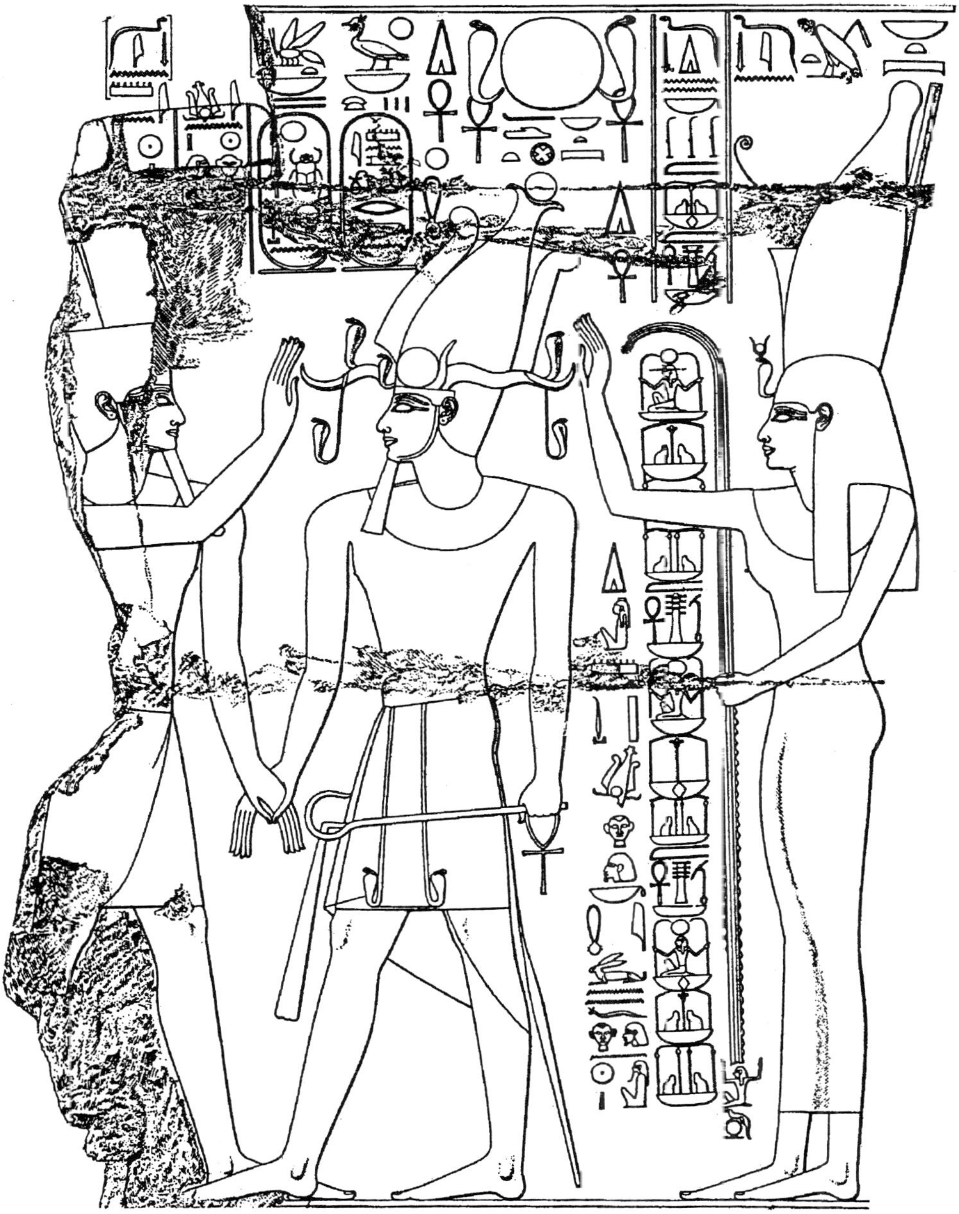

Abb. 31 Das thebanische Götterpaar Amun und Mut krönt König Osorkon I. Relief am «Bubastidentor» in Karnak.

offen als sie Antworten erteilt. Erhalten sind nämlich nur relativ wenige hieroglyphische Texte, die über die Entwicklung der politischen Ereignisse in der Regierungszeit der Scheschonkiden informieren. Desto wertvoller ist daher die Chronik, die der Hohepriester Osorkon, ein Sohn Takelots II., an den Wänden des Tempels in Karnak anbringen ließ. Dieser Text schmückt die Wände des sogenannten Bubastiden-Portals, einer Art hohen Tores, das auf Befehl des bereits erwähnten Hohenpriesters Iuput, eines Sohnes Scheschonks I., aus Sandstein errichtet wurde. Um den Rohstoff für dieses Bauwerk zu gewinnen, wurde ein besonderer Steinbruch im Gebel es-Silsila in Betrieb genommen.

Das Bubastiden-Portal in Karnak

Eingezwängt zwischen dem älteren Tempel Ramses' III. und dem großen Pylon des Amun-Re-Tempels, bleibt das Bubastiden-Portal heute fast unbemerkt in dem Dickicht der Bauwerke von Karnak. In der Zeit der 22. Dynastie sollte es jedoch eine ungewöhnlich wichtige propagandistisch-politische Rolle spielen. An der damaligen Vorderfront des Amun-Tempels errichtet, führte das Portal von dessen Hof in die sakralen Bauwerke, die im Süden des Tempelbezirks existierten. Es war also eine Art «Schaufenster» der libyschen Dynastie im Gebiet von Theben. Es sollte die Priester und das Volk daran erinnern, wer nunmehr über das Land herrschte.

Abb. 20

Die an der Stirnseite des Portals angebrachten Reliefs zeigen Scheschonk I., den Gründer der Dynastie, der von der Göttin Mut, der Gemahlin Amuns, mit Muttermilch genährt wird. Konnte man suggestiver die Idee ausdrücken, daß der Anführer eines libyschen Stammes sein ägyptischen Wesen aus der Brust der Mutter gesogen hat und daß ihn keine anderen als die ägyptischen Götter selbst zum Pharao bestimmt haben? Etwas weiter sehen wir seinen Nachfolger, Osorkon I., gekrönt vom thebanischen Götterpaar Amun-Re und Mut.

Abb. 31

Iuput

Die Verzierung des Portikus wurde jedoch nicht in der Zeit des Pontifikats des Iuput abgeschlossen. Die nachfolgenden Herrscher der 22. Dynastie, Takelot I., Osorkon II. und Takelot II., haben auch nicht sonderlich viel zur Beendigung des Werkes beigetragen. An den Wänden im Inneren des Portals ließ der Fürst Osorkon, ein Sohn Takelots II., eine Chronik der dramatischen Ereignisse, die sich in Theben in der Zeit seines Pontifikats abgespielt hatten, anbringen. Osorkon trug den Titel eines Hohenpriesters des Amun und residierte als Statthalter des Königs in der Festung Taudjoi in Mittelägypten. Um 835 v. Chr. kam es in Theben zu einem Aufstand gegen die königliche Macht. Da begab sich Osorkon an der Spitze der Armee in den Süden des Landes. Es ist beachtenswert, wie stark er am Anfang des Textes seine Tugenden und Verdienste betont. Man gewinnt den Eindruck, daß er beim Leser Verwunderung darüber wecken will, wie man es überhaupt wagen konnte, die Hand gegen einen so hervorragenden Mann zu erheben wie er es war. Trotz des schlechten Erhaltungszustandes dieses langen Textes und der zweifellos einseitigen Darstellung der Fakten lohnt es sich dennoch, ein Dokument kennenzulernen, das die innere Situation Ägyptens in der Regierungszeit der libyschen Herrscher schildert.

Prinz Osorkon und die Niederschlagung eines Aufstandes

Der Statthalter Oberägyptens, Oberhaupt der Beiden Länder, zu dem ihn Amun nach seinem Willen gemacht hat, Hoherpriester des Amun in Theben, oberster Befehlshaber der Armee des ganzen Landes, das Oberhaupt Osorkon, geboren aus einer Prinzessin, der ehrwürdigen, großen königlichen Gemahlin, Herrin der Beiden Länder, Karomama – möge sie leben – (war) in seinem Sitz stark und siegreich in seinen Grenzen, (an der) Böschung von Amun, Groß an Donner[3], wie man von ihr spricht. Er war ein (Fürst... der größte von den) großen, der älteste Sohn von Urtihekau[4], derjenige, den Ober[ägypten] informiert und den Unterägypten bittet, denn die Furcht vor ihm erfaßte das, was in ihnen ist[5], und ihre Gaben sind an seinem Tor durch die Größe seiner Kraft, die ihm der Herr der Throne der Beiden Länder verliehen hat...

[Als] Theben gegen den Verteidiger des Landes und gegen die Götter aufstand, die in ihm [= im Lande] sind, hat der Große Gott die an ihn (gerichtete) Aufforderung erhört. Es kam zu ihm [= Osorkon] der wohltätige Widder aus He-Nennesu [= Herakleopolis Magna] in seinem [= Amuns] Namen, (seinem) Wunsch gemäß, damit (Osorkon) das Böse besiegen kann. Er rückte aus an der Spitze seiner Armee, wie Horus aus Chemmis[6]. Und er war in der Stadt Schmunu [= Hermopolis Magna] und tat das, was sein Herr, der Herr (der Stadt) Schmunu, der Herr der Gottesworte, lobt, und gab Folge den Herren [= den Göttern] Oberägyptens. Ihre Räucherfässer wurden aufgestellt, ihre Kapellen wurden renoviert, ihre (Tempel) wurden von allen bösen Gegenständen gereinigt, wiederaufgebaut wurden ihre Mauern und erneuert wurde alles, was in jeder Stadt Oberägyptens zerstört worden war. Zurückgeworfen wurden seine Feinde, die innerhalb dieses Landes waren, die in seiner Zeit zu rebellieren begannen.

Er fuhr nach dem Süden [...], indem er ruhig längs der Ufer segelte. Ans Land stieg er in dem siegreichen Theben. Er begab sich in sein Inneres wie ein Kind der Herrin [= der Göttin]. Die Götter, die in ihnen sind, freuten sich. Er empfing ihre Brust aus vorzüglichem Gold und sog ihre Milch[7]. [Sie] ging in [ihn] samt Leben und Macht hinein, während sie ihm ihre Kraft und den Sieg verlieh.

Und es geschah so, daß er dort das tat, was der Herr der Götter, Amun-Re, der Herr der Throne der Beiden Länder lobt, indem er die Gegenstände seines Sieges Amun, dem Großen Gott, bringt und sagt: «Nimm (das) für dich!». Seine Hände trugen Millionen von Sachen und Opfern, (zusammengesetzt) aus allem Schönen, um die Gabe der göttlichen Opfer besonders groß zu machen, (zusammengestellt) aus allem Schönen, Reinen, Lieben und Süßen, das in Zehntausenden und Tausenden ohne Ende dargebracht wurde, als alltägliches Opfer über das, was es bisher gab.

Und er [= Amun-Re] nickte fleißig mit dem Kopf bei dem, was er [= Osorkon] sagte – wie ein Vater, dem sein Sohn lieb ist. Da kamen die Hohenpriester, die Gottesväter, die Vorlesepriester Amuns und die ganze Priesterschaft des Tempels, brachten Blumensträuße für den Statthalter Oberägyptens und dieser ganzen Stadt, mit jedem ihrer Bezirke, jedem ihrer Viertel, den Männern (und den Frauen), allen zusammen. Und sie sagten alle wie aus einem Mund, indem sie solche Rufe auf den Statthalter Oberägyptens hervorbrachten: «Du bist der tapfere Verteidiger aller Götter, Amun hat dich zum ältesten Sohn deines Schöpfers ernannt, er wählte dich unter Hunderttausenden, damit du das tust, was sein Herz grenzenlos liebt. Daher flehen wir dich an, indem wir von deinem Wohlwollen ihm gegenüber hören. Sieh, er hat uns dich gebracht, damit wir unser Elend überwinden und den Sturm um uns unterbrechen, denn dieses Land ist vollkommen gesunken, (und) seine Gesetze wurden mit der Hand derjenigen zerstört, die gegen ihren Herrn aufstanden und die seine (eigenen) Würdenträger waren. Wer nur eine (Schreiber)-

Palette in seinen Tempeln ergreift, geht daran, seine Empfehlungen auszuradieren, die der Herr (der Pflanze) Hedenu [= der Gott Thot] *(selbst) in das Buch eingetragen hatte, und die Riten (aus) den Tempeln zu entfernen, die geplündert werden, aber fürwahr nicht mit Wissen des Königs [...]. Oh, du echtes Bild des Osiris [...], der dich in das Land gesandt hat, das das Auge von Re genannt wird, um denjenigen zu verjagen, der seine Pupille verletzt hat – was wäre wohl dieses Land ohne [dich]?»*

[...] Da sagte [der Statthalter] Oberägyptens: «Geht und bringt zu mir jeden Missetäter und die Akten der Vorfahren [...]». Da wurden zu ihm sofort die Gefangenen geführt – zu einem Bündel zusammengepfercht. Da schlug er sie nieder und ließ sie wie Ziegenböcke in der Nacht des Festes der Ewigen Opfer[8] *schleppen, in der Räucherständer entzündet werden [...], wie die Räucherständer am Tag des Aufgangs der Sothis*[9].

Jeder wurde mit Feuer am Tatort seines Verbrechens [...] Theben verbrannt. Da ließ (er) die Kinder der Würdenträger aus dem Inneren dieses Landes herbeiführen, die sich (in) den Sachen auskannten [= die ausgebildet waren], *um sie an den Stellen ihrer Väter mit wohlgeneigtem Herzen sitzen zu lassen, damit das Land besser wird als bisher [...].*

Reiche Stiftungen

In diesem Augenblick beginnt Osorkon Anordnungen zu erteilen über die Wohltaten zugunsten verschiedener Landgüter. Hier einige von ihnen:

(Hiermit) wird in meinem Namen als Hohepriester von Amun-[Re] dem König der Götter, Osorkon, die Anordnung erteilt, den Sitz von Amun-Re, dem König der Götter, [den Sitz von Mut, der Großen Herrin] von Ascheru, den Sitz von Chonsu in Theben Neferhotep, den Sitz von Month, dem Herrn von Theben, den Harem der Maat, die Tempel und seine Tempelgüter, die Lebensmittel liefern, zu versorgen; um (so) zu tun, daß sie ihrem (gebührenden) Stand entsprechen; um dazu beizusteuern, was schon gemacht wurde (in bezug auf die) Lebensmittel und Opfer für sie, für alle Zeiten, für alle Ewigkeit; um ihre Menschen, ihre Herden (und) ihre Felder auf die Dauer in Ordnung zu erhalten, in Übereinstimmung mit ihrer Anordnung. Alle ihre Dienste sind abgesichert und versorgt. Es ist nicht gestattet, daß irgendjemand sich in sie einmischt, irgendein Machthaber, irgendein Würdenträger, irgendein Aufseher des Hauses des Königs – möge er leben, gedeihen und gesund bleiben! –, (ähnlich wie) in alle Arbeiten, die in diesem Land bis zu seinen Grenzen auszuführen sind, außer ihren (eigenen) Arbeiten in diesen Tempelgütern.

Zuwendungen für Amun

Die zweite Anordnung Osorkons bezieht sich auf die Besitztümer des Hohenpriesters des Amun, aus denen für Amun zahlreiche Opfer gespendet werden sollen, solche wie Räucherwerk und Honig – Mangelwaren, denn die Weihrauchproduzenten und Imker waren verjagt worden. Es wird genauestens ausgerechnet, wer was, wieviel und wohin liefern soll. Darauf folgt eine Anordnung über die Stiftung einer Tempellampe und des Brennstoffes für sie.

[...] Die Erteilung einer Anordnung, (um) diese Lampe für Rizinusöl (mit Brennstoff) zu versorgen, die ich eben für [Amun]-Re, den König der Götter gestiftet habe. Die Benachrichtigung, wen das betrifft: diejenigen Priester, die ihren Monat (Dienst) in dem Sitz des Amun als alljährige Pflicht abhalten: 485 hin[10] *Rizinusöl; das Haus des Goldes Amuns* [= Schatzkammer des Amun-Tempels]: *365 hin Rizinusöl als Jahresabgabe; das Alabastertor*[11]: *365 hin Rizinusöl. Insgesamt: fettes Rizinusöl: 1215 hin [...].*

Im Abschluß des Textes legt Osorkon folgende politische Erklärung bezüglich der Zukunft ab:

(Das) habe ich für Amun aus liebendem Herzen im Namen des Lebens, des Gedeihens und der Gesundheit meines Vaters, des Sohnes von Re, Takelot, des von Amun geliebten Sohnes der Isis, gemacht – möge er ewig leben – um seinen Ka[12] *zu beglücken, bevor ich seinen Thron besteige (...). Was denjenigen anbetrifft, der diese Anordnung verletzt, die ich erlassen habe, so wird er von einem Hieb des Amun-Re fallen, und es wird ihn die Flamme der Mut in ihrem Wahn erfassen, (und) sein Sohn wird nicht auf ihn folgen, während mein Name bleibt und in alle Ewigkeit dauern wird.*

Nur ein kurzzeitiger Erfolg

Wie andere Dokumente jener Zeit beweisen, war der Triumph Osorkons über Theben vorübergehend, und weder Geschenke noch Gnadenakte gewährleisteten die Loyalität Oberägyptens den in Bubastis oder Tanis residierenden Herrschern gegenüber. Die Aufteilung des Landes in immer kleinere Fürstentümer war ein bereits unabwendbarer Prozeß. Immer wieder ließen sich neue lokale Herrscher zu Königen ausrufen. Nicht immer wissen wir, wie groß ihre Domäne war und wie

Konkurrierende Kleinreiche

Abb. 32 Relief im Grab Scheschonks III. in Tanis. Oberes Register: Osiris reist in zwei Barken. Unteres Register: Horus erweckt seinen Vater Osiris zum Leben.

Petubastis begründet die 23. Dynastie

lange sie unter ihrer Kontrolle verblieb. Offiziell als ein Staat funktionierend, hatte Ägypten schon gegen Ende der 22. Dynastie zumindest zwei bis drei Könige, die gleichzeitig regierten, die die Jahre von ihrer Thronerhebung an zählten und die ihre Namen in Kartuschen schrieben.

Als der stärkste unter den Konkurrenten Scheschonks III. erwies sich Petubastis, den die griechische Geschichtschreibung (Manetho) als den Gründer der neuen, der 23. Dynastie ansieht, die gleichzeitig mit den letzten Herrschern der 22. Dynastie regierte, von etwa 817 bis etwa 730 v. Chr. Obwohl Manetho Petubastis einen «tanitischen König» nennt, wurden bisher in Tanis keine Spuren seiner Tätigkeit gefunden. Entdeckt wurden dort hingegen bescheidene Gräber der letzten Herrscher der 22. Dynastie. Scheschonk III. ordnete die ganze königliche Nekropole, gestaltete den Komplex der Hypogäen um und reservierte sich ein Grab, dessen Hauptraum mit Reliefs verziert ist, die die Auferstehung des Osiris und die nächtlichen Verwandlungen der Sonne darstellen.

Abb. 32

Außerdem wurden in Tanis Überreste monumentaler Bauwerke gefunden, die in der Regierungszeit dieses Herrschers dekoriert wurden, sowie zur Zeit Scheschonks V., wohl des letzten Pharao, der diesen Namen trug. Sollten wir hier Zeugen sorgfältiger Ordnungsarbeiten sein, mit denen man um jeden Preis den Eindruck vertuschen wollte, daß die von allen Seiten bedrohte Dynastie ihren «Schwanengesang» erlebte?

Scheschonk V.

Um 725 v. Chr. hatte Ägypten bereits fünf Könige, die ihre Macht gleichzeitig über verschiedene Teile des Territoriums ausübten, das sich von Assuan bis zum Mittelmeer erstreckte. In Theben regierten Herrscher, die ihrem Namen das Epitheton «Sohn der Isis» beifügten. Der bekannteste von ihnen, Osorkon III., trug gleichzeitig den Titel eines Königs und eines Hohenpriesters. Er kontrollierte ein Gebiet, das im Norden bis nach Hermopolis und Tehna reichte. Das Amt der «Gottesgemahlin des Amun» übte seine Tochter Schepenupet aus, die in der Folgezeit die Prinzessin Amenardis, die Tochter des kuschitischen Königs Kaschta, als ihre Nachfolgerin adoptierte. Nach einem siegreichen Feldzug gegen Ägypten übernahm schließlich der Herrscher der Kuschiten, Pianchi, die Macht über Theben.

Osorkon III.

Schepenupet und Amenardis

Pianchi

Im Norden stellte sich die Situation noch komplizierter dar. An die Spitze der miteinander konkurrierenden kleinen Fürstentümer gelangte Tefnacht, der Herrscher von Sais. Ihm gelang es, drei Kleinkönige für sich zu gewinnen und einen militärischen Feldzug nach dem Süden zu unternehmen, dessen Ziel es war, das Land wieder zu vereinigen – natürlich unter seinem Zepter. Der anfangs erfolgreiche Marsch in Richtung Theben stieß auf ein Hindernis in Gestalt der kuschitischen Armee, die sich nach Norden bewegte, ebenso in der Anstrebung einer Wiederherstellung der Einheit Ägyptens, aber unter der Herrschaft ihres Königs.

Tefnacht von Sais

Etwas später tauchte vom Norden her eine neue militärische Bedrohung auf. Es war die assyrische Armee, die um 720 v. Chr. bis an die Grenzen Arabiens gelangte. Der Sohn Tefnachts, Bokchoris (griechische Version des ägyptischen Namens

Bokchoris

Bakenrenef), behielt jedoch die Herrschaft über das Gebiet um Sais und gründet – so die griechische Überlieferung – eine weitere, die 24. Dynastie, deren einziger Vertreter er auch blieb. Er wurde als König sogar von so wichtigen Städten anerkannt wie Memphis, Herakleopolis und Tanis.

24. Dynastie

Wie daraus ersichtlich wird, gab es im 8. Jh. v. Chr. kein Ägypten «der Beiden Länder» mehr. Es existierten dagegen viele Fürstentümer, die vor allem die gegenseitige Angst voreinander miteinander verband. Es gab auch zwei militärische Großmächte, die den Pharaonenstaat von Süden und von Norden her bedrohten: Kusch und Assyrien. Diese beiden Staaten sollten über das Schicksal Ägyptens im nächsten Jahrhundert entscheiden. Sie betrachteten das Nildelta und das Niltal als ein großes Spielbrett mit zahlreichen Figuren in Gestalt untereinander zerstrittener Vasallen.

Kusch und Assyrien als Bedrohung von außen

Die diesen Zeitabschnitt untersuchenden Ägyptologen haben noch viele Rätsel zu lösen. Jeder neue Fund stellt weitere Fragezeichen auf. Das Wissen entwickelt sich hier wie in einem komplizierten Kreuzworträtsel, das sich permanent nach allen Seiten ausdehnt. Eine Quelle vieler Probleme ist die ständige Wiederkehr der gleichen Namen und Titel, sowohl bei den Herrschern als auch bei den Adeligen. Den großen, damals bereits legendären Vorfahren Ramses II. nachahmend, tragen viele Könige jener Zeit seinen Vornamen Usermaatre. Nicht weniger als acht Herrscher trugen den Namen Ramses' IV., Usermaatre-setepen-Amun. Wie wir später sehen werden, wurde dieser fromme Herrscher von vor Jahrhunderten auch in vielen anderen Bereichen nachgeahmt, was in der Kunst der Dritten Zwischenzeit seine Widerspiegelung findet.

Rückgriffe auf die Ramessiden

Es fehlt auch nicht an Mißverständnissen, was die Identifizierung der zahlreichen Frauen des königlichen Herrscherhauses anbetrifft, die den Namen Karomama trugen. Die wunderschöne Statue aus Bronze, inkrustiert mit Gold und Silber, die eine dieser ehrwürdigen Damen darstellt und die sich heute im Louvre befindet, wurde bis vor kurzem als Bildnis der Gattin Takelots II. angesehen, während es hier um die gleichnamige Gottesgemahlin des Amun geht, eine Enkelin Osorkons I. Die Bronzestatue der Karomama ist ein Meisterwerk der ägyptischen Metallverarbeitung, hergestellt in einer Zeit, als die Bronzegußtechnik in ihrer Blütezeit stand und äußerst raffinierte Bildwerke hervorgebracht hat. Es gibt daneben sogar ganz aus Gold hergestellte Statuengruppen. Die Probleme bei der Identifizierung dieser Statue werden verständlich, wenn wir uns vergegenwärtigen, daß Karomama der Name von sogar drei Königinnen war, den Gemahlinnen Scheschonks I., Osorkons II. und Takelots II. Die letzte von ihnen, eine Tochter des Hohenpriesters Nimrod und Mutter des Königs Osorkon III., ist uns am besten bekannt.

Karomama

Verwirrende Genealogien

Wenn es schon so viele Probleme mit der Identifikation der Könige und Königinnen jener stürmischen Zeit gibt, dann können wir ahnen, was für ein Labyrinth die Namen der Beamten darstellen. Es ist ein unendliches Quiproquo: Wer war wer – wessen Kind, wessen Vater, wessen Mutter? Sind die in verschiedenen Quellen mit einunddemselben Namen und den gleichen Titeln bezeichneten Gestalten auch einunddieselbe Person? Wer lebte früher und wer später?

Mariette sucht koptische Handschriften

Eine äußerst wertvolle Hilfe beim Knacken dieser komplizierten Nüsse brachte die Entdeckung, die im Jahre 1851 der französische Ägyptologe Auguste Mariette in Sakkara machte. Dieser im Louvre angestellte junge Mann kam nach Ägypten mit dem Auftrag, für die französische Regierung alte koptische Manuskripte aufzukaufen, die in verschiedenen Klöstern aufbewahrt wurden. Er stieß jedoch auf entschiedenen Widerstand der Mönche. Es halfen keine Versicherungen, daß es ihm nur darum ginge, in die Handschriften Einblick zu gewinnen. Die Mission endete mit einem Fiasko.

Durch den Mißerfolg entmutigt, begann Mariette mit der Besichtigung der Pyramiden in der Umgebung von Kairo. Zuerst verbrachte er eine Woche in Gisa und machte sich dann auf den Weg nach Sakkara, wo die königliche Nekropole von der ältesten der bekannten Pyramiden überragt wird, der Stufenpyramide, Grabstätte des Königs Djoser aus der 3. Dynastie. Während eines Spaziergangs in der Nähe dieser Pyramide bemerkte Mariette eines Tages eine Sphinx-Statue aus Sandstein, die im unteren Teil noch im Sand verschüttet lag. In diesem Augenblick kam ihm ein genialer Gedanke, der über weit mehr als nur seine eigene Zukunft entscheiden sollte.

Eine Sphinx-Allee

Strabons Bericht

Der Forscher erinnerte sich daran, was er einst in der «Geographie» Strabons über eine gewisse Stätte in der Nähe von Memphis gelesen hatte. Der griechische Schriftsteller aus dem 1. Jh. n. Chr. erwähnt nämlich eine Sphinxallee, die schon damals mit Sand zugeschüttet war und die zum Tempel des Gottes Serapis führen sollte. Diese Information verband Mariette sofort mit ähnlichen Sphinxstatuen, die er in Alexandria gesehen hatte und über die ihm erzählt worden war, daß sie ein Antiquitätenhändler in Kairo als Objekte aus Sakkara erworben hatte. Durch geniale Intuition geleitet, hegte der Franzose nicht die geringsten Zweifel, daß sie aus der von Strabon beschriebenen Allee stammen mußten, und daß diese sich an der Stelle befand, wo er gerade ein ähnliches Bildwerk sah. Er verpflichtete sofort dreißig Arbeiter und nahm seine ersten Ausgrabungen auf.

Die Apis-Galerien in Sakkara

Auf die Ergebnisse brauchte man nicht lange zu warten. Im November 1851 entdeckte Mariette eine von dem letzten der heimischen Pharaonen, Nektanebos II. (30. Dynastie), errichtete Kapelle, zu der die erwähnte Sphinxallee führte. Aber das war erst der Anfang. Als er sich längs der Allee in westlicher Richtung bewegte, stieß er in der Wüste auf den Eingang in unterirdische Galerien, die fünfzehn Jahrhunderte lang als Begräbnisstätte der heiligen Apis-Stiere gedient hatten. Die Griechen nannten diesen Ort Serapeum, da sie ihn mit dem Kult ihres Gottes Serapis verknüpften, der nichts anderes ist als die hellenisierte Form des altägyptischen Osiris-Apis. Der synkretistische Name dieser Gottheit bezeichnet den verstorbenen, mit dem Gott der Unterwelt Osiris identifizierten Apis. Ähnlich wie der König und jeder andere Mensch wurde der heilige Stier nach seinem Tode zur Inkarnation dieses Gottes.

Fruchtbarkeitskulte

Obwohl Apis anfänglich mit dem memphitischen Gott Ptah in Verbindung gebracht wurde, umfaßte sein Kult alsbald ganz Ägypten und wurde zu einem der wichtigsten in der Religion dieses Landes. Dazu trugen wahrscheinlich die königlichen Aspekte der Stiersymbolik entscheidend bei. Die Pyramidentexte identifizieren den Phallus des Apis mit dem des Königs, um dem letzteren Fruchtbarkeit auch im Jenseits zu gewährleisten. Den Pharao nannte man traditionell den «Starken Stier», und mit diesem Epitheton wird oft die Titulatur der Herrscher eingeleitet. Diese Assoziation entwuchs zweifellos dem Fruchtbarkeitskult, der von den Jägerstämmen am Nil noch vor der Entstehung des ägyptischen Staates praktiziert wurde.

Mnevis- und Buchis-Stiere

Apis war nicht der einzige heilige Stier, der in Ägypten Verehrung erfuhr. Unweit von Memphis, in dem am anderen Nilufer gelegenen Heliopolis, entwickelte sich schon in der Frühzeit der Kult des Mnevis-Stieres, der als Bote des Sonnengottes Atum angesehen wurde. Gegen Ende der dynastischen Zeit, im 4. Jh. v. Chr., tauchte noch ein weiterer Konkurrent des Apis auf, der Buchis-Stier, der im oberägyptischen Hermonthis, dem heutigen Armant, beheimatet war und der mit dem dortigen Gott Month identifiziert wurde.

Unter allen in Ägypten geehrten Stieren erfreute sich jedoch Apis der größten Popularität. Über seinen Kult informieren uns sowohl zahlreiche altägyptische Quellen, als auch die klassischen Autoren. Schon in den Pyramidentexten – dem ältesten Dokument religiöser Literatur (2. Hälfte des 3. Jts. v. Chr.) – wird eine Nekropole des Apis erwähnt. Das Ritual der Balsamierung des heiligen Stiers dagegen ist erst aus den Quellen der Spätzeit bekannt. Der sich heute in Wien befindende demotische Papyrus mit der Beschreibung dieses Rituals ist leider schlecht erhalten. Unser diesbezügliches Wissen ergänzen jedoch die archäologischen Materialien, die von Mariette im memphitischen Serapeum gefunden wurden.

Erste Nennung in den Pyramidentexten

Äußerliche Kriterein des Apis-Stieres

Apis war ein besonderer Stier. Er zeichnete sich vor allem durch äußerliche Eigenschaften aus. Er mußte schwarz mit weißen Flecken sein, über der Stirn mußte er ein dreieckiges Merkmal haben. Gefordert wurde auch, daß er auf dem Rücken bestimmte Konturen aufwies. Wie man sich leicht vorstellen kann, war das Auffinden eines solchen Stieres keine leichte Sache. Nach dem Tode des «aktuellen» Stieres wurde im ganzen Land eine große Suchaktion nach einem Nachfolger durchgeführt. Aus den schriftlichen Quellen kennen wir nur einen einzigen Fall, daß der neue Apis sich als ein Nachkomme seines Vorgängers erwies. Die Suche erfolgte unter der Aufsicht einer besonderen Priesterkommission, und der Mann, bei dem man einen entsprechenden Kandidaten auffand, sah in diesem Ereignis einen Akt der Gottesgnade. Nach der offiziellen Doktrin war der Mondstrahl der «Vater», der für die Zeugung des Apis verantwortlich war. Das Auffinden eines jungen Stiers, der alle gestellten Anforderungen erfüllte, wurde zu einem großen Ereignis, das im ganzen Land feierlich begangen wurde – da erschien nämlich ein neuer Gott. Apis befreite sich aber ziemlich schnell von der Belastung der königlichen Symbolik und wurde selbst zum Objekt des Kultes.

Suche nach dem Nachfolger

Ein populärer Kult

Vorbereitungen zur Inthronisation

Für den neugewählten Stier wurde in aller Eile ein Sitz errichtet, in dem er unter der Betreuung von «Ammen», also Melkkühen, so lange verblieb, bis er zu einer weiten Reise fähig war. Die Priesterkommission führte ihn dann nach Nilopolis, einer am Nil gelegenen Ortschaft, wo er (nach Diodor) vierzig Tage lang verblieb. Dies war eine äußerst wichtige Zeit für die ägyptischen Frauen. Sie vollzogen Pilgerreisen zu dem jungen Stier. Sie sollen sich vor ihm aufgestellt und ihre Geschlechtsorgane entblößt haben, um auf diese Weise die Fruchtbarkeit des Gottes auf sich zu lenken. Dies scheint um so wahrscheinlicher zu sein, als ähnliche Sitten in Ägypten noch bis vor kurzem überdauert haben. Noch Mariette beschreibt, daß, als er während der Ausgrabungen die Statuette eines Stiers fand, ägyptische Frauen aus dem benachbarten Dorf kamen und sich auf die Statuette setzten, um sich Fruchtbarkeit zu gewährleisten. Diodor informiert uns, daß die Frauen nach dem Vollzug dieses symbolischen Aktes sich dem Stier nicht mehr nähern durften. Apis beteiligte sich mitunter an Prozessionen, in deren Verlauf derartige Exhibitionen nicht verboten waren.

Einzug in Memphis

Wenn Vollmond war, was als magischer Zeitpunkt galt, wurde der Stier in einer besonderen Barke nach Memphis, seinem endgültigen Sitz, befördert. Dort wohnte er in Räumen, die an der Südseite des Ptah-Tempels angebaut waren. Diese Residenz hatte ihre eigenen Priester, deren Aufgabe es war, den Apis zu bedienen und entsprechende Rituale zu vollziehen. An die Räume des heiligen Stieres grenzten die Räume der auserwählten Kühe, die seinen Harem bildeten. Nach der Meinung der einen antiken Autoren (Diodor) erfreute er sich voller sexueller Freiheit, während andere behaupten, daß man ihn nur einmal im Jahr zu einer besonders ausgewählten Kuh führte, die sofort nach dem sexuellen Akt getötet wurde, um eine Nachkommenschaft auszuschließen. Die letztgenannte Information scheint nicht vertrauenswürdig, da die Forschungen der Archäologen bewiesen haben, daß der Harem des Apis riesengroß war; überdies kennen wir die bereits erwähn-

Der Harem des Apis-Stieres

Taf. 1.1 Geflügelte Sonnenscheibe mit zwei Uräusschlangen und zwei antithetischen Szenen in Relief am Türsturz des großen Tores aus der Ptolemäerzeit in Medinet Habu.

Taf. 1.2 Ramses III. führt dem Gott Amun gefangene Feinde Ägyptens, Asiaten und Vertreter der «Nordvölker» vor. Antithetische Doppelszene im Tempel von Medinet Habu.

Taf. 2.1 Doppelszene auf einem bemalten hölzernen Sargkasten aus der frühen Dritten Zwischenzeit. Der Verstorbene vor Osiris, dem Herrn der Ewigkeit, und seine Frau vor dem heliopolitanischen Sonnengott Re-Harachte-Atum. British Museum, London.

Taf. 2.2 Osorkon II. in der Tracht des Sed-Festes. Relieffragment vom Jubiläumsportal des Königs in Bubastis.

Taf. 3 Landschaft des thebanischen Westens. Im Hintergrund, weiter im Osten, das Fruchtland des Niltals und die Tempel von Luxor.

Taf. 4.1 Landschaft in Mittelägypten unweit von Taudjoi, heute El-Hibe.

Taf. 4.2 Reste eines von Osorkon II. errichteten Tempels in Leontopolis, heute Tell el-Moqdam.

Taf. 1.1

Taf. 1.2

Taf. 2.1

Taf. 2.2

Taf. 4.1

Taf. 4.2

Taf. 7.1

Taf. 7.2

te Überlieferung über die unmittelbare Erbfolge des göttlichen Amtes. Besondere Betreuung wurde auch der Gebärerin des heiligen Stieres zuteil. Sie wurde nämlich auf natürliche Weise mit der Himmelsgöttin Hathor gleichgesetzt, die oft die Gestalt der Kuh annahm.

Die Apis-Mütter

Zweifel wecken dagegen die antiken Überlieferungen, denen zufolge Apis getötet wurde, wenn er das 25. Lebensjahr beendet hatte. Aus der Zeit der 22. Dynastie kennen wir nämlich einen Text, der aussagt, daß Apis 26 Jahre lebte. Die Überzeugung von seinem 25jährigen Lebenszyklus kann ihre Quelle im ägyptischen Kalender haben, der eng mit astronomischen Erscheinungen verbunden war, denn jedes Vierteljahrhundert wiederholen sich die Mondphasen an denselben Tagen. Wie Herodot berichtet, soll der persische König Kambyses, der im Frühjahr 525 v. Chr. Ägypten überfiel, den memphitischen Apis eigenhändig tödlich verletzt haben. Auch diese Information kann falsch sein, wenn man sich die Abneigung gegen die Perser vergegenwärtigt, die den griechischen Reisenden und Geschichtsschreiber aus der Mitte des 5. Jhs. n. Chr. erfüllte.

Tötung des Apis-Stieres?

Ein ebenso wichtiges Ereignis wie die Erscheinung eines neuen Apis war dessen Tod. In das Land der Toten übergehend, wurde der Stier zum Osiris. Eben diesen Aspekt seiner göttlichen Natur übertrugen dann die Griechen auf ihren Serapis, dessen Kult sie weit über die Grenzen Ägyptens hinaustrugen. Die Leiche des Apis wurde in besonderen Räumen auf riesengroßen Lagerstätten einbalsamiert, die während Ausgrabungen im Jahre 1941 entdeckt wurden. Eine von ihnen ist aus einem Alabastermonolith hergestellt, der mit seinem Fundament ein Ganzes bildet. Die Seitenwände sind mit Reliefs geschmückt, die zwei ausgestreckte Löwenkörper darstellen. Die Oberseite des steinernen Balsamierungstisches senkt sich gegen die Hinterwand, die über eine Öffnung verfügt, welche das von dem geöffneten Körper des Leichnams herabfließende Blut ableitete. Ähnlich wie bei der Mumifizierung menschlicher Leichen wurden aus dem Inneren des Stieres die Eingeweide entfernt und in vier Steingefäßen eingelegt. Um die Feuchtigkeit aus dem Körper des Apis zu beseitigen, wurde er für mehrere Wochen in trockenes Natron gelegt. Die ausgetrockneten und konservierten Leichen wurden anschließend in Mumienbinden gewickelt. Der ganze Prozeß dauerte 70 Tage, ähnlich wie das Balsamieren der verstorbenen Menschen.

Beisetzungsfeierlichkeiten für Apis

Mumifikationsriten

Unter Beibehaltung strenger Regeln erfolgte dann die feierliche Begräbnisprozession an die Stätte der ewigen Ruhe. Diese dauerte einen ganzen Tag an, da sie

Die Begräbnisprozession

Taf. 5 Die Felsnadel des Gebel Barkal.

Taf. 6 Ruinen des Tempels des Taharka am Heiligen See in Karnak.

Taf. 7.1 Horus-Schützer-seines-Vaters bringt dem Gott Osiris den Djed-Pfeiler. Fragment vom bemalten Holzsarg des Pensenhor, eines hohen thebanischen Beamten des 7./6. Jhs. v. Chr. British Museum, London.

Taf. 7.2 Pensenhor betet den Gott Atum an. Malerei auf dem Fußteil seines Sarges aus Theben.

Rituelle Mundöffnung

von verschiedenartigen Riten begleitet war. Die Mumie mußte vor allem die rituelle «Öffnung des Mundes» über sich ergehen lassen, die dem Verstorbenen Leben eingeben und ihm ein erneutes Atmen ermöglichen sollte. Eine ähnliche Zeremonie begleitete die Bestattungen von Menschen, die Einweihung neuer Bauwerke und sogar die Weihung von Statuen und kleinen sakralen Gegenständen. An der Bestattung beteiligte sich eine große Menschenmenge, darunter Klageweiber, deren lautes Jammern die bösen Geister von dem Verstorbenen fernhalten sollte. Den mumifizierten Stier beförderte man in einem besonderen Leichenwagen auf Rädern, der die Form eines reich verzierten Naos hatte. Derartige Transportgefährte sind auch in Relief auf zwei Kalksteinplatten dargestellt, die in Memphis unweit der Alabasterlagerstätten aufgefunden wurden.

Vom Einzelgrab zur Galerie

Der Bestattungsort der Apis-Stiere waren gewaltige Galerien in Sakkara, die von Mariette in den Jahren 1850 bis 1852 entdeckt und von ihm – wie schon bei Strabon – Serapeum genannt wurden. Angefangen mit Amenophis III. (1402–1364 v. Chr.) bis in die Anfänge unserer Ära bestatteten die einzelnen Herrscher eben dort die Leichen der heiligen Apis-Stiere. Anfangs waren es Einzelgräber. Erst seit 1260 v. Chr., in der Regierungszeit Ramses' II., begann man die göttlichen Mumien in kollektiven Grabstätten unterzubringen. Bis 643 v. Chr., das heißt bis in die 26. Dynastie hinein, wurden in einer Galerie 28 verstorbene Apis-Stiere bestattet, die in hölzernen Sarkophagen beigesetzt worden waren. Nur die ersten zwei Grablegen, beide aus der Zeit Ramses' II., überdauerten unbeschädigt und ohne Plünderungen bis ins 19. Jh. n. Chr. Die dazugehörigen reichen Grabbeigaben kann man heute im Pariser Louvre bewundern. Die Grabstätten dieser frühen Zeit sind derzeit für Besucher nicht zugänglich.

Ausbauphasen

Der Teil des Serapeums, der heute täglich von Touristen aus der ganzen Welt besucht wird, ist der zweite große kollektive Bestattungsort, der im Jahre 612 v. Chr. eingerichtet wurde. Er funktionierte bis zum Ende der Ptolemäerzeit und wurde ständig erweitert. Seit der Zeit des Amasis (570—526 v. Chr.) wurden die einbalsamierten Leichen dort in Granitsarkophagen aufbewahrt, die aus einem einzigen Steinblock hergestellt worden waren und bis zu 70 Tonnen wogen. Solche Grablegen waren natürlich sehr kostspielig. Daher begaben sich gleich nach dem Tod des Apis Gesandte aus Memphis in verschiedene Gegenden des Landes, um Gaben für die Finanzierung der Bestattung zu sammeln. Über eine der späteren Beisetzungen erfahren wir, daß sie die sehr hohe Summe von 100 Talenten kostete

Monolithische Sarkophage

Private Sponsoren

Die reichen Ägypter spendeten jedoch diese Beträge gern, da dies ihnen das Privileg garantierte, ihre eigene Votivstele an der Wand der Grabkammer des Apis, in der Nähe seines Sarkophags, anbringen zu dürfen. Eine ähnliche Auszeichnung gebührte auch den Teilnehmern des Begräbnisses. Dank dieser Bräuche waren in die Wände des Serapeums Tausende von Platten verschiedener Größe eingelassen, hergestellt aus den verschiedensten Materialien und beschrieben mit unterschiedlichen Schriften. Mit den Bestattungen der aufeinanderfolgenden Apis-Stiere verbunden, waren diese Stelen in chronologischer Reihenfolge angeordnet.

Unter den rund siebentausend von Mariette im memphitischen Serapeum gefundenen Objekten bilden eben die Votivstelen das wertvollste Material für den Historiker. Ihre Stifter wandten sich an den verstorbenen Stier mit verschiedenen Bitten, wobei sie ihre Namen und Titel angaben, mitunter sogar eine lange Genealogie. Das bekannteste Dokument dieser Art ist die von Pasenhor, einem Würdenträger aus der Regierungszeit von Scheschonk IV., gestiftete Stele. Er legt seine Abstammung bis zur sechzehnten Generation rückwärts dar und gelangt zu einem libyschen Vorfahren namens Bujuwawa. Selbst zwar nur ein Priester der Göttin Neith, hat Pasenhor in seinem Stammbaum sogar vier aufeinanderfolgende Könige, von denen der erste Scheschonk I. war, der Gründer der 22. Dynastie.

Votivstelen für Apis

Pasenhor

Einige Stelen wurden von mehreren, gleichzeitig lebenden Personen gestiftet. Derartige Dokumente ermöglichen eine recht genaue Identifizierung der Personen, eine Synchronisierung der Lebzeiten wichtigerer Beamter, und sogar eine Präzisierung der Chronologie der Regierungszeit der einzelnen Herrscher. Für das ganze 1. Jahrtausend v. Chr. finden wir nämlich in den ägyptischen Quellen kein Verzeichnis der Könige, das ihre Regierungszeit angeben würde. Desto wertvoller sind also die Stelen aus Serapeum, die das Geburts- und Todesdatum einiger Apis-Stiere erwähnen, wie auch die Dauer ihrer Lebenszeit. Die angegebenen Daten beziehen sich natürlich auf die Herrschaft der einzelnen Könige. Wenn der Stier in der Regierungszeit des einen Pharaos geboren wurde, und in der Regierungszeit eines anderen gestorben war, dann wird der diese Information enthaltende Text zu einer historischen Quelle von erstrangiger Bedeutung, die die Möglichkeit schafft, die Regierungsdauer des ersten von ihnen zu bestimmen. Derartige Stelen tauchen gegen Ende der 22. Dynastie auf und sind besonders zahlreich in späterer Zeit, insbesondere in den Jahren der 26. Dynastie. Eben aufgrund der Texte aus Serapeum gelang es den Ägyptologen festzustellen, daß Scheschonk III. nicht weniger als 52 Jahre regierte, und daß sein Nachfolger Pimaj («Katze») hieß.

Eine wichtige chronologische Quelle

Scheschonk III. und Pimaj

Worum wird Apis von den Stiftern der Stelen gebeten? Lesen wir eine von ihnen, geschrieben wahrscheinlich im elften Regierungsjahr von Scheschonk V., die dabei ein für jene Zeit typisches bescheidenes Gebet enthält. Die Stele stifteten mehrere Mitglieder einer Familie, die die mittlere Schicht der gesellschaftlichen Hierarchie repräsentieren:

Die von dem «Gottesvater» [= Priestertitel], *Propheten der Bastet, der Herrin von Anch-taui* [= Memphis], *Propheten des Ptah, eines würdevollen Pfeilers, Propheten des Hauses der Schesemtet*[13], *der Herrin von Anch-taui, Merenptah, Sohn des Sem-Priesters Nesunnefer, des gerechtfertigten*[14], *Sohn des Gastgebers und Abgesandten des Sitzes des Ptah, Pascherienptah: «Das Opfer, das der König gibt für deinen Ka, Osiris-Apis, (als) alltägliches Grabopfer. Mögest du stark sein durch das Brot, mögest du stark sein durch das Bier (dieses Opfers). Mögest du herauskommen als lebendiger Ba*[15]. *Möge man an mich denken anläßlich dessen, was ich für meinen Herrn getan habe. Schlaf und Schlaffheit waren mir zuwider. Ich war ständig in Bewegung wie die Sonnenscheibe. Ich war erschöpft durch den Dienst an dir, (als) man genau deine Absichten erfüllte. Ich marschierte in Ruhe nach dem Schönen Westen*[16], *als man dich in her-*

vorragendem Zustand begraben hatte.[17] *Gib mir (also) die Belohnung des Herrn, einen ehrwürdigen Stand, viele Jahre in der Kontinuität der Generationen, Beständigkeit in diesem Haus für die Unendlichkeit und Ewigkeit».*

Sein Sohn, Sem-Priester und Unro [= ein weiterer Priestertitel], *Nesunnefer; sein Sohn, der Bekannte des Königs, Pascherienptah, den die Frau Dihapisati (zur Welt) brachte; ihre Tochter Tapennut, ihre Tochter Iru. Mögen sie in diesem Sitz überdauern, wie darin dein Name überdauern wird!*

Viele Gräber – wenige Tempel

Die Bestattungen der Stiere in Sakkara, die Königsgräber in Tanis und die unzähligen Priestergräber der 21. und 22. Dynastie in den Tempelbezirken des Neuen Reiches in Theben-West liefern ein reiches Material zur Kenntnis der sepulkralen Sitten der Dritten Zwischenzeit. Dagegen liegen fast alle sakralen Bauten jener Zeit heute in Ruinen. Die zahlreichen dekorierten Blöcke aus den Tempeln in Bubastis und Tanis liegen an der Stätte ihrer Auffindung oder schmücken europäische und amerikanische Museen.

Tempelbauten in Karnak

Abb. 20

Abb. 21, 22, 23

Osiris – Herrscher der Ewigkeit

Nur in Karnak blieben zwei Bauwerke, die der 22. und 23. Dynastie entstammen, an ihrer ursprünglichen Stelle erhalten. Das erste von ihnen ist das Bubastiden-Portal, von dem schon des öfteren die Rede war. Noch interessanter ist aus bestimmten Gründen ein kleiner Tempel, der «Osiris – Herrscher der Ewigkeit (Hekadjet)» gewidmet war, errichtet im 8. Jh. v. Chr. von den Königen der 23. Dynastie Osorkon III. und Takelot III. (= Ramses IV.). Seine Ausschmückung bildet einen Film, dessen einzelne Bilder eine Abfolge von Etappen der politischen Geschichte in der Zeit vor dem Überfall der Kuschiten (25. Dynastie) und unmittelbar darauf darstellen. Dieses einsam in der nordöstlichen Ecke des Tempelbezirks in Karnak gelegene, bescheidene Bauwerk wird sehr selten von Touristen besucht. Fast niemand denkt daran, daß es das einzige erhaltene architektonische Denkmal einer äußerst spannenden Zeit ist. Und was für interessante Sachen kann man in seiner Reliefdekoration entdecken!

Osorkon III. und Takelot III.

Rückgriff auf die Ramessiden

An der Rückwand des Hauptraumes wurde eine großformatige Szene in Relief ausgeführt, die Osorkon III. und seinen Koregenten Takelot III. darstellt, der zugleich sein Sohn war. Der Schöpfer dieses Reliefs kam auf die geniale Idee, daß für zwei parallel regierende Könige am geeignetsten eine Doppelszene mit einer symmetrischen Konstruktion und einer antithetischen Komposition sein würde. Er orientierte sich dazu an einem Motiv, das ihm von der Dekoration des Pylons in Medinet Habu bekannt war, wo zwei parallele Szenen, die Ramses IV. während der Zeremonie mit dem *Isched*-Baum zeigen, an der Vorderseite zu beiden Seiten des Eingangs vorkommen. Dieses Muster einer etwas anderen Situation anpassend, verbindet der fast vierhundert Jahre später lebende Künstler zwei fast identische Szenen zu einer Ganzheit, indem er auf beiden Seiten der Szene unterschiedliche Könige darstellt.

Schon diese Tatsache allein verweist darauf, wie lebendig damals noch die Traditionen des Neuen Reiches waren. Der raffinierte Stil der Reliefs in diesem Raum verweist deutlich darauf, daß man nach einer Quelle der Inspiration sogar in der

Kunst der Zeit Amenophis' III. und seines Nachfolgers Echnaton aus der 18. Dynastie suchte. *Abb. 24*

In den ikonographischen Innovationen sieht man hier offensichtlich eine fieberhafte Suche nach originellen Lösungen. In einer der weiteren Szenen wird die Perücke des Takelot von der Gestalt eines Falken mit ausgebreiteten Flügeln geschmückt, und auf dem Kopf der Schepenupet, der Tochter Osorkons III., sehen wir sogar zwei Doppelkronen von Ober- und Unterägypten. War es eine schöpferische Freiheit des Urhebers, die sich aus der Auflockerung der Schemen herleiten läßt, oder das Bedürfnis nach einer zusätzlichen Legitimation des Herrschens? Der Falke war schließlich ein Symbol des Horus, des Vorfahren der Könige, und die Doppelkrone identifizierte den Herrn von Ober- und Unterägypten. Die Suche nach einer solchen Identifikation scheint besonders verständlich in einer Zeit zu sein, als das geteilte Ägypten sich deutlich dem Verlust der Unabhängigkeit näherte. Die ersten Anzeichen dessen werden schon im nächsten Raum dieses Tempels sichtbar. In den hier angebrachten Reliefs erscheint an Stelle des Königs die «Gottesgemahlin des Amun» Schepenupet, und ihr Name ist in die königliche Kartusche eingetragen. Allem Anschein nach übernahm sie die Funktion des Steuermanns im politischen Leben von Theben. Aber das ist noch nicht alles. Neben ihr erscheint nämlich Amenardis, die Tochter des kuschitischen Königs Kaschta, als ihre adoptierte Nachfolgerin. *Abb. 21* *Abb. 34* *Schepenupet* *Amenardis* *Abb. 22*

Sollte es in Ägypten schon an Kandidatinnen zur höchsten Priesterinnenfunktion gefehlt haben, so daß eine Ausländerin dazu ernannt wurde? Noch größere Verwunderung weckt die Dekoration der benachbarten Wand. Die ägyptische Königskartusche mit ausgemeißeltem Namen begleitet hier das Bild eines Herrschers, der alle typischen Attribute der Könige von Kusch aufweist. Ein identisches Porträt in noch größeren Ausmaßen, dargestellt im Relief an der Frontwand des Tempels des «Herrschers der Ewigkeit», beseitigt die letzten Zweifel: Auf dem ägyptischen Thron sitzt bereits der kuschitische König Schebitku. *Abb. 25* *Schebitku*

Die beiden im unterägyptischen Sais ansässigen Herrscher, Tefnacht und sein Sohn Bokchoris, die in der späteren Geschichtschreibung (Manetho) als 24. Dynastie gezählt werden, sollten zwar verzweifelt versuchen, das Pharaonenreich vom Norden aus zu vereinen, sie unterlagen aber den aus dem Süden kommenden Kuschitenkönigen. *Tefnacht und Bokchoris*

Belebende Strömungen aus dem Innern Afrikas: Kuschiten in Ägypten

(25. Dynastie)

Nubien Nubien, ein Land, das südlich von Ägypten liegt und heutzutage den Nordteil des Sudan bildet, war schon in der frühen dynastischen Zeit das Objekt eines besonderen Interesses der Pharaonen. Dieses riesige Gebiet war nämlich vor allem eine Grube wertvoller Rohstoffe, unter denen den größten Wert das Gold darstellte. *Abb. 35* Man vermutet sogar, daß die Bezeichnung «Nubien», die erstmals bei den klassischen Autoren auftritt (Eratosthenes, Strabon, Plinius, Ptolemaios), dem ägyptischen Wort *nub* entstammt, das Gold bezeichnet. Gemeinsam mit der in Ägypten östlich des Nils gelegene Wüste war Nubien der Hauptlieferant dieses begehrten Rohstoffes.

Das Goldland der Pharaonen Die Goldgruben, die sich in unwegsamen, felsigen Gegenden befanden, fern von Wasser und Vegetation, funktionierten dank der mörderischen Arbeit nubischer Untertanen, Kriegsgefangener und Verbrecher, die aus Ägypten verbannt worden waren. Auf der Suche nach dem edlen Erz wurden besonders sorgfältig vorbereitete Expeditionen organisiert, die wohl an Strafexpeditionen erinnerten und die durch – in die Felsen unweit der Gruben oder der an sie heranführenden Wege eingemeißelte – Inschriften verewigt wurden. Zu den berühmtesten nubischen Gruben der Pharaonenzeit gehörten die Lagerstätten in Wadi Allaqi, wo in den Jahren 1961 bis 1963 eine sowjetische Mission archäologische Forschungen durchführte. Es waren Arbeiten im Rahmen der großen internationalen Aktion, die von *UNESCO-Nubienkampagne* der UNESCO, anläßlich des Baues des Assuanhochdamms und der Entstehung des Stausees südlich des Dammes, zur Rettung der Denkmäler Nubiens organisiert wurde. Die sich an dieser Rettungsaktion beteiligende polnische Grabungsmission unter der Leitung von Professor Kazimierz Michalowski entdeckte damals *Faras* in Faras, im Norden Nubiens, die berühmten frühchristlichen Malereien.

Aber nicht nur Gold bildete den Reichtum Nubiens. Von dort bezogen die *Ein rohstoffreiches Land* Ägypter auch andere Erze, verschiedene Steine (z. B. Diorit, der einige zehn Kilometer von der Ortschaft Toschke entfernt ansteht), Ebenholz und andere Holzarten, Räucherwerk, Öle, Straußenfedern, Lanzen und sogar seltene Tiere wie Affen und Giraffen; nicht zu vergessen sind dabei auch die Pantherfelle, in die sich die ägyptischen Priester und Könige zu rituellen Zwecken kleideten. Wertvolle Arbeitskräfte bildeten die nubischen Kriegsgefangenen, die in Ägypten als Polizisten und Soldaten eingesetzt wurden. Nubien war ein Korridor, der die Welt der Mittelmeerkulturen mit dem Inneren Schwarzafrikas verband. Die dorthin führenden Handelswege, und vor allem das Niltal, hatten eine ungewöhnliche wirtschaftliche und strategische Bedeutung.

Kontakte seit frühester Zeit

Schon die Bestattungen der prädynastischen Zeit, die unter anderem Gegenstände enthielten, die aus nubischem Material hergestellt waren, verweisen auf den lebhaften Handelsaustausch zwischen den Ägyptern und den Völkern, die weiter im Süden lebten. Die in Nubien ansässige Bevölkerung unterschied sich in ethnischer und sprachlicher Hinsicht sowohl von den Ägyptern, als auch von anderen an sie grenzenden Bevölkerungsgruppen. Mit der Entstehung des ägyptischen Staates, in den Anfängen des 3. Jts. v. Chr., begann die allmähliche Expansion der Pharaonen nach Süden. Die Herrscher der ersten Dynastien, wie Hor-Aha und Djer, organisierten militärische Feldzüge bis zum zweiten Nilkatarakt und hinterließen Inschriften auf den Felsen in der Nähe von Wadi Halfa. Aus den königlichen Annalen, die in dem berühmten «Stein von Palermo» eingemeißelt sind, erfahren wir von der riesigen Beute, die Snofru, der Gründer der 4. Dynastie, in der Mitte des 3. Jahrtausends v. Chr. aus Nubien mitgebracht hat. Fast alle seine Nachfolger bis zum Ende des Alten Reiches hinterließen in Nordnubien Zeugnisse ihrer Expeditionen nach Süden.

Aha und Djer

Nubien im Mittleren Reich

In der Zeit des Mittleren Reiches, besonders zu Beginn der 12. Dynastie, erfolgte eine Wendung in der Politik Ägyptens zu Nubien. Den Pharaonen ging es nicht mehr um den Austausch mit dem südlichen Nachbarn, sondern vielmehr um dessen Unterjochung und dessen Anschluß an Ägypten. Es begann eine lange Zeit der militärischen Expansion in diese Richtung. Amenemhet I. und Sesostris I. beherrschten Nubien bis zum zweiten Katarakt und errichteten dort Grenzfestungen, die den Handel und die Bevölkerungsmigrationen in beide Richtungen kontrollierten. Die Nubier leisteten Widerstand. Sesostris III. mußte mehrere Aufstände unterdrücken, und die in der Festung Semna hinterlassenen Stelen mit seinem Namen sind sozusagen ein Siegel an der Südgrenze Ägyptens.

Kerma-Kultur

In der Zweiten Zwischenzeit entwickelte sich Nubien eine Zeit lang selbständig und schuf eine hohe Kultur mit individuellem Charakter, die heute als «Kerma-Kultur» bezeichnet wird und die nicht ohne Einfluß auf Ägypten blieb. Aus der Stele des siegreichen Königs Kamose erfahren wir sogar, daß gegen Ende der Regierung der 17. Dynastie der nubische Staat sich mit den Hyksos im Nildelta gegen den ägyptischen Rumpfstaat verbündete. Die Unabhängigkeit Nubiens endete jedoch bald, als Ägypten in der Regierungszeit der ersten Herrscher der 18. Dynastie wieder zur Großmacht wurde. Pharao Ahmose stellte es bis zum zweiten Katarakt unter seine Macht, und der große Amenophis I. führte in Nubien ein neues Verwaltungssystem ein. Er begründete dort das Amt eines «Vizekönigs», der auch «Königssohn von Kusch» genannt wurde, welcher die neue Provinz verwaltete und dafür sorgte, daß die Gaben in entsprechender Menge und Qualität von dort aus rechtzeitig an den Königshof gelangten.

Kusch Der Name «Kusch», der zuerst den nördlichen Teil Obernubiens, dann das ganze Südnubien und schließlich Nubien überhaupt bezeichnete, taucht zuerst in den Inschriften Sesostris' I. in der frühen 12. Dynastie (20. Jh. v. Chr.) auf und wurde in der Zeit des Neuen Reiches geläufig gebraucht. Der Feldzug Thutmosis' I. nach Südnubien bedeutete das endgültige Ende der lokalen Kerma-Kultur und öffnete den Ägyptern den Weg zum «Reinen Berg», wie damals der Gebel Barkal genannt wurde, eine Stelle, die etwa 15 km vom vierten Katarakt entfernt liegt. Am Fuße des imposanten Felsmassivs, das inmitten einer sandigen Ebene rund 100 Meter hoch emporragt, wurde in der Zeit der 18. Dynastie eine Stadt gegründet, deren weitere Entwicklung auch über das Schicksal Ägyptens entscheiden sollte.

Gebel Barkal

Abb. 37
Taf. 5

Napata Diese Stadt hieß Napata. Wie eine Inschrift aus der Zeit Thutmosis' III. bezeugt, begann gerade dieser König damit, hier monumentale Bauten errichten zu lassen. Sein Werk war eine Festung, die große strategische und politische Bedeutung gehabt haben mußte, wenn schon der Nachfolger Thutmosis' III., Amenophis II., bis hierher einen der gefangengenommenen syrischen Herrscher zu bringen befahl, um ihn an den Mauern von Napata aufhängen zu lassen. Dieses Ereignis bezeugt eine in Amada, einem anderen nubischen Zentrum, aufgefundene Stele.

Amun-Verehrung in Nubien Die von den Herrschern des Neuen Reiches ausgebaute Stadt wurde im Laufe der Zeit zu einem wichtigen Zentrum des thebanischen Kultes des Amun-Re. Für ihn wurden hier die wichtigsten Tempel aufgemauert oder in den Felsen hineingeschlagen. Wir können also von Napata als von einer echten Zweigstelle der thebanischen Religion sprechen. Unabhängig davon wurde hier auch die lokale Inkarnation Amuns verehrt, genannt «Amun-Re zu Gast am Reinen Berg». Die zoomorphe Gestalt dieser Gottheit besaß den Kopf eines Widders. Alles scheint darauf hinzuweisen, daß die später oft anzutreffenden Darstellungen des thebanischen Amuns als Widder über eine Verknüpfung eben mit dem widderköpfigen Amun von Napata entstanden sind.

Abb. 36

Der Gebel Barkal im Neuen Reich Das letzte sakrale Bauwerk, das in Napata von den Königen des Neuen Reiches errichtet wurde, ist ein Tempel Ramses' II., und das letzte Zeugnis ihrer Präsenz am Fuße des «Reinen Berges» ist eine hier gefundene Statue Ramses' IX. Auf Ramses II., den größten der Ramessiden, gehen in Nubien zahlreiche Tempel und Kapellen zurück, in denen er den Kult verschiedener ägyptischer Gottheiten etablierte, meistens jedoch den des thebanischen Amun-Re. Besondere Berühmtheit erlangten in jüngerer Zeit zwei seiner Felsentempel, ausgehauen aus dem Fels von Abu Simbel. Einer von ihnen war der Gemahlin des großen Herrschers, Nefertari, gewidmet, deren Grab bis in unsere Zeiten im westthebanischen Tal der Königinnen überdauerte. Anläßlich der Errichtung des Assuanhochdammes und der dadurch bedingten Überschwemmung dieser Gebiete durch die Gewässer des nubischen Stausees wurden beide Tempel im Jahre 1963 aus dem Felsen herausgebrochen und auf eine etwa zweihundert Meter weiter liegende Hochebene verlegt, wobei zumindest ihre ursprüngliche Orientierung beibehalten wurde.

Abu Simbel

Indem die nubische Bevölkerung die ägyptischen Götter verehrte und an den Handelskontakten bzw. dem kulturellen Austausch mit Ägypten teilnahm, ägyptisierte sie sich teilweise. Das betraf insbesondere die höheren Schichten der Gesellschaft und vor allem die Elite, die in dem wichtigen religiösen und administrativen Zentrum lebte, das zur Zeit des Neuen Reiches Napata wurde. Die Schriftsprache und zweifellos in beachtlichem Grade auch die gesprochene Sprache war dort das Ägyptische.

Die Ägyptisierung Nubiens

Was in Napata nach dem Zusammenbruch des Neuen Reiches vor sich ging, wissen wir nicht. Bisher wurde keine einzige Inschrift gefunden, die sich auf die Geschichte dieser Stadt während der zweihundert Jahre beziehen würde, die seit 1080 v. Chr. bis zur Mitte des 9. Jhs. v. Chr. vergangen sind. Sicher ist nur, daß dort spätestens um 850 v. Chr. der starke, unabhängige Staat Kusch entstand. Es fällt schwer zu sagen, ob dazu irgendeine eingewanderte Bevölkerung beigetragen hatte, oder ob es das Ergebnis der ungestörten Weiterentwicklung der alten Traditionen war. Die Hauptstadt des Staates war Napata, wo weiterhin der thebanische Amun verehrt wurde.

Napata nach dem Ende des Neuen Reichs

Die ersten kuschitischen Herrscher wurden in El-Kurru bestattet, einer Ortschaft unweit von Napata, und ihre Gräber hatten die Form unterirdischer Kammern, die mit Tumuli und später mit Mastaben aus Ziegelsteinen überdeckt waren. Die ersten Könige bleiben anonym, und die dynastische Linie beginnt mit Alara, dessen Sohn Kaschta ist. Wie im vorigen Kapitel erwähnt, wurde die Tochter des letzteren zur «Gottesgemahlin des Amun» in Theben, adoptiert von ihrer Vorgängerin in diesem Amt, der Tochter Osorkons III., Schepenupet. Aber erst der Sohn Kaschtas, Pianchi (um 747–716 v. Chr.), fühlte sich so stark, daß er Ägypten den Krieg erklären und an den Thron der Pharaonen denken konnte.

Königsgräber in Kurru und Nuri

Alara

Kaschta

Pianchi

Die innere Situation des in kleine Fürstentümer aufgeteilten Ägyptens erleichterte nicht nur die Invasion, sondern forderte regelrecht dazu auf. Man konnte sich zudem als Verteidiger der ägyptischen Götter darstellen, die in Kusch verehrt wurden und die in Ägypten immer weniger Achtung fanden. Man konnte auch die alten Sitten wiederherstellen, indem man die thebanischen Gräber vor der Plünderung schützte. Man konnte letzten Endes die theologisch-politische Parole von der Notwendigkeit einer erneuten «Vereinigung der Beiden Länder» verkünden. Vorwände gab es in Hülle und Fülle; sie wurden aber erst dann in Anspruch genommen, als im Norden Ägyptens unerwartet ein authentischer politischer Konkurrent auftauchte. Es war Tefnacht, der Herrscher von Sais, der Gründer der 24. Dynastie. Ihm lag ebenso die Vereinigung Ägyptens am Herzen, aber – selbstredend – unter seinem eigenen Zepter. Er vollzog in dieser Richtung die ersten erfolgreichen Schritte, da er sich immer weiter nach dem Süden bewegte und an sein Fürstentum einen Bezirk nach dem anderen anschloß.

Tefnacht von Sais und die 24. Dynastie

Das war schon zu viel für den ehrgeizigen Kuschiten. Pianchi antwortete wie ein Mann auf die Herausforderung Tefnachts, obwohl er den Gegner nicht sofort richtig einschätzte. Er schickte eine Armee nach Norden, die nur geringe Erfolge da-

Die Stele des Pianchi

vontrug; und als er schließlich keine andere Lösung sah, begab er sich selber an der Spitze der Truppen nach Ägypten. Der Feldzug erfolgte im 21. Regierungsjahr des kuschitischen Herrschers, und beschrieben wurde er in allen Einzelheiten auf einer riesigen Granitstele, die im Jahre 1862 im Tempelbezirk des Gebel Barkal gefunden wurde. Man kann sie heute im Ägyptischen Museum in Kairo bewundern. Sie stellt eines der interessantesten historischen Dokumente dar, die uns das pharaonische Ägypten hinterlassen hat.

Abb. 33

Wie jeder derartige Bericht beginnt der Text mit dem Datum und der Titulatur des Herrschers:

Das einundzwanzigste Jahr, der erste Monat der Jahreszeit der Überschwemmung, der erste Tag, zur Regierungszeit des Königs von Ober- und Unterägypten, Pianchi-meri-Amun, möge er ewig leben! (...) Sie kamen, um Seiner Majestät zu sagen: «Es gibt einen (solchen) Führer des Westens, einen großen Fürsten in Netjer [= das heutige Behbet el-Hagar], *Tefnacht im Harpunen-Gau* [= 7. und 8. unterägyptischer Gau], *im Gau des Wüstenstiers* [= Gau von Xois], *in Hapi* [= Teil der Doppelprovinz Neith], *in [...], in Anu*[18] *in dem Haus des Goldes (und) in der Weißen Mauer* [= der memphitische Gau]. *Er nahm den ganzen Westen ein, von der (nördlichen) Küste bis nach Itj-taui* [= Lischt, im 21. oberägyptischen Gau], *indem er sich mit einer zahlreichen Armee nach Süden bewegte. Die Beiden Länder verbinden sich mit ihm, (und) die Magnaten und Verwalter sind wie gefesselte Hunde zu seinen Füßen. Keine Güter in den südlichen Gauen schlossen vor ihm ihre Pforten: Mer-Tem* [= Meidum] , *die Güter Osorkons I.* [= Domäne nördlich von Herakleopolis], *der Tempel des Sobek* [= Krokodilopolis in der Oase Fayum], *Pemdje* [= Oxyrhynchos im 19. oberägyptischen Gau], *Tjekanosch* [= das griechische Takona nördlich von Oxyrhynchos], *alle Städte des Westens öffnen ihre Tore, von Angst vor ihm befallen.*

Er wandte sich (auch) nach den östlichen Bezirken (und) sie standen auf ähnliche Weise offen für ihn: der Palast des Phönix[19], *Taudjoi* [= el-Hibe], *der Palast des Königs* [=Kom el-Ahmar/Sawaris im 18. oberägyptischen Gau], *der Sitz der Herrin des Vorstehers der Kuh* [= Atfih im 22. oberägyptischen Gau]. *Da belagert er die Stadt des Königskindes* [= Herakleopolis, Hauptstadt des 20. oberägyptischen Gaues]. *Er wurde so, als ob er den Schwanz im Mund (hätte)*[20], *indem er die Ausziehenden nicht hinausließ, die Einziehenden nicht hineinließ und jeden Tag kämpfte. Sie* [= die Stadt des Königskindes] *merkte sich ihn in ihrer ganzen Ausgedehntheit. Jeder Graf kannte (schon) seine Mauern. Einem jeden hat er seinen Platz zugewiesen, den Magnaten und den Verwaltern».*

Gehört hat es also [Seine Majestät] mit Gutmütigkeit, indem er aufrichtig lachte. Die Vorsteher, Grafen und Generäl(e) schickten jeden Tag an Seine Majestät Nachrichten, indem sie sagten: «Wirst du schweigen, bis du den Süden vergißt (und) die Gaue, die zum Hof gehören, (während) Tefnacht vorwärtsschreitet, ohne auf Widerstand zu stoßen?»

(...) Da rief Seine Majestät die Magnaten und Generale zusammen, die in Ägypten waren, den Hauptmann der Bogenschützen Puarma und den Hauptmann der Infanterie Lamerskeni und einen jeden Hauptmann Seiner Majestät, der in Ägypten war: «Begebt euch in Schlachtordnung, greift an, umzingelt ihn, belagert ihn, fangt seine Leute, sein Vieh, seine Schiffe auf dem Fluß! Erlaubt nicht, daß die Bauern ins Feld gehen, erlaubt nicht, daß die Ackersleute pflü-

gen. Belagert den Hasen-Gau [= 15. oberägyptischer Gau], *kämpft gegen ihn jeden Tag!» Und so taten sie auch.*

Seine Majestät schickte also die Truppen nach Ägypten und sagte ihnen so deutlich wie möglich: «Macht euch nicht auf den Weg nachts wie zum Vergnügen, (sondern) greift an, wenn man sieht (und) greift ihn von weitem an! Wenn er sagt:‹Wartet auf das Fußvolk und die Reiterei aus einer anderen Stadt›, dann wartet, bis seine Armee kommt (und) greift an, wenn er (das) sagt. Wenn überdies seine Verbündeten in einer anderen Stadt sind, dann wartet auf sie! Diejenigen Machthaber, die er herbeiführen würde, damit sie ihn stärken, seine vertrauten libyschen Wächter – tut so, daß man zuerst den Kampf gegen sie aufnimmt!»

Sie sagten: «Wir wissen nicht, an wen wir uns wegen der (Truppen)schau wenden sollen, spanne also das schönste Pferd aus deinem Gestüt vor und trete vor die Heerscharen, denn du weißt doch, daß Amun der Gott ist, der uns schickt!»

Wenn ihr nach Theben kommt, vor Ipet-Sut [= Amun-Re-Tempel von Karnak], *geht ins Wasser, reinigt euch im Wasser, zieht die beste Kleidung an, stellt den Bogen beiseite, legt den Pfeil beiseite, erhebt euch nicht mit der Meisterschaft eurer Kraft über denjenigen, ohne den es keine Kraft des Starken gibt; er macht den Schwachen mächtig, so daß eine Menge einer Handvoll den Vorrang gibt, und ein Mensch steht für Tausend. Begießt euch mit dem Wasser von seinen Altären, küßt den Boden vor ihm und sagt ihm: «Zeige uns den Weg, (denn) wir kämpften im Schatten deines Armes. Die Rekruten, die du berufen hast – möge ihnen ein siegreicher Kampf zufallen, möge vor ihnen die Menschenmenge erbeben!»*

Da fielen sie vor Seiner Majestät auf den Bauch:
«Dein Name wird unser Arm sein,
(denn) deine Pläne führen die Armee ans Ziel,
dein Brot ist in unserem Körper auf jedem Weg
(und) dein Bier löscht unseren Durst.
Dein Mut ist der, der uns den Arm reicht,
zitternd bei der Erwähnung deines Namens.
Keinen Nutzen bringt es der Armee, wenn ihr Hauptmann ein Schurke ist,
(aber) kann dir jemand hier gleichkommen?
Du bist ein mächtiger König, der mit seinen Händen wirkt,
der Meister des Kriegshandwerks!»

Und sie strömten nach Norden, kamen in Theben an und taten alles, wie ihnen Seine Majestät sagte. Und sie strömten mit (dem Lauf) des Flusses. Sie stießen auf [zahlreiche] Schiffe, die nach dem Süden strömten, beladen mit Soldaten, Matrosen, Offizieren, allen möglichen Kriegern aus dem Norden, ausgerüstet mit Kriegsgeräten, um gegen die Armee Seiner Majestät zu kämpfen. Dann wurde unter ihnen ein großes Massaker angerichtet, dessen Ausmaße schwer einzuschätzen sind. Ihre Soldaten und ihre Schiffe wurden als Beute genommen, (und) die Gefangenen wurden lebend an den Ort gebracht, wo Seine Majestät war [= nach Napata].

(...) Da hörte die Armee, die weit in Ägypten war, von dem Zorn, den Seine Majestät wegen ihr hegte. Dann griffen sie Pemdje [= Per-Medjet, das heutige Behnasa] *im Gebiet Waseb an, eroberten es wie ein Stromwirbel und berichteten darüber Seiner Majestät. Das beruhigte aber sein Herz gar nicht.*

Dann griffen sie die Wallanlage «Reich-an-Siegen» an. Sie fanden sie mit Truppen gefüllt, die aus verschiedenen Soldaten des Nordens (bestanden). Da errichteten sie Anhöhen, um gegen sie ausrücken zu können. Sie zerstörten ihre Wehrmauern, richteten ihr ein Massaker ohnegleichen an, das auch den Sohn des Vorstehers (des Stammes) Ma, Tefnacht, (erreichte).

Dann berichteten sie davon Seiner Majestät. Das beruhigte aber sein Herz gar nicht...

Am neunten Tag des ersten Monats der Überschwemmung begab sich seine Majestät auf den Weg nach Theben und beendete das Fest Amuns während des Opet-Festes. Seine Majestät begab sich mit dem Schiff in das Gebiet des Hasen-Gaues. Seine Majestät verläßt die Kabine der Barke, läßt Pferde vorspannen, besteigt die Wagen. Das Grauen Seiner Majestät reicht an die Grenzen Asiens, jedes Herz zittert vor ihm...

Er schlug sein Lager südwestlich von Hermopolis auf, das er jeden Tag belagerte. Man fertigte eine Rampe an, um die Wehrmauern zu umzingeln, man errichtete ein Gerüst, um die Bogenschützen zum Schießen anzuheben, und ein Katapult zum Werfen der Steine, zum Töten der Menschen unter ihnen, jeden Tag.

Es vergingen die Tage, Hermopolis stank nach Fäulnis, ohne frische Luft zum Atmen. Da fiel Hermopolis auf den Bauch und kroch zu Kreuze vor dem König Unterägyptens[21]*. Die Gesandten gingen hin und zurück, beladen mit allen Dingen, die dem Auge angenehm sind: mit Gold, verschiedenen Edelsteinen, Gewändern in Kisten, mit der Krone, die auf seinem* [= Nemrods] *Kopf war, mit der Uräusschlange, die mit Furcht (vor) ihm erfüllte – ohne Unterbrechung, viele Tage lang, und krochen vor seiner Doppelkrone.*[22]

Da ließ man seine Gemahlin kommen, die königliche Gemahlin, die königliche Tochter, Nestjenet, damit man sich vor den königlichen Gemahlinnen, den Damen des königlichen Harems, den Prinzessinnen, den Schwestern des Königs beugt. (Die Stadt) fiel auf den Bauch im Harem, vor dem Antlitz der königlichen Gemahlinnen: «Kommt mir zu Hilfe, königliche Gemahlinnen, königliche Töchter, königliche Schwestern, beruhigt den Horus – den Herrn des Palastes [= den König] *– groß ist seine Kraft, gewaltig sein Triumph (...)».*

Nemrod unterwirft sich

Der Ausschnitt des Textes, der von dem Flehen der Besiegten, von den Komplimenten und Gaben spricht, mit denen sie den Eroberer überschütten, und das die untertänige Rede Nemrods zitiert, ist leider nur in Bruchstücken erhalten:

Da fiel er [= Nemrod] *auf den Bauch vor Seiner Majestät [...]: «Oh Horus – Herr des Palasts, mit deiner Kraft wurde mir das angetan, (daß ich) einer der Sklaven des Königs bin, der seinen Tribut in die Schatzkammer einzahlt [...], ich habe für dich mehr getan als sie».*

Dann legte er als Geschenk Silber, Gold, Lapislazuli, Türkis, Bronze und eine Menge verschiedener wertvoller Steine nieder. Dann füllte er die Schatzkammer mit diesen Gaben. Er hielt ein Pferd mit der rechten Hand und ein Sistrum mit der linken, das «Seschesch»-Sistrum aus Gold und Lapislazuli. Dann zeigte sich er [= Seine Majestät] *aus (dem Inneren) seines Palastes, er begab sich an den Sitz von Thot, dem Herrn von Hermopolis, tötete Ochsen, Borstenvieh und Federvieh für (seinen) Vater Thot – den Herrn von Hermopolis und die Götter der Achtheit*[23] *im Sitz der Achtheit.*

Und die Truppen des Hasen-Gaues brachen in Freudengesang aus mit diesen Worten: «Wie schön ist Horus, ruhig in seiner Stadt, der Sohn von Re, Pianchi! Veranstalte uns ein Fest, so wie du den Hasen-Gau verteidigt hast!».

So begab sich also Seine Majestät zum Sitz des Königs Nemrod, ging durch alle Kemenaten des Königspalasts, seine Schatzkammer, seine Ställe. Er ließ sich die königlichen Gemahlinnen und Töchter vorstellen. Sie verbeugten sich vor Seiner Majestät, wie es sich Gemahlinnen gebührt. (Aber) Seine Majestät wandte sein Gesicht nicht zu ihnen. Es begab sich Seine Majestät zu dem Gestüt und in den Stall der Reitpferde. Er sah [...], daß sie ausgezehrt waren (und) sagte: «Wie ich lebe, wie mich Re liebt, wie meine Nase mit Leben haucht, mehr schmerzt mich, daß meine Pferde ausgezehrt sind als alle anderen Untaten, die du begangen hast. Mache mir nichts vor, ich fühle das an der Angst deiner Nachbarn vor dir! Wüßtest du nicht, daß der Schatten des Gottes auf mir ist? Nicht unglücklich ist mein Schicksal durch ihn! Ha, wenn mir jemand anderer das angetan hätte, den ich nicht kenne, hätte ich ihn deswegen nicht beschuldigt. Ich bin aus dem Bauch geboren, ich entstand aus dem Ei Gottes, der Same des Gottes ist in mir. So wie sein Ka andauert, so wirke ich nicht ohne ihn, denn er ist es, der mir befiehlt, was ich zu tun habe!».

Dann wurde sein [= Nemrods] *Vermögen dem Schatz vermacht, und seine Speicher den Gütern Amuns in Ipet-sut. Es kam der Herrscher der Stadt des Königskindes* [= Herakleopolis] *Pef-tjau-(em)-aui- (en)-Bastet*[24] *mit Gaben für den göttlichen Pharao, (mit) Gold, Silber, allerlei (wertvollen) Steinen und Pferden, den besten aus (seinem) Stall. Er fiel auf den Bauch vor Seiner Majestät und sagte:*

«Heil dir, Horus, du mächtiger König, Stier, der Stiere besiegt; verschlungen hat mich die Unterwelt, im Dunkeln versank ich, möge mir der Glanz Seines (der Majestät) Antlitzes gegeben werden! Keinen Freund fand ich an jenem unglückseligen Tag, der zum Tag des Kampfes geworden war; Nur du, mächtiger König, hast die Dunkelheit über mir zerstreut! Ich werde (dein) Diener sein samt meinem Hab und Gut, (und) die Stadt des Königskindes wird deinem Amt Steuer zahlen. Du bist fürwahr Re-Harachte an der Spitze der Nicht-Untergehenden [= der immer sichtbare Polarstern]. *(Wie lange) er sein wird, wirst du König sein. (Wie lange) er nicht vergeht, wirst du nicht vergehen, König von Ober- und Unterägypten, Pianchi – möge er ewig leben!».*

Da fuhr Seine Majestät nach Norden zur Mündung des Sees bei Ra-henet [= Illahun am Eingang zur Oase Fayum]. *Er fand den Sitz Osorkons I.; seine Mauern waren erhaben, seine Festung war geschlossen, angefüllt mit allerlei Soldaten aus dem Norden. Dann verkündete ihnen Seine Majestät in der Rede: «Oh, ihr lebenden Toten, oh, ihr lebenden Toten! Unglückselige! Elende! Lebend Tote! Wenn eine Stunde vergeht und ihr nicht aufmacht – denkt an die Zahl der Opfer, (obwohl) das dem König widrig ist. Schließt nicht die Toren eures Lebens, um euch an diesem Tag unter das Henkersbeil führen zu lassen! Liebt nicht den Tod durch Abscheu vor dem Leben!»[...].*

Da schickten sie zu Seiner Majestät, um zu sagen:
«Ja, der Schatten Gottes liegt auf dir,
der Sohn der Nut gab dir seine Hände,
die Absicht deines Herzen wird sofort,
wie das, was aus dem Mund Gottes kommt.
Ja, du bist geboren zum göttlichen Antlitz
(und) wir sehen durch die Aussage deiner Hände!
Ja, deine Stadt ist seine Festung [...],

laß die Eingehenden hineinkommen –
laß die Ausgehenden hinausgehen!
Möge Seine Majestät tun, wie es ihm gefällt!»

Dann gingen sie hinaus, zusammen mit dem Sohn des Herrschers (des Stammes) Ma, Tefnacht, und die Armee Seiner Majestät kam hinein [= in die Stadt], *ohne auch nur einen Menschen zu töten, den sie (dort) antraf. [...] und die Schatzvorsteher, um seine Güter abzusichern. Der Inhalt seiner Schatzkammern: für die Schatzkammer (und) seine Speicher, für die Güter seines Vaters Amun-Re, des Herrn der Throne der Beiden Länder.*

(...) (Und es) begab sich Seine Majestät nach Norden an die Weiße Mauer. Da schickte er zu ihnen mit der Rede: «Mache nicht zu! Kämpfe nicht, du Sitz des Gottes Schu in der Urzeit! Möge hinausgehen, wer hinausgehen will, möge hineingehen, wer hineingehen will! Mögen die Flüchtlinge nicht aufgehalten werden! Möge man mir erlauben, Ptah, dem Gott der Götter, der in der Weißen Mauer ist, ein Opfer darzubringen; möge man mir erlauben, Sokar, dem Gott in Schetit [= Ptah-Sokar-Sanktuar in Memphis] *Gaben zu opfern; möge man mir erlauben, den Gott Der-im-Süden-Seiner-Mauer-Ist, zu sehen, (und dann) ruhig weiter zu segeln [...]».*

Da schlossen sie ihre Festung. Sie ließen das Heer kleineren Einheiten Seiner Majestät entgegentreten, die aus Handwerkern, Bauleitern, Seglern (bestanden), welche im Hafen der Weißen Mauer [...] gingen.

Und der Anführer von Sais kam in die Weiße Mauer nachts und befahl seinen Soldaten, seinen Matrosen, allen Vorstehern seiner Armee – insgesamt achttausend Mann –, und befahl ihnen mit schärfstem Nachdruck: «Seht, Memphis ist voller Truppen von den Besten aus dem Norden, voller Gerste, Weizen und allerlei Korn. Die Speicher sind überfüllt, (und) alle Waffen [...] die Wehrmauern. Errichtet wurde eine große Mauer, ein Werk der Meister des Handwerks. Der Fluß umgibt die östliche Seite (der Stadt). Da kann man nicht kämpfen. Die Ställe sind voll Vieh, die Schatzkammern angefüllt mit allem: mit Silber, Gold, Kupfer, Gewändern, Räucherwerk, Honig, Öl. Ich gehe fort, ich gebe das Vermögen den Führern des Nordens ab, ich öffne ihnen ihre Gaue[25]*, ich bleibe [...] Tage bis zu meiner Rückkehr.» Und er schwang sich aufs Pferd, ohne um seinen Wagen zu bitten, und begab sich nach Norden, aus Angst vor Seiner Majestät.*

Als ein neuer Tag die Erde aufhellte, rückte Seine Majestät gegen Memphis aus, indem er gegen die Stadt von Norden anströmte. Er bemerkte, daß das Wasser bis an die Wehrmauern reichte, (und) die Schiffe hielten an im [Hafen] Memphis. Da bemerkte Seine Majestät, daß er [= der Hafen] *befestigt war. Die Wehrmauern wurden mit neuen Zubauten erhöht, (und) die Mauern der Häuser stark besetzt. Es gab keine Möglichkeit, ihn anzugreifen.*

So erläuterten alle in der Armee Seiner Majestät ihre Meinung über verschiedene Kampfmethoden. Die einen sagten: «Beginnen wir die Belagerung [...], seine Armee ist doch zahlreich». Andere sagten, man solle eine Rampe bauen: «Heben wir (das Niveau) des Bodens bis zu seinen Wehrmauern an, schlagen wir eine Brücke, errichten wir Masten, bauen wir Verschanzungen (bis) zu seinen Rändern; so teilen wir ihn von jeder Seite mit Hilfe von Wällen auf und [...] auf seiner nördlichen Seite, um den Boden auf seinen Wehrmauern zu erhöhen. Wir finden einen Weg für unsere Füße». Da wurde Seine Majestät zornig wie ein Panther und sagte: «Wie ich lebe, wie mich Gott liebt, wie mich mein Vater Amun lobt, so glaube ich, daß dies durch sie [= durch die Stadt Memphis] *als Befehl Amuns geschieht. Und so sagen die Leute [des Nordens] (und) die Gaue des Südens: Man möge ihm von weitem öffnen! Sie haben Amun nicht in ihrem Herzen! Sie wissen nicht, was er befohlen hat. Er hat ihn* [= den König Pianchi] *gemacht, um seine Kraft zu überweisen, um die Furcht vor ihm sehen zu lassen. Ich reiße es* [= Memphis] *(also) gewaltsam fort, wie ein Stromwirbel, wie [mein Vater Amun] befahl».*

Dann ließ er seine Schiffe und seine Soldaten zum Angriff auf den Hafen Memphis übergehen. Die führten zu ihm alle Schiffe, alle Barken, alle Boote, alle Kriegsschiffe, wie viele im Hafen von Memphis mit dem Seil in ihren [= der Stadt] *Häusern festgebunden waren. [...] weinte niemand von den Soldaten in der Armee Seiner Majestät.*

Es ging Seine Majestät persönlich daran, die Schiffe zu ordnen, wie viele es (gab). Der Befehl Seiner Majestät an seine Soldaten:

«Vorwärts gegen ihn! Zu erstürmen sind die Wehrmauern, zu betreten die Häuser vom Fluß her! Sobald einer von euch die Wehrmauer beschreitet, möge (nichts) um ihn herum bleiben! [...] Es werfen euch die Truppen (des Feindes) nicht zurück. Einen Fehler würden wir begehen, würden wir uns vom Süden her abschließen und im Norden anhalten, um uns in der Waage der Beiden Länder[26] *niederzulasssen!».*

Dann wurde Memphis einem Stromwirbel gleich genommen, viele Menschen wurden darin niedergeschlagen und die Gefangenen wurden an die Stelle geführt, wo Seine Majestät befand.

Als die [Erde sich auf]hellte und ein neuer Tag aufstieg, ließ Seine Majestät in sie [= die Stadt] *Leute schicken, um die Güter des Gottes abzusichern; er weihte das Sanktuarium der Götter ein, besprengte mit Wasser die göttliche Versammlung Hut-ka-Ptah*[27]*, reinigte Memphis mit Natron und Räucherwerk, gab die Wab-Priester auf die Stelle ihrer Füße*[28]*. Es begab sich Seine Majestät zum Sitz von Ptah, vollzog seine [= Seine Majestät] Reinigung im Per-duat* [= Ort im Tempel für die kultische Reinigung des Königs], *abgehalten wurden für ihn alle einem König gebührenden Rituale. Er betrat den Palast des Gottes, brachte ein großes Opfer für seinen Vater Ptah-der-südlich-seiner-Mauer-ist, (ein Opfer) aus Rindern, Borstenvieh, Vögeln und allen guten Dingen. Und begab sich zu seinem Sitz.*

Dann hörten (davon) alle Gaue des Bezirks von Memphis; Heri-pa-demi, Peni-naiua, Pa-bechen-en-biju, Ta-uhit-bit öffneten (ihre) Festungen und ergriffen zusammen die Flucht – man weiß nicht, wo sie hingegangen sind.

Und es kam der König Iuput sowie der Führer (des Stammes) Ma, Mekanosch, und der Fürst Padiese, sowie alle Machthaber des Nordens und sie brachten ihre Gaben, um die Schönheit Seiner Majestät zu sehen. Da wurde der Inhalt der Schatzkammern und der Speicher von Memphis den Gütern von Amun, Ptah, der Enneade der Götter zugeteilt, die in Hut-ka-Ptah sind.

Und als die Erde sich mit einem neuen Tag erhellte, begab sich seine Majestät nach Osten, ein Opfer wurde Atum in Cher-Aha[29] *dargebracht, der Enneade der Götter im Sitz der Enneade, der Höhle und den Göttern, die in ihr sind, (ein Opfer) aus Rindvieh, Borstenvieh und Vögeln, damit sie* [= die Götter] *Leben, Heil und Gesundheit dem König von Ober- und Unterägypten, Pianchi geben – möge er ewig leben! Es begab sich Seine Majestät nach Heliopolis, indem er über jene Anhöhe Cher-Aha ging, auf dem Weg Sepa in Richtung Cher-Aha. Es begab sich Seine Majestät in den Pavillon auf der westlichen Seite von Iti*[30]*.*

Man vollzog seine Reinigung, reinigte ihn mitten im See Kebeh, wusch sein Gesicht in dem Fluß Nun[31]*, in dem der Gott Re sein Gesicht gewaschen hatte.*

Er begab sich in Richtung des Sandhügels in Heliopolis, um auf dem Sandhügel in Heliopolis das große Opfer niederzulegen, vor dem Antlitz des Re, wenn er aufgeht, (ein Opfer aus) weißem Vieh, Milch, Myrrhe, Räucherwerk und allerlei Spezereien mit angenehmem Geruch.

Es ging (Seine Majestät) und begab sich zum Sitz von Re; er betrat den Palast des Gottes bei wiederholtem Beifall, mit dem Vorlesepriester an der Spitze der Anbetung; man schob die sich gegen den König Auflehnenden beiseite, man vollzog die per-duat-Riten, man band die sedeb-Binde[32] *um, reinigte ihn mit Weihrauch und Wasser, überreichte ihm Blumenbündel aus dem Benben-Tempel*[33]*, man brachte ihm die anchu-Öle*[34]*. Er bestieg die Treppe zu dem Großen Fenster (der Erscheinungen), um (den Gott) Re-im-Palast-Benben zu sehen.*

Man brach die Riegel auf, öffnete die Tore, er sah Seinen Vater Re im heiligen Palast Benben, die Morgenbarke von Re und die Abendbarke von Atum. Man schloß die beiden Flügel des Tores, man benutzte Lehm, indem man mit dem Stempel des Königs selbst abstempelte und man verkündete den Priestern folgendes: «Ich habe dieses Siegel angebracht, keiner der Könige, die das tun möchten, darf sich erdreisten, hier einzutreten!»

Sie fielen auf den Bauch vor Seiner Majestät und sagten: «Dauerhaft (und) ständig, möge der Horus nicht vergehen, der von Heliopolis geliebt wird!». Sie gingen, indem sie sich zum Sitz Atums begaben, um Myrrhe für Atum-Chepri, den Herrscher von Heliopolis zu bringen. (Da) kam der König Osorkon, um die Schönheit Seiner Majestät zu sehen.

Als die Erde sich mit einem neuen Tag erhellte, begab sich Seine Majestät zum Hafen des Gaues des Schwarzen Stieres[35]*. Man errichtete einen Pavillon für Seine Majestät südlich von Ka-heni*[36]*, östlich von dem Gau des Schwarzen Stieres. Und es kamen zu ihm die Könige und Fürsten des Nordens, alle Herrscher, die eine Feder trugen*[37]*, alle Wesire, alle Anführer, alle Bekannten des Königs aus dem Westen und dem Osten und aus den zentralen Gebieten, um die Schönheit Seiner Majestät zu sehen.*

Und da fiel der Fürst Padiese vor Seiner Majestät auf den Bauch und sagte: «Komm in den Gau des Schwarzen Stieres, damit du den (Gott) Chenti-Cheti siehst, damit du dich unter den Schutz der (Göttin) Chuit stellen kannst, damit du Horus in seinem Sitz ein Opfer darbringst, (ein Opfer aus) Rindern, Borstenvieh und Vögeln, damit du in sein Haus kommst; offen stehen für dich meine Schatzkammern, ich lege (noch) das Vermögen meines Vaters hinzu. Ich gebe dir Gold, wieviel nur dein Herz begehrt; Türkishaufen vor dein Antlitz; ausgewählte Pferde von den besten im Stall, den vortrefflichsten im Gestüt».

Und es begab sich Seine Majestät zum Sitz des Horus Chenti-Cheti, um ein Opfer aus Rindern, Borstenvieh und Vögeln für seinen Vater Horus Chenti-Cheti, den Herrn von Kem-wer[38]*, darzulegen. Er begab sich zum Sitz des Prinzen Padiese. Dieser gab ihm Opfer aus Silber, Gold, Lapislazuli und Türkis; einen großen Berg von allem; alle Gewandsorten aus königlichem Leinen, mit feinem Leinen überzogene Betten, Öl aus Olibanum, Balsam in einem Gefäß, Pferde – Hengste und Stuten, die vortrefflichsten aus seinem Stall.*

Er [= Padiese] *reinigte sich durch einen Eid auf Gott in Anwesenheit dieser Könige und großer Führer des Nordens: «Jeder der Anwesenden, der seine Pferde versteckt und seine Pflicht nicht erfüllt, möge den Tod seines Vaters sterben! Ich sage das, damit ihr für (diesen hier) Diener bezeugt, daß ihr von allem wißt, was in meinem Besitz ist. Sagt, ob ich irgendetwas von dem Vermögen meines Vaters vor Seiner Majestät verborgen habe; Goldbarren, wertvolle Steine, ir-*

genäwelche Vasen, Ringe für die Hände aus Gold, (oder) für den Hals; Halsketten, hergestellt aus wertvollen Steinen, ein Amulett für jedes Glied, Diademe für den Kopf, Ohrringe, jederlei königlichen Schmuck, allerlei Gefäße für die königliche Reinigung aus Gold und verschiedenen wertvollen Steinen. All das habe ich vorgelegt: königlichen Leinen, Gewebe für Tausende, von den besten in meinen Weberwerkstätten, denn ich weiß, daß du mit ihnen zufrieden sein wirst. Geh in das Gestüt, wähle was du gern hast von allen Pferden, die dir gefallen».

So tat auch Seine Majestät. Und es sagten diese Könige und Fürsten zu Seiner Majestät: «Schicke uns in unsere Städte zurück, damit wir unsere Schatzkammern öffnen und wählen, was dein Herz begehrt und dir das stattlichste aus unseren Gestüten, das vortrefflichste von unseren Pferden vorführen».

Und das tat auch Seine Majestät.

Die Liste ihrer Namen: König Osorkon[39] *aus dem Sitz Bastet, aus dem Bezirk Ra-nefer*[40]*; König Iuput aus Ta-remu*[41] *und aus Taan (...).*

Die libyschen Provinzherrscher unterwerfen sich

Im weiteren Teil der Liste werden noch viele andere Provinzherrscher aufgezählt, die im Text Machthaber, Fürsten, Führer bzw. Propheten genannt werden. Am wichtigsten ist für uns, daß neben jedem Namen die Bezeichnung der Ortschaft oder der Region angegeben wurde, die dem Genannten gehörte. Aus ihrer Titulatur ergibt sich, daß die meisten von ihnen Herrscher des libyschen Stammes der Ma waren.

Letzter Widerstand gegen die Kuschiten

Das nächste Fragement des Textes ist schlecht erhalten. Es spricht von der Auflehnung gegen den kuschitischen Eindringling, die in Mesed ausbrach, einer Ortschaft, die etwa 15 km nordwestlich von Athribis gelegen war und die heute Mostai (= Tell Umm el-Harb) heißt. Der lesbare Schluß dieses Fragments informiert uns jedoch, daß diese beunruhigende Episode im Endergebnis zu noch einem Blatt im Lorbeerkranz des Kuschiten wurde:

Dann schickte Seine Majestät seine Soldaten, damit sie sehen, was dort mit den Soldaten des Fürsten Padiese los ist. Und man berichtete Seiner Majestät mit den Worten: «Wir töteten alle Menschen, die wir dort angetroffen haben». Und Seine Majestät überwies das im Geschenk dem Fürsten Padiese. Als das der Führer (des Stammes) Ma, Tefnacht, hörte, schickte er einen Gesandten an den Ort, wo Seine Majestät war, mit den flehenden Worten: «Friede mit dir, ich kann dir nicht ins Gesicht schauen in den Tagen des Zornes, (denn) ich ertrage es nicht vor deiner Flamme; ich zittere vor dem Grauen, das du verbreitest. Du bist doch (der Gott) Nubti, der dem Süden (Ägyptens) vorsteht, (der Gott) Month, der Stier mit mächtigem Arm. Welcher Stadt du dein Gesicht nicht zuwenden würdest, findest du darin (diesen) Diener nicht, bis ich die Inseln auf dem Meer erreiche. Ich fürchte mich vor deiner Kraft, indem ich sage: Diese Flamme ist mir ein Feind! Habe ich etwa das Herz Deiner Majestät damit nicht gereinigt, was du mir angetan hast?!

Fürwahr bin ich ein Schuft, beurteile mich (aber) nicht mit dem Maß (meines) Verbrechens, wiege es mit der Waage ab, erkenne es mit den Gewichten! Du kannst es mir verdreifachen, schone (aber) den Samen![42] *Du wirst ihn in der (geeigneten) Zeit ernten. Reiße den Baum nicht mit den Wurzeln aus! Auf deinen Ka, die Furcht vor dir ist in meinem Bauch, (und) die Angst vor dir sitzt in meinen Knochen! Ich saß nicht in einer Bierstube, man spielte mir nicht auf der*

Harfe, ich aß nur Brot vor Hunger, trank Wasser vor Durst – bis an den Tag, als du meinen Namen hörtest. Krankheit ist in meinen Knochen, mein Kopf entblößt sich, meine Gewänder sind in Fetzen, bis mir (die Göttin) Neith verzeiht. Weit ist der Marsch, den du mir auferlegt hast, mit deinem Gesicht immer gegen mich. Wird mein Ka je befreit werden? Wasche den Diener von seiner Schuld frei! Möge mein Vermögen zum Schatz genommen werden; das Gold und alle wertvollen Steine, auch die vortrefflichsten der Pferde, mit allem ausgerüstet.

Schicke mir einen Gesandten so schnell wie möglich, (damit) er die Angst von meinem Herzen beseitigt, und damit ich in den Tempel vor sein Antlitz treten kann, reinige dich mit einem Eid auf den Gott».

Seine Majestät schickte den obersten Vorlesepriester, Padiamun(neb)nesuttaui, und den General Pauarma. Er beschenkte ihn mit Silber, Gold, Gewebe und allerlei wertvollen Steinen. Er [= Tefnacht] *betrat den Tempel, erwies dem Gott seine Verehrung und reinigte sich mit einem Eid auf den Gott, indem er sagte:*

«Ich werde den Befehl des Königs nicht brechen,
ich werde die Worte Seiner Majestät nicht mißachten,
ich werde nichts Böses (einem) Magnaten ohne dein Wissen tun,
ich werde nach den Geboten des Königs vorgehen,
ohne das zu verletzen, was er befohlen hat».
Da erklärte sich Seine Majestät damit einverstanden.

(Und) es kamen (andere), um Seiner Majestät zu sagen: «Der Tempel von Sobek hat seine Festung geöffnet, (und) Meten[43] *fiel auf den Bauch; es gibt unter den Gauen des Südens und des Nordens keinen, der vor Seiner Majestät geschlossen wäre. Der Westen, der Osten und die Gebiete im Zentrum (liegen) auf dem Bauch aus Angst vor ihm und legen ihre Güter als Opfer dort nieder, wo Seine Majestät ist, wie Untertanen des Palasts».*

Als die Erde sich mit einem neuen Tag erhellte, kamen jene zwei Herrscher des Südens und zwei Herrscher des Nordens mit Uräusschlangen, um die Erde vor der Macht Seiner Majestät zu küssen. Und so kamen die Könige und Fürsten des Nordens die Schönheit seiner Majestät bewundern. Ihre Beine (zitterten) wie die Beine der Frauen. Sie betraten nicht den Sitz des Königs, da sie nicht beschnitten waren und sich von Fischen ernährten [= da sie unrein waren]. *Davor ekelte sich der königliche Hof. Aber der König Nemrod betrat den Sitz des Königs, da er rein war und keine Fische aß. So blieben also drei (draußen) stehen, (und) einer ging in den Sitz des Königs hinein.*

Da belud man die Schiffe mit Silber, Gold, Kupfer, Gewebe, allen Gütern des Nordens, allerlei Schätzen aus Syrien, verschiedenen Duftstoffen aus Arabien. Und so segelte Seine Majestät nach Süden, (und) entzückt war sein Herz. Die beiden Ufer erhoben Freudenrufe. Der Westen und der Osten die Nachricht zur Kenntnis nehmend, erhob Rufe zu Ehren Seiner Majestät (und) ein Lied der Freude mit den Worten:

«Oh, du mächtiger Fürst, mächtiger Fürst, Pianchi, oh, mächtiger Fürst! Da gehst du vorwärts, nachdem du den Norden beherrscht hast, du verwandelst Stiere in Weiber; wohl fühlt sich das Herz der Mutter und des Vaters, dessen Samen in dir ist. Diejenigen, die im Tal sind, richten Grüße an sie, an die Kuh, die den Stier gebar! Mögest du für die Ewigkeit sein, mächtig und dauerhaft, oh, du Fürst, geliebt von Theben!»

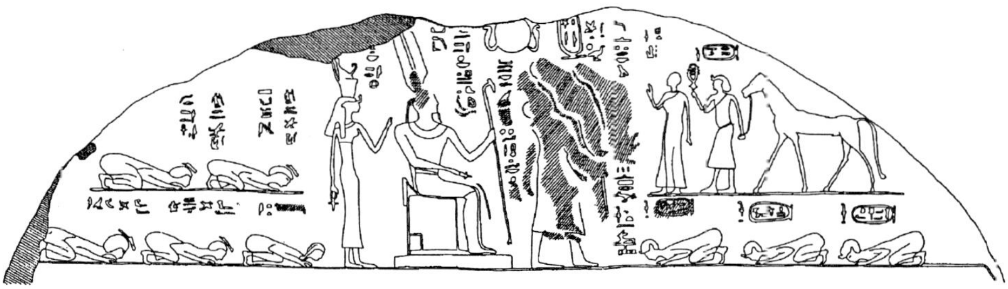

Abb 33 Unterägyptische Fürsten huldigen dem Kuschitenkönig Pianchi. Giebelszene der großen Siegesstele vom Gebel Barkal. Ägyptisches Museum, Kairo.

Das Bildfeld der Pianchi-Stele

Abb. 33

Im Oberteil der Stele wurde eine Szene eingraviert, die den Text auf eine sorgfältig durchdachte und durchaus didaktische Weise illustriert. Ihre Komposition überrascht durch ihre Übersichtlichkeit und zugleich Perfektion in der Verteilung der Akzente und der Beibehaltung entsprechender Proportionen, was die politischen und religiösen Aspekte anbetrifft. Die drei wichtigsten Gestalten sind in der Mitte dargestellt. Auf dem Thron sitzt der Gott Amun-Re, «Herr der Throne der Beiden Länder, der an der Spitze von Karnak steht, zu Gast am Reinen Berg». Seinen Kopf schmücken zwei hohe Federn, in der linken Hand hält er das *was*-Zepter, und in der rechten die Lebenshieroglyphe *anch*. Hinter ihm steht seine Gemahlin, die Göttin Mut, «Herrin von Ischeru», das heißt dem ihr gewidmeten Tempelbezirk in Karnak. Vor dem Götterpaar schreitet Pianchi, dessen Name in die königliche Kartusche eingeschrieben ist. Den Herrscher begrüßt seine Gattin, die in ein langes Gewand gekleidet ist, mit der Hand. Begleitet wird sie von dem König Nemrod, der das Sistrum schüttelt und ein hübsches, schlankes Pferd führt.

Die Unterwerfung der Unterlegenen

Im unteren Streifen dieser Szene fallen drei Könige vor dem kuschitischen König aufs Gesicht. Wir kennen sie aus dem Text der Stele: es sind Osorkon, Iuput und Pef-tjau-(em)-aui-(en)-Bastet. Der Autor des Textes bediente sich einer poetischen Metapher, die aus der ägyptischen Literatur bekannt ist, indem er sagt, daß sie auf den Bauch fallen. Der Unterschied zwischen Text und Bild ist hier desto verständlicher, als die Wörter «Bauch» und «Körper» im Ägyptischen den gleichen Wortlaut haben. In der gleichen Haltung sind auf der anderen Seite der Szene die fünf Fürsten und Grafen dargestellt, von denen im Text die Rede ist.

Die erste kuschitische Pyramide

Der Sieg des Königs Pianchi bedeutete in keinem Fall die Unterjochung Ägyptens. Der Kuschite kehrte mit seinen Truppen nach Napata zurück und wurde neben seinen Vorfahren in El-Kurru begraben. Pianchi war der erste Herrscher von Kusch, der über seinem Grab eine Pyramide errichten ließ. Man könnte darin eine Reminiszenz seines Aufenthalts in Memphis vermuten, wo die Königsgräber des

Abweichender Aufbau der Pyramiden

Alten Reiches einen gewaltigen Eindruck auf ihn gemacht haben mußten. Die kuschitischen Pyramiden unterscheiden sich jedoch von den memphitischen: Sie sind kleiner, haben einen spitzen Neigungswinkel (durchschnittlich 68 Grad) und ihre Konstruktion weist keine funktionale Verknüpfung mit den unterirdischen Kammern auf. Sie sind lediglich eine Ausschmückung des Grabes. Es sind auch keine homogenen Bauwerke aus Stein: Unter dem steinernen Mantel verbirgt sich nämlich eine Halde aus Schotter und Steinen, gebunden durch Schlammörtel.

Pferdegräber

Ein eigenständiges Element der kuschitischen Königsgräber sind dagegen die Bestattungen von Pferden. Auch diese Tradition leitete Pianchi ein – ein großer Pferdeliebhaber, wie uns das der Text der «Triumphstele» vermittelt. Die Körper seiner Lieblingsrosse wurden senkrecht in besondere Gräben mit tiefen Öffnungen für die Beine eingelassen.

Schabaka

Der Bruder und Nachfolger von Pianchi, Schabaka, mußte sich der Mühe eines erneuten Feldzugs nach Norden unterziehen. Er tat das um das Jahr 713 v. Chr. Er besiegte den Sohn von Tefnacht, den Herrscher von Sais Bokchoris (24. Dynastie) und bestieg den ägyptischen Thron – als erster Herrscher der 25. Dynastie. Er war damit wieder ein authentischer «Herr Beider Länder». Die an den beiden Seiten des Eingangs zum Tempel in Karnak eingemeißelten Reliefs zeigen ihn in der Umarmung ägyptischer Göttinnen, und in ihren Ausmaßen noch größere Szenen stellen ihn beim Abhalten ägyptischer Rituale dar. Schließlich sehen wir ihn auf einem Relief, das auf einem schönen Naos aus schwarzem Granit angebracht ist, den er in Esna für den Gott Osiris stiftete. Die eine Seitenwand dieses Naos schmückende Szene zeigt Schabaka, der eine rituelle Reinigung des Osiris unter Benutzung von vier Gefäßen vollzieht.

Sieg über Bokchoris

Osiris-Schrein in Esna

Ein neuer Kunststil

Schon diese Reliefs ermöglichen es, die Änderungen zu beobachten, die in der ägyptischen Kunst zu Beginn der 25. Dynastie vor sich gehen. Es folgt die Zeit eines größeren Realismus in der Darstellung des menschlichen Körpers als bisher, bei gleichzeitiger Nachahmung der Archetypen aus der Zeit der größten Macht des ägyptischen Staates: des Alten und des Mittleren Reiches. Die untersetzte Silhouette des Herrschers hat eine deutlich betonte Muskulatur. Die flache Ausformung der Muskeln der Arme erweckt den Eindruck, als ginge es um einen Atlas der Anatomie, und die Muskulatur der Beine, plastischer dargestellt, läßt direkt die Bewegung ahnen und suggeriert fast einen Vortrag der Physiologie. Die kuschitischen Könige sind immer als breitschultrige Männer mit kurzem, dickem Hals dargestellt. Das Gesicht weist negroide Züge auf – betont durch fleischige Lippen und breite, flache Nasen.

Negroide Gesichtszüge

Bronzefigur des Schabaka

Diese Merkmale treten noch deutlicher in der Rundplastik in Erscheinung, repräsentiert z. B. in einer ansprechenden Bronzefigur, die sich heute im Nationalmuseum in Athen befindet. Sie zeigt Schabaka, der kniet und ein Opfer darbringt. Der Name des Königs ist auf dem Gürtel einer kurzen Schürze eingraviert, die die gleiche Form aufweist, wie die, die seit zwei Jahrtausenden von den Pharaonen getragen wurde. Außer den breiten Armreifen an den Ober- und Unterarmen schmückt den nackten Tors des Königs nur eine Halskette. Ihre Enden, die vorn auf die Schulter herabfallen, haben die Form eines Widderkopfes mit der Uräusschlange zwischen den Hörnern. Ein ähnlicher Kopf von etwas größeren Ausmaßen ist an der Halskette oberhalb der Brust befestigt und zusätzlich mit einer Sonnenscheibe gekrönt. Dieses einfache Schmuckstück ist ein Ausdruck der gesamten religiösen Symbolik, die in der politischen Theologie der Kuschitenzeit dominiert. Der Widder, ein Zeichen Amuns, des Herrn von Napata, hat an der Stirn das königliche Emblem, und der Schild auf dem Kopf identifiziert ihn mit dem Sonnengott Re. Der Gott Amun-Re und der König, beide gleichermaßen kuschitisch und ägyptisch, bilden also eine organische Einheit.

Widderkopfhalskette

Noch interessanter ist die Ikonographie der Kopfbedeckung. Auf eine enganliegende Haube ist ein breites Diadem gesetzt, geschmückt mit einem aus kleinen Kobras bestehenden Fries. An der Stirn des Herrschers erheben sich zwei Uräusschlangen, deren Körper, auf dem Scheitel schleifenförmig gewunden, hinten locker herabfallen. Vom Diadem reichen zwei breite Schleifen auf den Rücken hinab. Die Interpretation dieser Verzierungen ist nicht so klar wie die der Halskette und ist bis heute Objekt ägyptologischer Diskussionen geblieben. Manche Kunsthistoriker vertreten die Meinung, daß die «Haube» überhaupt keine Kopfbedeckung meint, sondern nur eine dichte, kurzgeschnittene Behaarung auf schematische Weise darstellt. Sogar die Ringe, die die Oberfläche dieser «Frisur» ausfüllen und offensichtlich die gleiche Form wie die Metallplättchen auf der *Chepresch*-Krone (der Blauen Krone) aufweisen, sehen sie als eine konventionelle Darstellung der Haarlocken an.

Die Kuschitenkappe

Doppeluräus

Zu nicht weniger Auseinandersetzungen führen die beiden Uräusschlangen an der Stirn der kuschitischen Herrscher. Im alten Ägypten erschien an der Stirn des Königs in der Regel nur eine Schlange, und zwei parallele Elemente dieser Art kommen nur an den Köpfen einiger Göttinnen und Königinnen vor. Einen gewissen Hinweis für die Interpretation dieses ikonographischen Novums liefert die Tatsache, daß viele Doppel-Uräusschlangen in den Darstellungen der Kuschiten ihrerseits auf dem Kopf jeweils eine Königskrone tragen. Die eine von ihnen tritt dann mit der Weißen Krone Oberägyptens, die andere mit der Roten Krone Unterägyptens auf. War eine dermaßen ostentative Betonung der Tatsache, daß die Herrscher der 25. Dynastie Pharaonen des von ihnen wiedervereinigten Landes, also «Herren Beider Länder» waren, wirklich so notwendig? Ging es nicht eher darum, zu zeigen, daß sie etwas mehr errungen hatten, nämlich, daß sie nicht nur das zersplitterte Ägypten vereinigt, sondern es auch an ihr eigenes Land angeschlossen hatten? Einige Ägyptologen vertreten die Meinung, daß die Symbolik der Uräusschlange und der Doppelkrone in der Ikonographie der Kuschiten eine neue Bedeutung annahm. Es sollte hier nicht mehr um die beiden Teile des Landes gehen, sondern um zwei verschiedene Länder – Ägypten und Kusch. Vielleicht hatte das Epitheton, das sie als «Herren Beider Länder» bezeichnete, damals eine breitergefaßte Bedeutung als nur «Herrscher von Ober- und Unterägypten».

Kuschitische Kronenformen

Symbolik der Doppelkrone

Spätere Tilgung des Doppeluräus

Diese Hypothese scheint von der Tatsache gestützt zu werden, daß auf vielen Reliefs der 25. Dynastie eine der beiden Uräusschlangen – besonders dann, wenn sie mit Kronen geschmückt waren – in der darauffolgenden, aus Nordägypten stammenden 26. Dynastie, ausgehämmert wurde. Worum ging es den Ikonoklasten? Negierten sie die Herrschaft der Kuschiten über das «zweite» Land, also über Ägypten, oder wollten sie überhaupt aus dem Bewußtsein der Ägypter den Begriff des Kuschiten als eines «Herrn Beider Länder», also eines Pharaos, tilgen? Keine der erhaltenen schriftlichen Quellen läßt diese Frage eindeutig beantworten.

Eines der Porträts, das in späteren Zeiten ein Opfer der Ikonoklasten wurde, ist das Bildnis des Königs Schebitku, des Nachfolgers von Schabaka, in dem bereits erwähnten Relief an der Stirnwand des kleinen Tempels des Osiris–Herrscher-der-Ewigkeit in Karnak. Abgemeißelt wurde hier die Uräusschlange mit der (roten) Krone Unterägyptens; übriggelassen wurde nur die Trägerin der (weißen) oberägyptischen Krone. *Abb. 25*

Schabaka und Schebitku

Die beiden ersten Herrscher der 25. Dynastie, Schabaka und Schebitku, wurden als Reformatoren-Könige berühmt. Das betrifft vor allem den ersten von ihnen, der noch mehrere Jahrhunderte später, in der Ptolemäerzeit, mit Hochachtung erwähnt wurde. Jeder von ihnen regierte etwa zwölf Jahre, aus der Regierungszeit Schabakas überdauerten jedoch wesentlich mehr Zeugnisse als aus der Zeit seines Nachfolgers.

Rege Bautätigkeit Schabakas

Schabaka hatte den Ehrgeiz, in den bereits bestehenden Tempeln Ordnung zu schaffen und sie um eigene Anbauten zu erweitern. Er erneuerte die aus Lehmziegeln gebauten Umfassungsmauern um die Tempel und baute ihre Tore aus. Spuren dieser Tätigkeit weisen unter anderem die Tempel in Karnak, Luxor und Medinet Habu auf. Am vierten Pylon im Tempel des Amun-Re in Karnak erneuerte Schabaka das mit Gold verkleidete Tor und ergänzte es um ein neues Portal. Vor dem Pylon des «Südlichen Harems» in Luxor, den er mit den bereits erwähnten Reliefs schmückte, ließ er Propyläen in Form eines Säulengangs errichten. Vor dem kleinen Tempel Thutmosis' III. in Medinet Habu dagegen errichtete er einen Pylon, an dessen Wänden die klassische Szene der Tötung der Feinde durch den König im Relief dargestellt wurde. Der König ist hier natürlich Schabaka selbst. Die Feinde scheinen dagegen eher symbolisch zu sein, denn der Gründer der 25. Dynastie war bekannt wegen seiner Friedenspolitik.

Auslandskontakte Schabakas

Die in Ninive gefundenen Siegel mit seinem Namen und Abdrücke seines Siegels auf dem Henkel einer Amphore in Megiddo verweisen deutlich darauf, daß er mit Assyrien diplomatische und wirtschaftliche Beziehungen aufrecht erhielt. Erst sein Nachfolger verstrickte sich in eine Koalition mit den libyschen Delta-Fürsten, gerichtet gegen Sanherib (705–689 v. Chr.) zur Verteidigung Judäas, das sich gegen die Assyrer auflehnte. Die einzigen Hinweise auf eine militärische Tätigkeit Schabakas finden wir in einem historischen Text, eingraviert auf einem Skarabäus, der sich heute in den Sammlungen des Museums in Toronto befindet. Man spricht dort von einem Massaker, das der kuschitische Herrscher unter den Rebellen in

Ober- und Unterägypten angerichtet hat, was auch indirekt bezeugt, daß Schabaka unter seinem Zepter das ganze Land vereinigte.

Aktivitäten im Delta

Fast jedes größere religiöse Zentrum in Ägypten trägt Spuren seiner Bautätigkeit, in Form von Steinblöcken und verschiedenen kleinen Objekten, die mit Inschriften bedeckt sind, in denen sein Name auftritt. Im Deltagebiet baute Schabaka unter anderem Bubastis und Athribis aus, doch besondere Aufmerksamkeit widmete er Memphis. Ähnlich wie andere Herrscher dieser Dynastie empfand er allem Anschein nach Respekt vor dem uralten Sitz der ägyptischen Könige und ihrem Gott Ptah. Trotz der Dominanz des Kultes des Amun-Re in seinem heimatlichen Napata war Schabaka besonders um die Gunst des Demiurgen von Memphis bemüht. In seinem Sitz errichtet er eine Kapelle aus Kalkstein und stiftet eine Stele in Form eines Naos.

Stiftungen in Memphis

«Denkmal memphitischer Theologie»

Doch der beste Beweis seines reformatorischen Eifers ist das sogenannte «Denkmal memphitischer Theologie», eines der wichtigsten erhaltenen Dokumente zur Kenntnis der ägyptischen Religion. Es handelt sich dabei um eine große Stele aus schwarzem Granit, auf der Schabaka einen hieroglyphischen Text kopieren ließ, der die theologische Lehre des religiösen Zentrums in Memphis beinhaltete. Der kuschitische Herrscher prahlt darin, daß er zu dieser Tat gezwungen war durch den bedauernswerten Zustand des von Würmern beschädigten und doch einen so wichtigen Text enthaltenden Papyrus. Leider ist der in Stein verewigte Text nur fragmentarisch erhalten, da die Stele später als Mühlstein wiederverwendet wurde. Trotzdem ist sie ein unschätzbares Dokument, die einzige bisherige schriftliche Quelle zur Kenntnis der memphitischen Theologie.

Rückgriff auf das Alte Reich

Die Forschungen der Ägyptologen konnten aufzeigen, daß der Archetyp dieses kopierten liturgischen Textes, dessen Hauptelement ein Gebet an den Gott Ptah darstellt, gegen Ende des Alten Reiches, das heißt in der zweiten Hälfte des 3. Jahrtausends v. Chr., entstanden sein mußte. Wenig wahrscheinlich scheint dagegen die Hypothese zu sein, nach der hier lediglich ein archaisierender Text vorliegen würde, der in der Zeit der 25. Dynastie zusammengestellt wurde, obwohl das theoretisch dem Geist jener Epoche entsprechen würde, von der hier die Rede ist. Der Inhalt dieses Textes ist nicht nur für den Religionswissenschaftler interessant, sondern auch für den Historiker. Wir erfahren nämlich einiges über die Verknüpfungen der memphitischen mit der heliopolitanischen Religion, die zur Zeit der 5. Dynastie die dominierende gewesen zu sein scheint. An der Spitze des Pantheons steht zwar Ptah, aber er bedient sich des Herzens (Zentrum der Gedanken) und der Zunge, mit denen er Atum und seine Götterneunheit schafft.

Serapeumstelen des Schabaka

Im Gebiet von Memphis hat sich Schabaka auch im Serapeum verewigt, wo drei Stelen mit seinem Namen gefunden wurden, datiert in das 12. und 14. Jahr seiner Regierung. Einen anderen Beweis der an den memphitischen Gott gerichteten Hingabe des Kuschiten finden wir in Theben. Anläßlich seines Jubiläums ließ Schabaka ein Tor an jenem kleinen Tempel des Ptah errichten, der einst von Thutmosis III. nördlich des Tempels des Amun-Re erbaut worden war. Unweit von die-

Amenardis-Kapelle

sem Tempel erneuerte er auch die Schatzkammer und widmete gemeinsam mit der Gottesgemahlin Amenardis, der Tochter des Kaschta, dem Gott Osiris-Herr-des-Lebens eine kleine Kapelle. Wie daraus zu ersehen ist, wurde Osiris in der Regierungszeit der Kuschiten zu einem immer häufigeren Gast in der Nachbarschaft des mächtigen Amun-Re. Offensichtlich veränderten sich auch die Akzente in der theologischen Funktion des Jenseitsgottes, denn die für ihn errichteteten kleinen Tempel betonen nunmehr seine Rolle im Bereich der Lebenden.

Schabakas Grabpyramide

Ähnlich wie sein Vorgänger wurde Schabaka neben den Vorfahren der kuschitischen Dynastie in El-Kurru, unweit des Gebel Barkal, bestattet. Über seinem Grab erhob sich eine nicht mehr erhaltene Pyramide mit einer Seitenlänge von elf Metern; an ihrer Ostseite stand eine Kultkapelle. Auch das zeugt von der Nachahmung der memphitischen Kulturmuster aus der Zeit des Alten Reiches.

Thronnamen

Ein anderer Beleg für die Nachahmung der bedeutendsten Pharaonen der Vergangenheit sind die Thronnamen der kuschitischen Herrscher, die oft Kopien der königlichen Namen aus der Zeit der 5. und 6. Dynastie sind, so die des Königs Isesi (Djedkaure, der Name von Schebitku) oder Pepis II. (Neferkare, der Name von Schabaka). Nach dem Vorbild seines Vorgängers besaß Schebitku auch eine Pyramide über seinem Grab in El-Kurru. Einen integralen Bestandteil der Bestattung der beiden Herrscher bilden die Gräben, in denen ihre geliebten Pferde begraben wurden, ähnlich wie im Falle des Königs Pianchi, des berühmten Liebhabers und Kenners dieser Tiere.

Rückgriffe auf das Alte Reich

Kuschitische Renaissance

Die «kuschitische Renaissance», besonders die Regierungszeit Schabakas, ist eine Periode, die in das Bewußtsein der alten Ägypter als eine der besten Epochen ihrer Geschichte eingegangen war. In der Spätzeit erhielt eine der Straßen in Memphis den Namen dieses Herrschers, und in der Ptolemäerzeit wurden manche seiner Inschriften auf thebanischem Boden restauriert, die von den Ikonoklasten der saitischen Zeit (26. Dynastie) ausgehämmert worden waren. Auch die antike Geschichtschreibung beurteilt Schabaka mit großer Hochachtung. Herodot nennt ihn einen «großen Baumeister», und Diodor spricht von ihm als von einem frommen und gerechten König. Die erhaltenen Relikte seiner Tätigkeit lassen uns glauben, daß diese Einschätzung richtig ist.

Schabaka bei Herodot und Diodor

Haube des Ptah

Die besondere Hochachtung der Kuschiten für den memphitischen Gott Ptah regt zu einer gewissen Reflexion über ihre typische, enganliegende Kopfbedeckung an. Sie hat nämlich dieselbe Form wie die einfache Haube, die für die Darstellungen des Ptah charakteristisch ist. Wollten sich die wohl ebenso frommen wie schlauen Herrscher aus dem Süden mit der Kopfbedeckung dem memphitischen Demiurgen ähnlich machen und dieses Element in ihrer politischen Propaganda verwerten? Sie trugen auch die Kronen anderer ägyptischer Götter, so die Federkronen des Osiris, Amun und Onuris – warum sollten sie einer Angleichung mit Ptah aus dem Weg gehen? Das ist desto wahrscheinlicher, als eine identische Kopfbedeckungen bereits von den Ramessiden getragen wurde und zwar, wenn sie Rituale abhielten, deren Adressat Ptah war. Dargestellt wurden sie in vielen

Reliefs und Malereien, wo ihr Partner die führende Gestalt des memphitischen Pantheons ist. Vergessen wir dabei nicht, daß die in den Traditionen des Alten und Mittleren Reiches Anregungen suchenden Kuschiten oft auch das Vorbild der großen Ramessiden in Anspruch nahmen. Wir werden das im weiteren noch genauer bei den Reliefs aus der Zeit Taharkas sehen, eines der Söhne des Königs Pianchi und Nachfolger von Schebitku auf dem ägyptischen Thron.

Kuschitenkappe statt Blauer Krone?

Geläufig ist die Ansicht, daß die Kuschitenkappe, wie man diese Kopfbedeckung oftmals nennt, die früher so populäre *Chepresch*-Krone (die Blaue Krone) aus der Ikonographie der Pharaonen verdrängt habe. Letztere hat die Form einer hochgewölbten Tiara mit kantigen Rändern. Meistens schmückte sie den Kopf des Pharaos in Szenen, die seine Krönung oder seinen Sieg im Kampfe darstellten, und gewann besondere Popularität in der Regierungszeit der Ramessiden. Sethos I., Ramses II. und ihre Nachfolger tragen diese Krone fast immer in Schlachtenszenen, die ihre Siege über fremde Völker illustrieren. Diese Muster wurden in den Reliefs der Dritten Zwischenzeit kopiert.

Völliges Verschwinden der Blauen Krone

Keiner der kuschitischen Herrscher der 25. Dynastie wurde mit der *Chepresch*-Krone dargestellt, obwohl andere Bedeckungen der gekrönten Häupter weiterhin benutzt wurden. Wir können nur ahnen, daß dieses altägyptische Krönungssymbol den Kuschiten nicht entsprach, da es zu Reflexionen über ihre eigene Legitimation auf den Thron dieses Landes anregte. Oder vielleicht vermieden sie die Krone auch, da sie im Bewußtsein der Ägypter mit dem Sieg über andere Länder, darunter auch über die Völker des Südens, verbunden war?

Diese letztgenannte Vermutung würde den Eifer begründen, mit dem die Kuschiten ihren «ägyptischen» Charakter demonstrierten, vor allem ihre Frömmigkeit und ihre Großzügigkeit gegenüber den Tempeln. Spiegeln sich darin die Minderwertigkeitskomplexe der Neureichen wider, die in ein Land gekommen waren, aus dem ihre Kultur stammte? Wenn man diese Erscheinung beobachtet, kommt man nicht umhin, sie in unseren Zeiten mit der Einstellung vieler Japaner zur uralten chinesischen Kultur zu vergleichen, wenn auch die heutigen Herrscher weniger Probleme mit der Kopfbedeckung haben, und auch andere Kleidungsstücke der Könige den kosmopolitanischen Strömungen erliegen.

Taharkas Barkensockel am Gebel Barkal

Abb. 38

Wie dem auch sei: jedenfalls gerät die Blaue Krone in der ganzen Regierungszeit der Kuschiten in Ägypten (712–664 v. Chr.) außer Gebrauch. Doch die Hypothese, daß an ihre Stelle die Kuschitenkappe tritt, ist wohl eine Fehlinterpretation. Zu dieser Schlußfolgerung führt eines der Reliefs, die am Gebel Barkal in der Regierungszeit Taharkas angebracht worden sind. Es erscheint auf einem Granitsockel, der im Altertum zum Abstellen der Barke mit der Statue des Gottes während der Prozession diente und dort bis heute im Amun-Tempel an seiner ursprünglichen Stelle erhalten ist. Ähnliche Sockel waren in allen größeren ägyptischen Tempeln aufgestellt, und ihre Reliefdekoration – sehr wichtig vom propagandistischen Standpunkt aus – folgte streng festgelegten Regeln. An der Vorderseite des Sockels ist meist das *sema taui* dargestellt, also das Motiv der symbolischen Vereinigung

Stützen des Himmelsgewölbes der beiden Teile des Landes. Die beiden parallelen Seitenwände zeigen dagegen den regierenden Herrscher, der mit erhobenen Armen das Himmelsgewölbe stützt. Die im Zuge der Prozessionen auf dem Sockel abgestellte Barke vollzog auf diese Weise eine symbolische Reise über den vom König abgestützten Himmel. An *Abb. 38* jeder der beiden Längsseiten ist der König viermal dargestellt, und seinen Kopf schmückt in der Regel die *Chepresch*-Krone. Zu den äußerst seltenen Ausnahmen, die den Pharao in dieser Szene mit einer anderen Kopfbedeckung zeigen, gehört eben der Taharka-Sockel am Gebel Barkal. Der den Himmel stützende König trägt hier das *Nemes*-Tuch. Woher kommt dieses Abgehen von der Regel, da hier doch in jeder anderen Hinsicht treu die Ikonographie der Ramessiden nachgeahmt wird? Sollte tatsächlich zu jener Zeit die Kuschitenkappe die *Chepresch*-Krone ersetzen, müßten wir in dieser Szene eben diese Haube auf dem Kopf Taharkas sehen. Dies ist aber nicht der Fall. Eine ikonographische Neuerung oder eine Nachahmung irgendwelcher uns noch nicht bekannter Muster?

Vorbild Thutmosis III.? Eine Antwort auf diese Frage scheinen die Forschungen der polnischen Ägyptologen in Deir el-Bahari zu bringen. Der hier Anfang der sechziger Jahre unseres Jahrhunderts entdeckte Tempel Thutmosis' III. aus der 18. Dynastie ist mit farbigen Reliefs verziert, unter denen sich bildliche Darstellungen eben solcher Sockel befinden. Der den Himmel stützende König tritt auf jedem dieser Sockel eben mit dem *Nemes*-Tuch auf, so wie es bei dem Taharka-Relief der Fall ist. Wir können also vermuten, daß die Künstler der 25. Dynastie bei ihrer Suche nach den besten Traditionen der Vergangenheit auch zu den Archetypen aus der Zeit des frühen Neuen Reiches griffen, selbst wenn sich diejenigen von den geläufigsten Schemen unterschieden.

Deir el-Bahari Die Arbeiten der polnischen Ägyptologen an der Rekonstruktion des Tempels Thutmosis' III., gegenwärtig unter der Leitung von Prof. Jadwiga Lipińska, werden wohl bei der Lösung so mancher Rätsel der Ikonographie, der Religion oder der Geschichte behilflich sein. Die Reliefs dieses Tempels – erhalten auf der Oberfläche von Tausenden von Steinblöcken – behielten nämlich ihre ursprüngliche farbige Bemalung, die eine Reihe von Einzelheiten wiedergibt, die von den Bildhauern bei der Ausführung der Reliefs außer acht gelassen worden sind. In den meisten ägyptischen Tempeln, wie auch auf den Blöcken, die aus diesen Tempeln stammen, wurden die Malereien, die ursprünglich die Reliefs bedeckten, aufgrund der klimatischen Bedingungen zerstört. Dadurch wurden uns viele wertvolle Informationen entzogen. Zu den wichtigsten Aufgaben der in Deir el-Bahari arbeitenden Ägyptologen gehört auch die Konservierung der farbigen Bemalung, die zusammen mit den Reliefs eine einmalige Quelle zur Erforschung der Ikonographie des ägyptischen Flachbildes darstellt.

Machtzuwachs unter Taharka In der Regierungszeit Taharkas wird Ägypten wieder zu einem Machtfaktor. Die Angst vor den Kuschiten wird im Alten Testament eben mit diesem Namen in Verbindung gebracht (2. Kön 19,9; Jes. 37,9). Der von Schebitku «unter den Brüdern» gewählte Taharka (690–664 v. Chr.) herrschte in Ägypten länger als seine beiden Vorgänger zusammengenommen. Seinen Ehrgeiz eines Erneuerers kann man im Aus- und Umbau der Tempel, wie auch in der Gründung neuer Gotteshäuser ablesen – sowohl in Ägypten, als auch im Gebiet von Nubien. Die «Beiden Länder» Taharkas waren ein riesiges Imperium, das sich vom Mittelmeer bis in die Gegend des heutigen Khartum erstreckte, wo Gräber aus jener Zeit gefunden wurden. Gekrönt wurde er in Memphis, wo er auch residierte. Er bemühte sich aber auch um die Entwicklung seiner Heimat Napata und der Metropole des Amun-Re-Kultes, die weiterhin Theben war.

Krönung in Memphis

Die Stelen des memphitischen Serapeums verweisen deutlich darauf, daß Taharka in Memphis persönlich regierte. Außer den Blöcken aus den von ihm ausgebauten Kapellen wurde dort ein riesiger Quader mit einem Gewicht von 26 880 kg gefunden, der den Namen des «von Ptah geliebten Taharka» trägt. Im Deltagebiet finden wir Spuren seiner Tätigkeit unter anderem in Athribis, wo die polnische Grabungsmission die Gründungsgrube mit Grundsteinbeigaben eines von Taharka errichteten Tempels auffand. Zumindest eine Statue dieses Monarchen war in Tanis aufgestellt. Im dortigen Tempelbezirk wurde auch eine von mehreren Kopien des berühmten Textes angebracht, der im sechsten Regierungsjahr abgefaßt wurde und eine Art politisch-theologische Legitimation des großen Monarchen darstellt. Die reichlichen Regenfälle und die gute Ernte in diesem Jahr nützte Taharka aus, um sich eben diesen Akt der göttlichen Gnade für das ganze Land zuzuschreiben. Die Schlußfolgerung ist einfach: Taharka ist ein Ausgewählter des Amun-Re und muß daher König von Ägypten sein. Die vollständigste Kopie dieses Textes wurde in der nubischen Ortschaft Kawa gefunden, wo Taharka einen weiteren Tempel für Amun errichtete. Eine dritte Fassung des berühmten Dokuments fand man im oberägyptischen Koptos, einem Kultzentrum des ithyphallischen Gottes Min.

Serapeumstelen Taharkas

Tempel in Athribis

Taharkas Legitimation

Amuntempel in Kawa

Koptos

Ein Zeugnis der gewaltigen Bedeutung, die damals dem Wasserstand des Nils zugeschrieben wurde, sind die Notierungen seiner maximalen Höhe in Theben, datiert auf das 7., 8. und 9. Regierungsjahr Taharkas. Für die Neujahrsrituale, die mit der Prozession zum «Urwasser» verbunden waren, errichtete der reformatorische König ein besonderes Sanktuarium, von dem sich nur Blöcke erhalten haben, die später in einer Kapelle verbaut wurden, welche an derselben Stelle König Achoris in der 29. Dynastie errichten ließ.

Optimale Nilflutem

Achoris-Kapelle in Karnak

Der Tempel des Amun-Re in Karnak veränderte sich in der Zeit Taharkas grundsätzlich. Der Kuschite erweist sich hier als echter Ästhet, der um die architektonische Harmonie der ganzen Anlage bemüht war. Von allen vier Himmelsrichtungen wurden jetzt an den Tempelbezirk monumentale Säulengänge herangeführt, die Taharka vor jedem der vier Haupteingänge errichten ließ. Die stattlichsten Propyläen wurden an der westlichen Seite angebaut, an die Vorderseite des Pylons, der noch aus der Zeit der größten Ramessiden stammte. Wir können uns vorstellen, wie majestätisch sich längs dieses Portikus die Priesterprozession bewegte – in langen Gewändern, auf ihren Schultern die Barke mit der allerheilig-

Bautätigkeit in Karnak

sten Statue der Gottheit tragend. Von dort aus bewegten sie sich geradeaus zum Nil, wo sie eine noch größere Barke bestiegen, um ans andere Ufer zu fahren, in das Land des Westens, das die Gräber der großen Vorfahren und ihre Grabtempel barg.

Osiris-Kapellen

Neben dem Amun-Tempel stiftete Taharka einige kleine Kapellen, die vorwiegend Osiris gewidmet waren. Ähnlich wie der bereits früher errichtete Tempel des Osiris, des Herrschers der Ewigkeit, wurden einige dieser Bauwerke gemeinsam vom König und der Gottesgemahlin des Amun gestiftet. Die Funktion der höchsten Priesterin, die der Königsfamilie entstammte, gewann in der Zeit der 25. Dynastie noch mehr an Bedeutung. Der in Memphis regierende und ein gewaltiges Gebiet verwaltende König fand in der Gottesgemahlin ein politisches Werkzeug, das ihm die Möglichkeit schuf, die Situation in dem traditionell widerspenstigen Theben zu beherrschen. Die dem Amun ergebene Jungfrau spielte hier praktisch die Rolle eines königlichen Statthalters. In der Zeit Taharkas war dies Schepenupet II., eine der Töchter König Pianchis, adoptiert von ihrer Vorgängerin, Amenardis I. Gemeinsam mit ihr errichtete Taharka eine Kapelle für «Osiris – den Herrn des Lebens» wie auch für «Osiris – den Herrn der Ewigkeit».

Gottesgemahlinnen als königliche Statthalter

Schepenupet II.

Abb. 47, 48

Medamud

Abb. 43

Die Gottesgemahlinnen jener Zeit stifteten auch selbständig sakrale Bauwerke im Bezirk von Theben. Aus einem von ihnen stammt ein mit einem Relief verzierter Block, der in Medamud gefunden wurde, einem nur wenige Kilometer nördlich von Karnak gelegenen Ort, einer Kultstätte des thebanischen Gottes Month. Dieses Flachrelief versetzt uns in Erstaunen aufgrund seiner grotesken Thematik, die an die Malerskizzen auf Ostraka früherer Perioden erinnert. Die Szene zeigt die Vorbereitungen zu einem Bankett, an dem sich Tiere und Menschen beteiligen werden. Ein lustiges Krokodil spielt Laute, auf seinem Rücken steht eine nackte Harfenspielerin. Gleich neben ihm sehen wir eine komplizierte Apparatur, mit deren Hilfe zwei Gestalten, eine menschliche und eine tierische, ein Getränk zubereiten – wahrscheinlich ein alkoholhaltiges. Die ganze Gesellschaft wird von einer Maus dominiert, die auf einem Thron sitzt und an einer Lotosblüte riecht. Der senkrechte Streifen einer hieroglyphischen Inschrift trennt diese Humoreske von einer großen rituellen Szene, von der nur das Fragment einer Frauengestalt übriggeblieben ist, wahrscheinlich einer der Gottesgemahlinnen des Amun. Die Ausmaße der letzteren lassen annehmen, daß dieses Relief zur Ausschmückung eines nicht identifizierten Tempels gehörte.

Ein Tierbankett

Vom Papyrus auf die Tempelwand

In früheren Zeiten traten Illustrationen zu Tiermärchen auf Papyri und Ostraka auf, aber nie an den Wänden von Tempeln, deren Ausschmückung genau festgelegten Schemen unterworfen war. Dieser Akt der künstlerischen Freiheit zeugt nicht nur vom Sinn der Urheber für Humor, sondern auch von gewissen neuen künstlerischen Strömungen, die die Herrschaft der Kuschiten mit sich brachte. Sie sind charakterisiert durch eine Liebe zur Natur, die Offenheit für neue kompositionelle Lösungen, bei einer gleichzeitigen stilistischen Raffinesse, die auf schöpferische Weise die besten Vorlagen alter Zeiten paraphrasiert. Die in der Regierungszeit der größten Pharaonen entstandenen Archetypen wurden zur Quelle der Inspiration, aber nicht zum Objekt einer getreuen Nachahmung.

Sanktuar am Heiligen See
Taf. 6

Das interessanteste und zugleich geheimnisvollste von allen Bauwerken, die Taharka in Karnak im Tempelbezirk des Amun-Re errichtete, ist das nur teilweise erhaltene Sanktuarium am Heiligen See. Es steht gleich neben einem großen Skarabäus, der samt seinem hohen Sockel aus einem einzigen Granitblock gearbeitet wurde. Sein Stifter, Amenophis III. aus der 18. Dynastie, ließ auf seiner Vorderseite im Relief eine Stele anbringen, die ihn darstellt, während er vor Atum opfert. Der Skarabäus war eine Verkörperung der aufgehenden Sonne, also des Gottes Chepri.

Osiris, Amun-Re und der König

Das Bauwerk Taharkas ist in jeder Hinsicht einmalig. Es besteht aus einem unter- und einem oberirdischen Teil, ist gleichzeitig mit dem Kult von Osiris und Amun-Re und auf besondere Weise auch mit dem Kult des Königs selbst verbunden. Eine Domäne des Osiris war, wie wir wissen, Theben-West, also das Totenreich; daher ist seine partnerschaftliche Koexistenz mit Amun in den Mauern eines in Theben-Ost gelegenen Gebäudes, und zwar im Bereich des Amuntempels, ein erstaunlicher Akt der Gastfreundlichkeit. Es erweist sich jedoch, daß diese Symbiose eine Begründung im Ritual des Festes findet, dem das Bauwerk Taharkas diente. Alle zehn Tage hielt nämlich die Statue Amuns eine Reise von Karnak an das westliche Nilufer ab, wo sie das symbolische Grab der Urgötter besuchte, eine Art Kenotaph, das sich in Djeme, also in Medinet Habu, im Grabtempel Ramses' III. befand. Indem Amun dort seine Vorfahren, das heißt den Gott Kematef und die Ogdoade besuchte, regenerierte er seine mystischen Kräfte als Schöpfergott. Kematef hatte die Gestalt einer Schlange, die – nach dem Glauben der Ägypter – am Anfang der Geschichte aus dem Urozean auftauchte, noch bevor die Erde entstanden war. Sein Name bedeutet «Derjenige, der seine Zeit (also das Leben) beendet hat». Sein Sohn Irta soll nicht nur den Sonnengott erschaffen haben, sondern auch die Götter-Achtheit. Sitz des Kematef war eine unterirdische Krypta in Djeme. Eben mit dieser Schlange identifizierte man Amun in seiner Rolle als Urgott, des Schöpfers anderer Götter und Menschen.

Von Karnak nach Medinet Habu

Kematef

Irta

Die Riten im Sanktuar am Heiligen See

Der erneuerte Amun kehrte aus Djeme zu seinem Sitz in Karnak zurück, aber bevor die Statue des Gottes in ihren Raum zurückgestellt wurde, betrat sie noch jenes geheimnisvolle Bauwerk am Heiligen See. Hier trat in Amun der Geist des Sonnengottes Re ein, damit er in der Morgendämmerung wieder in seinem vollen Glanz erstrahlen konnte. Er erneuerte sich aus seiner Gestalt des verstorbenen Osiris, der auf diese Weise auch zum Sonnengott wurde. Und da der König das einzige lebende Abbild dieses vereinten göttlichen Wesens war, rückte hier letztendlich sein Kult in den Vordergrund. Die komplizierte religiös-politische Symbolik machte aus diesem Bauwerk ein erstrangiges Propagandainstrument. Die in seinem Inneren abgehaltenen Rituale gaben dem König die religiöse Legitimation, die Herrschaft auf Erden als Nachfolger der Götter auszuüben. Daher maß der Pharao diesem Gebäude eine gewaltige Bedeutung bei. Wahrscheinlich stifteten

Vorläuferbau unter Schabaka?

Abb. 42

die Vorfahren Taharkas an dieser Stelle ebenfalls ähnliche Sanktuarien, von denen nichts oder fast nichts erhalten blieb. Einige der dekorierten Blöcke, die in der Konstruktion Taharkas wiederbenutzt wurden, stammen aus der Zeit Schabakas, der – vielleicht – hier ein früheres Bauwerk mit identischer Bestimmung errichtet hatte.

Skarabäus Amenophis' III.

Der riesige steinerne Skarabäus aus der Zeit Amenophis' III., der direkt gegenüber dem Sanktuarium stand, konnte funktional mit einem ähnlichen Heiligtum der 18. Dynastie verbunden gewesen sein. Als Erscheinungsform der sich am Morgen erneuernden Sonne betonte dieses Bildwerk die zyklische Wiedergeburt von Amun-Re und spielte deshalb möglicherweise noch in der Zeit Taharkas eine wichtige religiöse Rolle. Die heutigen Einwohner von Ägypten schreiben ihm eine ganz andere magische Kraft zu. Wenn sich junge Ägypterinnen Fruchtbarkeit sichern wollen, umrunden sie mehrmals den Sockel des heiligen Skarabäus.

Erweiterungen in Medinet Habu

Usurpation durch Nektanebos I.

Krypta des Kematef

Abb. 46

Auch die Westseite von Theben wurde zur Zeit Taharkas ausgebaut. Ihm sind wahrscheinlich die Propyläen in Gestalt eines Säulengangs zuzuschreiben, der zum Pylon des kleinen Tempels in Medinet Habu führte. Die Reliefs, die die Säulenschranken in dieser Konstruktion schmücken, wurden zwar später von Nektanebos I. (30. Dynastie), einem der letzten dynastischen Pharaonen, usurpiert, einige Einzelheiten lassen hier aber einen aufmerksamen Forscher ein Werk Taharkas vermuten. Erstens hat der Säulengang eine fast identische architektonische Form wie die von Taharka vor den Haupteingängen des Tempels in Karnak errichteten Propyläen. Zweitens befand sich eben hier die Krypta des Kematef, mit dem das Bauwerk Taharkas am Heiligen See in Karnak verbunden ist. Drittens treten in der Ikonographie des Königs, dessen Kartuschen Nektanebos für seinen eigenen Namen usurpierte, solche kuschitischen Elemente auf wie die Schleife, die den Kopf auf einer eng anliegenden Bedeckung umwickelt, oder eine Uräusschlange mit einer Königskrone auf ihrem Kopf, die als Dekoration der charakteristischen Kuschitenkappe vorkommt. Die Wahrscheinlichkeit einer solchen Zuweisung scheint desto größer zu sein, als eben Taharka der König ist, der hier die Dekoration des von Schabaka errichteten Pylons beendete, und daß der beschriebene Säulengang eben zu diesem Pylon führt.

Erkennen von Usurpationen

Die Urheberschaft dieses Säulengangs ist nur eines der vielen Rätsel, mit denen die ägyptische Architektur, die ägyptischen Flachreliefs und Skulpturen das Leben der Ägyptologen so abwechslungsreich gestalten und ihnen keine freie Minute gönnen. Wenn man eine Kartusche mit einem Königsnamen an einer Statue oder auf einem Relief sieht, kann man nicht immer hundertprozentig sicher sein, daß sie nicht anstelle eines ausgeschlagenen Namens eines anderen, früheren Herrschers steht, in dessen Regierungszeit der Künstler das gerade betrachtete Werk schuf. Manche Statuen, so in Tanis, tragen Spuren einer mehrmaligen Umarbeitung, und zwar in weit voneinander entfernten Epochen. Nicht immer gelingt es dem Epigraphiker, den ersten Namen zu entziffern, der von dem Usurpator oder dem Ikonoklasten ausgehämmert wurde; übriggeblieben sind nämlich davon mei-

Stilistische Kriterien

stens nur Spuren hieroglyphischer Zeichen, mitunter sogar nur «Negative» dieser Zeichen. Um solche Skulpturen zu datieren, ist eine Kenntnis der gesamten ägyptischen Kunst unumgänglich, denn der Stil des Werkes ermöglicht es dem Forscher, mit ziemlicher Genauigkeit dessen Entstehungszeit zu bestimmen.

Verwirrende Archaisierungen

Aber auch dieses Kriterium ist mitunter irreführend. In der ägyptischen Kunst haben wir nämlich oft mit der Erscheinung einer bewußten Archaisierung oder gar eines Kopierens von Werken der vergangenen Epochen zu tun. Nur das Auge eines geübten Kunsthistorikers ist imstande, das Original von einer altertümelnden Kopie zu unterscheiden, und sogar den größten Kennern sind schon Fehler bezüglich der Datierung unterlaufen.

Fehldatierungen

Skulpturen, die Könige der 25. Dynastie darstellen, unter Umständen sogar ohne Beschriftung und fragmentarisch erhalten sind, wurden oft der 12. Dynastie zugeschrieben, da die in ihrem Ausdruck strengen Porträts der späten Herrscher des Mittleren Reiches die meisten Analogien mit den Bildnissen der Kuschiten aufweisen. Es kam auch zu Fehlern in umgekehrter Richtung, als Werke vom Ende des Mittleren Reiches lange Zeit für Produkte der Werkstätten der kuschitischen Dynastie gehalten wurden. Noch mehr Unrichtigkeiten dieser Art provozierte die Kunst der darauffolgenden Zeit, also der 26. Dynastie, von der im nächsten Kapitel die Rede sein wird.

Taharkas Bautätigkeit in Nubien

Ebenso aktiv wie in Ägypten war Taharka in seinem heimatlichen Nubien. Während seine Vorgänger Schabaka und Schebitku dort fast keine Spuren einer Bautätigkeit hinterließen, beschloß der große Reformator allem Anschein nach, diese Rückstände aufzuarbeiten. Er errichtete viele neue Tempel und restaurierte die alten. Die nubische Kunst der Kuschitenzeit hat einen spezifischen Charakter, der sie von den ägyptischen Werken der 25. Dynastie unterscheiden läßt. Die letzteren sind in ihrem künstlerischen Ausdruck eher klassisch.

Nubischer Lokalstil

In Nubien kommen mehr afrikanisierende Elemente zum Vorschein, die in Konfrontation mit dem ägyptischen ikonographischen Kanon den Eindruck einer gewissen Frische und manchmal sogar amüsanter Naivität machen.

Tempelbauten

Die herrlichsten Werke dieser Kunst wurden von Archäologen in Kawa und am Gebel Barkal entdeckt, obwohl Fragmente von Tempeln mit den Namen des größten kuschitischen Herrschers auch in Tabo, Semna, Faras, Qasr Ibrim, Philae und in vielen anderen nubischen Ortschaften gefunden wurden.

Pyramide von Sedeinga

In Sedeinga, unweit des dritten Nilkatarakts, haben sich Überreste einer Pyramide mit einer Seitenlänge von 9,90 m erhalten, hergestellt aus Schieferblöcken und entstanden in der Zeit von Taharka. Leider wurde ihr Inneres ausgeplündert, bevor dorthin in den Jahren 1963 bis 1964 Archäologen gelangten.

Kawa

Besonders interessante, Taharka darstellende Skulpturen stammen aus Kawa, einem Ort in Obernubien, dessen altägyptischer Name Gem(pa)aton in der Zeit des «Ketzers» Echnaton (= Amenophis IV., 1364–1347 v. Chr., 18. Dynastie) entstanden sein muß; er enthält nämlich den Namen des Gottes Aton, also der damals angebeteten Sonnenscheibe. Taharka baute dieses alte Zentrum ägyptischer Kulte auf eine imposante Weise aus. Er holte aus Memphis Künstler, die den bereits bestehen-

Rückgriffe auf das Alte Reich

den Tempel – ein Werk Tutanchamuns – erneuerten und dann einen neuen, Amun von Gem(pa)aton gewidmeten, errichteten. Einige der an den Wänden dieses Tempels angebrachten Reliefs sind authentische Kopien von Flachreliefs aus memphitischen Grabtempeln der Pharaonen der 5. und 6. Dynastie, wie Sahure, Niuserre oder Pepi II. Ähnlich wie es in Karnak und Medinet Habu der Fall war, wurde auch dieser Tempel mit einer Prozessionsallee vor dem Haupteingang ausgestattet.

Taharka-Widder von Kawa

Unter den dort während der Ausgrabungen der Oxforder Universität in den Jahren 1930 bis 1936 gefundenen Skulpturen verdienen zwei Paare von Granitstatuen, die Taharka darstellen, besondere Aufmerksamkeit. Der König steht zwischen den Pfoten eines riesengroßen Widders, der wie ein Sphinx auf dem Sockel ruht. Taharka trägt hier zwar das typisch ägyptische *Nemes*-Tuch, doch der muskulöse Bau seiner gedrungenen Gestalt, seine negroiden Gesichtszüge sowie die doppelte Uräusschlange an der Stirn betonen seine nubische Herkunft. Der Widder als heiliges Tier Amuns trat schon früher in der Rolle eines Beschützers des Herrschers auf. Vor dem Eingang zum Tempel des Amun-Re in Karnak ist ein Teil der Allee erhalten, die aus zwei Reihen gleichartiger Skulpturen aus der Zeit Ramses' II. besteht. Auch in dieser Hinsicht fand also Taharka ein Vorbild in dem großen Pharao des Neuen Reiches.

Vorbild Karnak

Mähnensphinx Taharkas

Ein in Kawa gefundener Granitsphinx mit dem Kopf des Pharaos, der von der üppigen Mähne eines Löwen umrahmt ist, präsentiert sich dagegen wie die Imitation einer ähnlichen Skulptur aus der Zeit der Königin Hatschepsut (18. Dynastie). Letzterer Sphinx, aus Kalkstein hergestellt, ist in Deir el-Bahari gefunden worden und befindet sich heute im Kairener Museum. Der Taharka-Sphinx gehört heute, ähnlich wie einer der vier Granit-Widder, zu den Sammlungen des Britischen Museums in London. Der zweite Widder fand nach den Ausgrabungen seinen Platz im Ashmolean Museum in Oxford, und die beiden übrigen stehen in voller Pracht vor dem Eingang des Archäologischen Museums in Khartum.

Bronzeplastik Taharkas

Eine besonders umfangreiche Gruppe von Taharka-Porträts aus Kawa bilden bronzene Figürchen, die den knienden oder schreitenden König darstellen. Sie greifen gängige ikonographische Schemen auf und zeugen davon, wie populär die Bronzeplastik in der Zeit der 25. Dynastie war. Auch in Ägypten selbst entwickelte sich damals in ungewöhnlich großem Maßstab die Produktion bronzener Votivfigürchen, die im Tempel oder im Grab mit der Bitte um das Wohlwollen des Gottes dargebracht wurden. Das Anliegen ist meistens auf der Oberfläche des Metalls eingeritzt. Unzählige Bronzefigürchen, die sich heute in fast allen Museen der Welt befinden, führen das ganze reiche Pantheon der ägyptischen Götter vor. Ihre Ikonographie ist mitunter sehr ausgesucht.

Tierbronzen

Ebenso oft wie anthropomorphe Bildnisse kommen zoomorphe Darstellungen von Göttern vor. Fast jedes Tier – die Spitzmaus, das Schwein, das Krokodil und das Nilpferd mit einbezogen – repräsentierte in Ägypten die Erscheinungsform oder das Symbol eines Gottes.

Abb. 34 Krönung der Gottesgemahlin Schepenupet, Tochter Osorkons III. (23. Dynastie). Relief an der Kapelle des Osiris-Heka-djet in Karnak.

Abb. 35 Vertreter nubischer Provinzen als ägyptische Gefangene, jeweils mit ihrem Namen in dem Oval. Relief im Tempel Ramses' II. in Abydos.

Abb. 36 Die Ruinen des Amun-Tempels am «Reinen Berg», dem Gebel Barkal.

Abb. 37 Das Massiv des Gebel Barkal.

Abb. 38 Relief am Barkensockel des Amun-Tempels am Gebel Barkal mit der vierfachen Darstellung des den Himmel stützenden Königs Taharka.

Abb. 39–41 *Drei Uschebtis des Königs Taharka aus seiner Pyramide in Nuri. Museum of Fine Arts, Boston.*

Abb. 42 *Reliefdarstellung des Königs Schabaka. Wiederverwendeter Block im Tempel des Taharka am Heiligen See in Karnak.*

Abb. 43 Spielende Tiere. Groteske Szene aus einem Tempel in Medamud. Wohl 25. Dynastie.

Abb. 45 Medinet Habu in Theben-West, Begräbnisstätte zahlreicher hoher Beamter der Dritten Zwischenzeit und der Spätzeit.

Abb. 46 Die Kolonnade König Taharkas im Tempel von Karnak.

Abb. 44 Aalfigur und Schlangenschild mit dem Kopf des Gottes Atum auf dem Sarg eines mumifizierten Fisches. Bronze. 25./26. Dynastie. Ägyptisches Museum Kairo.

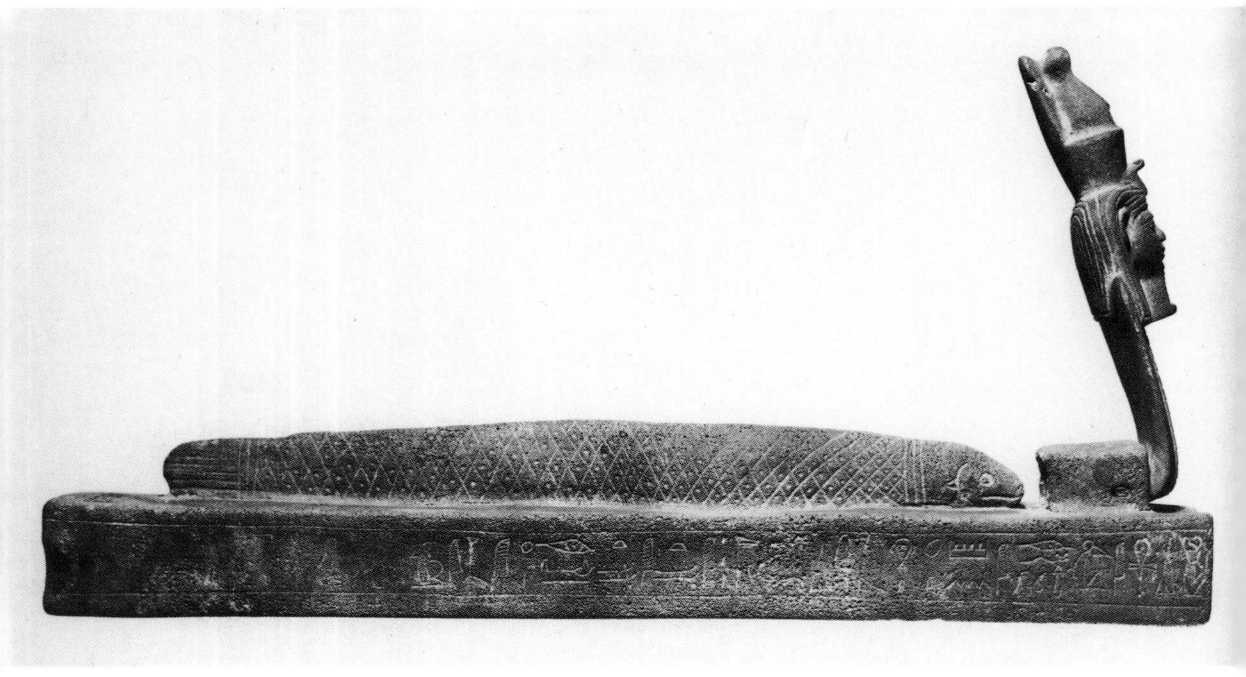

Abb. 45

Abb. 46

Abb. 48 Doppelszene mit der Gottesgemahlin Amenardis I. Relief in ihrer Grabkapelle in Medinet Habu.

Abb. 47 Die Gottesgemahlin Schepenupet II., Schwester von Schebitku und Taharka. Relief in der Grabkapelle der Gottesgemahlinnen in Medinet Habu.

Abb. 49 Hor, Priester des Gottes Month. Ausschnitt aus der Bemalung seines Holzsarges aus Deir el-Bahari. British Museum, London.

Abb. 50 Monthemhet, thebanischer Priester aus der Zeit der späten 25./frühen 26. Dynastie. Relief in seinem Grab in Theben-West.

Abb. 51 Psammetich I. opfert Gebäck. Relief an einem in Rosetta gefundenen Interkolumnium. Basalt. British Museum, London.

Abb. 52 Symbolische «Vereinigung der Beiden Länder». Relieffragment mit den Kartuschen Psammetichs II. Aus Sais. Puschkin-Museum, Moskau.

Abb. 53 Kopf einer königlichen Kolossalstatue der 26. Dynastie in Sais – einsamer Zeuge ehemaliger Größe.

Abb. 51

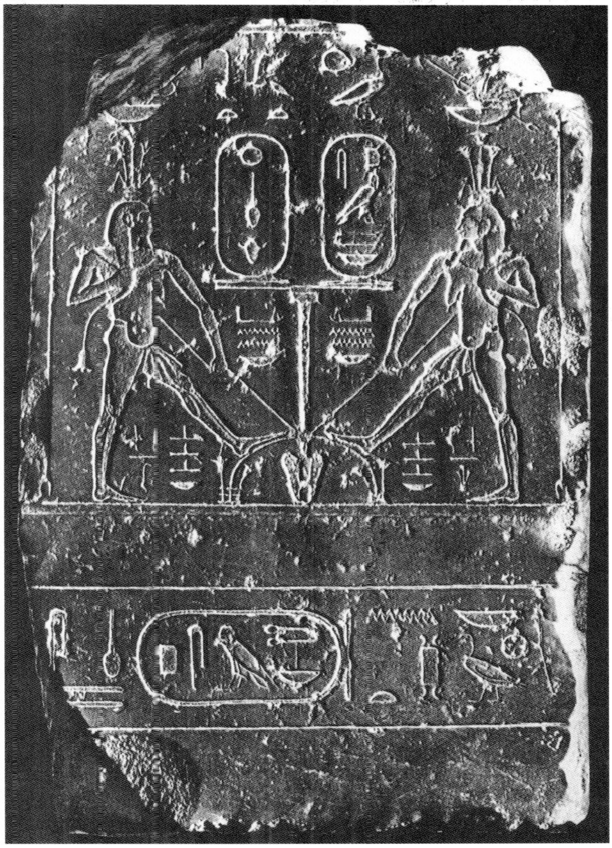

Abb. 52

Abb. 53

Abb. 54 Ruinen der Kapelle von Amasis und Nitokris (26. Dynastie) in Karnak mit Darstellung und Namen des Königs Amasis.

Abb. 55 König Amasis. Relief in der Kapelle des Osiris-Wennefer-Nebdjefa in Karnak.

Abb. 56 Die Gottesgemahlin Anch-nes-nefer-ib-Re, Tochter Psammetichs II., empfängt von der Göttin Isis das Anch-Zeichen. Relief in der von Amasis und der Gottesgemahlin Nitokris errichteten Kapelle in Karnak.

Abb. 57 *Spätzeitliches Gefäß aus der Grabung im Totentempel Sethos' I. in Gurna, Theben-West.*

Abb. 60 *Statue Darius' I. aus Susa zum Zeitpunkt der Auffindung. Heute Iran-Bastam-Museum, Teheran.*

Abb. 58/59 *Darstellungen und Namen der unterworfenen Völker des Achämenidenreiches. Reliefs am Sockel der Darius-Statue aus Susa.*

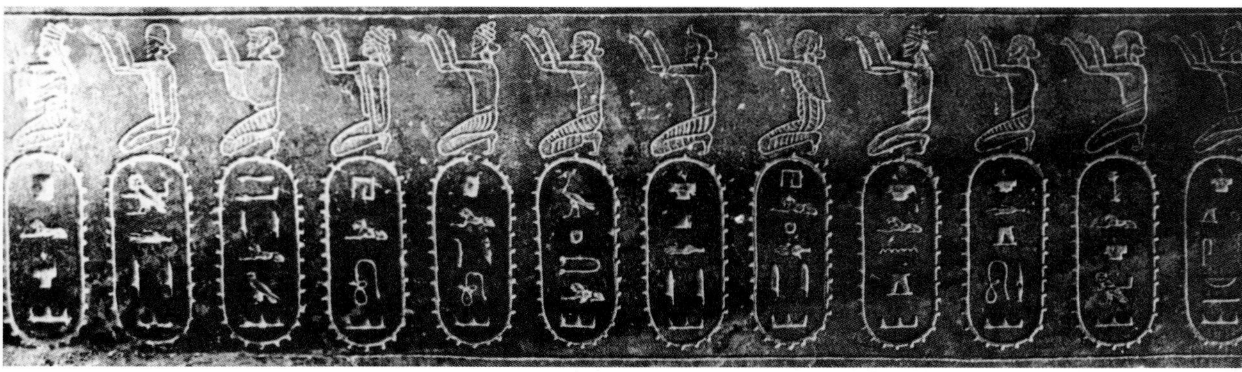

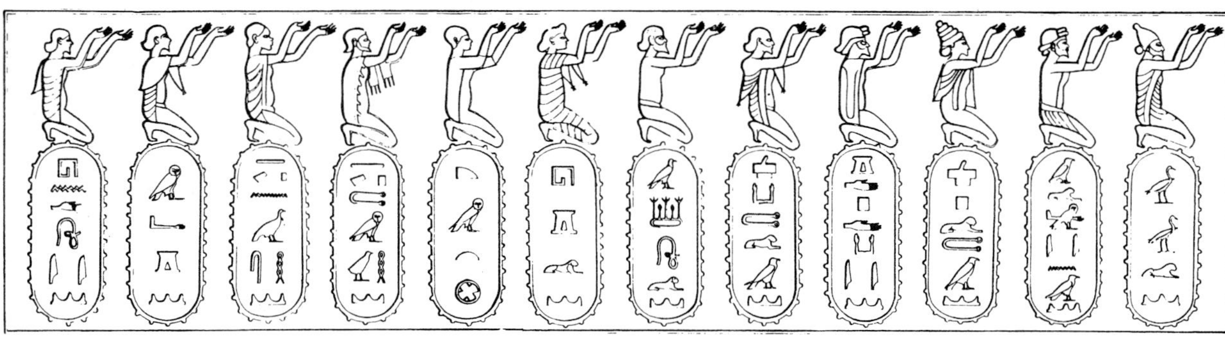

Die heiligen Tiere der Götter, die in dem jeweiligen Kultort Verehrung erfuhren, wurden nach ihrem Tode wie Menschen mumifiziert und auf besonderen Friedhöfen begraben. Ausgetrocknete und in Bandagen eingewickelte Leichen kleinerer Tiere wurden oft in einen bronzenen Kasten gelegt, der eine Art Miniatursarkophag darstellte. An den Seitenflächen eines solchen kleinen Sarges wurde eine kurze Opferformel eingeritzt, in der natürlich der Name des Spenders nicht unbeachtet blieb, und an der Oberseite des Kastens wurde eine bronzene Figur des heiligen Tieres angebracht. Zu den häufigsten Objekten gehören kleine Särge von Schlangen, Eidechsen und Aalen. Viele dieser Tiere wurden dem heliopolitanischen Gott Atum zugeschrieben. In einigen Kästchen mit solchen Figuren blieben eingewickelte Mumien kleiner Schlangen erhalten. Der Körper von Schlangenfiguren bei derartigen Ex-Vota ist wie eine achterförmige Schleife gestaltet, der Kopf ruht auf der ersten Windung. *Mumien heiliger Tiere* *Tiersärge*

Noch interessanter sind die Bronzefigürchen, die auf den Aalsärgen vorkommen. Der Körper des Fisches, dargestellt mit Flossen und anderen ichthyologischen Details, ist nämlich in seinem vorderen Teil mit einem geblähten Schild einer Kobra verbunden, der seinerseits mit dem menschlichen Kopf des die Doppelkrone von Ober- und Unterägypten tragenden Gottes versehen ist. Eine solche Krone wurde sowohl vom Gott Atum als auch vom König getragen. Daß es hier um den Gott geht, verrät uns sofort sein Bart, dessen Ende nach vorn gebogen ist. Diese synkretistische Darstellung verbindet Körperteile von zwei heiligen Tieren mit der anthropomorphen Gestalt des Sonnengottes. Zu Ausnahmen gehören Figürchen, die den Aal mit seinem eigenen Kopf – getrennt von dem Schild der mit einem menschlichem Kopf versehenen, vor dem Fisch angebrachten Kobra – darstellen. Das schönste, wohl aus der Zeit der 25. Dynastie stammende Beispiel für derartige Votivfiguren befindet sich im Ägyptischen Museum in Kairo. *Aal und Kobra* *Atum* *Abb. 44*

Als überraschend erwiesen sich die Ergebnisse der Untersuchungen, die in den Laboratorien des Pariser Louvre an einem der mumifizierten «Aale» durchgeführt wurden. Der in einem derartigen Kästchen gefundene Körper war nämlich keineswegs der eines Aals, sondern eines anderen Fisches, der im Landesinneren Afrikas auftritt. Vielleicht wurden zu religiösen Zwecken besondere, «reine» Fischgattungen nach Ägypten eingeführt, wissen wir doch – zumindest von der Stele des Königs Pianchi – daß Fisch essende Menschen in Ägypten als unrein galten. *Ein verwirrender Befund*

Ein anderes heiliges Tier Atums, das auch aus der Bronzeplastik bekannt ist, war der Ichneumon. Seine am höchsten geschätzte Fähigkeit war das Verzehren von Schlangen. In den Vorstellungen der Ägypter muß es sich natürlich um böse Schlangen gehandelt haben, welche die Feinde des Sonnengottes verkörperten; die guten Schlangen waren schließlich eine Erscheinungsform des Atum, und der Gott konnte sich doch nicht selbst verschlingen. *Ichneumon*

Abb. 61 Säulengang im Tempel Darius' I. in Hibis/Oase Charga.

Vermeintliche Unlogik

Die scheinbar fehlerhafte Logik in den Glaubensvorstellungen der Ägypter ergibt sich hauptsächlich aus dem fragmentarischen Zustand unseres Wissens, das sich ausschließlich auf die erhaltenen Quellen stützt und daher nicht alle geographischen und historischen Aspekte dieser Religion berücksichtigt. Das Ichneumon war nicht nur ein Tier des Atum, sondern auch des Re, der ebenfalls in Heliopolis verehrt wurde, überdies der Göttin Uto (= die «Grüne»), die ihren Sitz im unterägyptischen Ort Buto hatte. Assoziiert wurde er schließlich auch mit dem Sohn dieser Göttin, Horus.

Uto von Buto

Als heiliges Tier Atums wurde das Ichneumon in einer laufenden Körperhaltung dargestellt, dagegen wurde das gleiche Tier, wenn es nur auf den beiden Hinterbeinen stand, der Göttin Uto zugewiesen. In jeder der beiden Stellungen tritt es in der Bronzeplastik als Figürchen auf, das den Sarkophag eines mumifizierten Tierchens schmückt. Die Rückwand eines solchen Kästchens bildet einen Verschluß, der nach dem Hineinlegen der Mumie zugelötet wurde. Eines der Bronzefigürchen, die sich im Ägyptischen Museum in Kairo befinden, zeigt einen winzigen Priester, der vor einem unproportioniert großen Ichneumon kniet. Die Stellung des Tieres läßt es in diesem Fall als Verkörperung der Göttin Uto identifizieren, obwohl es auf der Figur keinerlei Inschrift gibt.

Ichneumon und Spitzmaus

Im Glauben der Ägypter bildete das Ichneumon ein Paar mit der wesentlich kleineren Spitzmaus; beide Tiere verfügen nämlich über die physische Eigenschaft, sich aufzublähen oder das Körpervolumen zu verringern, jedes von ihnen auf die Ausmaße des anderen. Man hielt sie deswegen für zwei verschiedene Aspekte des Horus von Letopolis, eines «sehenden» *(mechenti-irti)* und «nichtsehenden» *(me - chenti-en-irti)* Gottesfalken. Das sehende Element war natürlich das Ichneumon, das durch große Augen gekennzeichnet ist. Eine weitere Projektion dieser Vorstellungen machte aus den unansehnlichen Tieren die Symbole von zwei extremen Polen des Sonnenlichtes. Das Ichneumon als Tier Atums ist jedoch vor allem ein «Aufspürer», der die böse Apophis-Schlange jagt und der imstande gewesen sein soll, eine Länge von 46 Ellen, das heißt über 24 m, zu erreichen. Die letztgenannte Vorstellung war natürlich ein reines Phantasieprodukt, aber vielleicht entschied sie in der oben erwähnten Bronzefigur eben über die Proportionen des Tieres und des Priesters zueinander. Dem Ichneumon als Betreuer Atums verlieh man den Namen des «Schutzgeistes von Heliopolis».

Horus von Letopolis

Widersacher der Apophis-Schlange

Bautätigkeit am Gebel Barkal

Ähnlich wie die ägyptischen Metropolen Memphis und Theben war die Hauptstadt des Staates Kusch Gegenstand einer besonderen Sorge Taharkas. Der Stil der hier erhaltenen Flachreliefs läßt annehmen, daß der «Herr Beider Länder» nach Napata Künstler aus Ägypten brachte, vielleicht aus Theben, wie es thebanische Vorbilder mancher Szenen suggerieren könnten. Ein Werk Taharkas ist der Umbau des großen Tempels des Amun von Napata, wie auch die Anlage von zwei Felskapellen (Speoi) im Inneren des «Reinen Berges». Die größere von ihnen weist Hathorsäulen auf wie auch Pfeiler mit den Bildnissen des Bes, des gutmütigen Dämons, der mit seiner magischen Kraft die Frauen im Wochenbett betreute.

Einige Forscher vertraten die Meinung, daß die Stadt im Altertum von vier kolossalen, aus dem Felsen herausgearbeiteten Statuen Taharkas überragt war – vielleicht nach dem Muster der Statuen Ramses' II. in Abu Simbel. Dagegen haben die neuesten archäologischen Arbeiten, die 1987 von einer Expedition des Bostoner Museum of Fine Arts unter der Leitung von Timothy Kendall durchgeführt wurden, unsere Vorstellungen vom Aussehen und der Funktion des «Reinen Berges» in der pharaonischen Zeit vollkommen verändert. Die Ergebnisse dieser Forschungen wurden zur größten Sensation des fünften Internationalen Kongresses der Ägyptologie, der im Herbst 1988 in Kairo stattfand.

Kolossale Felsskulpturen?

Auf den Spuren einer Nachricht über eine «unzugängliche» Inschrift, die vor vierzig Jahren zwei andere Archäologen mit einem Fernrohr ausfindig gemacht hatten, organisierten die jungen Forscher eine fürwahr alpinistische Expedition. Die Inschrift befindet sich nämlich in einer Höhe von 65 m, etwas unterhalb des Gipfels des riesigen Felsmassivs, unweit seiner südwestlichen Ecke. Sie ist, in südöstlicher Richtung, dem Nil zugewandt. Durch einen glücklichen Zufall steht an dieser Stelle, direkt gegenüber dem Bergmassiv, eine hohe Felsnadel in Form eines leicht gekrümmten Horns. Eben diese steile Nadel bestieg die Bostoner Expedition, um die Inschrift zu untersuchen, und ermittelte dabei vollkommen unerwartete Fakten. Die Inschrift Taharkas, eingemeißelt in einer Vertiefung der Größe von 1 x 2,5 m, ist zwar sehr zerstört, aber ausreichend lesbar, um festzustellen, daß sie die Siege Taharkas über die Völker der *Tjemehu* (Libyer) und *Mentschu Setschet* (Asiaten) würdigt.

Eine versteckte Inschrift

Die Felsnadel des Gebel Barkal

Taf. 5

Warum wurde diese für die Propaganda so wichtige Nachricht so hoch angebracht, daß man sie kaum wahrnehmen kann? Weitere Beobachtungen zeigten, daß in der Oberfläche des Felsens eine Reihe kleiner Öffnungen eingetieft war. In vier von ihnen waren noch solche bronzenen Nägel erhalten geblieben, mit welchen man in Ägypten dünne goldene Folien zu befestigten pflegte, die die Flachreliefs an den wichtigsten, besonders exponierten Stellen überdeckten. Direkt gegenüber der aufgehenden Sonne angebracht und das Licht von der Oberfläche des glitzernden Metalls reflektierend, war diese Inschrift eine Art Laterne, die man aus der Entfernung von vielen Kilometern in der Wüste sehen konnte, von wo aus zahlreiche Karawanen nach Napata zogen.

Ein unzugänglicher Siegesbericht

Im Glanz der Sonne

Im Grunde genommen bildete dieses glitzernde Panneau eine Art Kapelle mit der Statue einer Gottheit, die auf einem Felsvorsprung stand, der von den amerikanischen Forschern unterhalb der Inschrift entdeckt wurde. Auf welche Weise war dieser Naos ausgehauen worden? Die Antwort auf diese Frage wurde zu einer nächsten Sensation. Zwischen der Felsnadel und dem Bergmassiv wurde zur Zeit der 25. Dynastie ein kompliziertes Gerüst aus Holzbalken errichtet, die in Aushöhlungen steckten, welche bis heute an beiden Seiten erhalten sind. Ähnliche Vertiefungen in der Nähe der Inschrift und auf dem Gipfel des Massivs ermöglichten es festzustellen, daß während der Arbeiten die Fläche des Felsens hier vollkommen verbaut war. Holzpfähle steckten über dem Abgrund in schräger und senkrechter

Antike Gerüstspuren

Hebevorrichtungen

Position. Am Gipfel des Berges waren auch zwei hölzerne *Schadufs* befestigt, also manuell zu bedienende Hebevorrichtungen zum Transport der Ausrüstung auf diese Höhe. Dieses einmalige Bauunternehmen bildet, ebenso wie seine Entdeckung in unserer Zeit, einen Schlüssel zum Verständnis der Funktion des «Reinen Berges» in der Pharaonenzeit.

Es unterliegt keinem Zweifel, daß die in der Form eines Horns gekrümmte Felsnadel, die eine natürliche geologische Formation war, auf geniale Weise dem allgemeinen architektonischen Konzept angepaßt wurde, welches das Felsmassiv in eine große sakrale Konstruktion verwandelte. Es liegt hier nämlich kein Überbleibsel eines gigantischen, aus dem Felsen ausgehauenen Bildnisses von Taharka vor, wie man noch vor wenigen Jahren meinte, sondern eine am Fuß des Berges emporwachsende Uräusschlange von einer ähnlichen Gestalt wie der Kobraschild mit dem Kopf des Gottes bei den oben erwähnten bronzenen Aalfigürchen. In Bezug auf den ganzen Berg erfüllte jene natürliche Kobra eine ähnliche magische Funktion wie die Uräusschlange an der Stirn des Königs.

Eine monumentale Kobra

Wenn man nun bereits solche Tatsachen kennt, kann man den Gedankengang noch weiterführen. Da die Form der Felsnadel vom Gebel Barkal an ein Horn erinnert, scheint es nicht unwahrscheinlich, daß man den Namen *Upet-ta*, «Hornkopf der Erde», der schon in den Texten Thutmosis' I. am Beginn der 18. Dynastie zur Bezeichnung der Südgrenze des ägyptischen Imperiums auftaucht, mit dem heiligen Berg von Napata identifizieren kann, der in der damaligen Zeit in der Tat eine derartige Grenze bildete. Wenn dem so war, konnte der Gebel Barkal wohl auch «Hornberg» genannt werden, was ägyptisch etwa *dju-ab* lauten würde, also fast identisch wie *dju-uab*, «Reiner Berg», wie er in den hieroglyphischen Texten genannt wird.

«Hornkopf der Erde»

Südgrenze unter Thutmosis I.?

Phonetischer Wandel

Die Hypothese, nach der diese für uns unverständliche Bezeichnung infolge der phonetischen Verwandlung eines nicht erhaltenen ursprünglichen Namens entstanden sei, findet Unterstützung in der Etymologie vieler anderer altägyptischer Ortsbezeichnungen. Die Hinzufügung eines Konsonanten zum Wortstamm und eventuelle Änderungen im Klang der nicht notierten Vokale konnten eine Definition der Form in eine Bezeichnung der religiösen Funktion verändern. Die Bezeichnung «Reiner Berg» ist schon in der Regierungszeit Thutmosis' III. belegt.

Eine Parallele in Abu Simbel

Die Interpretation der Felsnadel des Gebel Barkal als eine gigantische Uräusschlange findet ihre Bestätigung in einem noch nicht veröffentlichten Relief aus der Zeit Ramses' II., das in Abu Simbel angebracht war. Es zeigt den Gebel Barkal, und der uns interessierende Teil des «Reinen Berges» ist als eine gewaltige Uräusschlange dargestellt, die auf dem Kopf die Weiße Krone Oberägyptens trägt. Sie tritt aus einem Thron hervor, auf dem Amun im Inneren des Berges sitzt. Es unterliegt also keinem Zweifel, daß das ganze Felsmassiv als ein einziger großer Sitz dieses Gottes angesehen wurde.

Sitz des Amun

In dem Relief ist die Felsnadel so dargestellt, als ob sie von Südosten betrachtet würde, also von dort, von wo aus man auch die funkelnde Kapelle auf dem Gipfel des Felsens sehen konnte. Die Weiße Krone auf dem Kopf der Uräusschlange von Napata, wie sie in Abu Simbel dargestellt ist, hat eine besondere Aussagekraft. Hatte man schon zur Zeit des Neuen Reiches die Meinung vertreten, daß Napata ein Teil Oberägyptens ist? Wenn ja, dann gab dieses Symbol den kuschitischen Herrschern die Rechtfertigung ihrer Herrschaft über den Süden des Landes bis nach Theben und sogar darüber hinaus. Als Legitimierung ihrer Unterwerfung Unterägyptens fanden sie noch eine andere religiös-politische Motivation, die im Triumphtext der Stele des Königs Pianchi abzulesen ist.

Rolle Napatas im Neuen Reich

Während uns die Tempel des Gebel Barkal relativ gut bekannt sind, bleiben die Wohnviertel des alten Napata weiterhin vom Sand verschüttet. Es ist nicht zu erwarten, daß in diesen Vierteln viel mehr als die Fundamente der Gebäude erhalten geblieben sind, denn die Wohnhäuser wurden in Nubien – ähnlich wie in Ägypten – aus getrockneten Lehmziegeln errichtet und waren daher wenig haltbar. Die italienische Mission unter der Leitung von Prof. Sergio Donadoni, die hier letztens archäologische Forschungen durchführte, stieß allerdings auf Überreste eines aus Steinblöcken errichteten Tempels und kürzlich auch eines Palastes.

Siedlungsbauten in Napata

Den reformatorischen Bestrebungen, die in Taharkas Regierungszeit überall sichtbar sind, entgingen auch nicht die Formen der königlichen Bestattung. Das bescheidene Aussehen der Grabmäler seiner Vorgänger stellte allem Anschein nach den Ehrgeiz des Herrschers, vor dem die Völker Asiens zitterten, nicht mehr zufrieden. Taharka verlegte die königliche Nekropole an das andere Nilufer und ließ für sich als erster kuschitischer Pharao eine Steinpyramide mit beachtlichen Ausmaßen in einem Ort errichten, der heute Nuri genannt wird. Leider sind wir nicht sicher, ob sein Leichnam je im Inneren dieses Bauwerkes untergebracht war, denn die amerikanischen Archäologen, die dort in den Jahren 1916 bis 1918 Ausgrabungen durchführten, fanden keine Spuren einer Bestattung. Wäre die größte von den zweiundsiebzig Pyramiden in Nuri nur ein königlicher Kenotaph, ein Scheingrab, gewesen? Der unterirdische Teil dieser Pyramide ist eine Nachahmung der Architektur des Osireions in Abydos, also eines Kenotaphs des Osiris, das von Sethos I. errichtet und teilweise von Merenptah (19. Dynastie) dekoriert wurde.

Wechsel des Bestattungsplatzes nach Nuri

Steinpyramide

Elemente eines Kenotaphs

Die Nachahmung der Archetypen aus der Zeit des Neuen Reiches sieht man auch an der gewaltigen Zahl der *Uschebtis*, mumienförmiger Figürchen des Königs, die in der Pyramide Taharkas gefunden wurden. Es gab ihrer dort über 1070, was eine Besonderheit darstellt, da ihre ideale Zahl in einem Grab seit der 18. Dynastie der Zahl der Jahrestage entsprach. In der Zeit der 19. Dynastie wurde diese Zahl um einen Aufseher bereichert, dann um eine größere Anzahl von Aufsehern – einen für jede Dekade – und einen Oberaufseher. Aber selbst die größtmögliche Zahl scheint in der Pyramide Taharkas verdoppelt zu sein. Hatte man an zwei große «Mannschaften» gedacht, die dem «Herrn Beider Länder» dienen sollten, der über ein so großes Imperium regierte?

Eine Vielzahl von Uschebtis

Abb. 39-41

Im Unterschied zu den kleinen, aus Fayence gemachten, also eher billigen

Großformatige Figuren

Diverse Gesteine

Uschebtis der Dritten Zwischenzeit, sind die Jenseitsdiener Taharkas so groß wie ähnliche Figuren der größten Herrscher des Neuen Reiches, nämlich bis zu der Größe von 60 cm. Diese Archetypen nachahmend, wurden sie aus einem dauerhafteren Material hergestellt als Fayence, und zwar aus verschiedenen Gesteinssorten wie Serpentin, Granit, Kalk, Kalzit, Alabaster, Syenit, Anherit und anderen. Die Ikonographie dieser Figürchen ist unterschiedlich; in den meisten Fällen ist aber ihr Kopf mit einem der beiden königlichen Tücher bedeckt, und in den Händen halten sie Hakenpflüge oder die Insignien der Königsmacht. Über die Schultern der Uschebtis, die mehr wie Arbeiter aussehen, ist ein Korb gehängt.

Vielfältige «Porträts»

In den Gesichtszügen dieser Figürchen fanden verschiedene Varianten des königlichen Porträts ihren Ausdruck. Einige repräsentieren den Typ des «afrikanischen» Realismus, indem sie ein Gesicht mit dicken Lippen, einer flachen Nase und hervortretenden Backenknochen zeigen, andere ahmen die strenge und majestätische Physiognomie der Herrscher des Alten und Mittleren Reiches nach, wieder andere weisen die in Ägypten geläufige Tendenz zur Idealisierung des Bildnisses des Pharaos auf und zeigen ihn mit den Zügen einer «überzeitlichen» Jugend, ohne individuelle Merkmale.

Ein Produkt mehrerer Werkstätten?

6. Kapitel des Totenbuches

Diese imposante Galerie von Porträts, so unterschiedlich in Ausdruck, Ikonographie und Material, scheint ein Werk verschiedener Bildhauerwerkstätten zu sein, die – vielleicht – in verschiedenen Teilen Ägyptens tätig waren. Das erweckt mitunter den Eindruck, als ob im ganzen Land ein Wettbewerb für Produzenten der Grabfigürchen des Osiris – zu welchem ja Taharka nach seinem Tode wurde – ausgeschrieben worden wäre. Eine gemeinsame Eigenschaft verbindet alle diese Statuetten: auf den mumienförmigen Körper ist eine hieroglyphische Inschrift eingraviert, ein Spruch aus dem 6. Kapitel des Totenbuches, ergänzt um einen Satz, der früher nur auf den *Uschebtis* Ramses' IV. (20. Dynastie) vorkam. Selbst dieser kurze Text bestätigt also die Nostalgie nach den früheren guten Zeiten, die so oft in den Werken Taharkas anzutreffen ist. Die größten Sammlungen von *Uschebtis* aus seiner Pyramide in Nuri befinden sich heute im Archäologischen Museum in Khartum und im Museum of Fine Arts in Boston.

Aggressive Außenpolitik

Taharka führte eine aktive, sogar aggressive Außenpolitik. Vielleicht fühlte er sich dazu durch die zunehmende Macht und Eroberungssucht Assyriens gezwungen. Nichtsdestoweniger beging er einen Fehler, der allen politischen Größenwahnsinnigen eigen ist, besonders den Herrschern gewaltiger, obwohl wenig kohäsiver Imperien. Er überschätzte nämlich seine Kraft und unterschätzte die seines Gegners. Er übersah, daß sein Nachfolger ein Führer von geringerem Format sein könnte und der militärischen Herausforderung, die er übernehmen müßte, nicht gerecht werden würde.

Breite Streuung der Funde

Eine politische Omnipräsenz Ägyptens in den besten Jahren der 25. Dynastie bestätigen verschiedene Objekte mit dem Namen Taharkas, die in verschiedenen Teilen des alten Orients entdeckt werden. Statuen dieses Pharaos fand man sogar im assyrischen Palast in Tell Nebi Junis bei Mossul. Ein großer Skarabäus aus Elfenbein stammt aus Nimrud, Fragmente einer Vase aus Assur und ein Siegel Taharkas sogar aus Palmyra.

Sieg über die Libyer

Den Sieg Taharkas über die Libyer notiert der bereits erwähnte Text, der hoch auf dem Felsen des Gebel Barkal eingemeißelt wurde. Bestätigt wurde diese Nachricht durch schriftliche, in Kawa entdeckte Quellen, wo von den «Gattinnen der Fürsten von Unterägypten» und von den «Kindern der Fürsten (der Stämme) von Tjehenu» die Rede ist, die als Tempeldiener zwangsrekrutiert wurden. Derartige Erwähnungen könnten auf eine Niederlage der libyschen Herrscher des Deltas verweisen.

Nennung in Kawa

Gegner Assyrien

Die Ursache eines neuen Konflikts mit Assyrien waren, wie immer, Palästina und Syrien. Die beiden Großmächte, die asiatische und die afrikanische, wetteiferten seit eh und je um die Hegemonie in diesen Gebieten. Die Namen von Schabaka und Schebitku tauchen zwar weder in den assyrischen noch in den hebräischen Quellen auf, aber gewisse Ereignisse, die im Alten Testament beschrieben sind, können sich noch auf den zweiten der genannten Herrscher beziehen, obwohl dort der den Feind darstellende Herrscher erst Taharka ist.

Kämpfe gegen Sanherib

Es begann damit, daß der assyrische Herrscher Sanherib (705–681 v. Chr.) während seines dritten Feldzugs die Städte an der phönizischen Küste eroberte. Die Einwohner der Philisterstadt Ekron verjagten ihren König wegen seiner Kollaboration mit den Assyrern. Dieser floh zum König von Juda, Hiskia, der ihn in Jerusalem gefangenhielt und der sich an Ägypten mit der Bitte um Hilfe wandte. Es kam zu einer Schlacht, in der die ägyptischen Truppen eine Niederlage erlitten. Es scheint, daß Sanherib mit dem Pharao noch eine Schlacht ausfocht, von der das Alte Testament spricht (2. Kön 19, 8–35). Die Kräfte der Assyrer wurden so sehr geschwächt, daß ihr Herrscher nach Ninive zurückkehren mußte, wo er bis zu seinem Tod blieb.

Zeugnisse des Alten Testaments

Bericht Herodots

Herodot, der gern Gerüchte und Anekdoten anführt, beschreibt in seinem Werk eine amüsante Episode des mißlungenen assyrischen Feldzugs gegen Ägypten. Nachdem die Truppen bis nach Pelusium an der Mittelmeerküste im westlichen Teil des Sinai vorgedrungen waren, mußten sie zurückkehren, und zwar nicht wegen einer Seuche, wie das Alte Testament sagt, sondern wegen der Menge von Mäusen, die die Köcher und die Bogen der Eindringlinge auffraßen.

Widerstand aus Sais

Wenn zwei sich streiten, freut sich der dritte: So lautete auch das Endergebnis des Ringens zwischen den Assyrern und den Kuschiten. Im unterägyptischen Sais lebten noch die Nachkommen des vom König Pianchi besiegten Tefnacht, und die Nachkommen des Bokchoris, des Nachfolgers von Tefnacht, der von Schabaka – wie Manetho wiedergibt – gefangengenommen und bei lebendigem Leibe verbrannt worden war. Die Unabhängigkeitsbestrebungen waren dort von den ersten Kuschiten gedämpft, aber nicht ausgerottet worden. Andere lokalen Herrscher der Kleinstaaten Unterägyptens, offiziell Vasallen der Pharaonen der 25. Dynastie, waren jederzeit bereit, sich mit irgendeiner politischen Kraft zu verbünden, die ihnen mehr Selbständigkeit gewährte. Sie setzten auf die Assyrer, da sie sich dessen bewußt waren, daß das Joch einer entfernteren Großmacht leichter abzuschütteln war. Bevor es jedoch dazu kam, vollzog sich der Kampf zwischen Taharka und den assyrischen Königen.

Asarhaddon schlägt Taharka zurück

Die ägyptischen hieroglyphischen Quellen sind eher zurückhaltend in ihren Informationen; die assyrischen Texte hingegen, in Keilschrift auf Stelen und Tontafeln geschrieben, berichten in allen Einzelheiten über die einzelnen Feldzüge gegen Ägypten. Der Sohn und Nachfolger Sanheribs, Asarhaddon (681–669 v. Chr.), setzte die Politik seines Vaters noch erfolgreicher fort. Er unterwarf Syrien und vertrieb Taharka nach Süden. Er prahlte damit, daß es ihm fünfmal gelungen sei, mit seinen Pfeilen den Pharao zu erreichen und zu verletzen, und dann seine Residenz in Memphis zu besetzen, zu zerstören und niederzubrennen. Er will Ägypten so gründlich von den Kuschiten befreit haben, daß es niemanden mehr gab, um dem assyrischen Eroberer zu huldigen. Er vollzog einen Wechsel der Leute auf allen wichtigen Posten, darunter auch der «Könige», das heißt der lokalen Herrscher.

Eroberung von Memphis

Assurbanipal

Der unerwartete Tod Asarhaddons ermöglichte Taharka für kurze Zeit die Rückkehr nach Memphis, bis ihn von dort der nächste assyrische Herrscher, Assurbanipal, im Jahre 667 v. Chr. verjagte. Letzterer mußte feststellen, daß die von seinem Vater ernannten Würdenträger geflohen waren, daß man also die Posten mit neuen Leuten besetzen mußte. Der berühmte, auf einem durch Hormuzd Rassam in Ninive gefundenen Tonzylinder niedergeschriebene Text ist eine unschätzbare Quelle an politischen und geographischen Informationen über dieses Ereignis. Er enthält eine Liste der lokalen Fürsten, wobei alle wichtigen Städte des Deltas genannt werden, wie auch die weiter im Süden gelegenen Zentren, darunter Herakleopolis, Hermopolis und Assiut. Damals eroberten die Assyrer zum ersten Mal das oberägyptische Theben. Taharka floh in das heimatliche Napata und kehrt nie wieder von dort zurück.

Eroberung Thebens

Taharkas Flucht

Tantamani

Die Traumstele

Keineswegs auf den ägyptischen Thron verzichten wollte aber sein «Sohn» (wie ihn die assyrischen Quellen nennen) Tantamani (ägyptisch Tanutamun). Über die Aktivitäten des letzten kuschitischen Pharaos informiert uns die berühmte «Traumstele», auf der ein Text mit dem Datum des ersten Regierungsjahrs angebracht ist. Gefunden zusammen mit der Triumphstele des Königs Pianchi im Amun-Tempel am Gebel Barkal, befindet sich auch diese Stele heute in den Sammlungen des Ägyptischen Museums in Kairo. Sie ist ein literarisches Werk von propagandistischem Charakter und von gewissem historischem Wert, in ihrem Inhalt und in der Komposition dem Text Taharkas ähnlich, der von dem hohen Wasserstand im sechsten Jahr seiner Herrschaft berichtet, und die außerdem an die «Traumstelen» aus der Zeit des Neuen Reiches anknüpft.

Ein parteisches Dokument

Der Text von Tantamani berichtet von den gleichen Ereignissen, über die die assyrischen Keilschriftquellen sachlich informieren, ist aber in der Art seiner Ausführung so unterschiedlich, daß wir ohne unsere Kenntnis historischer Tatsachen an eine endlose Reihe von Erfolgen des kuschitischen Herrschers glauben könnten. In den assyrischen Texten heißt der Sieger Assurbanipal, in den ägyptischen Tantamani.

Aus dem Text dieser Stele erfahren wir, daß der kuschitische Pharao in seinem ersten Regierungsjahr einen prophetischen Traum hatte. Es erschienen vor ihm zwei Uräusschlangen: die eine zur linken, die andere zur rechten Seite des Königs. Das sollte bedeuten, daß, wenn ihm schon Oberägypten gehörte, er auch Unterägypten fordern sollte. Da sich an der Stirn des Königs sowohl ein Geier als auch eine Uräusschlange, Symbole der beiden Hälften des Landes, befanden, sollte auch niemand die Macht mit ihm teilen. Daher erschien auch Tantamani in diesem Jahr als neuer Horus, das heißt als ein nächster «Herr Beider Länder».

Prophezeihung der Herrschaft

Nach dem Abhalten eines großen Festes zu Ehren des Amun-Re in Napata fuhr er den Nil flußabwärts, um auf ähnliche Weise Chnum in Elephantine und Amun-Re in Theben zu ehren. Auf dem Weg nach Memphis wurde er von Menschenmengen, die sich längs des Nils ansammelten, enthusiastisch begrüßt. Dieses literarische Motiv kennen wir schon aus den Texten des Fürsten Osorkon und des Königs Pianchi. Nachdem er Memphis erobert hatte, rechnete er blutig mit den Anführern der Rebellion ab, die ihm die Herrscher der kleinen unterägyptischen Fürstentümer eingebrockt hatten. Da begaben sich die übrigen Rebellen zu Gesprächen mit dem kuschitischen Herrscher, der ihnen eine durchaus selbstverständliche Nachricht bekanntgab, daß ihm nämlich dieser Sieg durch den Gott Amun von Napata versprochen worden war. Durch dieses unwiderlegbare Argument überzeugt, legten die Rebellen eine unterwürfige Deklaration ab; der großzügige König veranstaltete für sie einen Empfang und ließ sie ruhig in ihre Heimatstädte zurückkehren, damit sie sich ihren landwirtschaftlichen Aufgaben widmen konnten.

Eine Prunkfahrt von Napata bis Memphis

Unterwerfung der Rebellen

Der König von Assyrien war aber wachsam. Die Rückkehr der Kuschiten in das Deltagebiet konnte ihm nicht gefallen. Einen neuen Feldzug gegen Ägypten vorbereitend, verbündete sich Assurbanipal mit jemandem, den das kuschitische Joch besonders belasten mußte. Es war Necho, der Fürst von Sais, vielleicht einer der Nachkommen des Tefnacht. Der assyrische König konnte es sich nicht mehr leisten, eine so zahlreiche Armee nach Ägypten zu schicken, da sein Imperium auch von Osten her zu zerbröckeln drohte, wo das Königreich Elam ein Unruheherd war. Necho war einer der «neuen Leute», die noch von Asarhaddon anstelle der illoyalen Vasallen eingesetzt worden waren.

Assyrischer Widerstand

Necho von Sais

Der Fürst von Sais, allem Anschein nach ein temperamentvoller Mensch, lehnte sich zwar anfangs gegen Assyrien auf, wurde gefangengenommenm und nach Ninive verschleppt; Assurbanipal erwies ihm aber Gnade, wobei er wohl auch sein eigenes Interesse vor Augen hatte. Er beschenkte ihn reichlich und ließ ihn nach Sais zurückkehren, wobei er gleichzeitig dessen Sohn, dem er angeblich mehr Gefühle entgegenbrachte als sein eigener Vater, ein Amt in Athribis anbot. Diese Freigiebigkeit lohnte sich für den assyrischen Herrscher, aber noch mehr für den beschenkten Fürsten.

Kooperation mit den Assyrern

Angriff Assurbanipals Im Jahre 663 v. Chr. griff Assurbanipal Ägypten an, eroberte Memphis und gelangte bis nach Theben, das ausgeplündert wurde. Oberägypten lehnte die Anerkennung der Oberherrschaft Assyriens ab und erhielt die Fiktion des kuschitischen Pharaos bis 656 v. Chr. aufrecht. Der machtlose Tantamani floh dagegen *Tantamanis Flucht* nach Kusch, wo er noch eine Zeit lang regierte. Auf diese Weise endete in Ägypten die 25. Dynastie.

Die mit Assurbanipal verbündeten Fürsten von Sais nutzten dann den Augen- *Die 26. Dynastie* blick einer Schwäche Assyriens aus, um das asiatische Joch abzuschütteln und auf den Thron des «Herrn Beider Länder» zu gelangen. Necho I., den Manetho als den dritten Herrscher der 26. Dynastie ansieht, war eigentlich ihr Gründer. Eine Konsolidation der «Beiden Länder» vollzog allerdings erst sein Nachfolger Psamme- *Psammetich I.* tich I., indem er die Assyrer im Jahre 655 v. Chr. endgültig vertrieb.

Die saitische Renaissance

(26. Dynastie)

Eingefahrene Verhältnisse

Konservatives Theben

Ähnlich wie in unseren Zeiten hatten auch im alten Ägypten die gewaltsamen politischen Änderungen nur einen geringen Einfluß auf die Entwicklung der gesellschaftlichen Verhältnisse. Eine Hierarchie der hohen Beamten zu erschüttern, die sich überdies ihrer Rolle im Staat so bewußt waren wie die thebanischen Würdenträger, hätte an ein Wunder gegrenzt. Theben war seit Jahrhunderten ein Bollwerk des Konservatismus. Welche Änderungen auch immer in dem Einflüssen gegenüber offeneren Memphis oder im Deltagebiet vor sich gehen mochten: Die thebanische Theokratie verteidigte die Tradition. Viele Bemühungen und ein Höchstmaß an Diplomatie waren erforderlich, um sie von den politischen und kulturellen Neuigkeiten zu überzeugen, die aus dem Norden hereinströmten. Und wie konnte man da überhaupt von einer Akzeptanz des neuen Königs sprechen, der noch vor kurzem nur ein Fürst des fernen Sais und einiger Bezirke im Norden gewesen war! In Theben lebte ja schließlich eine Armee von Priestern verschiedenen Ranges, die oft mit den kuschitischen Herrschern verwandt oder verschwägert waren, und die sich mitunter einer politischen Souveränität erfreuten, die der Macht eines Pharaos nahekam.

Schepenupet II.

Abb. 47

Abb. 43

Amenardis II.

Seit der Zeit Taharkas galten als geistige und politische Macht in Theben zwei hervorragenden Individuen, die einerseits ein Instrument des in Memphis residierenden Pharaos waren, andererseits eine allgemein anerkannte moralische Autorität. Es war vor allem Schepenupet II., die Schwester Taharkas, die die Funktion der Gottesgemahlin des Amun seit etwa 700 v. Chr. ausübte. Eben zusammen mit ihr stiftete der große Monarch zwei kleine Tempel für Osiris in dem Kultbezirk des Amun-Re in Karnak. Schepenupet errichtete auch selbständig eine Reihe kultischer Bauwerke im Gebiet von Theben. Aus einem von ihnen stammt vielleicht das oben beschriebene Relief mit der humoristischen Szene des Tierbanketts. Als die Herrschaft der Kuschiten über Ägypten bereits zu Ende ging, hatte die inzwischen alt gewordene Jungfrau im Dienste Amuns schon eine Nachfolgerin vorbereitet. Es war Amenardis II., eine Tochter Taharkas, die manchmal diskret neben ihrer Tante auf thebanischen Reliefs erscheint, als wäre sie ihre Koregentin. Wer konnte ahnen, daß die Entwicklung der politischen Ereignisse ihr nie erlauben würde, eine selbständige Macht zu genießen?

Monthemhet

Einer noch größeren Autorität erfreute sich in Theben Monthemhet, ein Priester, der zwar die bescheidene Funktion des «Vierten Propheten des Amun» ausübte,

Eine graue Emminenz der aber de facto die Antriebskraft der thebanischen Politik war. Die assyrischen Quellen bezeichnen ihn als König von Theben. In der Zeit des assyrischen Überfalls auf Theben, um das Jahr 667/666 v. Chr., erstreckte sich seine Macht von Elephantine bis nach Hermopolis, er herrschte also über ganz Oberägypten. Als Herrscher gab er sich mit den Titeln «Fürst der Stadt [= Theben]» und «Befehlshaber von Oberägypten» zufrieden, und trug – im Unterschied zu den Gottesgemahlinnen des Amun, wie auch den unterägyptischen Fürsten – seinen Namen nie in die königliche Kartusche ein.

Udjarenes Gemahlin des Monthemhet, dieser Stütze der Pharaonen der 25. Dynastie im Süden des Landes, war die kuschitische Prinzessin Udjarenes. Ihr Gatte leitete die thebanische Opposition gegen Assyrien. Als die assyrischen Herrscher ihre ägyptischen Vasallen im Delta auf den Thron setzten, erkannte Theben weiterhin die eher theoretische Oberhoheit Tantamanis, des letzten Pharaos der kuschitischen *Psammetich I.* Linie, an. Erst Psammetich I. gelang es, vom thebanischen Fürsten als «Herr Beider Länder» akzeptiert zu werden. Eben dieser König ist im thebanischen Grab des Monthemhet auf einem der Türstürze dargestellt, und zwar in einer Doppelszene mit antithetischer Komposition, bei der er einmal mit der Krone Oberägyptens, einmal mit der Krone Unterägyptens dargestellt wird.

Das Grab des Monthemhet Das Grabmal Monthemhets ist ein ebensolches Unikum in der ägyptischen Architektur und in der ägyptischen Reliefkunst, wie seine Statuen innerhalb der Entwicklung der Rundplastik. Es befindet sich auf der westlichen Seite von Theben, unweit des Hatschepsut-Tempels in Deir el-Bahari, an einer Stelle, die als Begräbnisstätte der größten thebanischen Würdenträger an der Wende von der 25. zur 26. Dynastie fungierte. Unter allen Gräbern dieser Zeit zeichnet es sich durch Monumentalität, Originalität der architektonischen Lösungen und durch die Schönheit *Ein Felsgrab mit Lehmziegelpylonen* der Reliefs aus. Bis auf den heutigen Tag erhielt sich ein hoher Pylon aus getrockneten Lehmziegeln, der in den von einer Mauer aus dem gleichen Material umgebenen Grabbereich führt. Das Grab selbst ist aus einem Kalksteinfelsen ausgehauen, und sein zentrales Element bildet ein Hof, dessen Wände abwechselnd mit versenkten und erhabenen Reliefs geschmückt sind. In erhabenem Relief wurden stilisierte Bündel von Papyruspflanzen dargestellt, zwischen denen sich in gleichen Abständen Eingänge in Nebenräume befinden. An den Türpfosten zu beiden Seiten eines jeden Eingangs wurde in vertieftem Relief Monthemhet dargestellt, be- *Abb. 50* kleidet mit einem Pantherfell und versehen mit den Insignien seines Priesteramtes. Im Westen ist der Hof durch einen Portikus mit Säulen abgeschlossen. In diesem Teil des Grabes befindet sich ein nach unten in die Grabkammer und andere unterirdische Räume führender Schacht. Besonders interessant sind für uns Reliefs, die *Rückgriffe auf das Neue Reich* das Innere ausschmücken, denn wir finden unter ihnen Kopien von Szenen, die uns aus Gräbern und Tempeln des Neuen Reiches bekannt sind.

Ähnliche Nachahmungen von Reliefs aus früheren Jahrhunderten treten auch an den Wänden der Gräber anderer Adeliger – Zeitgenossen Monthemhets – auf, z. B. von Pabasa, Petamenophis und Basa, deren großartige Grabanlagen sich in der

Nähe der Grabstätte des Fürsten befinden. Das Kopieren alter Vorlagen ist eines der Merkmale der saitischen «Renaissance», die mit der Herrschaft von Psammetich I. beginnt. Da wir eine identische Archaisierungstendenz in den Texten aus jener Zeit beobachten können, stehen die Ägyptologen vor einer neuen Herausforderung: Es gilt, die alten Originale von den sekundären Werken der Saitenzeit –, das heißt der 26. Dynastie, deren Herrscher aus Sais stammen – zu unterscheiden. Was ist ein schöpferisches Element, und was eine Nachahmung? Welche Motive wurden von den Künstlern der saitischen Zeit kopiert? Diese Fragen müssen sich die Experten jener Periode ständig selbst beantworten.

Die «Saitische Renaissance»

Sich den Weg nach Theben zu ebnen war für Psammetich I. eine harte diplomatische Nuß, besonders was das Amt der Gottesgemahlin des Amun betraf. Hier hatte sich nämlich nicht nur die Tochter eines großen kuschitischen Herrschers etabliert, sondern auch – was problematischer war – ihre Nachfolgerin, die gleichfalls Tochter eines Kuschiten war. Mit welchen Argumenten es Psammetich gelang, die beiden Damen davon zu überzeugen, seine Tochter zu adoptieren, wissen wir nicht. Es bleibt jedoch Tatsache, daß im neunten Jahr seiner Regierung ein Festakt stattfand, der die Herrschaft des Saiten über Oberägypten bestätigte: Die Tochter Psammetichs, Nitokris, übernahm das Amt der Gottesgemahlin und zog mit größtem Prunk in Theben ein. Mit was für einem Gefühl begrüßten wohl Schepenupet II. und an ihrer Seite Amenardis II. ihre Nachfolgerin? Dominierten in ihnen patriotische, religiöse oder politische Gefühle? Das werden wir wohl nie erfahren. Sie mußten die saitische Prinzessin in ihren Kreis aufnehmen und gute Miene zum bösen Spiel machen.

Psammetich I. wird in Theben anerkannt

Nitokris

Das Ereignis, dessen politischer Rang – und damit auch dessen ritueller Rahmen – fast der Krönung des Königs gleichkam, ist auf einem Bildwerk beschrieben, das als «Adoptionsstele» bekannt ist. Wie es sich für einen literarischen Akt politischer Propaganda gehört, freuten sich alle über die neue jungfräuliche Priesterin, und die kuschitischen Prinzessinnen adoptierten sie mit einer solchen Selbstverständlichkeit, als ob sie sich niemanden anders auf diesem Posten vorstellen könnten. Der Text ist auf einer Stele aus grobkörnigem rotem Granit angebracht, die von Georges Legrain im Jahre 1897 in der Nähe des kleinen Tempels Sethos' II. im Hof des Amun-Re-Tempels in Karnak gefunden wurde. Dieses wertvolle Dokument befindet sich heute im Ägyptischen Museum in Kairo. Der obere Teil der Stele, der den Anfang des Textes enthielt, ist leider nicht erhalten. Wir betreten also den Schauplatz wichtiger Ereignisse, als der Prolog schon längst zu Ende ist.

Die «Adoptionsstele»

Jedenfalls müssen wir uns deswegen nicht durch das Dickicht der königlichen Titulatur hindurcharbeiten, die zweifellos die ersten Zeilen des Textes einnahm. König Psammetich hält gerade eine Rede an eine Versammlung, von der wir nur vermuten können, daß sie aus Hofleuten und hohen Beamten besteht, die sich in Sais, der Hauptstadt der neuen Dynastie, zusammenfanden. Der großmütige König beschloß, seine Tochter Nitokris an den Gott Amun zu geben, indem er sie zur Gottesgemahlin in Theben machte:

Psammetich macht Nitokris zur Gottesgemahlin

«Ich habe ihm [= Amun] *meine Tochter als Gottesgemahlin gegeben (und) sie besser ausgestattet, als das (je) vorher geschehen war. Er wird sicher mit ihrer Verehrung zufrieden sein (und) wird die Erde dessen schützen, der sie* [= die Tochter des Königs] *ihm gegeben hat.*

So habe ich also gehört, daß man sagte, dort sei die Königstochter des Horus mit Hohen Diademen, des Guten Gottes [= Taharka][44], *gerechtfertigt mit der Stimme*[45], *die er seiner Schwester* [= Schepenupet II.] *für ihre älteste Tochter* [= Amenardis II.] *abgegeben hat (und) die dort als Gottesverehrerin ist. Ich werde das nicht tun, was man nicht tut, indem man den Erben von seinem Thron vertreibt, da ich ein König bin, der Wahrheit liebt – meine besondere Abscheu gilt der Lüge – ein Sohn dessen, der seinen Vater verteidigt hat*[46], *der das Erbe von Geb*[47] *übernommen hat (und) die beiden Teile*[48] *als Jüngling vereint hat. Ich werde sie* [= seine Tochter] *also ihr* [= Amenardis II., der Tochter Taharkas] *abgeben, damit sie ihre älteste Tochter (wird), ähnlich wie (das schon) mit ihr* [= der Tochter Taharkas] *für die Schwester ihres Vaters* [= für die Schwester Taharkas, Schepenupet II.] *gemacht wurde».*

Da beugten sie ihre Köpfe bis zur Erde nieder, um dem Herrn von Ober- und Unterägypten, Uahibre[49] *– möge er ewig leben – ihren Dank auszudrücken! Sie sagten: «Ständig und dauerhaft bis an die Grenze der Ewigkeit! Jeder deiner Befehle wird ständig und dauerhaft sein. Wie schön ist das, was der Gott für dich getan hat! Wie nützlich ist das, was für dich dein Vater getan hat! Er legte (das) nämlich ins Herz dem, von dem er sich wünschte, daß er seinen Vater auf Erden festigt, denn er wünscht sich fürwahr, daß man sich an deinen Ka erinnert und freut sich, wenn dein Name Horus des Großen Herzens, König von Ober- und Unterägypten, Psammetich – möge er ewig leben – ausgesprochen wird! Er* [= Psammetich I.] *tat als Denkmal für seinen Vater Amun, den Herrn des Himmels, den Herrscher der Enneade (das), daß er ihm seine älteste Tochter, seine geliebte Nitokris, deren wirklicher Name Schepenupet ist – als Gottesgemahlin gab, damit sie auf dem Sescheschet-Sistrum vor seinem schönen Antlitz spielt.»*

Jahr 9, der erste Monat der Überschwemmung, 28. Tag[50]*: Austritt seiner ältesten Tochter aus den königlichen Kammern, gekleidet in ein leichtes Gewand, geschmückt mit neuen Türkisen. Ihr Gefolge von Untertanen war zahlreich, (während) die Ordnungswächter ihr den Weg ebneten. Sie kamen glücklich an das Gestade, um nach Süden zu segeln, zum thebanischen Gau. Die Schiffe waren für sie in großer Zahl da, die Mannschaften (bestanden) aus kräftigen Männern, (und die Schiffe waren) mit allen guten Sachen aus dem Palast beladen. Ihr Führer war «der einzige Freund»*[51]*, der Vorsteher des Vorderen Oleander-Gaues*[52]*, der älteste der Generale, Verwalter des Hafens, Sema-taui-tef-nacht*[53]*, (während) die Abgesandten (weiter) nach Süden fuhren, um die Versorgung zu organisieren, wobei sie ihr vorauseilten. Die Segel wurden gehißt und der aufkommende Wind prickelte in seiner Nase. Die Verpflegung erhielt man von jedem (Gau)vorsteher, der über eine (eigene) Versorgung verfügte, ausgestattet mit allen Gütern wie Brot, Bier, Vieh, Geflügel, Gemüse, Datteln, Kräuter und allerlei Güter. Und weiter überwies (das) der eine dem anderen, bis sie nach Theben gelangte.*

Jahr 9, der zweite Monat der Überschwemmung, 14. Tag: Anlegen am Ufergelände der Stadt der Götter, Theben. Man fing ihr vorderes Schiffstau; sie sah Theben unter einer Schar von Männern, unter einer Menge von Frauen, die dastanden und zu ihrer Ankunft jubelten, in der Umgebung von Vieh, Geflügel und großen Opfergaben in riesiger Zahl. Und sie sagten: «Komm hinein, Tochter des Königs von Oberägypten, Nitokris, in das Haus Amuns, (damit) er sie empfangen und mit ihr glücklich sein kann; laßt die Tochter des Königs von Unterägypten, Schepenupet, in Ipet-sut [= Tempel des Amun-Re in Karnak] *eintreten, damit die Götter sie lobpreisen können, die dort sind».*

(...) Liebgewonnen hat Amun, der größte der Götter, das, was für ihn sein Sohn getan hat, der Goldene Horus, der Mächtige – möge er ewig, immerwährend leben! Die Belohnung dafür von Amun, dem Stier Seiner Beiden Himmelreiche, (und) von Month, dem Herrn der Throne der Beiden Länder – in Millionen Jahren an Leben, Millionen Jahren an Dauer, Millionen Jahren an Herrschaft in Gesundheit und aller Freude – von ihnen für ihren geliebten Sohn, den Herrn von Ober- und Unterägypten, den Herrn der Beiden Länder, Wahibre, den Sohn von Re, Psammetich – möge er ewig, immerwährend leben! Er [= Amun] *gab ihm* [= dem König] *(Freude zusammen) mit seinem Ka, es gab ihm Horus seinen Thron, es gab ihm Geb sein Erbe, damit er den Seelen*[54] *aller Lebenden vorsteht, denn er ist der König von Ober- und Unterägypten auf dem Thron des Horus, unwiederholbar ist sein Geist* [= Ka].

Und als sie sich der Gottesgemahlin Schepenupet[55] *näherte, sah sie (diese) und war mit ihr zufrieden; sie gewann sie über alles lieb. Sie fertigte für sie Urkunden von all dem an, was ihr Vater, ihre Mutter*[56] *für sie gemacht hatten, samt ihrer ältesten Tochter Amenardis*[57], *der königlichen Tochter* [Taharkas], *des Gerechtfertigten mit der Stimme. Ihr Wille wurde mit diesen Worten aufgeschrieben: «(Hiermit) geben wir dir unser ganzes Vermögen auf dem Lande und in der Stadt. Du wirst auf unseren Thron gesetzt für immer und dauerhaft bis zu den Grenzen der Ewigkeit! Zeugen ihres Willens sind alle Propheten, Priester und Freunde des Tempels.»*

Liste des ganzen ihr geopferten Vermögens als Spenden aus den Städten und Gauen von Ober- und Unterägypten: Seine Majestät gab ihr in Oberägypten sieben Gaue...

Eine umfangreiche Apanage

Die Liste der Apanagen, mit denen Nitokris anläßlich ihres Eintritts in die Reihen der göttlichen Verehrerinnen beschenkt wurde, kann Schwindelgefühle verursachen. Die Aufzählung dieser Güter nimmt fast die Hälfte des erhaltenen Textteiles ein. Wir wissen nicht genau, was aus dieser Liste bereits Eigentum von Schepenupet II. und Amenardis II. war und was ihr Psammetich I. geschenkt hatte. Zu den Opfergaben des Vaters gehörten zweifellos die Besitztümer in vier Gauen Unterägyptens, die insgesamt eine Fläche von 1400 Aruren[58] einnahmen, obwohl der Text expressis verbis nur vom väterlichen Erbe in sieben oberägyptischen Gauen spricht, das insgesamt ein Gebiet in der Größe von 1900 Aruren einnimmt. Aufschlußreich ist die Tatsache, daß sich diese letztgenannten Güter alle im nördlichen Teil Oberägyptens befinden; allem Anschein nach hat es Psammetich I. noch nicht gewagt, über die Gebiete in der Nähe von Theben zu verfügen. Die Gesamtfläche aller Gebiete, die Nitokris anläßlich der Investitur ihres Pontifikats zuerkannt wurden, betrug 902,55 Hektar.

Regelmäßige Lebensmittellieferungen

Außer den Landgütern erhielt die Priesterin die Zusicherung regelmäßiger Lieferungen von Brot, Milch, Backwaren, Bier, Rindern, Gänsen und anderen Viktualien – alles in genau festgelegten Mengen von präzis bestimmten Würdenträgern und Tempeln aus dem ganzen Land. Der König selbst verpflichtete sich, ihr täglich etwa 200 Liter Getreide zu liefern. Fünfzehn verschiedene unterägyptische Zentren sollten ihr eine Tagesabgabe in der Höhe von 136,5 kg Brot gewährleisten.

Zwangsabgaben? Man kann annehmen, daß sie vom Pharao dazu gezwungen wurden. Es ist kaum vorstellbar, daß es mit den beachtlichen Tributen anders war, zu denen hohe thebanische Beamte zugunsten der Nitokris verpflichtet wurden.

Ist in der Urkunde alles aufgezählt worden? Wie viele von diesen Apanagen wurden sofort zu ihrem Eigentum, und wie viele sollten die noch lebenden Priesterinnen aus dem kuschitischen Haus bis zu ihrem Ableben behalten? Oder blieb vielleicht ein Teil der genannten Opfergaben nur Fiktion? Man kann vermuten, daß sich das sehr junge Mädchen, wie es Nitokris damals war, derartige Fragen nicht stellte, als man sie nach Theben expedierte, und daß sie sich überhaupt wenig um die materiellen Aspekte dieser ganzen, von ihrem Vater arrangierten Zeremonie kümmerte. *Als Kind mit Amun «vermählt»* Ihr Kindesalter in diesem historischen Augenblick läßt sich aus der Tatsache erschließen, daß sie erst siebzig Jahre später, im Jahre 586 v. Chr., starb. Wenn sie selbst hätte entscheiden können, wäre sie vermutlich lieber in das Elternhaus zurückgekehrt und hätte gerne auf die Karriere als heilige Jungfrau verzichtet. Aber sie hatte damals wohl genau so wenig zu sagen, wie heute minderjährige Bräute in manchen arabischen Familien, wo die Trauung der Kinder vor allem eine Frage des Kontrakts zwischen den Eltern ist. Der Vater der Braut muß genau wissen, was und wieviel er von dem künftigen Schwiegersohn bekommt. Im Falle Psammetichs war es umgekehrt: Er war es, der die Tochter großzügig ausstatten mußte, damit der Gott sie als Gemahlin nahm. *Politisches Kalkül* Die Großzügigkeit des Herrschers von Sais spiegelt die politische Bedeutung wider, die er der Priesterinnenkarriere seiner Tochter beimaß. Keine der irdischen Gemahlinnen Amuns hatte bisher eine solche Aussteuer bekommen.

Psammetich I. festigt seine Herrschaft Durch die Einführung der Nitokris in Theben im Jahre 656 v. Chr. besiegelte Psammetich I. seine Herrschaft über das ganze Land. Er wurde zu einem wahrlichen «Herrn Beider Länder».

Einige Episoden dieses ungewöhnlichen Ereignisses scheinen als Reliefs auf einigen Steinblöcken dargestellt zu sein, die in Karnak im Bezirk des Mut-Tempels gefunden wurden. Da keine Inschrift mit dem Namen eines Königs auf diesen Blöcken erhalten ist, stützt sich ihre Datierung ausschließlich auf ikonographische und stilistische Kriterien. Eine Zeitlang wurden diese Reliefs dem kuschitischen König Pianchi zugeschrieben, gegenwärtig werden sie jedoch eher mehrheitlich als Szenen interpretiert, die den Augenblick der Ankunft von Nitokris in Theben darstellen.

Ankunft der Nitokris in Theben Eines der erhaltenen Fragmente zeigt das hohe Ufergelände des Nils in Karnak, wo ein mit dem Widderkopf des Amun geschmücktes Schiff anlegt, das wahrscheinlich die Tochter von Psammetich I. beherbergt. An der Ufermauer steht eine Frau mit kurzer Perücke und einem langen Gewand, die die Ankömmlinge mit *Abb. 62* der Geste der erhobenen Hand begrüßt. Es ist wohl Schepeneput II. oder ihre designierte Nachfolgerin Amenardis II. Etwas weiter ist ein Obelisk auf hohem Sockel zu sehen – wahrscheinlich einer von den beiden, die in Karnak von Sethos II., einem der Könige der 19. Dynastie, errichtet worden waren. Schwieriger fällt es, den

Abb. 62 Ankunft einer Barke, vielleicht derjenigen mit der jungen Nitokris, in Theben-West. Relief auf einem Block aus dem Mut-Tempel in Karnak.

hier dargestellten Sphinx mit Pharaonenkopf zu identifizieren, da es sehr viele derartige Statuen gab, die zudem oft ihren Standort wechselten.

Grabkapelle in Medinet Habu

Nitokris erweiterte eine schöne Grabkapelle, die ihre Vorgängerinnen im Tempelbezirk Ramses' III. in Medinet Habu hatten errichten lassen. Das künstlerische Niveau der Flachreliefs in dem angebauten Teil erreicht jedoch nicht den Level der dynamischen Modellierung der Körper derjenigen Reliefs, die Amenardis I. darstellen. An der Rückwand der älteren Kapelle ist die erste Trägerin dieses Namens zweimal in antithetischer Komposition dargestellt, an die sich eine Reihe ritueller Szene anschließen, die in beide Richtungen von religiösen Texten begleitet sind.

Abb. 48

Reorganisation von Verwaltung und Heer

Die Hingabe der Tochter an den thebanischen Amun stellte nur einen der vielen klugen Schritte Psammetichs I. dar, deren Ziel es war, Ägypten zu konsolidieren und dessen Macht wiederaufzubauen. Vor allem mußte die Armee reorganisiert werden, da keine der Grenzen des Staates hundertprozentig gesichert war. Die Kuschiten, die weiterhin von dem Ex-Pharao Tantamani regiert wurden, verloren

Gefährdete Grenzen

keineswegs den Appetit auf ihren nördlichen Nachbarn. Die von den Assyrern aus dem Deltagebiet vertriebenen Fürsten und Adeligen bereiteten sich in Libyen, wo sie Schutz gefunden hatten, auf eine bewaffnete Rückkehr vor. Das vorläufig geschwächte Assyrien konnte sich jederzeit seiner inneren Probleme entledigen und sich an den nordöstlichen Grenzen Ägyptens zurückmelden.

Bündnis mit Gyges

Orientierung nach Norden

Flottenausbau

Die militärischen Reformen Psammetichs I. gingen in zwei Richtungen. Erstens verbündete sich der Pharao mit dem lydischen König Gyges und holte karische und ionische Söldner nach Ägypten. Davon ist in griechischen Quellen die Rede. Wie daraus zu ersehen ist, erfolgte eine Öffnung Ägyptens nach Norden – eine Umorientierung zugunsten einer mehr auf das Mittelmeer bezogenen Politik. Zweitens baute Psammetich die Kriegsflotte im Mittelmeer aus, was am deutlichsten in den Titeln der Beamten zum Ausdruck kommt, die den Schiffsverkehr kontrollierten: Anstelle von Amtsbezeichnungen, die sich auf den Schiffsverkehr auf dem Nil bezogen, tauchen jetzt Titel auf, die mit der Seeflotte verbunden sind. Sowohl die eine, als auch die andere Art der Truppen kam Psammetich alsbald in seinen Feldzügen nach Asien zupasse.

Annäherung an Assyrien

Militärische Unterstützung für Assyrien

Da den Assyrern, in Kämpfe gegen Babylon und Elam verwickelt, die Kontrolle über die Küste Palästinas und Südsyriens entglitt, sah hier der ehrgeizige Pharao die Chance zur Wiederherstellung des ägyptischen Imperiums. Sich langsam und vorsichtig in nördliche Richtung vortastend, gewann er für Ägypten die Südküste der Levante wieder. Dann schloß er ein Bündnis mit Assyrien. Für den Preis einer militärischen, gegen die Feinde des Vertragspartners gerichteten Hilfe erreichte er den Verzicht der asiatischen Großmacht auf die westlichen Küstengebiete. Als sich den Feinden Assurbanipals und seiner Nachfolger die Nomadenstämme der Skythen anschlossen, ging Psammetich im Jahre 620 v. Chr. gegen diese militärisch vor. Aufgrund des gleichen Bündnisses kämpfte der ehrgeizige Pharao – etwas später, in den Jahren 616 und 610 v. Chr. – auch gegen Babylon, zu dessen Führer zwischenzeitlich Nabopolassar geworden war.

Libyenfeldzüge

Befestigung der Südgrenze

An der westlichen Front organisierte Psammetich einen Feldzug gegen Libyen, um der Rückkehr der unterägyptischen Fürsten vorzubeugen. Entlang der Strecke, die seine Armee in westlicher Richtung vorrückte, ließ er eine Reihe von Stelen errichten. Schließlich richtete er Garnisonen ein, die an allen wichtigen Grenzpunkten stationiert waren: im Süden in Elephantine, im Nordosten in Daphnae und an der westlichen Grenze an weiteren Orten. In diesen Garnisonen begegneten sich Soldaten verschiedenster Nationalitäten wie Libyer, asiatische Semiten – darunter auch Juden –, und Griechen.

Wachsende Internationalisierung

Das blieb nicht ohne Auswirkungen: Die einst abgeschottete altägyptische Kultur, bereichert schon in der Zeit der 25. Dynastie um «afrikanische» Strömungen , geriet in immer höherem Maße unter den Einfluß anderer Zivilisationen, unter denen griechische und jüdische Elemente mit jedem Jahrhundert offensichtlicher wurden. In der ägyptischen Sprache tauchten immer häufiger Wörter fremden Ursprungs auf, und die ägyptische Schrift, deren kursive Form eine Zeitlang den

Charakter einer «abnormen Hieratik» hatte – wie man das heute im ägyptologischen Jargon bezeichnet – wurde jetzt reformiert. Seit der 26. Dynastie verbreitete sich die «demotische» Schrift, die eine sehr vereinfachte, aber normierte Notierung darstellte.

Demotische Schrift

Der reformatorische Geist der Zeit fand seine Widerspiegelung auch in der Kunst. Es kam zu wesentlichen Veränderungen im ästhetischen Kanon, was sowohl in den Proportionen der menschlichen Gestalt bemerkbar wird, wie sie von den Bildhauern und Malern wiedergegeben wurde, als auch in der Form der Hieroglyphen, die auf Stelen, Sarkophagen und Papyri oder an den Wänden der Gräber und Tempel vorkommen. Sowohl die menschliche Gestalt als auch die Schriftzeichen wurden hochgezogener und schlanker und kontrastierten mit den gedrungenen Proportionen bzw. muskulösen Formen aus der Zeit der 25. Dynastie.

Neuer Proportionskanon

Taf. 7.1, 7.2
Abb. 49

Doch führt Eleganz und Zartheit der Gestaltung oft zu einem Akademismus in der Kunst, der das Originelle durch das Korrekte ersetzt. An den Wänden der Gräber und Tempel wurden zwar allgemein Vorlagen aus den besten Zeiten kopiert (so in Memphis vornehmlich die Reliefs des Alten Reiches), die dargestellten Körper zeichnen sich aber eher durch eine kühle Schönheit aus als durch ein in Bewegung gehaltenes, vibrierendes Leben. Diese Perfektion der Ausführung scheint auch der größte Ehrgeiz der Künstler dieser Zeit zu sein. Sowohl die fertigen Flachreliefs als auch die Bildhauermodelle, die dem Künstler bei der Arbeit behilflich sind, sind oft mit einem Proportionsnetz bedeckt, das dem Kopisten eine mathematische Genauigkeit in der Wiedergabe kanonischer Formen ermöglichen sollte.

Kopien früherer Motive

Kühle Schönheit in der Kunst

All das ändert nichts an der Tatsache, daß eben diese Zeit zahlreiche Meisterwerke der Skulptur und des Flachreliefs hinterlassen hat, die davon zeugen, daß damals verschiedene künstlerische Schulen miteinander wetteiferten, die unterschiedliche Stilrichtungen repräsentierten. Die Hauptzentren der bildhauerischen Schöpfungen befanden sich jetzt im Norden des Landes. Die besten Künstler waren zweifellos in Memphis und Sais tätig. Dort entstanden Konzepte und Muster, die allmählich im ganzen Lande übernommen wurden. Die thebanischen Werkstätten blieben weiterhin, wie immer, etwas konservativer.

Kunstzentren Memphis und Sais

Es scheint, daß in den Bildhauerschulen Nordägyptens in den Anfängen der 26. Dynastie eine naturalistische Richtung vorherrschte. Das frappanteste Beispiel dieser Tendenz ist die Darstellung Psammetichs I. auf einem Interkolumnium (das heißt einer Platte, die in dem Portikus zwischen zwei Säulen angebracht wurde) aus Basalt. In Rosetta gefunden und zweifellos aus Sais stammend, zeigt dieses Relief mehrfach den knienden Pharao, der verschiedenen Göttern Opfer darbringt. Im Augenblick soll uns besonders sein Gesicht interessieren. Es ist ein fast veristisches Porträt, das selbst jedes Detail der Häßlichkeit des Modells betont: ein herabhängendes Doppelkinn, Furchen an den Wangen und am Kinn, eine lange, spitze Nase, Augen mit geschwollenen Augenlidern. Da gibt es keine Spur der konventionellen Modellierung der Augen mit geometrisch langgezogenen Augenbrauen

Porträt Psammetichs I.

Abb. 51

und Lidern, die durch einen Schminkstreifen verlängert wurden. Das Bild vermittelt die Wahrheit über den organischen Bau eines Gesichts.

Ein neuer Realismus?

Kuschitisches Erbe?

Man kann sich lediglich darüber Gedanken machen, ob die eiförmige Form des Kopfes mit einem stark abgeflachten Hinterkopf und der etwas ausgedehnte Hals ebenso ein Element des Naturalismus sind oder eher eine Reminiszenz der Dolichozephalie, die in den Bildnissen der Herrscher der 25. Dynastie oft vorkommt. Die Reliefs Psammetichs I. entstanden schließlich in den gleichen Bildhauerwerkstätten, die noch vor nicht allzu langer Zeit für die Kuschiten in dem spezifischen Stil deren Epoche gearbeitet hatten; man kann also voraussetzen, daß ihre Schöpfer sich an gewisse ikonographische Schemata gewöhnt hatten und daß es ihnen schwer fiel, sich sofort auf die neue Ästhetik umzustellen.

Ein anderes Element der kuschitischen Inspiration im Relief des ersten Herrschers aus Sais scheint die enganliegende Kopfbedeckung zu sein, die bei dem gegenwärtigen Erhaltungszustand dieses Reliefs den Eindruck erweckt, als ob der König kahl wäre oder ganz kurz geschorenes Haar hätte. Doch an der Stirn des Königs erhebt sich, wie in den alten Zeiten, nur *eine* Uräusschlange, und ihre Windungen sind auch nach klassischen Mustern angelegt.

Mischstil im Grab des Monthemhet

Ein deutlicher Einfluß der kuschitischen auf die frühe saitische Kunst ist unter anderem auch an den Reliefs im Grab des Monthemhet in Theben zu merken. Hier scheint aber eine Fortsetzung der Traditionen der 25. Dynastie verständlicher zu sein als im Norden des Landes. Die bereits erwähnten Reliefbildnisse des Psammetich auf einem Türsturz dieses Grabes verbinden in ihrem Stil den thebanischen Traditionalismus mit Elementen des Naturalismus, der sich bereits in Unterägypten einen Weg gebahnt hatte. Vollkommen konservativ ist hier noch die Darstellung der anatomischen Details; die neuen Tendenzen dagegen machen sich in der organischen Gestaltung der Oberfläche des Körpers bemerkbar. Das Doppelkinn und die Furchen im unteren Teil des Gesichts verraten fast eine Verwandtschaft mit dem veristischen Porträt aus Sais. Oder waren vielleicht gerade dies die Gesichtszüge, die der Künstler in der Physiognomie des Herrschers erblickt hatte?

Rundplastik des Monthemhet

Der Naturalismus, sichtbar sogar in der thebanischen Kunst um die Wende von der 25. zur 26. Dynastie, hat auch die statuarische Skulptur dieser Periode geprägt. Zu den Meisterwerken des ägyptischen Porträts zählt man die in Karnak gefundenen Granitstatuen Monthemhets. Das kluge, würdevolle Gesicht des thebanischen Fürsten und Priesters enthält einen Ausdruck von Kummer, ja sogar Trauer und Ermüdung. Noch getreuer als in den Reliefbildnissen des Königs wurden hier das Alter und die Psyche des Modells durch das naturalistische Modellieren der Muskulatur betont. Es ist eine Darstellung des Gesichts eines Menschen in einem bestimmten Augenblick seines Lebens, das bestimmte und keine anderen Gefühle offenbart.

Die Statuencachette von Karnak

Viele Skulpturen dieser Zeit wurden in einer weiteren «Cachette» gefunden, diesmal allerdings nicht in einem Grab, sondern im Tempelbezirk. Es war kein Versteck für Königs- oder Priestermumien, sondern für eine gewaltige Anzahl von

Resultat einer Räumungsaktion

Steinstatuen. Eingerichtet wurde es in der Ptolemäerzeit in einem der Höfe des Amun-Re-Tempels in Karnak, um den heiligen Bezirk von einem Übermaß an Objekten zu «befreien». Man hatte also etwa 800 Statuen verschiedener Größe angesammelt, die Könige, Königinnen, Götter und hohe Beamte darstellten, wie auch Stelen und Fragmente von Reliefs sowie etwa 17 000 andere Objekte, um alles zusammen in einer tiefen Grube vor dem siebten Pylon des Tempels zu verscharren.

Entdeckung der Cachette

Die «Cachette» wurde 1903/1904 von dem französischen Ägyptologen Georges Legrain entdeckt, und die meisten der dort ausgegrabenen Kunstwerke befinden sich heute im Ägyptischen Museum in Kairo. Die in dem Versteck gefundenen Skulpturen stammen aus der Zeit von der 11. Dynastie (Mittleres Reich) bis zum 2. Jh. v. Chr. (Ptolemäerzeit). Alles verweist darauf, daß ähnliche Ordnungsarbeiten und Inventuren im Tempel häufiger durchgeführt wurden, da viele Grundsteingraben der sakralen Bauwerke in Karnak ebenfalls Skulpturen aus früheren Perioden enthielten.

Reliefstil Psammetichs II.

Abb. 52

Tilgung kuschitischer Denkmäler

Noch mehr als im saitischen Relief Psammetichs I. müssen Reminiszenzen der kuschitischen Kunst im Flachrelief seines Namensvetters Psammetich II. verwundern, der etliche Jahre nach dem Tode des ersteren den Thron bestieg und nur sieben Jahre herrschte (595–589 v. Chr.). Während Psammetich I. wahrscheinlich das Andenken seiner kuschitischen Vorgänger respektieren wollte oder mußte, machte sich der zweite diesen Namen tragende Pharao mit erstaunlichem Eifer an die Zerstörung ihrer Werke. Psammetich II. ließ unter anderem in Karnak die Reliefs Taharkas an den Säulen aushämmern und die Kartuschen mit den Namen des Kuschiten in seine eigenen umarbeiten. Desto mehr verwundert uns also im Porträt dieses Herrschers ein ähnliches ikonographisches Schema, das wir bei Psammetich I. mit kuschitischen Einflüssen erklärten: die enganliegende Haube auf dem eiförmig geweiteten Kopf. Aber vielleicht wurde auch dieses Relief durch Psammetich II. usurpiert, diesmal dann von seinem gleichnamigen Vorgänger? Für eine derartige Hypothese scheinen die Beobachtungen zu sprechen, die letztens an diesem Bildwerk im Museum für Kunstgeschichte in Wien, wo es sich heute befindet, durchgeführt wurden. Sie beweisen, daß die ursprünglichen Namen der Herrscher umgearbeitet wurden.

Kuschitenhaube oder Ptah-Krone

Das Relief mit den Namen Psammetichs II. ist für uns noch aus einem anderen Grund interessant. Dieser Erzfeind der Kuschiten trägt hier eine Kopfbedeckung, die als «kuschitische Haube» bezeichnet wird. Man kann sich kaum vorstellen, daß ein Herrscher, der wegen zahlreicher Akte der «damnatio memoriae» gegenüber der vorigen Dynastie berühmt wurde, sich mit den für diese typischen Akzessoires porträtieren ließ. Auch wenn dieses Flachrelief kein originales Werk aus der Zeit Psammetichs II. ist, sondern für einen seiner Vorgänger hergestellt worden war, bestätigt die besonders im Gebiet von Unterägypten nachweisbare Popularität dieser Kopfbedeckung in den Anfängen der 26. Dynastie und später unsere Hypothese, daß es keine «kuschitische» Haube war, sondern vielmehr eine für den memphitischen Gott Ptah charakteristische, in die königliche Ikonographie übertragene

Farbliche Unterschiede

Kopfbedeckung. Der Unterschied zwischen dem Gott und dem König beruht in dieser Hinsicht lediglich auf der Farbe der Haube: in den Bildnissen des Gottes ist sie immer blau, in den Darstellungen des Königs dagegen gelb.

Bart von Ptah und Pharao

Andererseits ist ein ikonographisches Element, das zusätzlich die beiden Wesen einander annähert, die Form des Bartes: Ptah ist der einzige ägyptische Gott, der einen Bart trägt, der am Ende rechteckig zugeschnitten ist wie derjenige des Pharaos, und nicht geflochten und nach unten spitz zulaufend und dort leicht nach vorn eingerollt wie in den Darstellungen der Götter. Es ist auffallend, obwohl zugleich logisch, daß die Ikonographie der Könige am häufigsten Ähnlichkeiten mit der Darstellung der Urgötter aufweist, also der göttlichen Schöpfer Ptah oder Atum, der Demiurgen im memphitischen und heliopolitanischen Pantheon. Erinnern wir daran, daß im Falle von Atum der Bart das einzige Element war, das den Herrscher von dem Gott unterschied; die Analogie dagegen betraf hier die Doppelkrone des «Herrn Beider Länder».

Aggressive Außenpolitik Psammetichs II.

Die Zerstörung der Reliefs der 25. Dynastie war lediglich Ausdruck der aggressiven Politik Psammetichs II., die durchaus nicht nur gegen Kusch gerichtet war. Obwohl dieser Herrscher nur kurz regierte (595–589 v. Chr.), hinterließ er dennoch viele Spuren einer aktiven Außenpolitik. Er benahm sich so, als wollte er die militärische Defensive seines Vaters Necho II. (610–595 v. Chr.) rächen, jedoch dafür wenig Zeit hätte . Es ist durchaus wahrscheinlich, daß die antike Historiographie recht hat, wenn sie Necho II. als einen unfähigen Herrscher darstellt. Nach langem Ringen mit Babylon mußte er sich aus Syrien und Palästina zurückziehen und sogar um die Erhaltung der östlichen Grenzgebiete des Deltas kämpfen.

Necho II.

Kanalbauprojekt zum Roten Meer

Diese Mißerfolge zwangen ihn dazu, die Armee durch die Entwicklung der Marine umzustrukturieren. Er legte ein Netz von Kanälen im Deltagebiet an. Einer dieser Kanäle, der leider nicht beendet wurde, sollte direkt bis zum Roten Meer führen, wo der Herrscher ebenso die Flotte ausbaute. Die antike Tradition schreibt phönizischen Seeleuten im Dienste des ägyptischen Königs die Umschiffung Afrikas zu. Wir wissen, daß Necho II. griechische Triremen benutzte. Man kann vermuten, daß die ägyptische Marine mit dem Hintergedanken an die Besiegung Babylons ausgebaut wurde. Die Beziehungen mit Griechenland waren friedlich; der Pharao verpflichtete ionische Soldaten und schickte den griechischen Tempeln Geschenke. Ihm wurde auch die Ehre zuteil, einen der Apis-Stiere im memphitischen Serapeum begraben zu dürfen.

Umschiffung Afrikas?

Kontakte zu Griechenland

Nubien- und Palästinafeldzüge

Psammetich II. beschloß, dieser passiven Politik ein Ende zu setzen. Im Jahre 590 v. Chr. drang er in den Staat Kusch ein, obwohl nichts darauf verweist, daß der südliche Nachbar Ägyptens sich aggressiv verhielt. Man vermutet, daß der Pharao bis zur Hauptstadt des Landes, Napata, vordrang. Schon ein Jahr später sehen wir ihn im Gebiet von Palästina, wo er die vorübergehende Abwesenheit der Babylonier ausnutzte, um seine Truppen nach Norden zu führen. Er mußte zwar ohne konkrete Ergebnisse nach Ägypten zurückkehren, doch ließ er es sich nicht nehmen, nach der Rückkehr prunkvoll seinen «Sieg» zu feiern. Einen dauerhaften Erfolg trug hier jedoch eher der babylonische König Nebukadnezar (Nabuchodonosor) II. davon, der im Jahre 597 v. Chr. Jerusalem eroberte, dessen Herrscher und Bevölkerung nach Babylon verschleppte und damit der Unabhängigkeit Judäas ein Ende setzte.

Nebukadnezar II.

Das destruktive Temperament Psammetichs II. gab sich mit der Zerstörung der Werke der 25. Dynastie nicht zufrieden. Die «Damnatio memoriae» war auch gegen seinen eigenen Vater, Necho II., gerichtet. Sein Name wurde sowohl in den sakralen Bauwerken als auch an den Statuen hoher Beamter ausgemeißelt. Viele Beamte, deren Name den Namen des Königs enthielt, wurden gezwungen, ihn zu ändern. An einer der Statuen wurde die Kartusche Nechos II. durch diejenige Psammetichs II. ersetzt. Der Name Necho als solcher geriet damals bis zum Ende der saitischen Dynastie außer Gebrauch.

Tilgung Nechos II.

Das ändert jedoch nichts an der Tatsache, daß Psammetich II. von manchen Reformen profitierte, besonders von den militärischen, die sein Vater und sein Großvater durchgeführt hatten. Die reorganisierte Armee konnte er in den Feldzügen nach dem Norden und dem Süden gut gebrauchen. An dem Überfall auf Kusch beteiligten sich karische Söldner, die unterwegs ihre Namen in Abu Simbel verewigten. Im westlichen Delta entwickelte sich die Stadt Naukratis, eine Kolonie der griechischen Siedler, die hierher vielleicht schon in der Zeit Psammetichs I. gezogen waren. Über das dortige griechische Milieu in den folgenden Jahrzehnten, in der Regierungszeit des Amasis, informiert uns Herodot in seinem Werk. Die Entwicklung dieser Stadt interpretiert er zwar als Symptom des Philohellenismus des Pharaos; man kann jedoch vermuten, daß es eher um eine schlaue ökonomische Maßnahme ging, deren Zweck eine Liberalisierung der Zollvorschriften im Seehandel war.

Profit aus früheren Reformen

Karische Söldner

Naukratis

Mehr als nur Philohellenismus

Die «Geschichte» des Herodot ist eine der grundlegenden historischen Quellen zum Kennenlernen dieser Zeit. Obwohl der Verfasser vor allem an Gruselgeschichten Gefallen fand, enthalten seine Sensationsberichte über die 26. Dynastie viel historische Wahrheit, die durch hieroglyphische Texte ihre Bestätigung fand, besonders was die Realien des alltäglichen Lebens oder – wie wir das heute nennen würden – «das Leben selbst betrifft». Es dominiert jedoch der Tonfall eines Kriminalromans. In dem Bericht über die Anfänge der saitischen Dynastie könnte man Ähnlichkeiten mit der altägyptischen Literatur finden, die verschiedenartige Legenden schuf, um den politischen Willen der Götter zu dokumentieren. Die ägyptischen Götter tragen bei Herodot griechische Namen, und so wird von ihm zum Beispiel der memphitische Ptah mit Hephaistos identifiziert. Er kommt in der Erzählung über Psammetich I. vor:

Herodots Beschreibung Ägyptens

Herodot über Psammetich I.

Die zwölf Könige ließen sich auch nichts zuschulden kommen. Aber als sie einmal bei einem Opfer im Tempel des Hephaistos am letzten Festtage noch ein Trankopfer bringen wollten und der Oberpriester ihnen die goldenen Schalen reichte, deren sie sich regelmäßig dabei bedienten, verzählte er sich und gab ihnen nur elf, während sie ihrer zwölf waren. Da nahm Psammetichos, der hintenan stand und keine Schale erhalten hatte, seinen Helm ab, der von Erz war, und hielt ihn hin, um sein Trankopfer daraus zu bringen. Auch all die anderen Könige trugen Helme und hatten sie bei der Gelegenheit auf. Nun hatte Psammetichos durchaus nichts Böses dabei im Sinne, als er seinen Helm hinhielt, den anderen aber fiel es auf, daß er das tat, und sie erinnerten sich daran, daß ihnen prophezeit war, wenn einer von ihnen aus einer ehernen Schale ein Trankopfer brächte, so würde er König von ganz Ägypten werden. Sie stellten ihn also darüber zur Rede; indessen, als sich beim Verhör ergab, daß er nichts Böses im Sinne gehabt, trugen sie doch Bedenken, ihn zu töten, beschlossen jedoch, ihn des größten Teiles seiner Macht zu entkleiden und ihn in die Niederungen zu verbannen; dort sollte er sich ruhig verhalten und sich anderswo in Ägypten nicht mehr sehen lassen.

Dieser Psammetichos war früher schon einmal von Sabakos, der seinen Vater Nekos umgebracht hatte, aus Ägypten vertrieben worden und nach Syrien geflohen, dann aber, als der Äthiopier infolge des Traumgesichts abgezogen war, von den Bewohnern des Saitischen Gaus nach Ägypten zurückgeführt worden. Und nachdem er König geworden, wurde er nun zum zweitenmal des Helms wegen von den elf Königen in die Niederungen verbannt. Überzeugt, daß sie ihm schweres Unrecht getan hätten, sann er auf Rache an seinen Gegnern. Er befragte das Orakel der Leto in Buto, das für das zuverlässigste in Ägypten gilt, und erhielt den Bescheid, Rache würde ihm werden, wenn ihm eherne Männer von der See zu Hilfe kämen. Er aber wollte durchaus nicht glauben, daß ihm eherne Männer zu Hilfe kommen könnten.

Bald darauf aber sahen sich Ionier und Karer, die auf Seeraub ausgefahren waren, genötigt, Ägypten anzulaufen. Als sie dort in ihrer ehernen Rüstung gelandet waren, kam ein Ägypter, der früher noch nie Leute in eherner Rüstung gesehen hatte, zu Psammetichos in die Niederungen und meldete ihm, es wären eherne Männer von der See gekommen, die das Land brandschatzten. Da merkte er, daß das Orakel eingetroffen war, schloß Freundschaft mit den Ioniern und den Karern und bewog sie durch große Versprechungen, in seine Dienste zu treten. Die verstanden sich auch dazu, und nun machte er mit Hilfe dieser Söldner und seiner Anhänger in Ägypten der Herrschaft der Könige ein Ende.

Nachdem Psammetichos Alleinherrscher in Ägypten geworden war, erbaute er den Vorhof an der Südseite des Hephaistos-Tempels in Memphis und dem Vorhofe gegenüber einen Hof für den Apis, in dem dieser verpflegt wird, wenn man ihn gefunden hat. Der Hof ist rings von Säulenhallen umgeben, mit vielen Bildern darin, als Säulen aber dienen zwölf Ellen hohe Kolosse. Griechisch aber heißt der Apis Epaphos.[59]

Herodot über Apries und Amasis

Am ausführlichsten ist der Bericht Herodots über die Herrschaft von zwei großen Königen der 26. Dynastie: Apries (589–570 v. Chr.) und Amasis (570–526 v. Chr.):

Auf Psammis, der nur sechs Jahre regiert und einen Feldzug nach Äthiopien unternommen hatte, aber gleich nachher gestorben war, folgte sein Sohn Apries. Der war nach seinem Ahnherrn Psammetichos der glücklichste König und regierte fünfundzwanzig Jahre. Er führte Krieg gegen Sidon und kämpfte zur See mit den Tyriern. Schließlich aber sollte es doch ein schlechtes Ende mit ihm nehmen, und zwar bei einem Vorfall, den ich erst, wenn ich auf Libyen komme, ausführlicher beschreiben werde und hier nur kurz erwähnen will. Apries hatte nämlich ein Heer nach Kyrene geschickt, und das hatte dort eine schwere Niederlage erlitten. Darüber waren die Ägypter erbittert und empörten sich gegen ihn, in der Meinung, er habe sie offenbar absichtlich in den Tod geschickt, damit sie dort umkämen und er über die anderen dann um so sicherer herrschte. Insbesondere waren die, welche aus dem Felde wieder nach Hause gekommen waren, und die Angehörigen der Gefallenen darüber so entrüstet, daß es zum offenen Aufruhr kam.

Als Apries das erfuhr, schickte er Amasis zu ihnen, um sie durch gute Worte zu beruhigen. Aber als der zu ihnen gekommen war, und es ihnen auszureden suchte, setzte ihm, während er noch redete, ein Ägypter von hinten einen Helm auf und sagte, damit habe er ihn zum Könige gekrönt. Ihm war das eben recht, wie sich bald zeigen sollte. Denn nachdem die Aufständischen ihn zum König gemacht hatten, schickte er sich gleich an, gegen Apries zu ziehen. Als Apries das hörte, sandte er einen seinen Kammerherrn namens Patarbemis zu ihm mit dem Befehl, ihm Amasis lebendig zu überbringen. Aber als Patarbemis zu Amasis kam und ihn anredete, hob dieser (der gerade zu Pferde saß) sich im Sattel, ließ einen gehen und sagte: «Den kannst du Apries bringen». Trotzdem bestand Patarbemis darauf, er solle zum Könige kommen, der ihn zu sich befohlen habe. Amasis aber erwiderte, das sei längst seine Absicht gewesen, und Apries solle schon mit ihm zufrieden sein; denn er werde nicht nur selbst kommen, sondern auch noch andere mitbringen. Patarbemis aber merkte recht gut, was er damit sagen wollte, und da er sah, daß er sich dazu schon bereit machte, reiste er gleich wieder ab, um dem König unverzüglich zu melden, wie die Sache abgelaufen war. Aber wie er zurückkam und Amasis nicht mitbrachte, ließ ihm Apries in seinem Zorn ohne weiteres Nase und Ohren abschneiden. Als die Ägypter, die ihm bis dahin treu geblieben waren, sahen, daß er einen so angesehenen Mann so scheußlich mißhandelt hatte, hielten auch sie nicht länger bei ihm aus, sondern fielen wie die übrigen von ihm ab und gingen zu Amasis über.

Nun aber rief auch Apries seine Söldner zu den Waffen und führte sie gegen die Ägypter. Er hatte dreißigtausend karische und ionische Söldner; auch war er im Besitz der berühmten großen Königsburg in Sais. Apries also zog mit seinen Söldnern gegen die Ägypter und Amasis mit seinen Anhängern gegen die Fremden. Bei der Stadt Momemphis trafen sich die Heere, und hier kam es dann auch zur Schlacht...

Als Apries mit seinen Söldnern und Amasis mit allen Ägyptern bei Momemphis angekommen waren, kam es zur Schlacht, in der die Fremden, so tapfer sie auch fochten, besiegt wurden, weil sie an Zahl weit geringer waren. Apries aber soll geglaubt haben, er säße so sicher auf seinem Throne, daß selbst ein Gott ihm sein Reich nicht nehmen könne. Nun wurde er doch in der Schlacht besiegt und als Gefangener nach Sais gebracht, in sein altes Schloß dort, das jetzt Amasis' Königsburg geworden war. Hier wurde er eine Zeitlang verpflegt und von Amasis gut behandelt. Schließlich aber erregte das doch den Unwillen der Ägypter, und die meinten, es wäre unrecht, daß er seinen und ihren ärgsten Feind am Leben ließe. Da lieferte Amasis ihn den Ägyptern aus, die ihn erwürgten und in der Gruft seiner Väter bestatteten. Die Gruft ist ein Tempel der Athene, ganz nahe beim Allerheiligsten, am Eingange linker Hand. In Sais wurden alle Könige aus dem dortigen Gau hier im Tempel begraben. Auch das Grabmal des Amasis ist, wenn auch weiter als das des Apries und seiner Vorfahren vom Allerheiligsten entfernt, noch im Vorhofe des Tempels, eine steinerne Halle, die durch palmbaumförmige Säulen und anderen reichen Schmuck verziert ist. In dieser Halle ist eine Nische mit Flügeltüren, und in ihr steht der Sarg.

In Sais ist noch jemand begraben, dessen Namen ich mich hier zu nennen scheue. Sein Grab ist im Heiligtum der Athene, hinter dem Tempel, dicht an der Tempelwand. In dem Heiligtum stehen hohe steinerne Obelisken, auch ist dort ein See mit einer schönen steinernen Einfassung, dessen Umgebung sorgfältig gepflegt und instand gehalten wird, wie es mir vorkam, so groß etwa wie der sogenannte runde See in Delos. An diesem See führt man bei Nacht seinen Tod auf, und die Ägypter nennen das Mysterien. Ich weiß wohl, wie es dabei zugeht, rede aber nicht davon. Ebenso schweige ich von den Mysterien der Demeter, den Thesmophorien, wie die Griechen sie nennen, soweit es nicht erlaubt ist, davon zu reden. Die Töchter des Danaos waren es, die sie aus Ägypten mitbrachten und sie bei den pelasgischen Weibern einführten. Später, als die alten Einwohner des Peloponnes von den Doriern verdrängt wurden, hörten die Mysterien auf, und nur bei den Arkadern, den einzigen, die nicht auswanderten und im Lande blieben, haben sie sich erhalten.

Nachdem Apries so ums Leben gekommen, regierte König Amasis, der aus dem Gau Sais war, nämlich aus der Stadt Siuph. Anfangs sahen die Ägypter ihn etwas über die Achsel an, da er vorher nur ein einfacher Bürger gewesen und aus keinem vornehmen Haus war. Später aber gelang es ihm, sie durch Klugheit zu gewinnen, und zwar auf sehr geschickte Weise. Unter vielen anderen Kostbarkeiten besaß er auch ein goldenes Becken, in dem er und seine Gäste sich immer die Füße wuschen. Das ließ er einschmelzen und ein Götzenbild daraus machen und dieses in dem belebtesten Stadtteile aufstellen. Die Ägypter aber, die an dem Bilde vorbeikamen, erwiesen ihm hohe Verehrung. Als er das hörte, ließ er sich die Leute kommen und sagte ihnen, das Bild, das sie jetzt so verehrten, wäre aus dem Becken gemacht, in das sie früher gespieen und uriniert und in dem sie sich die Füße gewaschen hätten. Dann aber fuhr er fort, gerade wie mit dem Becken, so wäre es auch ihm ergangen, früher wäre auch er nur ein einfacher Bürger gewesen, jetzt aber ihr König geworden, deshalb müßten sie auch ihm jetzt Ehre und Achtung erweisen. Damit hatte er die Ägypter gewonnen, und nun ließen sie sich seine Herrschaft willig gefallen.

Seine Zeit aber teilte er so ein. In den Morgenstunden, bis der Markt voll wurde, erledigte er gewissenhaft seine Geschäfte, nachher aber zechte und scherzte er mit seinen Gästen oder trieb allerlei Unfug und Kurzweil mit ihnen. Seine Freunde aber, denen das mißfiel, machten ihm darüber Vorstellungen und sagten: «O König, es steht dir übel an, solch ein Lotterleben zu führen; den ganzen Tag müßtest du hoch auf hohem Throne sitzen und deines Amtes walten, damit die Ägypter einsähen, daß sie einen großen König haben und eine bessere Meinung von dir gewönnen. Jetzt aber treibst du es, wie es sich für einen König nicht schickt». Er aber erwiderte ihnen: «Der Schütze spannt seinen Bogen an, wenn er ihn brauchen will, und wieder ab, wenn er ihn nicht gebraucht hat; denn wenn er immer gespannt bliebe, könnte er schadhaft werden und gerade, wenn er ihn nötig hätte, unbrauchbar sein. Ebenso steht es mit dem Menschen. Wollte er immer nur arbeiten und sich nicht ab und zu eine Erholung gönnen, so könnte er unversehens verrückt oder vom Schlag gerührt werden. Da ich das weiß, gebe ich jedem sein Anteil».

Damit fertigte er seine Freunde ab. Übrigens soll Amasis, auch schon ehe er König wurde, ein Trinker und ein arger Spottvogel, auch niemals ein großer Arbeiter gewesen sein und, wenn er kein Geld mehr hatte, sein lustiges Leben fortzusetzen, bei Gelegenheit wohl gar gestohlen haben. Wenn dann die Leute sagten, er habe ihnen etwas weggenommen, und er das leugnete, gingen sie mit ihm zu seinem Orakel und fragten, wo die Sachen geblieben wären. Da wurde er denn von den Orakeln manchmal für schuldig, manchmal für nicht schuldig erklärt. Aber als er König geworden, was tat er da? Gerade um die Götter, die ihn nicht für den Dieb erklärt hatten, um die bekümmerte er sich gar nicht, tat nichts für ihre Tempel und brachte ihnen keine Opfer, weil sie es nicht verdienten und ihre Orakel gelogen hätten. Denen aber, die ihn für den Dieb erklärt, erwies er die größten Ehren, weil sie wahrhaftige Götter wären und man sich auf ihre Orakel verlassen könne...

Die Regierung des Königs Amasis soll für Ägypten eine besonders glückliche Zeit gewesen sein, wo weder der Fluß noch das Land es jemals an sich fehlen ließen, auch soll es dort damals volle zwanzigtausend volkreiche Städte gegeben haben. Amasis war es auch, der das Gesetz erließ, wonach jeder Ägypter dem ersten Beamten seines Gaues alljährlich die Höhe seines Einkommens angeben mußte; und wer das nicht tat und sich über sein ehrliches Einkommen nicht ausweisen konnte, wurde mit dem Tode bestraft. Der Athener Solon hat dieses Gesetz aus Ägypten übernommen und in Athen eingeführt, wo es nach wie vor als ein heilsames Gesetz in Geltung steht.

Amasis war ein großer Griechenfreund und hat sich vielfach als solcher erwiesen. So erlaubte er den Griechen, die nach Ägypten kamen, sich in Naukratis niederzulassen; denen aber, die sich dort nicht dauernd niederlassen, sondern nur Handel und Schiffahrt treiben wollten, wies er Land an, wo sie Altäre und Heiligtümer für ihre Götter anlegen konnten. Das größte, berühmteste und am meisten besuchte unter diesen Heiligtümern ist das Hellenion, welches mehrere Städte auf gemeinschaftliche Kosten angelegt haben, nämlich die ionischen Städte Chios, Teos, Phokaia und Klazomenai, die dorischen Rhodos, Knidos, Halikarnassos und Phaselis, und die einzige aiolische Stadt Mytilene. Diesen Städten gehört es, und sie ernennen auch die Vorsteher des Handelsplatzes. Einige andere Städte wollen freilich auch mit dazu gehören, wirklich aber haben sie dort nichts zu sagen. Außerdem haben die Aigineten noch für sich allein dem Zeus ein Heiligtum errichtet, auch die Samier eins der Hera und die Milesier dem Apollon.

Früher war Naukratis der einzige offene Hafen in Ägypten. Wenn jemand in eine andere Nilmündung eingefahren war, mußte er schwören, daß er sie nur als Nothafen angelaufen habe, und dann mit seinem Schiffe nach der Kanobischen Mündung fahren oder, wenn widrige Winde das nicht zuließen, die Ladung auf leichteren Fahrzeugen um das Delta herum nach Naukratis bringen. So war Naukratis bevorzugt...

Mit Kyrene hatte Amasis ein Schutz- und Trutzbündnis geschlossen, auch kein Bedenken getragen, eine Frau von dort zu heiraten, entweder weil er gern eine Griechin zur Frau haben wollte, oder auch nur, um den Kyrenäern eine Aufmerksamkeit zu erweisen. Sie hieß Ladike und war, wie einige sagen, die Tochter des Battos, nach anderen die Tochter des Arkesilaos oder auch des Kritobulos, eines unter seinen Mitbürgern angesehenen Mannes. Aber als er mit ihr zu Bette ging und den Beischlaf mit ihr vollziehen wollte, brachte er das nicht fertig, und er mußte sich an andere Weiber halten. Da das immer nicht anders wurde, sagte er zu ihr: «Frau, du hast mich behext, aber das soll dir nicht so hingehen, sondern du sollst dafür eines elenden Todes sterben.» Ladike stelle das in Abrede, Amasis aber blieb unerbittlich. Da gelobte sie in ihrer Angst der Aphrodite, wenn es diese Nacht zwischen ihr und Amasis zum Beischlaf käme und sie dadurch vom Tode errettet würde, so wollte sie ihr eine Bildsäule anfertigen lassen und nach Kyrene schicken. Gleich nachdem sie das gelobt, vollzog Amasis auch wirklich den Beischlaf mit ihr, und von nun an tat er das immer, sooft er bei ihr lag. Auch hatte er sie seitdem sehr lieb. Ladike aber erfüllte ihr Gelübde; sie ließ eine Bildsäule der Göttin anfertigen und schickte sie nach Kyrene, wo sie noch zu meiner Zeit wohlerhalten vor der Stadt stand. Diese Ladike sandte Kambyses, als er Ägypten erobert und von ihr gehört hatte, wer sie wäre, wieder nach Kyrene, ohne ihr etwas zuleide zu tun.

Auch nach Griechenland sandte Amasis Weihgeschenke; nach Kyrene eine vergoldete Bildsäule der Athene und sein eigenes in Farben ausgeführtes Bildnis, der Athene in Lindos zwei steinerne Bildsäulen und einen sehenswerten leinenen Panzer, der Hera in Samos zwei hölzerne Bilder von sich, die noch zu meiner Zeit dort im großen Tempel hinter der Tür standen. Zu dem Geschenke nach Samos wurde er durch seine Gastfreundschaft mit Polykrates, dem Sohne des Aiakes, bewogen, zu dem nach Lindos aber nicht durch Gastfreundschaft, sondern deshalb, weil der Tempel der Athene in Lindos von den Töchtern des Danaos erbaut sein sollte, als diese auf ihrer Flucht vor den Söhnen des Aigyptos dort gelandet waren. So viel von den Weihgeschenken des Amasis. Er war auch der erste, welcher Kypros unterwarf und es zwang, ihm Steuern zu zahlen.[60]

Neith von Sais

Die von Herodot erwähnte Athena ist natürlich die ägyptische Göttin Neith, mit der die griechische Göttin der Weisheit identifiziert wurde. Das kultische Zentrum der Neith war seit eh und je Sais, die Hauptstadt Ägyptens in der Zeit der 26. Dynastie. Ein Element, durch das diese Göttin an Athena erinnerte, war ihr kriegerischer Charakter. Sie wurde als Frau dargestellt, die in der Hand einen Bogen und Pfeile hielt, später dagegen, in der hellenistischen und römischen Zeit, wurde sie mit dem Bildnis der Athena gleichgesetzt, die auf dem Kopf einen Helm trägt. Der dieser Göttin gewidmete Tempel war das wichtigste sakrale Objekt in Sais und eben in ihrem Tempelbezirk wurden Apries und Amasis bestattet.

Königsgräber im Tempelbezirk

Ein kaum erforschtes Areal

Taf. 8.1

Abb. 53

Leider ist Sais immer noch eine der am wenigsten erforschten Städte des alten Ägyptens. An der Stelle des Heiligen Sees befindet sich dort heute eine tiefe Depression, die sich zeitweilig in einen Sumpf verwandelt. Auf der einen Seite der Landsenke entstand auf den Ruinen der antiken Stadt ein arabisches Dorf, auf der anderen Seite erstrecken sich Anbauflächen. Nur Fragmente von Skulpturen und Sarkophagen, die hie und da im Sumpf stecken, erinnern an die Herrlichkeit dieser Stadt in der Zeit der 26. Dynastie und später. Letztendlich ist uns Sais am besten aus der Beschreibung Herodots und aus den Erwähnungen bei Strabo bekannt.

Memphis als zweites Zentrum

Umsiedlung der Söldner

Neben der Hauptstadt spielte in dieser Zeit Memphis eine besonders wichtige Rolle. Die Stadt des Ptah wurde zu einer kosmopolitischen Metropole der zivilisierten Welt. An die hier existierende syrische, phönizische und jüdische Kolonie schlossen sich jetzt die karischen und ionischen Söldner an, die Amasis von ihrem bisherigen Sitz in Daphnae umsiedelte. Zum Sitz der Griechen wurden die Bezirke Karikon und Hellenikon. Die Könige der saitischen Dynastie errichteten hier Paläste und bauten die Tempel aus. Über die Paläste wissen wir nicht viel, da sie – wie alle Residenzbauten in Ägypten – aus getrockneten Lehmziegeln errichtet wurden und bis in unsere Zeiten nur fragmentarisch überdauert haben. Lediglich die wichtigsten Elemente ihrer Architektur, wie Türrahmen, Säulen und der Thronsockel, wurden aus Stein hergestellt, und dank ihrer wissen wir, welche der Ziegelbauwerke Paläste waren.

Apries-Palast von Memphis

Die englische archäologische Mission unter der Leitung von Flinders Petrie entdeckte in den Anfängen unseres Jahrhunderts den memphitischen Palast des Königs Apries. Von seinen Wohnräumen ist wenig übriggeblieben, zu einem Objekt des besonderen Interesses und wissenschaftlicher Auseinandersetzungen sind dagegen die Reliefs geworden, die von dieser Mission in der Nähe des Palasts an einer Stelle entdeckt wurden, wo sich einst ein monumentales Tor befand, das zu diesem Bauwerk führte. Die den König während des *Sed*-Jubiläumsfestes darstellenden, in einem äußerst feinen Stil auf Kalksteinplatten ausgeführten Reliefs lagen dort sorgfältig eingebettet in einer kleinen Vertiefung, als ob sie nie benutzt oder auch nach dem Abtragen des Bauwerks dort aufbewahrt worden wären. In ihrer Thematik, aber nicht in ihrem Inhalt und ihrer Form, erinnern sie an das Jubiläumstor Osorkons II. in Bubastis, das aus rotem Granit gefertigt war. Am frappantesten ist jedoch die Tatsache, daß wir nicht wissen, für welchen König der 26. Dynastie dieses Tor vorbereitet worden war. Alle Kartuschen, die das Bildnis des Pharaos begleiten, sind nämlich leer und weisen keine Spuren einer Bearbeitung auf. Wir haben es also hier nicht mit den ausgehämmerten Namen eines Herrschers zu tun, der nach seinem Tod eine «damnatio memoriae» erfahren hätte.

Reliefs mit Sed-Fest-Szenen

Leere Namenskartuschen

Kopien früherer Szenen

Mehr noch! Die Reliefs aus Memphis erinnern so auffallend an die bekannten Werke einer früheren Epoche, daß die Entdecker sie Sesostris I. (12. Dynastie, Mittleres Reich) zuschrieben und als sein Werk veröffentlichten. Erst weitere Studien über ihre Ikonographie und ihren Stil machten es wahrscheinlich, daß es getreue Nachahmungen oder gar Kopien memphitischer Flachreliefs aus der Zeit des Alten Reiches sind, die das königliche Jubiläum darstellen. Die Duplikate wurden in der Zeit der 26. Dynastie hergestellt, aber für welchen Herrscher? Warum wurden seine Namen nicht in die Kartuschen eingetragen? Der Stil der Reliefs verrät deutlich ein Werk der Steinhauerwerkstätten aus der Zeit von Apries oder Amasis, jedenfalls aus der Blütezeit der 26. Dynastie. So können wir annehmen, daß sie zur Zeit der politischen Unsicherheit entstanden sind, als sowohl das Schicksal des durch den Krieg geschwächten Königs als auch das des verwegenen Usurpators unabsehbar war. Am vorsichtigsten schien es also zu sein, mit dem Anbringen des Namens bis zur Klärung der Situation zu warten. Dies wäre wohl nicht das erste, mit Sicherheit auch nicht das letzte Beispiel eines politischen Opportunismus der Künstler. Fragmente dieser schönen Reliefs, die das Jubiläum eines anonymen Herrschers darstellen, befinden sich heute in verschiedenen Museen der Welt, unter anderem in Kairo, Kopenhagen und New York.

Apries oder Amasis?

Erweiterung des Ptah-Tempels

Amasis erweiterte in Memphis den Tempel des Ptah. Er hinterließ dort unter anderem ein momentales Tor aus Granit, dessen Torpfosten den König beim Betreten des Sanktuariums zeigen. Eine dieser Portalwangen wanderte vor Jahren aus Ägypten als Geschenk in eine andere Stadt gleichen Namens und ungefähr gleicher geographischer Breite wie die Hauptstadt der Pharaonen, und ebenfalls an ei-

Der amerikanische Namensvetter

nem großen Fluß gelegen. Aber dieser Strom ergießt sich nicht nach Norden, sondern nach Süden und heißt Mississippi. Die im Jahre 1819 gegründete Stadt Memphis im US-Bundesstaat Tennessee ist zwar fast fünf Jahrtausende jünger als ihr ägyptischer Archetyp, hat aber eine bestimmte ägyptologische Tradition, deren Keim eben dieses Relief des Amasis bildet, das, einst den Vereinigten Staaten geschenkt, jahrelang in vollkommener Vergessenheit blieb. Den Verfasser des vorliegenden Buches verbinden mit diesem Denkmal und seiner neuesten Geschichte persönliche Erlebnisse.

Ein verschollenes Relieffragment

Als ich im Jahre 1980, im Laufe der Arbeiten an einer Monographie über das königliche Porträt der Spätzeit nach Memphis/Tennessee kam – auf der Suche nach dem noch nicht veröffentlichten Relief des Amasis –, mußte ich mich zuerst auf eine Wanderung nach seinen Spuren begeben. Es erwies sich nämlich, daß es nicht mehr, wie einst, im Stadtpark stand, auch nicht mehr am Eingang zum hiesigen zoologischen Garten, wo es für eine Zeitlang angebracht worden war, sondern an einem Ehrenplatz im neuen Haus des Stadtrats, dort in der Mitte der Eingangshalle. Meine Bitte, eine Dokumentation dieses Steines mit dem kaum mehr sichtbaren Relief machen zu dürfen, rief eine Sensation hervor. Im Rausch des Enthusiasmus unterrichtete die Vizebürgermeisterin sofort die Lokalpresse, und es erschien ein Jornalist, der mit mir ein Interview durchführte.

Ein Besuch mit Folgen

Am nächsten Tag verließ ich frühmorgens Memphis und vergaß fast diese Episode auf der Strecke meiner weiteren Forschung. Einige Jahre lang hatte ich von Memphis keinerlei Nachricht. Wie überrascht war ich, als ich fünf Jahre später, während eines internationalen Ägyptologen-Kongresses, einer jungen, sympathischen, eher schüchternen Frau begegnete, die sich als Dr. Rita Freed, Leiterin des Instituts für ägyptische Archäologie an der Universität in Memphis/Tennesee vorstellte. Sie wollte mich darüber informieren, daß nach meiner Abreise im städtischen Rathaus die Hölle los war. Einer der Stadträte war zu dem Schluß gekommen, es sei unter der Würde der Stadt, daß es, wenn jemand selbst aus Polen herbeikommt, um ein so wichtiges Denkmal zu sehen, dort kein Museum der ägyptischen Kunst und kein entsprechendes Zentrum an der Universität gäbe. Man stiftete also das eine und das andere, und die Sammlung ägyptischer Kunst, die an der Universität entstand, wurde um Leigaben aus den größten amerikanischen Museen bereichert.

Eine Museumsgründung ...

... und ein ägyptologischer Lehrstuhl

An der Universität in Memphis/Tennessee sind bereits drei junge, sehr aktive Ägyptologen tätig. Im Jahre 1987 brachten sie sogar eine große, Ramses II. gewidmete Ausstellung von Denkmälern aus dem Ägyptischen Museum in Kairo nach Memphis. Speziell zu diesem Anlaß wurde eine kolossale Steinstatue dieser Herrschers, deren Fragmente im Gebiet des ägyptischen Memphis aufgefunden worden waren, rekonstruiert und in die Vereinigten Staaten gebracht. Die Eröffnung der Ausstellung war mit einem internationalen wissenschaftlichen Symposium verbunden, zu dem auch ich, als einziger Vertreter Osteuropas, eingeladen wurde. Ich hielt dort ein Referat, das mit der uns hier interessierenden Problematik zusammenhing, nämlich dem Überdauern bestimmter Traditionen der Ramessidenzeit in der Kunst der Dritten Zwischenzeit.

Anonyme Künstler

Der anonyme memphitische Bildhauer aus der Zeit des Amasis, Schöpfer des Reliefs am Torpfosten des Ptah-Tempels, hätte es wohl nicht geglaubt, hätte er erfahren, daß sein Werk nach über zweieinhalb Jahrtausenden ein derartiges Durcheinander verursachen würde. Zu seiner Zeit signierten die Künstler ihre Werke nicht; denn man war der Meinung, daß jedes Werk ihrer Hände eine Schöpfung des Ptah war, des Schirmherrn der Handwerker.

Erweiterung der Apis-Galerien

Ungewöhnliches Ansehen genoß in der Regierungszeit der 26. Dynastie der heilige Stier aus Memphis, Apis. In Sakkara wurde eine neue unterirdische Galerie für seine Bestattungen angelegt, eben jenes Serapeum, das heute die Touristen besuchen. Das Werk vollbrachte Psammetich I. in seinem 52. Regierungsjahr. Viele der dem Apis gewidmeten Stelen stammen aus der Zeit der Herrschaft von Apries und Amasis. Ihr Inhalt und Stil unterscheiden sich von ähnlichen Weihgaben der früheren Zeit. Die Texte auf den Stelen der Saitenzeit enthalten viele wertvolle Informationen in bezug auf die Chronologie; sie geben nämlich in der Regel das Geburts- und das Todesdatum wie auch die Lebenslänge des Apis an.

Zahlreiche Apis-Stelen

Theben in der 26. Dynastie

Abb. 54

Im Gebiet von Theben veränderte sich die gesellschaftliche Ordnung nicht, trotz der politischen Stürme, die über das Deltagebiet zogen, die aber nur selten den Süden des Landes erfaßten. Eine dominierende Rolle spielte dort weiterhin die Gottesgemahlin des Amun, die in jenen Zeiten wichtiger war als der Hohepriester dieses Gottes. Die Wachablösung auf dem Posten der jungfräulichen Priesterin erfolgte im Jahre 584 v. Chr., als die Tochter Psammetichs II., Anch-nes-nefer-ib-Re , von der langlebigen Nitokris adoptiert, den Thron bestieg. Unerhörterweise wurde jetzt der Gemahlin Amuns überdies die Funktion eines Hohenpriesters anvertraut. Ihre Nachfolgerin, die nächste Nitokris, eine Tochter des Amasis, sollte ebenso die beiden Rollen erben. Anch-nes-nefer-ib-re bekleidete das Amt der Gottesgemahlin ungewöhnlich lang, bis zum Überfall der Perser im Jahre 525 v. Chr. Gemäß dem Vorbild ihrer Vorgängerinnen errichtete sie im Gebiet von Theben mehrere dem Osiris gewidmete Kleintempel. Einer von ihnen ist Osiris in seiner Funktion als «Neb-djefa», «Herr der Versorgung (bzw. Ernährung)», gewidmet. Als Mitstifter dieser Bauwerke gelten oft die zeitgleich regierenden Könige, zunächst Amasis und später Psammetich III., die beiden letzten Herrscher der saitischen Dynastie.

Anch-nes-nefer-ib-Re

Abb. 56

Nitokris II.

Osiris, Herr der Versorgung

Abb. 55

Die Verwalter der immensen Besitztümer der Priesterin stammten aus Sais. Die Vorsteher ihrer Verwaltung standen an der Spitze der thebanischen Elite, und ihre Gräber gehören zu den größten und schönsten in Theben-West. Die berühmtesten Würdenträger aus der Zeit der Anch-nes-nefer-ib-Re trugen die Namen Scheschonk, Horsiese und Padineith. Ebenso prächtig gestalten sich die Gräber ihrer Vorgänger aus der Zeit des Pontifikats Nitokris' I.: Ibi, Pa-di-hor-res-net und Anch-hor. Das Grab des letztgenannten hohen Beamten wurde erst kürzlich von der österreichischen Mission entdeckt, die unter der Leitung von Prof. Manfred Bietak dort tätig war.

Gräber der Vermögensverwalter in Theben-West

Der Sarkophag der Anch-nes-nefer-ib-Re

Anch-nes-nefer-ib-Re selbst wurde in einem schönen Sarkophag aus schwarzem Schiefer begraben, der im Jahre 1833 in Deir el-Medine (Theben-West) entdeckt wurde. In der Ptolemäerzeit wurde der Sarkophag durch einen königlichen Schreiber wiederverwendet; von der Gesteinsoberfläche wurden aber weder die reliefierten Inschriften, die den Namen der Priesterin enthielten, noch ihr Bildnis getilgt. Der majestätische Gesichtsausdruck harmonisiert hier mit der ausgeprägten Nase der Gottesgemahlin, der Geierhaube auf ihrem Kopf, der Uräusschlange an der Stirn und den Insignien des Osiris in ihren Händen. Die Grabkapelle der berühmten Tochter Psammetichs II. befindet sich im Bezirk des Totentempels Ramses' III. in Medinet Habu. Ihre Nachfolgerin Nitokris II., die Tochter des Amasis, schloß die «Dynastie» der Gottesgemahlinnen des Amun in Theben ab, also derjenigen Jungfrauen königlichen Geschlechts, die eine durch die andere adoptiert wurden. Die Herrschaft der Perser in Ägypten setzte diesem Amt ein Ende.

Grabkapelle in Medinet Habu

Die letzte Gottesgemahlin

Psammetich III.

Der letzte Pharao der saitischen Dynastie, Psammetich III., regierte kein volles Jahr, von 526 bis 525 v. Chr. An der asiatischen Grenze Ägyptens tauchte nämlich ein neuer Feind auf, der über das weitere Schicksal des Pharaonenstaates entscheiden sollte. Diesmal waren es die Perser. Unter der Dynastie der Achämeniden wurde der persische Staat zu einem Organismus mit Großmachtambitionen, die hauptsächlich nach Westen gerichtet waren. Der Kampf der Perser gegen die Griechen zog auch Ägypten in sein Getriebe. Amasis schloß ein Bündnis mit Polykrates von Samos, das sich für den «Herrn Beider Länder» verhängnisvoll erweisen sollte. Die Ägypter wurden von Phanes von Halikarnass verraten. Dieser floh zum persischen König Kambyses und übermittelte ihm Informationen über das ägyptische Wehrsystem. Mit Beduinen als Führern durch den Sinai marschierte Kambyses im Jahre 525 v. Chr. in Ägypten ein. Er nahm Psammetich III. gefangen und führte ihn gefesselt nach Susa. Ein Teil der ägyptischen Aristokratie stellte sich auf die Seite der Perser. Kambyses fand auch Unterstützung durch die jüdische Garnison, die in Elephantine stationiert war. Er plünderte Theben und andere ägyptische Städte aus, dann verschleppte er viele Statuen und Gruppen ägyptischer Handwerker nach Persien.

Die Expansion der Perser

Bündnis mit Polykrates von Samos

Einmarsch des Kambyses

Plünderung Ägyptens

Die zuletzt erwähnte Maßnahme muß nicht unbedingt nur einen Snob kennzeichnen, der seinen Hof mit Werken ägyptischer Künstler schmücken wollte, sondern kann auch einen Ästheten durchscheinen lassen, der auf diese Weise seine Anerkennung für die Skulpturen bezeugte, die in den Werkstätten von Memphis und in anderen ägyptischen Kunstzentren entstanden waren. Und es gab allen Grund, sie zu bewundern. Das bildhauerische Schaffen entwickelte sich in Ägypten während der 26. Dynastie in unerhört großem Maßstab. Die durch die Zerstörung der Tempel jener Zeit bedingte Kargheit der Reliefs wird in beachtlichem Umfang durch die Zahl der erhaltenen steinernen Statuen kompensiert, die Könige, Götter, Priester und Adelige darstellen.

Statuen kompensieren zerstörte Tempel

Die Kunst des Porträtierens der Herrscher erarbeitete damals eigene Kanons und bereicherte die altägyptische Tradition des idealisierenden Porträts um Ele-

Taf. 8.1 Die Überreste von Sais, Hauptstadt Ägyptens zur Zeit der 26 Dynastie.

Taf. 8.2 Ruinen der Stadt Hermopolis.

Taf. 9.1 Naos Darius' II. aus Tuna el-Gebel. Der König bringt das udjat-Auge dar. Holz mit Bemalung. Archäologisches Museum Mallawi.

Taf. 9.2 Die Darstellung an der Rückwand des Naos aus Tuna el-Gebel.

Taf. 9.3 Architekturdetail vom Grab des Petosiris in Tuna el-Gebel, der Nekropole von Hermopolis (Ende des 4. Jhs. v. Chr.).

Taf. 10.1 Ptolemaios II. mit unterägyptischer Krone bringt der Göttin Nechbet eine Maat-Figur dar. Behbeit el-Hagar.

Taf. 10.2 Grab des Petosiris in Tuna el-Gebel.

Taf. 14.1 Bes, der altägyptische Schutzgott der Frauen im Wochenbett. Terrakottafigur aus Tell Atrib. 3. Jh. v. Chr.

Taf. 14.2 Isis-Aphrodite «anasyromene». Terrakottafigur aus Tell Atrib. Ptolemäerzeit.

Vorangegangene Doppelseite:

Taf. 11 Ritualszenen an der Südwand des Granitsanktuars des Philipp Arrhidaeus in Karnak.

Taf. 12 Tempel der Göttin Hathor und Geburtshaus in Dendera. Römerzeit.

Taf. 13 Die Göttin Nut gebiert die Sonnenscheibe, welche das Haupt der Hathor bestrahlt. Detail der monumentalen Szene an der Decke des Hathor-Tempels in Dendera.

Taf. 15 Der Beginn der Rettungsgrabungen in Tell Atrib im Jahre 1985.

mente des Naturalismus, in denen die psychologische Charakteristik mit dem Bemühen um eine elegante Form zusammentreffen. Bis in unsere Zeit ist eine gewaltige Anzahl von Statuen erhalten, die aus Granit, Schiefer, Basalt, Alabaster und anderen Gesteinen hergestellt worden sind; leider sind die meisten von ihnen nur fragmentarisch überliefert.

Eine Fülle von Bildwerken …

Es kommt vor, daß der Kopf einer großen Statue sich in einem der amerikanischen oder europäischen Museen befindet, und der Torso in Kairo. Einige Ägyptologen spezialisierten sich auf die Kunst des Aufspürens und der Zusammenfügung der «membra dispersa», die über die ganze Welt zerstreut sind. Die größten Erfolge hat in diesem Bereich der amerikanische Ägyptologe Bernard V. Bothmer, langjähriger Kurator der ägyptischen Sammlung im New Yorker Brooklyn Museum, zu verzeichnen.

… zerstreut über die Museen der Welt

Die größte Herausforderung für die Kunsthistoriker stellen die Köpfe von Statuen dar, die ohne zugehörigen Torso erhalten sind, also auch ohne Inschriften, die es ermöglichen würden, das Modell zu identifizieren. Der Text mit der Titulatur des Herrschers oder des Beamten war in der Regel auf dem vertikalen Pfeiler angebracht, an den sich der Rücken der Statue anlehnt, und mit der zusammen er einen Monolithen bildet. Wenn der beschriftete Teil der Statue nicht erhalten ist, muß der Kopf nach ikonographischen und stilistischen Kriterien datiert werden. Diese Kunst erfordert nicht nur eine große Materialkenntnis und viel Erfahrung, sondern auch ein hervorragendes Gespür für den Stil, und zudem ein Beobachtungsvermögen, das sogar die kleinsten, auf den ersten Blick unwichtigen Einzelheiten erfaßt.

Datierung isolierter Köpfe

Ein Meister im Datieren der Königsporträts der Spätzeit war Hans Wolfgang Müller, langjähriger Direktor der Staatlichen Sammlung Ägyptischer Kunst in München. Der Autor dieses Buches hat die Ehre gehabt, viele Jahre lang unter seiner Leitung zu arbeiten. Eine der Errungenschaften von Prof. Müller war die Festlegung der Entstehungszeit eines erstklassigen Bildnisses des Apries, das aus schwarzem Basalt besteht und sich heute in Bologna befindet. Wenn man diese eingehende Analyse und die sich daraus ergebenden Schlußfolgerungen liest, kann man sich nur schwer des Eindrucks erwehren, daß der Kunsthistoriker ein Detektiv auf den Spuren der alten Meister ist.

Zuweisung eines Porträtkopfs an Apries

Aber auch in diesem Bereich kommt es natürlich zu gewaltigen Irrtümern. Abgesehen von der Kenntnis des Stils jeder Epoche gilt es nämlich, die «Archaismen», die bewußte Nachahmung der Kunstäußerungen früherer Epochen, nicht außer acht zu lassen. Am Beispiel der Reliefs, die in der Nähe des Apries-Palasts in Memphis gefunden wurden, haben wir bereits gesehen, wie schwer es mitunter fällt, Werke verschiedener Epochen voneinander zu unterscheiden. Manchmal vergehen Jahrzehnte der Forschung, bis ein Meisterwerk der ägyptischen Kunst dem Herrscher zugewiesen wird, in dessen Regierungszeit es entstanden ist. Oft lernen wir die Wahrheit erst kennen, wenn das fehlende Fragment der Skulptur gefunden wird, auf dem sich die Inschrift befindet. Wie groß ist die Überraschung

Täuschende Archaismen

der Kunsthistoriker, wenn es sich dann plötzlich erweist, daß das Bildwerk einige hundert Jahre früher oder später entstanden ist, als man lange Zeit vermutet hatte.

Usurpationen erschweren Zuweisungen

Aber selbst die Anwesenheit von Inschriften gibt noch keine endgültige Antwort. Die in Tanis gefundenen Statuen, die wir bereits oben erwähnt haben, tragen Spuren einer mehrmaligen Usurpation, die meistens in der Aushämmerung des Namens des Herrschers besteht, aber manchmal auch in bildhauerischen Retuschen, deren Ziel es war, das Werk zu «modernisieren», um es dem Stil der neuen Epoche anzupassen. Eine plausible Interpretation solcher Werke ist nur durch die Zusammenarbeit eines erfahrenen Epigraphikers mit einem Kunsthistoriker möglich.

Erkennen von Fälschungen

Ein noch heikleres Problem stellen die zahlreichen Fälschungen der ägyptischen Statuen und Flachreliefs dar, welche die Museumsmagazine ausfüllen, aber mitunter auch ausgestellt sind, besonders, wenn es sich um Werke begabter Fälscher handelt. Wie oft ist so mancher Kurator einer ägyptischen Sammlung mit sich selbst uneins, wenn er über das Schicksal eines Objekts entscheiden soll, indem er die Frage beantworten muß: Original oder Fälschung? Manche Gegenstände wandern im Laufe der sich ändernden Meinungen über ihre Echtheit mehrmals zwischen dem Depot und den Ausstellungsräumen hin und her.

Beliebte Fälschermotive

Besonders zahlreich sind die modernen Nachahmungen von Skulpturen mit einem charakteristischen, sich häufig wiederholenden Ausdruck. Zu solchen gehören auch die naturalistischen Werke aus der Zeit der «religiösen Häresie» Amenophis' IV./Echnatons (18. Dynastie), aber auch manche Bildnisse der Herrscher der Spätzeit und der ptolemäischen Epoche. Sie weisen nämlich spezifische, auffallende und daher leicht nachahmbare Merkmale auf. Mit den strengen Gesichtszügen, die den Porträts der kuschitischen Herrscher Ehrwürdigkeit verleihen, kontrastieren die Darstellungen der saitischen Pharaonen und ihrer Nachfolger bis zur ptolemäischen Dynastie, die eher von Frohsinn erfüllt sind. Einen leicht schmunzelnden Gesichtsausdruck erzielten die Bildhauer mit einer leichten Anhebung der Mundwinkel. Aufgeblasene Wangen und ein Doppelkinn sind andere charakteristische Merkmale vieler dieser Bildnisse.

Das «Saitenlächeln»

Sphinx des Amasis in Rom

Ein derartiges Gesicht weist bereits der Sphinx auf, der aus einem braunen, an Basalt erinnernden Gestein für König Amasis angefertigt wurde. Das Bildwerk stammt wahrscheinlich aus Sais, ist aber in Rom gefunden worden, wohin es zu Beginn unserer Zeitrechnung wohl zur Ausschmückung der Hauptstadt des Kaiserreichs, vielleicht auf Wunsch eines dieser Imperatoren, transportiert wurde, deren snobistische Vorliebe für pharaonische Altertümer mitunter eine regelrechte Ägyptomanie weckte.

Porträt oder Zeitstil?

Eigentlich darf man hier kaum noch vom Porträt sprechen. Die Geschichte läßt uns glauben machen, daß das Leben der Pharaonen der Spätzeit durchaus nicht problemlos verlief, und daß man mit ihnen eher die bekümmerten Gesichter der Herrscher vom Ende des Mittleren Reiches als die sorgenfreien Antlitze der Skupturen assoziieren könnte, die gegen Ende der dynastischen Zeit entstanden sind. Der erstarrte stilistische Kanon dieser späten Werke war schon im Altertum – und blieb bis heute – eine dankbare Quelle von Anregungen für Kopisten und Nachahmer.

Rückführung der verschleppten Bildwerke aus Persien

Die von Kambyses nach Persien ausgeführten ägyptischen Skulpturen blieben dort fast dreihundert Jahre lang. Eine triumphale Rückkehr in die Heimat ermöglichte ihnen erst Ptolemaios III. Euergetes I., wohl von Pietät für die Denkmäler der vergangenen Größe geleitet, vielleicht aber auch um die eigene Popularität in dem Lande bemüht, dessen Pharao er doch auch war. Jene dreihundert Jahre sind eine stürmische Zeit in der Geschichte Ägyptens.

Perser und Griechen auf dem Thron der Pharaonen

(27. Dynastie – Ptolemäerzeit)

Ägypten wird Satrapie

Kambyses

Im Jahre 525 v. Chr. wurde Ägypten zu einer Satrapie des von den Achämeniden regierten Persien. Es war nun nicht mehr eines von zwei Ländern, die – wie zur Zeit der 25. Dynastie – eine Ganzheit bildeten, sondern eine von vielen Provinzen eines riesigen Imperiums. Der Eroberer Ägyptens, Kambyses, galt in der antiken Tradition als grausamer Gottesleugner. Die klassischen Autoren schreiben ihm in seinem sechsten Regierungsjahr die Tötung des heiligen Apis-Stieres zu, und jüdische Quellen beschuldigen ihn der Zerstörung aller Tempel der ägyptischen Götter.

Apis-Bestattungen

Den Ruf des persischen Herrschers korrigierten erst archäologische Entdeckungen. Es erwies sich, daß zu Kambyses' Lebzeiten zwei Apis-Stiere gestorben und beide in allen Ehren bestattet worden waren. Das angeblich ermordete heilige Tier starb in seinem fünften Regierungsjahr und wurde in einem Sarkophag bestattet, der eine Inschrift des Kambyses trägt.

Udjahorresnet

Seine barbarische Einstellung zu den Tempeln ist zweifellos ebenso ein Produkt der Phantasie. Wir wissen nämlich, daß als Berater des persischen Herrschers ein Ägypter namens Udjahorresnet fungierte, auf dessen Empfehlung hin «Pharao» Kambyses einige Heiligtümer ägyptischer Götter wiedererrichtete. Wir erfahren davon aus der Inschrift, die auf einer Statue des berühmten Ägypters eingraviert ist. Udjahorresnet war Befehlshaber der Seeflotte in der Regierungszeit von Amasis und Psammetich III., also gegen Ende der 26. Dynastie. Doch seine Biographie – das heißt, der hieroglyphische Text auf der Statue, die sich heute in den Vatikanischen Museen befindet – beginnt mit dem Einmarsch der Perser in Ägypten.

Berater des Perserkönigs

Vom achämenidischen Herrscher zum Leibarzt ernannt, begleitete ihn Udjahorresnet ständig und übte dabei verschiedene verantwortungsvolle Funktionen aus. Er entwarf die ägyptische Titulatur des Kambyses als Pharao und führte ihn auch in die Riten ein, die mit dem Kult der kriegerischen Göttin Neith verbunden waren, die in Sais zur Zeit der 26. Dynastie besonders verehrt worden war. Im dortigen Pantheon galt Neith, dargestellt mit Pfeil und Bogen in der Hand, als Hauptgöttin. Sie gebar den Gott Re, war also Urheberin jedweder Existenz. In Sais besaß sie auch ihren prachtvollen Tempel. Auf Empfehlung von Udjahorresnet ließ Kambyses im Tempelbezirk Aufräumungsarbeiten durchführen, indem er die

Häuser darin zugezogener Siedler beseitigte. Anschließend legte er dort den ägyptischen Göttern einen Huldigungseid ab und veranstaltete ein üppiges Festmahl. Kann man sich vorstellen, daß derselbe König ägyptische Tempel zerstörte? Man darf unter Umständen eher vermuten, daß er in einigen Gotteshäusern die Apanagen der Priesterschaft reduzierte und sich auf diese Weise unter den Schriftgelehrten Feinde machte. Die Lebensbeschreibung des Udjahorresnet auf der erwähnten Statue ist der einzige längere biographische Text, der in Ägypten aus der Regierungszeit der persischen Dynastie erhalten ist. Es ist ein naophores Bildwerk, das heißt, man sieht den Würdenträger mit einem kleinen Götterschrein in Händen.

Räumung des Neith-Tempels

Nach der Eroberung Ägyptens hatte Kambyses kein Glück auf dem Schlachtfeld mehr. Mit den Kyrenaikern wußte er sich nicht zu helfen, ohne Erfolge kehrte er von einem Feldzug nach Nubien zurück. Eine Revolte im eigenen Land zwang ihn, Ägypten zu verlassen, wo er die Verwaltung dem Satrapen Ariandes anvertraute. Nur drei Jahre lang erfreute sich Kambyses des Pharaonentitels. Seine Mißerfolge sollen ihn zur Sinnesverwirrung geführt haben. Erst sein Nachfolger Darius I. (522-486 v. Chr.) beherrschte die Aufstände und zog um 517 v. Chr. nach Ägypten, wo er die Hinrichtung des Ariandes anordnete, den er der Illoyalität der Zentralmacht gegenüber beschuldigte. Zum neuen Satrapen wurde Pherendates ernannt.

Erfolglose Feldzüge

Ariandes

Darius I.

Pherendates

Die Beschreibung des Darius in den antiken Quellen zeichnet das Bild eines klugen, gerechten und großzügigen Herrschers, das in jeder Hinsicht mit dem düsteren Lebensbildnis des Kambyses kontrastiert. Historische Fakten bestätigen diese Charakteristik. Schon im dritten Regierungsjahr beauftragte Darius seinen ägyptischen Satrapen mit der Einberufung der weisesten Männer unter den Soldaten, Priestern und Schreibern, um die ägyptische Gesetzgebung bis zum 44. Regierungsjahr des Amasis niederzuschreiben. Die Arbeiten der Kodifizierungskommission dauerten über zehn Jahre an.

Eine Gesetzessammlung

Die Bemühungen des Darius um Ägypten erkennt man auch an seinen wirtschaftlichen Maßnahmen. Der persische Pharao nahm den Bau des Kanals wieder auf, der den Nil mit dem Roten Meer verbinden sollte – Arbeiten, die zuvor schon von Necho II., einem der Herrscher der 26. Dynastie, in Angriff genommen und dann abgebrochen worden waren. Die Eröffnung des Kanals war ein großes Ereignis in der Geschichte Ägyptens. Als erstes befuhren den Kanal 24 Schiffe, die Gaben für Persien geladen hatten. Längs des Kanals wurde eine Reihe großer steinerner Stelen aufgestellt, die das Werk des Darius würdigten. Die erhaltenen Fragmente dieser Monumente ermöglichen es festzustellen, daß sie einen viersprachigen, mit Hieroglyphen und in Keilschrift geschriebenen Text enthielten. Die Szene, die das *sema taui*, die symbolische Vereinigung von Ober- und Unterägypten, darstellt, charakterisiert dort Darius als «Herrn Beider Länder», und die von den Persern unterworfenen Völker und Länder sind durch Gestalten repräsentiert, die Darius den Huldigungseid ablegen. Diese interessante geographische Liste wäre für uns von noch größerer Bedeutung, wenn sie im ganzen erhalten wäre. Leider

Wiederaufnahme der Kanalbauarbeiten

Kanalstelen

für uns von noch größerer Bedeutung, wenn sie im ganzen erhalten wäre. Leider haben bis auf unsere Zeiten nur deren Fragmente überdauert. Zu einer desto größeren Sensation wurde daher vor einem Vierteljahrhundert die Entdeckung einer Statue des Darius, an deren Sockel eine ähnliche Darstellung angebracht und vollständig erhalten ist. Wir werden sie eingehender im weiteren Teil dieses Kapitels betrachten.

Darius-Statue

General Amasis sammelt Spendengelder

Darius kümmerte sich nicht nur um die Bevölkerung Ägyptens, sondern auch um deren Götter. Nach dem Tod des nächsten Apis-Stieres schickt der Herrscher einen General namens Amasis durch das Land mit dem Auftrag, Mittel für die Finanzierung der Bestattung des heiligen Tieres zu sammeln. Ein aufschlußreiches Detail der Inschrift, in der davon die Rede ist, ist die Notierung des Namens des Generals. Er lautet nicht nur genauso wie der Name des großen Pharaos der 26. Dynastie, sondern wurde auch in eine Kartusche eingetragen. Bekanntlich war das im Prinzip ein Privileg des Königs. Als ähnliche Äußerung des Größenwahns, oder vielleicht auch nur des Respekts vor einem verstorbenen Herrscher, überrascht uns die Schreibweise des Namens Chnumibre, den ein anderer Adeliger jener Zeiten trägt. Auch dies ist eine Wiederholung eines der Namen des Königs Amasis.

Chnumibre

Aus diesen Details kann man für die Zeit des Darius ein historisches Bewußtsein und eine Hochachtung für die Traditionen ablesen. Viele hohe Beamte, die ägyptische Namen tragen, wie Ptahhotep oder Udjahorresnet, ließen sich jedoch, besonders in der Rundplastik, in persischen Gewändern darstellen. Ein Ausdruck der Mode oder des politischen Konformismus? Oder waren vielleicht diese äußeren Zeichen der Loyalität dem Okkupanten gegenüber nur der Preis, den man für Unabhängigkeit in wichtigeren Fragen zahlte?

Persische Tracht bei ägyptischen Beamten

Hibis-Tempel in Charga

Abb. 61

Darius ließ zu Ehren ägyptischer Götter auch einen großartigen Tempel errichten. In der Oase Charga, fern von den großen religiösen Zentren gelegen, ist dieser Kultbau paradoxerweise das einzige größere Sakralobjekt der Spätzeit, das in Ägypten bis in unsere Zeiten weitgehend unzerstört überdauert hat. Die monumentalen Tempel, die in der Zeit zwischen dem Untergang des Neuen Reiches und der Ptolemäerzeit im Deltagebiet entstanden waren, liegen heute in Ruinen. In Theben blieben zwar Fragmente kleiner Kapellen aus der Zeit der 25. und 26. Dynastie erhalten, die zumeist Osiris in seinen verschiedenen Aspekten geweiht waren; doch keine von ihnen kommt in Größe, Schönheit der Architektur und Originalität der Reliefs dem Bauwerk gleich, das Darius errichtet hat. Der persische Herrscher wollte allem Anschein nach ein Denkmal nach dem Vorbild der Tempel des Neuen Reiches errichten.

Weihung an Amun

Der Tempel in der Oase Charga ist zwar Amun geweiht, verehrt wurden in ihm aber auch andere ägyptische Götter. Die die Wände schmückenden Reliefs wiederholen das klassische Repertoire der bereits seit Jahrhunderten bekannten Szenen, die sowohl dem Kult der Götter als auch der königlichen Propaganda dienen. Fast in jeder Szene wird Darius als Pharao in Begleitung der ägyptischen Gottheiten ge-

Abb. 63 Symbolische Vereinigung der Beiden Länder. Die Götter Harsiese («Horus, Sohn der Isis») und Thot verknoten die Wappenpflanzen von Ober- und Unterägypten. Relief im Tempel Darius' I. in Hibis/Oase Charga.

Abb. 63

zeigt. Zu den eindrucksvollsten Motiven gehört die symbolische Wiedergabe der Vereinigung von Ober- und Unterägypten. Man erkennt Darius, der auf einem Thron sitzt, welcher über dem *Sema taui*-Zeichen aufgebaut ist.

Darius als Vereiniger «Beider Länder»

Die Vollzieher des königlichen Willens sind Horus, der falkenköpfige Sohn der Isis, und – mit einem Ibiskopf – Thot, der Herr von Hermopolis. Zu ihren Füßen wurden überdies zwei miniaturisierte Personifikationen des Nils dargestellt, welche Bündel der Wappenpflanzen Ober- und Unterägyptens halten. Die Aussage der Szene ist klar: Darius hat die Grundpflicht des Pharaos erfüllt: Er hat die beiden Hälften Ägyptens vereinigt. Er ist also der «Herr Beider Länder».

In einer anderen Szene sehen wir den König als nacktes Kind, das auf einer Töpferscheibe steht. Die Gestalt des Herrschers wird dabei vom widderköpfigen Gott Chnum, dem Schirmherrn der Töpfer, modelliert; behilflich ist ihm dabei Ptah, der memphitische Schutzgott der Künstler und Handwerker. Ptah hält in seinen Hän-

Traditionelles Szenenrepertoire

den die Schreibgeräte. An anderer Stelle sehen wir Darius in der uns bereits bekannten Szene mit dem *Isched*-Baum, auf dessen Blätter Thot den Namen des Königs aufschreibt. Hinter dem König sitzt der heliopolitanische Gott Atum, der auf dem Kopf die Doppelkrone Ober- und Unterägyptens trägt, auf dem Thron. Mit der linken Hand hält er dem König das Zeichen des Lebens an den Mund, und mit der rechten befestigt er die *Chepresch*-Krone auf dem Kopf des Darius – jene Blaue Krone, die in Ägypten, wovon schon die Rede war, mit solchen Ereignissen wie der Krönung und den Siegen des Pharaos assoziiert wurde.

Symmetrie und parallele Bedeutung

Viele Szenen sind nach dem in der Dekoration der Tempel vorherrschenden Prinzip der Symmetrie komponiert, das einem inhaltsbezogenen Parallelismus entsprach. So verhält es sich auch mit den Szenen, die zu beiden Seiten der Eingänge dargestellt sind: Sie zeigen beispielsweise den König im Gestus der Einführung in den Tempel, wobei er einmal die Krone Oberägyptens und einmal diejenige Unterägyptens aufhat, oder den jugendlichen Darius, den die Göttin Mut mit ihrer Brust ernährt – als Antithese zur Szene, in der die Göttin Amunet den bereits erwachsenen König mit einem etwas zu lang geratenen Arm umfängt.

Abb. 64

Wichtig ist jedes ikonographische Detail. In der letztgenannten Darstellung hat Darius, obwohl mit der charakteristischen Locke eines Jünglings und ohne Königskrone dargestellt, bereits die Uräusschlange des Herrschers an der Stirn, und in der rechten Hand hält er die Insignien des Herrn über Ägypten: den gekrümmten Herrscherstab und den *Rechit*-Vogel, der das Volk dieses Landes symbolisiert. In der Szene der Umarmung schmückt den Kopf des Darius bereits die Blaue Krone des Sieges.

Tradition und Innovation

Außer den traditionellen Elementen, die vor allem in der Komposition der Szenen sichtbar sind, entdecken wir in den Reliefs dieses Tempels auch viele neue, mitunter einmalige ikonographische Konzepte. Das merkt man schon in den Darstellungen des Herrschers selbst. Er trägt zwar immer eine traditionelle Tracht und die Insignien des Pharaos; alle seine Kronen sind aber mit langen, auf den Rücken herabfallenden Bändern versehen, die bisher fast ausschließlich die Siegeskrone schmückten. Vielleicht kann man hier eine Anknüpfung an die kuschitische Tradition ersehen, wo derartige Bänder eines der für die Herrscher der 25. Dynastie typischen Elemente der Kopfbedeckung darstellten.

Rückgriffe auf die Saitenzeit

Auf Reminiszenzen jener Zeiten, und vielleicht noch mehr der frühen 26. Dynastie, würde auch der Naturalismus in den Darstellungen des Gesichtes des Darius hinweisen. Das deutlich betonte Doppelkinn wie auch die organische Modellierung des Auges erinnern sehr an die Bildnisse Psammetichs I. auf seinem aus Unterägypten, vielleicht aus Sais, stammenden Relief.

Künstler aus den Residenzwerkstätten?

Da die Stadt Sais, wie auch deren Götter und Priester, wie wir bereits gesehen haben, sich einer besonderen Hochachtung der persischen Herrscher, und zwar schon unter Kambyses erfreuten, ist es durchaus denkbar, daß eben von dort Meister der Reliefkunst herbeigebracht wurden, um den Tempel in der Oase Charga zu schmücken. Diese Künstler hatten bestimmt kaum Gelegenheit, Darius persön-

Abb. 64 Darius im Schutz ägyptischer Göttinnen: Mut stillt den König, Amunet umarmt ihn. Relief im Tempel von Hibis.

lich zu sehen; sie erinnerten sich dagegen hervorragend an die Porträts der Pharaonen der saitischen Dynastie, an denen wohl jahrelang in ihren Werkstätten gearbeitet worden war. Vielleicht ist eben so der eigenartige Stil der Flachreliefs in dem Darius-Tempel zu erklären, der den Traditionalismus mit einer bemerkenswerten schöpferischen Freiheit verbindet.

Leere Kartuschen

Die Originalität der ikonographischen Erfindungen gewann jedoch ihren besten Ausdruck in Szenen mit rein mythologischen Inhalten, wo die Gestalt des Königs nur selten, und wenn, dann immer mit einer leeren Kartusche auftritt. Manche Ägyptologen vermuten sogar, daß diese Szenen in späterer Zeit entstanden sind, während der Regierungszeit der letzten einheimischen Pharaonen oder in den Anfängen der Ptolemäerzeit, als die Ausschmückung des Tempels in der Oase Charga fortgeführt wurde. Wir können jedoch vermuten, daß, ähnlich wie in vielen anderen Sakralbauten früherer Perioden, die ikonographischen und stilistischen Retuschen auf der Basis der bereits bestehenden Reliefs durchgeführt wurden.

Spätere Reliefausschmückung?

Zwei Stellen in diesem Tempel sind mit ganz ungewöhnlichen Flachreliefs geschmückt, die keine Analogie in irgendeiner anderen erhaltenen Kultstätte aufweisen, und die sogar die erfahrensten Kenner der ägyptischen Religion in Verwunderung setzen. Eines der Motive ist großformatig ausgeführt. In der Technik des Hochreliefs hergestellt, weist es eine farbige Bemalung auf, die bis auf den heutigen Tag gut erhalten ist. Die Szene zeigt einen geflügelten falkenköpfigen Gott, der eine riesengroße Schlange mit einer Lanze durchbohrt.

Seth tötet Apophis

Abb. 65

Der Gott trägt die königliche Doppelkrone auf dem Kopf, und seine Flügel wachsen aus dem Rumpf eines Falken heraus. Den Rumpf des Gottes schmücken darüber hinaus zwei Falkenbilder mit ausgebreiteten Flügeln und jeweils mit der Sonnenscheibe auf dem Kopf. Alles würde darauf hinweisen, daß wir es hier mit dem Stammvater der Pharaonen, Horus, zu tun haben, der Seth, den Mörder seines Vaters Osiris, tötet. Dabei sagt aber die diese Szene begleitende Inschrift etwas ganz anderes aus. Den mutigen Gott identifiziert sie mit Seth, dem «Großen an Kraft, Großen Gott, der inmitten von Hibis ist.» Bei Hibis, der «Stadt des Pfluges», handelt es sich um diejenige Metropole der Oase Charga, in der sich der Tempel des Darius befindet.

Seth im Habitus des Horus

Rollenwandel eines «negativen» Gottes

So wurde hier also Seth, der üblicherweise verschiedene negative Charaktereigenschaften verkörpert, in seinem edelsten Aspekt dargestellt, nämlich als Krieger, der den Sonnengott Re vor seinem Erzfeind, der Schlange Apophis, schützt. Paradoxerweise betont hier die Ikonographie des Gottes die positive Seite seines Charakters, indem sie sich der Attribute des Horus bedient, der zwar eine Verkörperung des Edelmutes war, aber auch ein Erzfeind des Seth. Ein ketzerischer Spott oder eine Ausdrucksform des der Spätzeit eigenen religiösen Synkretismus, der oft Gottheiten mit vollkommen entgegengesetzten Eigenschaften zu einer Ganzheit verband? Oder vielleicht ganz einfach eine Veranschaulichung des Durcheinanders, das den wesentlichsten Zug der Natur des Seth, des «Gottes des Chaos» herausstrich?

Abb. 65 Gott Seth tötet den Apophis. Relief im Tempel Darius' I. in Hibis.

Vorbild für den christlichen Drachentöter

Unabhängig von der Interpretation dieser Szene verweist alles darauf, daß eben solche altägyptischen Darstellungen des eine Schlange tötenden Gottes eine ikonographische Anregung für die Schöpfer der frühchristlichen Bildnisse des hl. Georg waren, der gegen ein ähnliches Ungeheuer kämpft.

Das Allerheiligste

Noch mehr Rätsel für Religionswissenschaftler birgt die Reliefausschmückung des Sanktuars des Darius-Tempels, das sich in einem der hintersten Räume des Heiligtums befindet und die Tempelachse abschließt. Die Wände dieses kleinen, schmalen Raumes sind vollständig mit einer Reihe mythologischer Szenen bedeckt, die zwar kleinformatig gehalten, aber reich an Inhalt sind. Das Ungewöhnliche an diesem «angehaltenen Film» mit Hunderten von Bildausschnitten beruht je-

Kurioser Reliefschmuck

doch nicht nur auf dessen Reichtum, sondern auch auf der ikonographischen Originalität und der Unverständlichkeit vieler der hier dargestellten Motive. Das Ganze sieht aus wie ein Repertorium von Szenen, die in gekürzter Weise ausgewählte Episoden, ja, gar aus dem Kontext gerissene Motive verschiedener Mythen illustrieren.

Ein vermeintliches Sammelsurium

Eine derartige Anhäufung von Menschen- und Tiergestalten, verschiedenen phantastischen Geschöpfen, Insignien und Symbolen treffen wir wohl nirgendwo in den bekannten ägyptischen Tempeln an, obwohl die um einige Jahrhunderte späteren Tempel der ptolemäischen und römischen Zeit dem Sanktuar des Darius-Tempels nur wenig nachstehen, zumindest was den *horror vacui* – die Angst vor dem Belassen auch nur der winzigsten undekorierten Stelle an einer jeden Wand – anbetrifft. Den Kern des Problems bildet jedoch die Tatsache, daß die Szenen an den Wänden dieses Sanktuars keinen logischen Zusammenhang ergeben, sondern eine Auswahl aus dem riesigen ikonographischen Repertoire darstellen, dessen Vorbilder man wohl eher auf nicht erhaltenen Papyri suchen sollte.

Verkürzte Szenen in eklektizistischer Aufreihung

Nur wenige der hier dargestellten Figuren und Szenen sind uns auch aus anderen Quellen wohlbekannt, und eben sie bestätigen den eklektischen Charakter der ganzen Ausschmückung. In dem Götterkaleidoskop tauchen also vor unseren Augen verschiedene Gestalten des widderköpfigen Gottes Chnum auf oder auch des Töpfers Chnum, der auf der Töpferscheibe ein Gefäß formt, und etwas weiter der Fetisch des abydenischen Osiris in der Form eines von zwei Federn bekrönten Pfeilers. Andernorts sehen wir den auf einer Lagerstätte ruhenden Osiris, und hinter ihm Isis, die Ernährerin, sowie ein geflügeltes Krokodil mit einem Stierkopf und den auf einer Lotosblume sitzenden jugendlichen Horus der Beiden Horizonte.

Eine wahre Götter-enzyklopädie

Unter den Göttern, denen der König ein Opfer darbringt, befinden sich auch kriegerische Gottheiten mit Pfeil und Bogen und Köchern. An einer anderen Stelle opfert er eine Figur der Göttin Maat, und zwar an zwei zoomorphe Gottheiten, von denen eine die Gestalt eines Falken, die zweite die eines Löwen mit Falkenkopf aufweist. Diese eigenartige theologische Enzyklopädie läßt auch die verschiedenartigsten Erscheinungsformen von Amun-Re mit zwei hohen Federn auf dem Kopf Revue passieren. Mit der einen Hand hält er meistens seinen errigierten Phallus, was den schöpferischen Akt des Demiurgen annehmen läßt, der mittels Selbstbefriedigung die nächste Göttergeneration zeugt.

Abb. 66

Wissenslücken werden offenbar

Dieser ikonographische Reichtum erlaubt es jedoch weniger, die Fragezeichen zu beseitigen, vor die uns die ägyptische Religion ständig neu stellt, als uns vielmehr noch krasser zu Bewußtsein zu führen, wie fragmentarisch unser diesbezügliches Wissen ist. Die Reliefs des Sanktuars des Darius-Tempels sind eigentlich das einzige Bindeglied zwischen den früheren mythologischen Darstellungen in den Tempeln und Gräbern des Neuen Reiches sowie auf den Papyri und Särgen der Dritten Zwischenzeit, und den Szenen, die später an den Wänden der Tempel der ptolemäischen und römischen Zeit angebracht oder auf die Papyri jener Zeit ge-

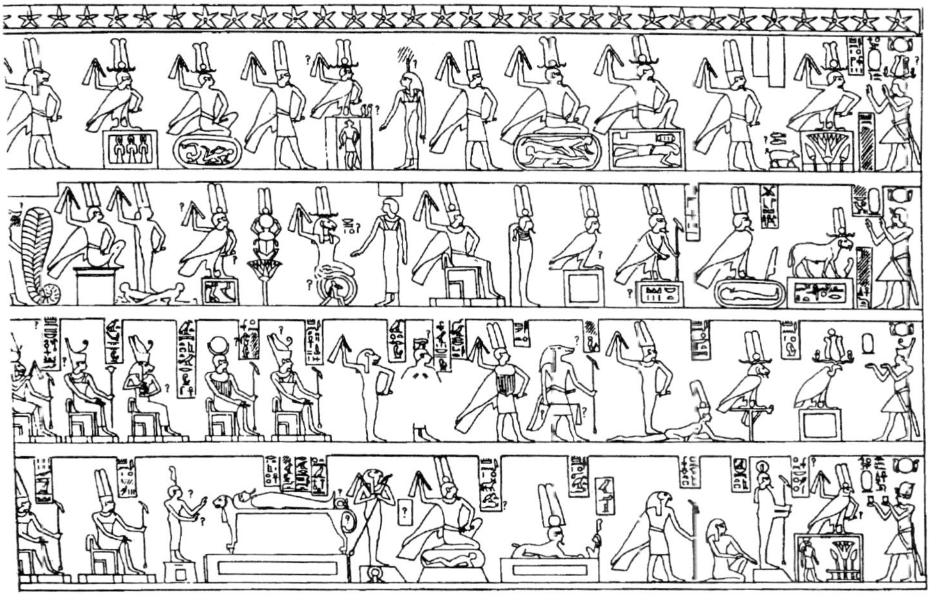

Abb. 66 Verschiedene Erscheinungsformen des Urgottes Amun-Re beim Schöpfungsakt vermittels Selbstbefriedigung. Relief im Sanktuar des Tempels von Hibis.

zeichnet wurden. Die Entwicklung des ägyptischen theologischen Gedankenguts tritt uns am vollständigsten erst in ihrer letzten Phase entgegen, deren Illustration die Reliefs in den erhaltenen großen ptolemäischen und römischen Tempeln verkörpern. Ihre Ikonographie ist ein Produkt der Evolution, die sich im ersten Jahrtausend v. Chr. an verschiedenen theologischen Motiven vollzog, die in früheren Epochen entstanden waren. Die Reliefs im Sanktuar des Darius-Tempels – das bekannteste Bindeglied dieser Entwicklungsreihe – sind jedoch keine ausreichende Quelle, um ihr genau folgen zu können. Nichtsdestoweniger lassen sie erahnen, was wir alles nicht wissen.

Der Hibis-Tempel als Bindeglied

Die Ehrfurcht Darius' I. vor ägyptischen Göttern fand ihren Ausdruck auch in weniger monumentalen Werken als jenem Tempel. In Tuna el-Gebel, der in der Wüste gelegenen Nekropole des antiken Hermopolis, wurde ein kleiner hölzerner Naos gefunden, der mit farbig bemalten Szenen verziert ist, die ihn als Pharao zeigen, dessen Namen – wie üblich – in Kartuschen eingetragen sind.

Darius-Schrein aus Tuna el-Gebel

Taf. 9.1, 9.2

An der Stirnseite dieses kleinen Schreins ist Darius zweimal mit der Doppelkrone dargestellt. Die symmetrisch aufgebaute Szene zeigt ihn, während er in Richtung einer geschlossenen und verriegelten Tür schreitet, als Spender des heiligen *Udjat*-Auges. Wir können vermuten, daß im Inneren des Naos ursprünglich die Figur eines Gottes stand, und daß eben er der Empfänger des Opfers war, das die Form eines wohlbekannten Amuletts besitzt. An den Seitenwänden des Naos se-

Der Inhalt des Schreins

Harendotes und das Udjat-Auge

hen wir den knienden Darius mit der Blauen Krone, also der Siegeskrone, auf dem Kopf. Den gleichen magischen Gegenstand präsentiert er hier einem falkenköpfigen Gott, der auf einer Lotosblume sitzt. Die Inschrift identifiziert den Gott als Harendotes, also als Horus, den Rächer seines Vaters. Vergegenwärtigen wir uns, daß der Vater des Horus der von seinem Bruder Seth getötete und zerstückelte Osiris war. Im Kampf gegen Seth verlor Horus ein Auge, das dann von dem in Hermopolis verehrten Gott Thot geheilt wurde. Es ist eben dieses magische *Udjat*-Auge, das Darius dem «Rächer» opfert.

Osiris, Horus oder Thot?

Die Thematik dieser Szenen läßt vermuten, daß sich im Inneren des Naos die Statuette eines der Helden dieses Dramas befand: Osiris, Horus oder Thot. Letzterer würde sich hier besonders gut anbieten, da Hermopolis das Hauptzentrum seines Kultes war. In der Szene mit Darius trägt Harendotes die Sonnenscheibe, die die solaren Aspekte der Gottheit betont, auf dem Kopf. Dasselbe Attribut erscheint auf dem Kopf der Göttin, die hinter dem König steht und ihn mit ihren Flügeln schützend umfängt. Wir erkennen in ihr die Himmelsgöttin Nut, die mit ihren Armen die gesamte Welt umfaßt, die ja in diesem historischen Moment Darius gehört.

Nut schützt Darius

Taf. 9.2

In der Szene an der Rückwand des Naos weisen zwei geflügelte Göttinnen die Gestalt von Kobras mit der Osiriskrone auf dem Kopf auf. Die solare Gottheit, die in der Mitte des Motivs dargestellt ist, trägt hier einen Widderkopf, und die Anwesenheit des Königs zu beiden Seiten des Gottes ist durch Kartuschen mit dem Namen des Darius wiedergegeben. In jeder dieser Szenen wurde das Prinzip der symmetrischen Komposition beibehalten, deren Achse ein Sonnengott bildet, und jede von ihnen zeigt eine zoomorphe Gottheit, die ihre Flügel weit ausbreitet. An der Vorderwand ist es ein geflügelter Käfer mit der Sonnenscheibe zwischen den Gliedmaßen; ihm entspricht eine Parallelfigur unter der Szene an der Rückwand. Unterhalb der seitlichen Darstellungen ist ein Geier wiedergegeben, der Oberägypten symbolisiert.

Eine durchdachte Bildkomposition

Die Meisterschaft, mit welcher der Künstler in diesen Bildern dem religiösen Inhalt Äußerungen politischer Propaganda unterstellte, ohne jedoch auf eine ästhetische Form zu verzichten, können wir nur bewundern. Die Symmetrie, das Grundprinzip der Komposition, betont die Rolle des Darius als eines «Herrn Beider Länder», also eines vollberechtigten Pharaos. Die solaren Akzente erinnern hingegen an den Universalismus der königlichen Macht, die im Falle der Achämeniden den Ehrgeiz hatte, sich die ganze zivilisierte Welt unterzuordnen. Wollte Darius den Ägyptern suggerieren, daß er in bezug auf ihr Land eine ebenso treusorgende und ehrenhafte Rolle gespielt hat wie Horus gegenüber seinem Vater Osiris? Man kann eine derartige Interpretation nicht ausschließen.

Sekundäre Wiederverwendung als Affensarg

Tatsache ist dagegen, daß der kleine Schrein mit dem Namen des Darius in der Ptolemäerzeit, also rund zweihundert Jahre später, erneut benutzt wurde, und zwar als Holzsarg für die Mumie eines kleinen Affen – eines Tieres, das in Hermopolis als Erscheinungsform des Gottes Thot verehrt wurde. Das Ganze ist in den unterirdischen Galerien gefunden worden, die für die mumifizierten Tiere aus dem Felsen ausgehauen wurden. Es handelte sich zwar nicht um so monumentale Bestattungen wie die der heiligen Stiere, dafür waren sie aber viel zahlreicher.

Die Darius-Statue aus Susa

Ähnliche politische Inhalte wie der Naos aus Hermopolis drückt die Statue des Darius aus, die vor einem Vierteljahrhundert zu einer archäologischen Sensation wurde. Entdeckt hat sie am Vortag des Weihnachtsfestes 1972 die französische archäologische Mission, die im Gebiet des antiken Susa Ausgrabungen durchführte. Susa, im südwestlichen Iran am Fuße des Zagrosgebirges gelegen, war eine der beiden Hauptstädte des Achämenidenstaates und teilte diese Ehre mit Persepolis.

Die Achämenidenresidenz

Darius I. ließ dort um 500 v. Chr. einen Palast errichten, der in späterer Zeit zerstört wurde. Im Laufe der Ausgrabungen am Ostrand des Palastes stellten die französischen Archäologen während einer geophysikalischen Prospektion das Vorhandensein eines Bauwerkes der Achämeniden fest, das sie auszugraben beschlossen. In einem tiefen Graben, mit steinernem und keramischem Schutt aus der Zeit der Seleukiden (312–64 v. Chr.) angefüllt, stieß man auf eine Standfigur des Darius, die ursprünglich ein Tor schmückte, das zu einem seiner großen Bauwerke führte. Sie war eines von zwei Bildnissen des Königs, die zu beiden Seiten des Eingangs aufgestellt waren. Die parallele Statue hat sich nicht erhalten oder wurde bisher noch nicht gefunden.

Abb. 60

Verlust der parallelen Statue

Ägyptischer Einfluß

Die Statue des großen Herrschers ist ein in jeder Hinsicht ungewöhnliches Denkmal und für uns besonders interessant hinsichtlich ihrer ägyptischen Aspekte. Leider ist der Kopf der Figur nicht erhalten. Mit dem Sockel ist das Bildwerk gegenwärtig 2,46 Meter hoch, und seine ursprüngliche Höhe wird auf rund 3 Meter geschätzt. Hergestellt ist es aus dem brüchigen, grauen Kalkstein, der aus den Zagrosbergen hierher gebracht wurde, um als Baumaterial für die Bauwerke der Achämeniden in Susa zu dienen. Die Statue zeigt den in persischem Gewand auf einem hohen, quaderförmigen Sockel stehenden Darius.

Ein überlebensgroßes Bildwerk

Viersprachige Beschriftung

Abb. 67

Altpersisch, elamisch und akkadisch

An den senkrechten Falten des Gewands sind Inschriften in vier Sprachen eingemeißelt, die in zwei Schriftarten notiert sind: der Keil- und der Hieroglyphenschrift. Die Keilinschriften, die auf der rechten Seite des Gewands auftreten, sind in altpersischer, elamischer und akkadischer Sprache verfaßt. Jede von ihnen wiederholt die gleiche kurze Formel, die mit einem mehrfachen Anruf an den Gott Ahuramazda beginnt und mit der Feststellung endet, daß die Statue in Ägypten hergestellt wurde, damit die Nachkommen nicht vergessen, daß der persische König das Land der Pharaonen unterworfen hat. Nur die elamische Fassung läßt die Möglichkeit einer etwas anderen Interpretation zu, nämlich, daß die Statue insofern «ägyptisch» ist, als daß sie im ägyptischen Stil hergestellt ist, und damit nicht zwangsläufig in Ägypten selbst. Wenn man den beiden anderen Fassungen Glauben schenkt, muß man annehmen, daß der brüchige Kalkstein aus dem Zagrosgebirge nach Ägypten geschleppt wurde, um nach der Herstellung der Statue nach Persien zurücktransportiert zu werden. Das ist die erste von vielen Fragen, die man sich in bezug auf diese Statue stellen muß.

Unklarer Herstellungsort

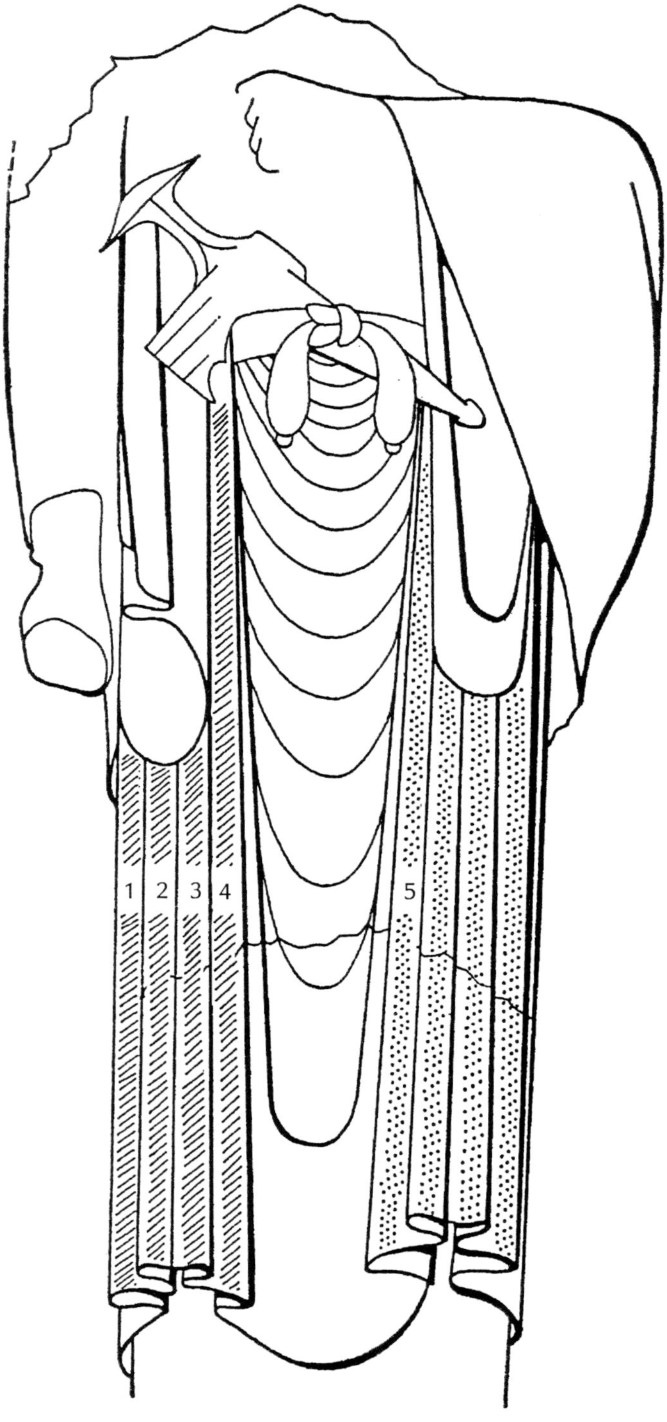

Abb. 67
Inschriften in vier Sprachen am Gewand der Statue aus Susa.

Verteilung der Inschriften in vier Sprachen am Gewand der Statue aus Susa:

1 Akkadisch
2 Elamisch
3 Altpersisch
4 Altpersisch
5 Hieroglyphen

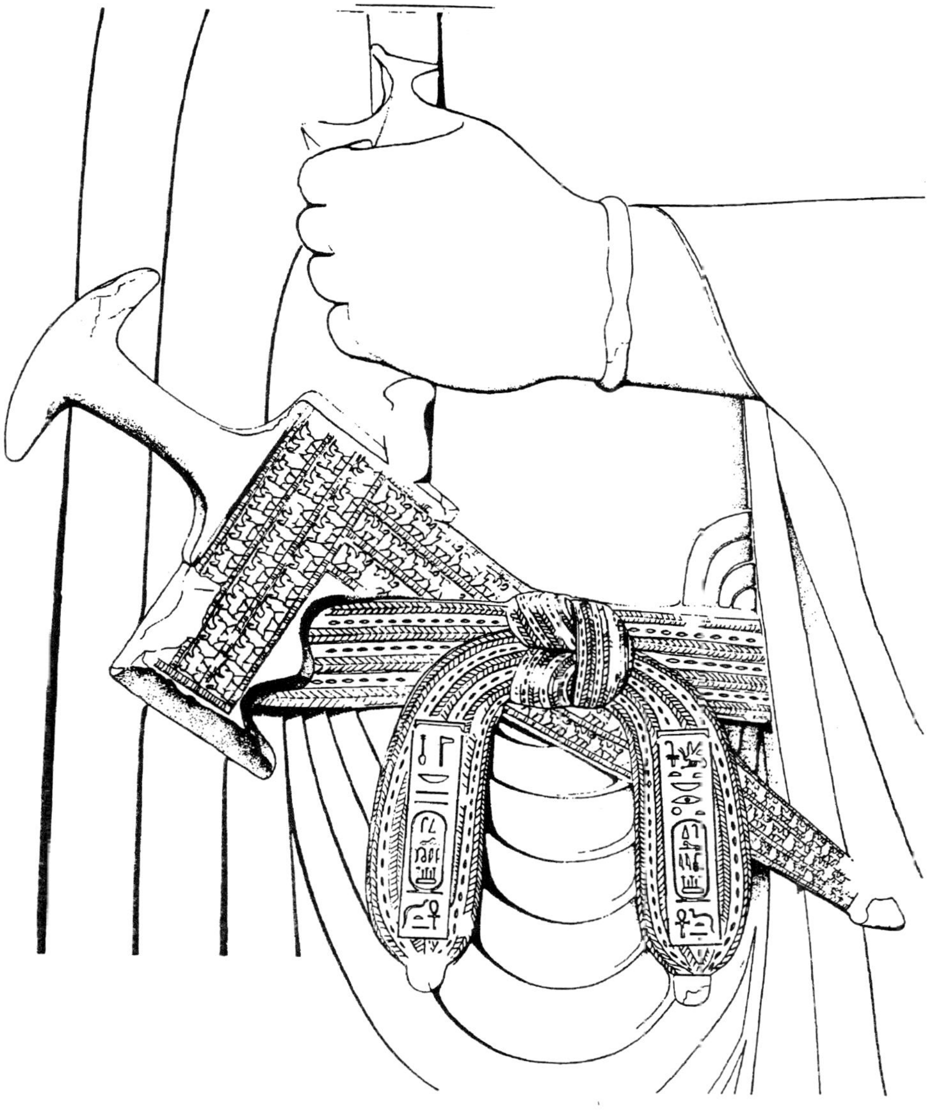

Abb. 68 Gürtel mit hieroglyphischer Inschrift und der Dolch des Darius. Detail der Statue aus Susa.

Fünf hieroglyphische Inschriften

Alle anderen auf dem Bildwerk des Darius eingemeißelten Inschriften sind ägyptisch. Wir erkennen in ihnen die schönen schlanken Formen der Hieroglyphen aus der Saitenzeit. Hieroglyphische Inschriften gibt es hier fünf. Die längste von ihnen tritt parallel zu den Keilschrifttexten auf, also an den Falten des Gewands, und zwar an dessen linker Seite. Die ägyptische Königstitulatur ist in zwei

Abb. 68 Rechtecke eingetragen, welche die Endpartien des königlichen Gürtels schmükken, und die wohl Metallplaketten mit eingravierten Verzierungen entsprechen.

Die Sockelszenen

Ein aufschlußreicher hieroglyphischer Text ist in einem rechteckigen Feld an der Oberseite des Sockels angebracht, unmittelbar zu Füßen des Königs. Doch die Aufmerksamkeit des Betrachters fesselt im ersten Augenblick besonders die ägyptische Verzierung des Sockels. An seiner Vorder- und seiner Rückseite wurde die uns bereits wohlbekannte Szene der symbolischen Vereinigung der beiden Landeshälften dargestellt, und zwar in ihrer klassischen Form mit zwei Personifikationen des Nils. Viel interessanter sind jedoch die Flachreliefs an den Seitenwänden des Sockels. Jedes von ihnen zeigt die Vertreter von zwölf verschiedenen von den Persern unterworfenen Völkern.

Reichseinigungsemblematik

Unterworfene Völkerschaften

Die Gestalten sind durch ihre Gesichtszüge, ihre Kopftracht und ihre Kleidung charakterisiert, und die Namen der Völker sind mit Hieroglyphen in ovale Felder eingetragen, deren gezackte Rahmen wohl die Wehrmauern der eroberten Städte symbolisieren sollen. Wir haben hier also eine komplette Fassung der geographischen Liste vor uns, die nur sehr fragmentarisch auf den oben erwähnten Stelen des Darius erhalten ist, die in Ägypten längs des von ihm ausgegrabenen Kanals zwischen Nil und Rotem Meer aufgestellt worden waren. Als historisches Dokument von großer Bedeutung verdient das Verzeichnis der unterworfenen Völker, im Ganzen angeführt zu werden. Auf dem Sockel der Statue lesen wir also folgende Namen von Ländern und Völkern:

Ergänzung zu den Kanalstelen

Die linke Seite

Zur Linken des Königs:

1) *Persien*
2) *Medien*
3) *Elam*
4) *Aria*
5) *Parthia*
6) *Baktrien*
7) *Sogdien*
8) *Arachosien*
9) *Drangianien*
10) *Sattagidia*
11) *Choresmien*
12) *Saken aus den Niederungen und Saken aus den Ebenen*

Die rechte Seite

Zur Rechten des Königs:

1) *Babylonien*
2) *Armenien*
3) *Sardes (=Lydien und angrenzende Gebiete*
4) *Kappadokien*
5) *Skudra (= Thrakien)*
6) *Eschur (= Name der Syrer in demotischer Sprache)*
7) *Hagar (= Name der nordwestlichen Araber in demotischer Sprache)*
8) *Kemi (= Ägypten in demotischer Sprache)*
9) *Land (der Stämme) Tjemehu (= Libyen)*
10) *Land (der Stämme) Nehesi (= Nubien)*
11) *Maka*
12) *Hindu*

Die Aufreihung der unterjochten Völker erinnert auf den ersten Blick an die Dekoration der Sockel vieler Pharaonenstatuen, wo wir ebenso Vertreter verschiedener Völker sehen. In der ägyptischen ikonographischen Konvention erscheinen sie aber immer mit auf dem Rücken gefesselten Händen; sie sind also Gefangene, denen der auf dem Sockel stehende oder thronende Pharao auf die Köpfe tritt. In der auf der Darius-Statue eingemeißelten Szene ließ man die Fremden mehr Würde bewahren. Sie heben ihre Hände in einer Art empor, die mit der ägyptischen Geste der Verehrung assoziiert werden kann. Doch ihre Hände sind mit der Innenfläche nach oben gerichtet, genauso wie die Hände des Pharaos, der den Himmel in Szenen stützt, die in Ägypten in der Regel an den Sockeln der rituellen Barken auftreten. Wir erwähnten sie bei der Besprechung der Ikonographie der kuschitischen Herrscher. Die auf dem Sockel der Darius-Statue dargestellten Völker treten also nicht in der Rolle von Unterworfenen oder Verehrern des Herrschers auf, sondern als Pfeiler, die die Monarchie stützen. Sie bilden das Weltall, über das der persische König herrscht.

Abwandlung eines traditionellen Motivs

Stützen des Thrones

Die zu Füßen des Königs angebrachte Inschrift informiert uns, zu welchem Zweck die Statue angefertigt wurde. Die Absicht des persischen Herrschers wurde hier auf eine weniger brutale Weise ausgedrückt, als dies in den das Gewand schmückenden Keilinschriften geschah. Die hieroglyphische Inschrift läßt uns nämlich an folgende Deklaration glauben:

Der Vollkommene Gott, Herr Beider Länder, König von Ober- und Unterägypten, Darius – möge er ewig leben! Die Statue, gestaltet als getreues Ebenbild des Vollkommenen Gottes, des Herrn Beider Länder, hergestellt für Seine Majestät, damit sein Andenken verewigt wird und (damit) man sich an seine Persönlichkeit neben seinem Vater Atum, dem Herrn Beider Länder, und (dem Herrn) von Heliopolis, Re-Harachte, für die Dauer der Ewigkeit erinnert. Möge (dieser) ihn mit allem Leben und aller Herrschaft, aller Gesundheit und aller Freude, wie Re, belohnen!

Ägyptische Titulaturen

Darius vergleicht sich hier mit dem heliopolitanischen Sonnengott und suggeriert, daß das Denkmal neben dem Bildnis von Atum aufgestellt werden sollte, also im Tempel dieses Gottes in Heliopolis. Das läßt vermuten, daß diese Skulptur eine Replik eines ähnlichen Werkes ist, das von dem persischen König für das Zentrum der Sonnenkulte in Ägypten gestiftet worden war.

Einst in Heliopolis aufgestellt?

Die Gleichsetzung mit Atum klingt wie eine Legitimation des «Herrn Beider Länder», da jeder Pharao seit der Zeit des Alten Reiches mit diesem Gott identifiziert wurde. Das Aufstellen einer Darius-Statue in Heliopolis wäre also etwas ebenso Natürliches wie die Ausschmückung des Ptah-Tempels in Memphis mit seinem Bild, was die antiken Autoren Herodot und Diodor erwähnen. Nach Ansicht der letzteren soll Darius diese Sache selber mit den Priestern in Memphis besprochen haben.

Auch in Memphis vertreten?

Eine Affinität des persischen Königs zu Heliopolis wäre durch die Tatsache bestätigt, daß der bereits kurz erwähnte hohe Beamte namens Chnumibre, der aus Heliopolis stammte und sich dort als Priester besonders in den Jahren 497–492 v. Chr. durch seine Aktivität auszeichnete, zum Leiter der Arbeiten nicht nur in Ober- und Unterägypten, sondern auch «auf der ganzen Erde» ernannt wurde.

Chnumibre

Weitere wertvolle Informationen finden wir in dem hieroglyphischen Text, der

Beschriftung des Gewandes

auf dem Gewand angebracht ist. Dieses propagandistische Werk kann als klassischer Essay der ägyptischen «politischen Theologie» gelten:

Der vollkommene Gott, der mit eigener Hand wirkt, der Monarch, Herrscher der Beiden Kronen[61]*, der Schrecken in den Herzen der Menschen weckt, ehrwürdiger Herr angesichts dessen, der ihn sieht; der, dessen Macht jedes (der) Beiden Ländern eroberte, der, der in Übereinstimmung mit dem Befehl Gottes handelt. Der Sohn des [Re], die Leibesfrucht des Atum, das lebendige Bild des Re, den dieser* [= Re] *auf seinen (eigenen) Thron gesetzt hat, um das zu gestalten, was er auf Erden eingeleitet hatte.*

Der Vollkommene Gott, zufrieden mit der Wahrheit, der, den Atum, der Herr von Heliopolis, zum Herrn all dessen gewählt hat, was die Sonnenscheibe erfaßt, denn er weiß, daß es sein Sohn, sein Verteidiger ist. Er [= Atum] *befahl ihm* [= dem König], *jedes der Beiden Länder zu erobern, (und) Neith gab ihm den Bogen, der in ihrer Hand ist, damit er alle seine Feinde niederschlägt – (ähnlich) wie sie (das) für ihren Sohn Re zum ersten Mal* [= am Beginn der Geschichte] *getan hatte, so daß er stark ist, um die Rebellen zurückzuwerfen, um seine Gegner in jedem der Beiden Länder zu erniedrigen.*

Der mächtige König, voll des Ruhmes, Herr der Macht, wie der, der an der Spitze von Letopolis steht[62]*, Herr (seiner) Hand, der die «Neun Bogen»* [= alle Völker der Erde] *unterwarf, dessen Ratschläge herrlich und dessen Pläne wirksam sind. Herr des starken Armes, wenn er sich unter eine Menge mischt, indem er treffsicher schießt – und sein Pfeil geht nie fehl, (denn) seine Macht ist so groß wie (die Macht) von Monthu.*

Der Herr von Ober- und Unterägypten, Herr Beider Länder, Darius – möge er ewig leben! Der Große, König der Könige, der Höchste (Herr) dieser Erde [..., Sohn] des Gottesvaters[63]*, Uischtapa, des Achämeniden, derjenige, der als König von Ober- und Unterägypten auf dem Thron des Horus erschien, der die Lebenden regiert, wie Re die Götter anleitet – ewig!*

Eingebettet in pharaonische theologische Vorstellungen

Alle göttlichen Verschwägerungen, auf die Darius Anspruch hat, wurden hier zu einer Ganzheit zusammengestellt. Der Pharao ist nicht nur ein Sohn des Sonnengottes und dessen Ebenbild, sondern auch ein Protegé der Göttin Neith, die im saitischen Pantheon als Gebärerin dieses Gottes auftritt. Er identifiziert sich überdies mit dem kriegerischen Horus, was schon die früher besprochenen Darstellungen auf dem Naos aus Tuna el-Gebel suggerierten. Das Epitheton «Herr Beider Länder» wurde hier auf eine sehr situationsgerechte Weise paraphrasiert: Darius unterwirft nämlich «jedes» von den Beiden Ländern, die natürlich in einer beliebigen Anzahl auftreten können. Es definiert ihn also als den Herrscher eines großen Imperiums. Um diese Darstellung zu betonen, wurde die ägyptische Titulatur des Herrschers sogar um die persische Formel «König der Könige» erweitert, die in die demotische Sprache übersetzt und in Hieroglyphen fixiert wurde.

Ägyptisierung eines persischen Titels

Trotz aller universalistischen Deklarationen hat die Statue jedoch einen durchaus ägyptischen Charakter. Diesen Eindruck wecken nicht nur die ägyptische Form des Sockels und die hieroglyphischen Inschriften, sondern auch die für ägyptische Standfiguren charakteristische Haltung des Herrschers mit einem vorangestellten Bein, schließlich der rechteckige Pfeiler im Rückenteil der Skulptur, der eine ägyptische Statue von jeder anderen unterscheidet. Die Inschrift auf dem

Ägyptische Ikonographie und Stilistik

Gewand, die Darius als «Herrscher der Beiden Kronen» bezeichnet, läßt darauf schließen, daß sein Haupt die Doppelkrone von Ober- und Unterägypten schmückte. Diese Hypothese würde indirekt durch das Bildnis eines der späteren persischen Herrscher Ägyptens, nämlich Artaxerxes' III., auf einem Stater gestützt, der wahrscheinlich anläßlich der Wiedereroberung des Pharaonenlandes im Jahre 343 v. Chr. geprägt wurde. Der Achämenide ist dort in persischem Gewand dargestellt, jedoch mit der ägyptischen Doppelkrone auf dem Kopf.

Mit der ägyptischen Doppelkrone versehen?

Unter den persischen Elementen der Kleidung des Darius verdienen die enganliegenden riemenlosen Schuhe, ferner die Armreifen, die in Darstellungen von Rinderköpfen enden, und schließlich der Dolch in einem mit einem Fries geschmückten Futteral, das Reihen von geflügelten Stieren zeigt, besondere Aufmerksamkeit. Es kann ein persischer oder ein elamischer Dolch gewesen sein.

Persische Trachtdetails

Diese Skulptur ist die erste bekannte großformatige Statue, die einen Achämenidenkönig darstellt und so gut erhalten ist, daß sie die Möglichkeit bietet, die Einzelheiten der persischen Gewandung genau kennenzulernen. Die Figur des Darius hat zweifellos ein ägyptischer Künstler hergestellt. Das erkennt man sowohl an dem allgemeinen Konzept, als auch an den ikonographischen Details. Die Ausführung der hieroglyphischen Inschrift verrät die Hand eines Meisters des Meißels, der eine solche Inschrift nicht zum ersten Mal anbrachte. Jeder dieser Spezialisten konnte am Hof des Darius einen Platz für sich gefunden haben, da der persische Herrscher sich nicht nur mit ägyptischen Ärzten, sondern auch mit Künstlern aus dem Nilland umgab. Reisen von Bildhauern zwischen Ägypten und Susa sind in einem der Briefe des Arsames, des Satrapen von Ägypten, belegt, und die Tafeln aus dem Schatz von Persepolis erwähnen einen Ägypter, der in Holz, wenn nicht in Stein arbeitete. Darius selbst stellt in einer Inschrift fest, daß die Leute, die die Wände in Susa verzierten, Meder und Ägypter waren.

Von Ägyptern angefertigt

Bildhauerreisen von Ägypten nach Persien

Die Tätigkeit dieser letztgenannten hinterließ viele Spuren in der Ikonographie der Achämenidenreliefs. Die Türstürze der Eingänge wurden mit geflügelten Sonnenscheiben dekoriert, im Laufe der Zeit nahm sogar der Gott Ahuramazda – eine Verkörperung des Guten – die Gestalt eines bärtigen Mannes an, der eben aus einer solchen Flügelscheibe hervortritt. Der «Manager», der ägyptische Künstler nach Persien schickte, kann der bereits erwähnte Heliopolitaner Chnumibre gewesen sein, in seiner Eigenschaft als «Vorsteher der großen Handwerker» und Vorsteher der Arbeiten «auf der ganzen Erde», verantwortlich überdies für die Gewinnung von Stein in allen fremden Ländern. Es ist nicht auszuschließen, daß er an der Seite des Darius eine ähnliche Rolle spielte wie einst der berühmte Amenophis-Sohn-des-Hapu am Hofe von Amenophis III.

Ägyptischer Einfluß im Residenzpalast

Die annähernde Festlegung des Entstehungsdatums der Darius-Statue bereitet keine größeren Schwierigkeiten, wenn wir einige wesentliche Einzelheiten berücksichtigen. Unter den unterjochten Ländern treten auf dem Sockel des Standbildes Thrakien und Libyen auf, die erst nach 513 v. Chr. zu Bestandteilen des Imperiums wurden. Die Statue muß nach dem Feldzug des Darius nach Ägypten entstanden

Die Feindatierung der Darius-Statue

Replik eines heliopolitanischen Bildwerkes?

Parallel zu den Kanalstelen

sein, der zwischen den Jahren 513/512 und 493/492 v. Chr. erfolgte. Die Schreibung des Namens des Darius weist an der Statue eine Form auf, die für seine späten Regierungsjahre charakteristisch ist. Alles verweist also darauf, daß die Statue zu Beginn des 5. Jh. v. Chr. entstanden ist, höchstwahrscheinlich als Replik eines in Heliopolis aufgestellten Standbildes, das nicht mehr erhalten ist oder noch nicht gefunden wurde. Wahrscheinlich wurde in der gleichen Zeit die Herstellung der viersprachigen Stelen in Auftrag gegeben, welche die Rolle des Darius als des Schöpfers des Kanals würdigen. Sowohl die Inschriften als auch die Gestaltung dieser Denkmäler weisen nämlich einen ähnlichen Inhalt bzw. eine ähnliche Form auf; sie dienten auch den gleichen propagandistischen Zielen.

Ähnliche Vergöttlichung der Herrscher

Parallele Wertvorstellungen

Obwohl die Ägyptomanie des Darius durch seine Hochachtung für die uralte Tradition der Pharaonen verursacht sein konnte, so enthielten doch beide Kulturen, die persische und die ägyptische, viele ähnliche ideologische Elemente, die gleichgesetzt werden konnten. Identisch war in den beiden Religionen die Relation zwischen dem Herrscher und dem Gott. So wie der Pharao ein Auserwählter und Doppelgänger des Atum war, so galt der persische König als Verkörperung von Ahuramazda. Die ägyptische Vorliebe für Ordnung und Wahrheit, also Begriffe, die durch die Göttin Maat personifiziert wurden, fand ihre Entsprechung in der persischen Gegenüberstellung der Wahrheit (Arte) und der Lüge (Drauja). Das Attribut der ägyptischen Göttin Neith – der Bogen – war auch die Lieblingswaffe der Perser. Kein Wunder also, daß die gegenseitige Assimilation der beiden Kulturen auf keine größeren Schwierigkeiten stieß und ihren Ausdruck auch in der Kunst fand.

König mit Doppelkrone = Atum?

Die Identifizierung des Königs mit dem heliopolitanischen Gott Atum ist in der ägyptischen «politischen Theologie» ein besonders interessantes Thema. Die auffallend geringe Zahl der Statuen dieses letzteren – schließlich eines der wichtigsten ägyptischen Götter –, bei dem schier unerschöpflichen Reichtum rundplastischer Darstellungen anderer Gottheiten wie auch der Pharaonen, veranlaßt zu einer Überlegung. Wenn man die fast vollkommene Identität Atums mit dem lebenden «Herrn Beider Länder» vor Augen hat, drängt sich die Hypothese auf, daß die Statuen des Herrschers gleichzeitig als Bildnisse Atums empfunden wurden, jedenfalls diejenigen, die ihn mit der Doppelkrone auf dem Haupt darstellten.

Ein Fachkongreß in Japan

Der Autor dieses Buches hatte Gelegenheit, darüber während des 31. Orientalisten-Kongresses zu sprechen, der im Jahre 1983 in Tokio und Kioto abgehalten wurde. Das Referat hielt ich in einer Arbeitsgruppe, deren Leitmotiv die «Monarchien und gesellschaftlich-religiösen Traditionen des Alten Nahen Ostens» waren. Für diese Gruppe war Fürst Takahito Mikasa verantwortlich, der einzige lebende Bruder des Kaisers Hirohito, ein in wissenschaftlichen Kreisen bekannter Historiker, Vorsitzender des Zentrums für die Kultur des Nahen Ostens in Japan. Am Vortag meines Referats fragte ich die Sekretärin Seiner Kaiserlichen Hoheit, Frau Dr. Hisa Tottori, ob ich zwei Bildwerfer für eine simultane Diaprojektion haben könnte. Sie hielt einen Mann niedrigen Wuchses an, der in der Menschenmenge nicht weit von uns stand. Es war eben der Bruder des Kaisers. Er antwortete, daß dies möglich sei. Da mein Referat das erste nach der Mittagspause war, kam ich eine halbe Stunde früher, um die Projektion vorzubereiten. Wie groß war meine Verwunderung, als ich in dem leeren Korridor die gleiche unauffällige Gestalt des Fürsten bemerkte, der unter dem Arm einen Bildwerfer trug und dann höchstpersönlich die Vorhänge in dem Vortragssaal zuzog. Der Bruder des ehemaligen «Gottes» vermochte es vorzüglich, sich von den psychischen Belastungen zu befreien, die zweifellos eine derartige Identifizierung mit sich bringt.

Analogien in der Gegenwart

Die Niederlage der Perser bei Marathon im Jahre 490 v. Chr. blieb auch in Ägypten nicht ohne Widerhall. Wiederbelebt wurden die Hoffnungen, das persische Joch abwerfen zu können. Im Jahre 486 v. Chr. erlangte Ägypten für kurze Zeit die Unabhängigkeit zurück; doch der Sohn des Darius, Xerxes I., der im gleichen Jahr den persischen Thron bestieg, unterdrückte den Aufstand. Die achämenidischen Nachfolger des Darius sollten noch mehr als achtzig Jahre lang über Ägypten herrschen, hinterließen aber keine Spuren irgendeiner Bautätigkeit. Obwohl Xerxes selbst (486-465 v. Chr.) nie in Ägypten gewesen war, blieb er später am Nil als grausamer Tyrann im Gedächtnis. In der Ptolemäerzeit wurde sogar die Notierung seines Namens durch das Determinativ[64] ergänzt, das einen gefesselten Gefangenen mit abgeschnittenem Kopf darstellt!

Xerxes I. schlägt einen Aufstand nieder

Ein Despot?

Um weiteren Auflehnungen in Ägypten vorzubeugen, ersetzte Xerxes den Satrapen Pherendates durch seinen Bruder Achemenes. Es gelang ihm jedoch nicht, die Ägypter für längere Zeit zu befrieden, denn die Niederlage seiner Flotte bei Salamis im Jahre 480 v. Chr. aktivierte die Befreiungskräfte, die sich jetzt mit Griechenland verbündeten. Xerxes wurde beschuldigt, die in Ägypten geraubten Statuen nach Persien verschleppt zu haben. Wenn man den Alten Glauben schenken will, dann war er, kurz gesagt, ein Dieb und Bandit.

Achemenes ersetzt Pherendates

Nach Xerxes regierte vierzig Jahre lang (465-424 v. Chr.) der erste der drei Artaxerxes, die mit der Geschichte Ägyptens verbunden sind. Wir kennen ihn vor allem aus den aramäischen Papyri, die auf Elephantine gefunden wurden, wo sich – wie bekannt – eine Grenzgarnison befand, deren Bestandteil eine ganze jüdische Kolonie bildete. Doch der aramäischen Sprache bedienten sich in Ägypten nicht nur die Juden, und die Nilinsel an der Südgrenze des Landes war nicht die einzige Gemeinschaft der letzteren.

Artaxerxes I.

Jüdische Kolonie auf Elephantine

Die Aramäer waren ein Nomadenstamm der nordwestlichen Semitengruppe, die – wie es scheint – bereits im 23. Jh. v. Chr. im oberen Mesopotamien anwesend war. Ihr Verwaltungszentrum befand sich höchstwahrscheinlich in der Gegend von Damaskus, wo noch heute in einem der Dörfer (Ma'alula) ein Echo ihrer Sprache anklingt. In Ägypten tauchen aramäische Inschriften bereits in der Regierungszeit der saitischen Dynastie auf. Von assyrischen Karawanen im 8. Jh. v. Chr. verbreitet, wurde diese Sprache zur «Lingua franca» des ganzen persischen Imperiums. Auch in Ägypten erlangte das Aramäische den Rang einer Amtssprache der achämenidischen Verwaltung. Die mit den Persern sympathisierenden Juden

Aramäische Papyri

Aramäisch als Amtssprache

Soldaten verbreiten das Aramäische

übernahmen diese Sprache für ihre eigenen Bedürfnisse. Die aramäisch sprechenden Soldatenkolonien stammten von Zwangsaushebungen, die die Assyrer im Osten, und später die Saiten in Ägypten unter der Masse der Flüchtlinge aus dem babylonischen Staat durchführten. Im Endergebnis wurden diese Kolonien zur Stütze der Perser in Ägypten.

Eines der ältesten erhaltenen aramäischen Dokumente ist eine Bitte um Hilfe im Kampf gegen babylonische Truppen. Gefunden wurde es in Sakkara. Von den späteren verdienen die Privatbriefe von Darius aus dem vierzehnten Jahr seiner Herrschaft (512 v. Chr.), die, auf Leder geschrieben, nach Ägypten geschickt wurden, besondere Aufmerksamkeit. In Hermopolis wurde ein Stapel von Briefen gefunden, die von zwei Soldaten im Volksstil geschrieben wurden. Die größte Sammlung von Texten in aramäischer Sprache stammt aus Elephantine. In den Anfängen unseres Jahrhunderts wurden dort ein öffentliches und zwei private Archive von Papyri entdeckt, wie auch ein Archiv von Ostraka, die Juden gehörten, welche dort im 6. und 5. Jh. v. Chr. lebten.

Privatkorrespondenz des Darius

Aramäische Archive auf Elephantine

Diese Dokumente haben vorwiegend privaten Charakter, es gibt aber unter ihnen auch Verwaltungs- und Rechtsdokumente, die zum Beispiel Eheschließungen, Scheidungen, Adoptionen, den Verkauf von Grundstücken, Streitsachen und desgleichen mehr betrafen. Wir erfahren daraus über das Alltagsleben der jüdischen Gemeinde wie auch über historische Fakten und Ereignisse, die mit der Religion dieser Bevölkerungsgruppe in Zusammenhang stehen. Die Schließung von Mischehen bezeugt das gegenseitige Durchdringen verschiedener Kulturen in den südlichen Grenzgebieten Ägyptens.

Licht auf das Alltagsleben

Rechtsprechung

Auch lernen wir das eklektische Recht dieser Kolonie kennen, bei dem ägyptische Elemente nach gleichen Prinzipien neben Elementen des nordwestsemitischen, vor allem des mesopotamischen Kodexes auftreten. Wir finden diese später in ägyptischen demotischen Dokumenten wieder, und dann in der griechisch-ägyptischen Gesetzgebung. Viele von diesen Dokumenten tragen ein Doppeldatum: das ägyptische und das babylonisch-persische (jüdische). Auf diese Weise sind vor allem Rechtstexte aus der Mitte des 5. Jhs. v. Chr. datiert. Die Dokumente aus dem Anfang und dem Ende dieses Jahrhunderts weisen nur das ägyptische Datum auf, offizielle Gesuche sind wiederum immer nach dem jüdischen Kalender datiert. Die Bezeichnungen der Tage sind in jedem dieser Systeme präzis und übereinstimmend. In juristischen Texten beginnen gegen Ende des 5. Jhs. v. Chr. Formeln griechischen Ursprungs aufzutauchen.

Doppeldatierungen

Ein Jahwe-Tempel auf Elephantine

Um die Mitte des 7. Jhs. v. Chr. errichteten die Juden auf Elephantine einen Tempel für ihren Gott Jahwe. Er soll in der Größe dem salomonischen Tempel in Jerusalem nicht nachgestanden haben. Von dem Eroberer Ägyptens, Kambyses, wurde er verschont. Aus den auf Elephantine gefundenen aramäischen Dokumenten erfahren wir, daß hier der Sabbat gefeiert wurde und Opfer dargebracht wurden. Einer der Königserlasse führte hier das Fest des ungesäuerten Brotes ein – wahrscheinlich zur Vereinheitlichung oder sogar Sanktionierung der jüdischen Kulte.

Da die Juden sich entschieden auf die Seite der Perser stellten, richtete sich die Xenophobie der Ägypter gegen sie. Die Abwesenheit des Satrapen Arsames (Arscham), der in der Regierungszeit Darius' II. das Land verwaltete, ausnutzend korrumpierten die Priester des Chnum, des einheimischen ägyptischen Gottes, die lokalen Behörden und zerstörten im Jahre 410 v. Chr. mit deren Wissen den Tempel des Jahwe. Die strengen Strafen, die den bestechlichen Beamten zuteile wurden, konnten die Fakten nicht mehr ändern. Die jüdische Gemeinde auf Elephantine begann zu zerfallen, obwohl man hier einige Jahre später, nach vielen Bemühungen und dank der Fürsprache der Satrapen von Judäa und Samaria, den Kultbau wieder aufzubauen erlaubte.

Juden als Perserfreunde

Ein frühes Pogrom

Tempelneubau und neue Kulthandlungen

Erneut eingerichtet wurde auch die Darbringung von Opfern aus Mehl und Räucherwerk. Noch im Jahre 400 v. Chr. organisierte man, wenn auch in bescheidenem Umfang (zwei Schekel pro Person), eine Kollekte für den Gott Jahwe, aber dies repräsentiert auch das letzte in den aramäischen Dokumenten aus Elephantine bestätigte Datum. Aus dem Jahr 399 v. Chr. stammt noch ein aus Memphis geschickter Brief, der über die Thronbesteigung des Königs Nepherites, eines Herrschers der 29. Dynastie, berichtet. Andere, zumeist schlecht erhaltene Briefe und Rechnungen, geschrieben im 4. Jh. v. Chr. in aramäischer Sprache, enthalten bereits ausschließlich ägyptische Namen. Im 3. Jh. v. Chr. tauchen in aramäischen Texten griechische Namen und sogar andere griechische Wörter auf. Die damals modernisierte jüdische Schrift trat schließlich um 250 v. Chr. vollkommen hinter die griechische Schrift zurück.

Private Spenden

Nepherites begründet die 29. Dynastie

Griechische Schrift

Das zweite Volk, das in Ägypten zahlreiche schriftliche Spuren hinterlassen hat, sind die Karer. Diese Einwohner des südwestlichen Teils Kleinasiens erwähnt bereits Homer in der «Ilias», der sie als «barbarophonoi» bezeichnet, da sie eine für die Griechen unverständliche Sprache besaßen. Ihre Geschichte ist uns jedoch ab dem Augenblick bekannt, als sie zu einem Bestandteil des Achämenidenimperiums wurden. In der altpersischen Sprache nannte man sie Karka, und in den hieroglyphischen Inschriften treten sie als *Krs* (Keres) oder *Grs* (Geres) auf. Durch den Vergleich der epigraphischen Quellen mit den Überlieferungen der antiken Historiker läßt sich die Geschichte der Karer in Ägypten rekonstruieren.

Karer in Ägypten

Von Herodot erfahren wir, daß sie gemeinsam mit den Ioniern Psammetich I. zur Machtübernahme verhalfen. Als Söldner tauchten sie in Ägypten im 7. Jh. v. Chr. auf, und allem Anschein nach gefiel es ihnen am Nil. Sie ließen sich zunächst im Ostdelta, nordöstlich von Bubastis, nieder. Mitte des 6. Jhs. v. Chr. bildete Amasis aus Karern seine Leibgarde und verlegte sie nach Memphis. Eines der Stadtviertel erhielt damals den Namen Karikon, und die Umsiedler wurden Karomemphiten genannt. In der memphitischen Nekropole, die beim heutigen Sakkara liegt, wurden zahlreiche in karischer Schrift verfaßten Texte gefunden. Dort wurden nämlich auch Karomemphiten bestattet.

Karer als Söldner und Leibwache

Schriftliche Hinterlassenschaften

Doch karische Inschriften wurden auch in anderen Ortschaften Ägyptens gefunden, wie in Sais, Abydos, Theben, Abu Simbel und sogar in der nubischen Festung

Unersetzliche Quellen

Buhen. Die in Ägypten erhaltenen karischen Inschriften gehören zu den ältesten unter allen bekannten. Sie sind darüber hinaus – was ein weiteres Paradoxon ist, das sich aus dem Überlieferungszustand der Quellen ergibt – wesentlich häufiger und variantenreicher als diejenigen, die sich in der Heimat der Karer erhalten haben.

Die karische Schrift und Sprache

Die karische Schrift ist noch nicht ausreichend erforscht. Es steht jedoch fest, daß es sich um eine alphabetische Schrift handelt, die dem griechischen Alphabet nahesteht, ähnlich wie die lydische oder lykische Schrift, aber mit einer größeren Zahl ergänzender Buchstaben. Die karische Sprache bleibt für Wissenschaftler selbst noch ein Geheimnis, obwohl die Überzeugung vorherrscht, daß sie, zusammen mit der lydischen und lykischen, zu der Gruppe kleiner indoeuropäischer Sprachen Westanatoliens gehört, die der hethitischen und vor allem der luwischen Sprache des 2. Jts. v. Chr. entstammt.

Unterschiedliche Schriftträger

Unter den Denkmälern der karischen Schrift, die in Ägypten gefunden wurden, verdienen die zahlreichen Stelen sowie die sogenannten «Scheintüren» im ägyptischen Stil, die aus der memphischen Nekropole stammen (6. Jh. v. Chr.), besondere Aufmerksamkeit, ferner Inschriften, die auf bronzenen Votivgegenständen aus Sais, z. B. auf dem Sockel einer Figur der Göttin Neith oder auf einem Reliquiar mit mumifizierten Reptilien, angebracht sind, schließlich die Graffiti an den Wänden der Tempel, Gräber und Felsen. Die karischen Inschriften aus Ägypten werden in die Zeit vom 7. bis zum 3. Jh. v. Chr. datiert.

Zerfall des Perserreiches

Das multinationale Imperium der Achämeniden begann nach den Niederlagen, die die Perser im Kampf gegen die Griechen erlitten, zu zerfallen. Nutzen daraus zog auch Ägypten. Der in das Intrigennetz am eigenen Hofe verwickelte Artaxerxes I. (465–424 v. Chr.) konnte sich in dem Augenblick, als sich der Marionettenfürst Inaros in Ägypten zum Pharao ausrufen ließ und sich die Deltagebiete unterordnete, einen Feldzug dorthin nicht mehr leisten. In persischen Händen blieben zunächst weiterhin Memphis und Oberägypten. Mit Hilfe der athenischen Flotte trug Inaros einen Sieg über den Satrapen Achemenes davon, der in der Schlacht bei Papremis den Tod fand. Der irritierte Artaxerxes schickte seinen General Megabyses in den entscheidenden Kampf um Memphis, den Sitz der persischen Verwaltung in Ägypten. Der in dieser Schlacht besiegte Inaros geriet in Gefangenschaft. In Persien fand er den Märtyrertod eines Patrioten und Helden: er wurde gekreuzigt.

Artaxerxes I. und Inaros

Achemenes fällt

Megabyses nimmt Inaros gefangen

Das pazifizierte Ägypten erlebte nun ein Vierteljahrhundert relativer Ruhe. Nach dem Tode des Achemenes wurde Arsames (454–404 v. Chr.) zum Satrapen ernannt. Eben während seiner Amtszeit vollzog Herodot aus Halikarnassos, dem wir die vollständigste Beschreibung dieser Epoche verdanken, seine Reise nach Ägypten. Man kann den griechischen Historiker nur schwer der Sympathie für die Perser bezichtigen, daher ist jede Quelle anderen Ursprungs eine wertvolle Ergänzung seines Berichts, da sie die Möglichkeit schafft, ein objektiveres Bild von Ägypten zur Regierungszeit der 27. Dynastie herzustellen. Zu den wichtigsten hi-

Arsames wird neuer Satrap

Herodots Ägyptenreise

storischen Dokumenten dieser Art gehören die aramäischen Papyri von Elephantine.

Amyrtaios schüttelt die Perserherrschaft ab

Die Hoffnungen der Ägypter, ihre Unabhängigkeit wiederzuerlangen, waren an ihr Bündnis mit Griechenland geknüpft. Der von Sparta unterstützte Amyrtaios, der in den Jahren 414–405 v. Chr. ständig in Kämpfe gegen die Perser verwickelt war und sich das Deltagebiet einverleibte, krönte eine ganze Reihe von Schlachten um das Abschütteln des persischen Jochs schließlich mit einem Erfolg: Als im Jahre 404 v. Chr. Artaxerxes II. den Thron bestieg, brach gegen ihn in Persien ein bewaffneter Aufstand aus, an dessen Spitze sein jüngerer Bruder Kyros stand. In dieser Situation war ein Feldzug gegen Ägypten unmöglich. Das nutzte Amyrtaios aus, um im gleichen Jahr das ganze Land von der persischen Herrschaft zu befreien.

Artaxerxes II.

Juden halten an Persern fest

Obwohl die Juden auf Elephantine, wie es die aramäischen Papyri bezeugen, noch bis 400 v. Chr. den persischen Herrscher anerkannten, hatte Ägypten bereits seinen eigenen «Herrn Beider Länder» wieder. Nach einhundertzwanzig Jahren Knechtschaft erlangte Ägypten die Unabhängigkeit zurück, wenn auch diesmal nur für sechzig Jahre. Amyrtaios repräsentiert den einzigen König dieser neuen, 28. «Dynastie». Er stammte aus Sais und regierte lediglich sechs Jahre (404–398 v. Chr.). Sein Name ist in keiner hieroglyphischen Inschrift erhalten, er tritt dagegen in zwei aramäischen Papyri aus Elephantine auf, wie auch in einer demotischen Chronik, die überdies andeutet, daß die Machtübernahme durch die nächste, die 29. Dynastie nicht zu den ruhigsten Phasen in der Geschichte Ägyptens zählte.

28. Dynastie

Gewaltsamer Wechsel zur 29. Dynastie

Die Geschichte, und noch mehr die Historiographie, hat eine besondere Vorliebe für Paradoxa. Eines von ihnen bezieht sich auf die Zeiten, mit denen wir uns eben befassen. Es darf wohl als eine Ironie der Geschichte betrachtet werden, daß gerade aus der Phase der völligen Absenz des jeweiligen Herrschers von Ägypten (wie im Fall der letzten Pharaonen der 27. Dynastie) oder auch der Herrschaft ephemerer Könige (wie die 28. und 29. Dynastie) ein einmaliges Dokument religiös-politischen Inhalts stammt, das die Bestätigung der königlichen Macht betrifft. An das Ende des 5. oder in die Anfänge des 4. Jhs. v. Chr. ist der Papyrus datiert, auf dem in hieratischer Schrift eine Art «liturgische Anweisung» notiert ist, die zum Abhalten der alljährlichen Zeremonien anläßlich des jeweiligen Jahrestags der Machtübernahme durch den Pharao diente. Die dort niedergeschriebenen Gebete und Hinweise für die Priester ermöglichen es, die ganze Zeremonie, ja sogar die Topographie der Bauten, zwischen denen sich die Prozession bewegte, genau zu rekonstruieren. Die häufige Bezugnahme auf den Gott Atum läßt annehmen, daß die Feierlichkeiten in Heliopolis, dem Hauptzentrum dessen Kultes, stattfanden. Das wundert uns nicht, da sich der Pharao wohl mit keinem anderen Gott so vollkommen identifizierte, wie eben mit dem heliopolitanischen «Herrn Beider Länder».

Ein «anachronistischer» Ritualpapyrus

Schauplatz Heliopolis?

Die Feierlichkeiten begannen frühmorgens, sobald der Pharao aus dem Schlaf erwachte. Wahrscheinlich wurde der Herrscher schon im Palast zuerst der rituel-

Der Ablauf der Zeremonie

len Reinigung unterzogen und dann bekleidet. Nachdem der Zeremonienmeister erschienen war, wurde das «Zeremoniell des Königlichen Hauses des Morgens» verlesen. Es formierte sich eine Prozession, die sich jetzt zum Tempel begab. In die königliche Sänfte setzte sich zunächst ein Priester des Königs. Die Sänfte wurde feierlich in die «Kapelle des Großen Sitzes» getragen, wo der priesterliche Doppelgänger des Herrschers einen Talisman und magischen Schmuck erhielt und anschließend gesalbt wurde. Die begleitenden Gebete bezweckten hauptsächlich eine Besänftigung der Göttin Sechmet, welche die Gefahren symbolisierte, die auf die Menschen gegen Jahresende lauerten. Der Priester in der Rolle des Pharaos erhielt auch königliche Insignien. Er wurde mit neun verschiedenen Ölen gesalbt, wobei liturgische Lieder gesungen wurden.

Besänftigung der Sechmet

Nach dem Abhalten der Zeremonie wurde der Akt der «Annäherung der Erde an den Palast *Benben*» vollzogen. Alles verweist darauf, daß aus diesem Anlaß ein Gefäß mit Sand vom heliopolitanischen Urhügel, der sich im Tempel des Re-Harachte befand, herbeigebracht wurde. Der Sand aus diesem Gefäß wurde um den königlichen Doppelgänger herum verstreut, womit dieser unter den Schutz der «Vertrauten Atums» gestellt wurde. Um den symbolischen «Herrscher» herum entstand so ein Schutzstreifen der Reinheit und Heiligkeit. Nachdem verschiedene Gottheiten in ihren Kultkapellen verehrt worden waren, begab man sich in Richtung des Sanktuars, das höchstwahrscheinlich der König selbst betrat, um die durch das Ritual vorgesehene Zeremonie vor Horus und den für die Kronen zuständigen Göttern zu vollziehen.

Sand vom Urhügel

Opfer vor diversen Göttern

Zur Prozession zurückgekehrt, defilierte der König weiter, unter anderem vor den mit Bildern der Götter geschmückten Flaggen. Weiter ging es in den «Pavillon des Lebenshauses, der sich im Großen Sitz befindet». Bevor dessen Schwelle betreten wurde, mußte der Priester in der Rolle des Königs das Wohlwollen der Götter gewinnen, indem er ein Opfer aus Nahrungsmitteln darbrachte. Dann begab man sich in den Hof des «Lebenshauses». Hier mußte der Herrscher selbst den gastgebenden Göttern ein Opfer darbringen. Damit fand der erste Teil der kultischen Handlungen seinen Abschluß.

König als Erbe des Horus

Im Laufe des zweiten, nicht weniger erschöpfenden Rituals erhielt der König endlich eine Genugtuung für seine Strapazen. Im «Pavillon der Überweisung des Erbes» fanden zuerst die Zeremonien der Überweisung der Macht an den ersten aller Könige, Horus, statt, mit dem sich der Pharao identifizierte. Der König hielt sich hier einige Tage auf, ununterbrochen mit verschiedenen Zeremonien beschäftigt. Viele von ihnen hatten eine magische Bedeutung und dienten der Bekräftigung der Sicherheit des Herrschers für das ganze nächste Jahr. Außer verschiedenen Amuletten erhielt hier der Pharao vier hölzerne Siegel mit den Namen der Götter, die die Garanten des Erbes von Horus waren. Zwei von ihnen trugen den Namen des Geb, die beiden übrigen den der kriegerischen Göttin Neith und der Göttin Maat, der Personifikation der Wahrheit. Schließlich fand das Mysterium des Todes und der Wiedergeburt statt. Der König legte sich hin, wobei sich alle vier Siegel unter seinem Kopf befanden. In dieser Stellung mußte er einschlafen. Nach diesem symbolischen Tod erwachte er mit neuer Kraft zum Regieren. Das neue Jahr hatte bereits begonnen, die Kräfte des Pharaos waren regeneriert und seine Macht bestätigt.

Symbolischer Heilschlaf

Aber das war noch nicht das Ende der Zeremonie. Vor dem König lag noch ein weiter Weg, der mit dem feierlichen Thronen mit den königlichen Insignien eingeleitet wurde. Von der Bestätigung der Macht mußten jetzt alle Götter erfahren, insbesondere Horus. Der Zeremonienmeister holte zwei Vögel, von denen einer als Verkünder zu Horus ausgelassen wurde, der zweite blieb für alle Fälle an Ort und Stelle. In diesem Augenblick wurden Flüche gegen die Feinde des Horus ausgestoßen. Sie wurden auch auf symbolische Weise unschädlich gemacht, indem man sieben Papyrusrollen zerstörte – wahrscheinlich verbrannte – und auch sieben Sumpfblumen die Köpfe abschnitt. Um den Gefahren vorzubeugen, denen der König im Laufe des ganzen Jahres ausgesetzt sein konnte, erfolgte jetzt ihre Beschwörung. Die Exorzismen erfolgten am fünften Tag des neuen Jahres. Der König legte eine genau festgelegte Kleidung an: es mußten ein Gewand aus rotem Leinen, der Farbe des Sieges, und weiße Sandalen (Farbe der Reinheit) sein, und in der Hand hielt er den zeremoniellen «Stock der fremden Länder», der seine Herrschaft über die unterworfenen Völker symbolisierte.

Vögel als Boten

Feindvernichtungsrituale

Im Laufe dieser Zeremonie erhielt der Herrscher verschiedene Amulette, deren magische Kräfte ihm seine Sicherheit gewährleisten sollten. Ein unentbehrliches Requisit war hierbei die «Barke des Seth», eines Gottes, der das Chaos symbolisierte und den der Horus-König mit einem Papyrusstengel verjagen mußte. Zum Abschluß der Exorzismen sangen die Gastgeber des «Lebenshauses» eine Hymne. Um den König herum formierte sich wieder eine Prozession, welche die «Stätte der Überweisung des Erbes» verließ. An einer nicht näher bestimmten Stelle erfolgte die Darbringung von Opfern an die Vorfahren, also an die verstorbenen Könige und die Götter, von denen sie im Jenseits begleitet werden.

Amulette zur magischen Stärkung

Opfer an die Ahnen

Die Schlußzeremonie sah die Rückkehr in das «Lebenshaus» vor, wo die Vorführung von neun lebenden Vögeln erfolgte. Sie begann mit einem Gebet an den Sonnengott Re, «der in seiner Scheibe ist». Die Köpfe der herbeigebrachten Vögel wurden mit heiligem Balsam gesalbt, damit sie über den König ihre schützenden Flügel ausbreiteten. Während der Zeit der Vorführung der Vögel wurden aus der Schatzkammer drei Kleinodien gebracht, mit denen der Hals des königlichen Doppelgängers geschmückt wurde. Das eine war ein goldener Falke, das zweite ein Geier aus Fayence, das dritte eine türkisblaube Katze. Mit jedem der Boten-Vögel wurde etwas anders verfahren. Der erste von ihnen war ein lebendiger Falke, der zuerst beweihräuchert, und dann mit Olibanumöl gesalbt wurde. Dann neigte der Vogelfänger den Kopf des Falken zur Seite und entnahm seinem linken Auge eine Träne. Diese Träne des Horus diente dann zum Salben des falkengestaltigen Kleinods, das aus Gold hergestellt war und am Hals des Königs hing. Auf diese Weise wurde die symbolische Machtüberweisung vollzogen, die Konsekration des Pha-

Vorführung der neun Vögel

Träne des Horus

Geier, Weihe und Nilgans

raos für das nächste Jahr. Weitere Vögel, die bei der Zeremonie eine Rolle spielten, waren ein Geier, eine Weihe und eine Nilgans. Sie wurden freigelassen, damit sie sowohl als Abgesandte als auch Beschützer des Königs fungieren konnten. Das Zeremoniell endete mit einem Gebet an die «Vögel des Re», die dem Herrscher Leben und Gesundheit für das nächste Jahr gewährten. Nach dem Verrichten des Gebets konnte sich der Pharao zur wohlverdienten Rast begeben.

Ein tatsächlich vollzogenes Ritual?

Fürwahr arbeitsreiche Tage für den König, dessen Gedanken wohl oft – besonders in dieser stürmischen Periode der Geschichte – in die Sphäre der großen Politik, der Kriege und der Hofintrigen abschweiften. Es wäre interessant zu wissen, wie viele Herrscher der letzten ägyptischen Dynastien sich den Luxus leisten konnten, jedes Jahr so ausgiebig zu feiern, wie das der präsentierte Papyrus beschreibt, der sich gegenwärtig in den Sammlungen des Brooklyn-Museums in New York befindet. Wir können uns vorstellen, daß diese komplette Fassung der Jubiläumsliturgie, wahrscheinlich aus älteren Papyri abgeschrieben, nicht immer im Ganzen abgehalten wurde.

Machtkämpfe

Sais vs. Mendes

29. Dynastie

Nepherites

Die letzten Jahrzehnte der Unabhängigkeit des pharaonischen Ägyptens waren eine Zeit der scharfen Rivalität zwischen den Fürstengeschlechtern verschiedener Deltastädte. Wir wissen nicht, unter welchen Umständen Amyrtaios, der aus Sais stammte, den Platz für andere Herrscher räumte, die aus Mendes kamen, einem wichtigen Verwaltungs- und Kultzentrum im nordöstlichen Delta. In der griechischen Historiographie bilden sie die 29. Dynastie, die nur zwanzig Jahre regierte. Zwei von den vier Königen dieser Dynastie saßen nicht länger als nur einige Monate auf dem Thron. Der erste trug, ähnlich wie der letzte dieser ephemeren Herrscher der mendesischen Dynastie, den Namen Nepherites. Der erste regierte vier Jahre, der letzte kaum vier Monate.

Die «demotische Chronik»

Nektanebos I.

Eine interessante Interpretation der politischen Erfolge und Mißerfolge der Herrscher, die in Ägypten nach der Vertreibung der Perser regierten, enthält die sogenannte «demotische Chronik», womit ein Text bezeichnet wird, der in demotischer Schrift auf einem Papyrus vom Ende des 3. Jhs. v. Chr. festgehalten ist, der sich heute in der Nationalbibliothek in Paris befindet. Das Werk hat den Charakter eines moralisch-politischen Essays, der in der Form von Prophezeiungen verfaßt ist, die sich auf die einzelnen Herrscher beziehen. Diese Prophezeiungen wurden dem König Nektanebos I. (378–360 v. Chr.) verkündet, einem der beiden letzten einheimischen Pharaonen, und sie stützten sich – natürlich – auf historische Fakten, die dem Verfasser des Textes wohlbekannt waren, da das Werk etwa anderthalb Jahrhunderte später entstand.

Subjektive Einschätzungen

Auf fürwahr biblische Weise verbindet sich in der «demotischen Chronik» der politische Erfolg mit der Frömmigkeit und Redlichkeit des Herrschers. Wenn er kurz regierte, bedeutete das, daß er das Gesetz verletzt hatte oder überhaupt einen schlechten Charakter besaß. Als Ausleger der Träume tritt hier – wie es scheint – ein Priester aus Herakleopolis auf, einem weiteren ehrgeizigen politischen Zentrum aus dem Ende der dynastischen Zeit. Man kann also von den moralischen

Einschätzungen dieses Orakels nur schwer eine Objektivität erwarten. Beurteilt wurden hier neun Herrscher, von denen wohl Achoris am besten wegkam, da er mit 13 Jahren (390-378 v. Chr.) lange regierte, und zwar mit der Begründung, daß er «für den Tempel freigebig war». Schließlich verletzte aber auch er das Gesetz und vernachlässigte seine Geschwister, daher wurde er gestürzt.

Achoris

Der Autor der «demotischen Chronik» ist eigentlich mit keinem König zufrieden. Die Herrscher kann er eher in solche einteilen, mit denen er mehr oder weniger unzufrieden ist. Die historische Wahrheit ist in diesem Werk fast vollkommen der Propaganda untergeordnet, die den politischen Interessen von Herakleopolis dient. Gebildet werden fiktive Genealogien, und so taucht Nepherites I., der erste König der 29. Dynastie, als Vater von Nektanebos I., dem Gründer der 30. Dynastie, auf.

Eine Propagandaschrift aus Herakleopolis

Eine ähnliche Legende machte aus Nektanebos II., dem letzten Pharao ägyptischer Abstammung, den Vater von Alexander dem Großen. Diese letztgenannte Fiktion war von erstrangiger politischer Bedeutung, sie verwies nämlich auf eine altägyptische Abstammung der griechischen Herrscher Ägyptens. Sie diente aber auch der Verurteilung derjenigen Könige, die aus Sebennytos stammten und die 30. Dynastie bildeten. Vornehmlich gegen sie ist die Aussagekraft der «Prophezeiungen» in der «demotischen Chronik» gerichtet. Der letzte Herrscher dieser Dynastie, Nektanebos II., wird als «Weib» bezeichnet, und seiner Feigheit schrieb man den Untergang der Dynastie zu. Der Prophet sagt natürlich die Ankunft Alexanders des Großen und die Regierung der Ptolemäer voraus, aber ihnen soll wieder eine einheimische Dynastie folgen, die diesmal aus Herakleopolis stammen würde. Diese letzte Prophezeihung läßt keinen Zweifel übrig, in wessen Interesse diese Chronik geschrieben wurde.

Nektanebos als Vater Alexanders d. Gr.

30. Dynastie aus Sebennytos

Prophezeihungen für die Zeit nach Alexander

Angesichts der Dürftigkeit ägyptischer Quellen stützt sich unser Wissen hauptsächlich auf Werke griechischer Autoren wie Diodor und Xenophon. Wir wissen, daß Ägypten in der Regierungszeit der drei letzten Dynastien (28.–30. Dyn.) eine griechenfreundliche Politik betrieb, die vollkommen auf die Zusammenarbeit mit Griechenland eingestellt war. Kein Wunder – schließlich hatten beide Staaten einen gemeinsamen Feind: Persien. Der Pharaonenstaat befand sich ständig in einem Zustand der politischen und militärischen Einsatzbereitschaft, er suchte also nach einem Verbündeten auf der anderen Seite des Mittelmeers. Persien versammelte in Phönizien eine mächtige Armee, die nur auf den entsprechenden Befehl wartete, um gegen Ägypten zu ziehen.

Diodor und Xenophon

Griechenfreundliche Außenpolitik

Doch Kyros engagierte sich in einen Krieg gegen Sparta, das im Jahre 400 v. Chr. ausgerückt war, um die griechischen Städte Kleinasiens zu verteidigen. Dieser Krieg dauerte zehn Jahre; es war eine Zeit der Ruhe für Ägypten. Im Jahre 396 v. Chr. schloß Sparta zwar ein Bündnis mit Ägypten, und Nepherites I. sollte den König Agesilaos mit gewaltigen Mengen an Getreide und Ausrüstung unterstützen, doch bevor die spartanischen Schiffe mit der ägyptischen Fracht Rhodos erreichten, war die Insel bereits von den Persern besetzt, und das Getreide geriet in die

Kyros ist gegen Sparta gebunden

Nepherites I.

Achoris wechselt den Bündnispartner

Hände ihres Admirals, des Atheners Konon. Da sich das Bündnis mit Sparta als nicht allzu günstig erwies, fand Achoris, der den ägyptischen Thron nach der einjährigen Herrschaft des Psammuthis übernommen hatte, einen anderen Verbündeten. Es war Euagoras, der König der zypriotischen Stadt Salamis. Diese Allianz näherte die Ägypter wiederum an Athen an, da Euagoras mit Konon befreundet war.

Persisch-spartanischer Frieden

Die beiden durch den Krieg ermüdeten Parteien – Persien und Sparta – schlossen im Jahre 386 v. Chr. einen Frieden, Frieden des Antalkidas genannt, der die Oberherrschaft Persiens über die griechischen Städte Kleinasiens akzeptierte, und als Gegenleistung die Autonomie aller anderen hellenischen Staaten anerkannte. Es war ein Horror für Achoris und Euagoras, die sich jetzt direkt Artaxerxes II. ausgesetzt sahen. Der persische Herrscher griff zuerst Ägypten an. Aber dieses Land hatte inzwischen, die zehnjährige Ruhezeit ausnutzend, seine Kräfte gestärkt; überdies gewann die ägyptische Armee den hervorragenden athenischen General Chabrias. Wir wissen nicht viel über den Krieg, der sich zumindest bis 383 v. Chr., wenn nicht länger, hinzog. Mit Verachtung wird er von dem athenischen Redner Isokrates, einem Schüler der Sophisten, erwähnt.

Ägypten erwehrt sich der Perser

Euagoras erwies sich jedoch als ein durchaus wirksamer Verbündeter. Er eroberte Tyros und andere phönizische Städte. Leider wurde er nach einer verlorenen Seeschlacht im eigenen Salamis belagert. Über zehn Jahre lang leistete er Widerstand; letzten Endes mußte er sich jedoch ergeben und schloß mit den Persern im Jahre 380 v. Chr. ein Übereinkommen zu für ihn günstigen Bedingungen. Für Achoris bedeutete dies den Anfang vom Ende. Die geschwächte Dynastie wurde auch nicht durch seinen Sohn Nepherites II., der nur wenige Monate regierte, gerettet. Die Macht über Ägypten ging in die Hände eines Generals über, der aus Sebennytos stammte. Die «demotische Chronik» erklärt den Untergang der 29. Dynastie als ein unumgängliches Schicksal, das Ägypten für die Sünden seiner letzten Herrscher erfahren mußte.

Euagoras entfällt als Verbündeter

Nepherites II.

Untergang der 29. Dynastie

Obwohl sich der Sitz – und wohl auch die Nekropole – der Könige der 29. Dynastie in Mendes, im Norden des Landes, befanden, erhielt sich das interessanteste Objekt aus dieser Zeit bis auf unsere Tage in Theben, vor dem Tempel des Amun-Re in Karnak. Der zweite Herrscher der Dynastie, Psammuthis, stiftete hier einen kleinen Tempel, dessen Bau und Ausschmückung Achoris beendete. Daher wird er auch heute «Achoris-Kapelle» genannt. Dieses interessante Bauwerk ist das erste, auf das heute der Tourist stößt, der den Tempelbezirk von der Nilseite kommend betritt.

Tempel von Psammuthis und Achoris in Karnak

Abb. 70

Wenn auch das Gebäude im Schatten der riesigen Pylone und der monumentalen Tempel verbleibt, die in früheren Zeiten errichtet worden waren, lohnt es sich dennoch, die Kapelle als das einzige bis heute stehende Bauwerk der ausgehenden dynastischen Zeit genauer in Augenschein zu nehmen. Sie entstand anstelle eines früheren Tempels des Taharka (25. Dynastie) und war für eine temporäre Aufbewahrung der heiligen Barke des Amun-Re bestimmt, in der die Statue der Gottheit

Kuschitischer Vorgängerbau

Abb. 69 Achoris als Sonnenpriester und ein Pavian beten die aufgehende Sonne an. Relief aus einem Tempel in ed-Tod. Ägyptisches Museum, Kairo.

Abb. 70 Kapelle des Königs Achoris in Karnak.

Abb. 71 Säulen einer frühchristlichen Basilika inmitten der Ruinen von Hermopolis.

Abb. 72 Sphinx Nektanebos' I. mit Königskopf in der Sphinxallee vor dem Luxor-Tempel. Sandstein.

Abb. 73

Abb. 74

Abb. 75

Abb. 76 Gott Month führt Alexander den Großen zu Amun-Re und überreicht ihm das Zeichen des Lebens. Relief im Sanktuar Alexan-ders des Großen in Luxor.

Vorhergegangene Seite:

Abb. 73 Nektanebos I. opfert einen Halskragen. Detail der Giebelszene der Basaltstele aus Naukratis. Ägyptisches Museum, Kairo.

Abb. 74 Nektanebos I. in einer Reliefdarstellung auf einer in Alexandrien gefundenen Säulenschranke. Basalt. British Museum, London.

Abb. 75 Nektanebos II. opfert einem Gott die Figur der Göttin Maat. Fragment eines Naos aus Bubastis. Roter Granit. Ägyptisches Museum, Kairo.

Abb. 77 Nilfigur als Träger einer Kartusche mit dem Namen Nektanebos' II. Relief aus Samannund. Metropolitan Museum of Art, New York.

Abb. 78 Alexander der Große als Pharao. Ein von Alexander usurpiertes Relief Thutmosis' III. in Karnak.

Abb. 79 Nektanebos II. im Schutz des Horus-Falken. Statue aus Heliopolis. Grauwacke. Metropolitan Museum of Art, New York.

Abb. 80 Der Thronname Alexanders des Großen. Relief auf einem Kalksteinblock eines Tempels in Athribis (Nildelta).

Abb. 82 Der Tempel von Dendur in Nubien. Zur Zeit des Kaisers Augustus für den Kult der vergöttlichten Brüder Pete-Isis und Pa-hor erbaut. Nach der Nubien-Rettungskampagne im Metropolitan Museum, New York, wieder aufgebaut.

Abb. 83 Amun-Tempel von Debod in Nubien. Ptolemäische bis römische Zeit. Nach der Nubien-Rettungskampagne in Madrid wieder aufgebaut.

Nachfolgende Doppelseite:

Abb. 84 Philae. Wiederaufgebauter Säulengang auf der Insel Agilkia.

Abb. 81 Fragment des Namens Nektanebos' II. Kalksteinblock aus einem Tempel in Athribis.

Abb. 82

Abb. 83

Abb. 85 Säulen in der Form eines Hathor-Sistrums. Kleine Hathor-Kapelle auf dem Dach des Tempels in Dendera.

Abb. 86 Hathorkopf über einer Gold-Hieroglyphe und eine Uräus-Schlange mit oberägyptischer Krone. Fragmentarischer Granitblock in Behbeit el-Hagar unweit von Sebennytos.

Abb. 87 Trümmerfeld des Isis-Tempels in Behbeit el-Hagar.

Abb. 88 Ptolemaios II. als Pharao bringt dem Osiris Salbe und Kleidung dar und räuchert vor Harachte. Granitblock in Behbeit el-Hagar.

Abb. 87

Abb. 88

Abb. 89 Tell Atrib. Die Bebauung der antiken Stadt Athribis wird inmitten der heutigen Stadt Benha freigelegt.

Abb. 91/92 Soldaten Alexanders des Großen in Athribis. Terrakottafiguren aus der Grabung in Tell Atrib. Ende des 4. Jhs. v. Chr.

Abb. 90 Tell Atrib. Arabische Nekropole auf den Ruinen der antiken Stadt.

Abb. 91

Abb. 92

Abb. 93 Porträt Ptolemaios' I. Soter auf einer Silbermünze aus seiner Regierungszeit. Ende 4./Anfang 3. Jh. v. Chr. Aus Tell Atrib.

Abb. 94 Porträt Ptolemaios' II. Philadelphos aus einer Bildhauerwerkstatt in Athribis. Kalkstein. 1. Hälfte des 3. Jhs. v. Chr.

Abb. 95 Köpfe persischer Soldaten. Terrakottafiguren aus den Werkstätten in Athribis. 4./3. Jh. v. Chr.

Abb. 96 Kopf eines Soldaten der Armee Alexanders d. Gr. Terrakotta. 4./3. Jh. v. Chr. Aus der Grabung in Tell Atrib.

Abb. 97 Menschentypen im Werk athribitischer Koroplasten der Ptolemäerzeit (3./2. Jh. v. Chr.) – ein Sklave.

Abb. 98 Harpokrates, das Horus-Kind der Ptolemäerzeit, mit der altägyptischen Doppelkrone. Aus Tell Atrib.

Abb. 99 Harpokrates als hockender Gott mit orientalischen Gesichtszügen. Aus Tell Atrib.

Abb. 100 Harpokrates als Jüngling mit altägyptischen (Pharaonenkrone) und griechisch-dionysischen (Efeu) Attributen. Aus Tell Atrib.

Abb. 101 Doppelszene mit Harpokrates. Reliefdekor einer Schale aus Tell Atrib.

ihre Reise während der größten Feste absolvierte. Die transportable Barke, auf zwei Stangen montiert, wurde von Priestern mit kahlgeschorenen Köpfen von einer Station zur anderen getragen. In jeder von ihnen verblieb die Barke eine Zeitlang, und um das Bauwerk herum wurden verschiedene religiöse Zeremonien abgehalten. Eine der wichtigsten Aufgaben der Gottheit während solcher Festtage war das Abhalten des Orakels, das heißt das Beantworten verschiedener Fragen der Gläubigen. Die Achoriskapelle wurde als eine solche Station der Barke errichtet, daher zeigen die ihre Wände schmückenden Reliefs den König neben diesem allerheiligsten Objekt. Die Kapelle selbst wurde unlängst rekonstruiert, konsolidiert und von der in Karnak tätigen französisch-ägyptischen archäologischen Mission in einer Veröffentlichung beschrieben.

Funktion als Barkenstation

Orakel-schauplatz

Ein äußerst interessantes, obwohl fragmentarisch erhaltenes Relief des Achoris wurde in ed-Tod gefunden, einer südlich von Karnak gelegenen Ortschaft. Sie zeigt den König und einen Pavian, wobei beide Gestalten die gleiche Geste der Verehrung vollziehen. Es geht dabei zweifellos um die Verehrung des Sonnengottes, dessen Bildnis nicht erhalten ist. Der König übt hier allem Anschein nach die Funktion eines Priesters des Sonnengottes aus, bei der er sich mit dem Kind dieses Gottes identifiziert. Diese Funktion nähert ihn der Rolle der Affen an, die frühmorgens die aufgehende Sonne adorieren. Diese Angleichung schmälerte nicht nur die Würde des Königs nicht, sondern war für ihn sogar eine Ehre, da der Affe auch einen der wichtigsten Götter Ägyptens personifizierte, den Betreuer der Schreiber, Thot. Daher taucht dieser Affe mitunter in der Rundplastik als Tier auf, das auf den Schultern des Schreibers sitzt und seinen Kopf umarmt. Die Kultstätte des göttlichen Affen war, wie wir uns erinnern, Hermopolis in Mittelägypten. Eben diesem Gott opfert Nektanebos I. (378–360 v. Chr.), der erste Herrscher der 30. Dynastie, eine Figur der Göttin Maat – ein Symbol der Wahrheit und Ordnung – in einer Szene an der Wand eines Granitnaos aus Abydos.

Achoris-Relief aus ed-Tod

Abb. 69

Thot als Pavian

Nektanebos I.

Für Thot und andere in Hermopolis verehrte Götter errichtete bzw. restaurierte Nektanebos Tempel, die er im Hieroglyphentext einer großen Stele aus Kalkstein erwähnt, welche dort im Mai 1939 von der deutschen archäologischen Mission gefunden wurde. Das Dokument enthält eine Reihe interessanter, fast technischer Informationen über das Aussehen der Tempel und des ganzen Tempelbezirks in Hermopolis, es ist aber auch ein Denkmal des blumigen Stils der königlichen Propaganda. Der auf der Stele verewigte Text betrifft die Zeit zwischen dem vierten und dem achten Regierungsjahr des Königs, als man in Hermopolis groß angelegte Bauarbeiten durchführte. Bevor es aber dazu kam, sogar noch bevor Nektanebos König wurde, hielt er sich in der Stadt des Thot als General auf, um den Aufstand der einheimischen Bevölkerung zu unterdrücken.

Restaurierungs-stele von Hermopolis

Nektanebos als General

Vielleicht ebnete ihm eben der Erfolg dieser Befriedungsaktion den Weg auf den Thron. Davon würde die ungewöhnliche Aufmerksamkeit zeugen, die er den Göttern von Hermopolis erwies. Dem Text des Dokuments ist zu entnehmen, daß die lokale Priesterschaft den General und späteren König sehr wohlwollend empfing.

Besondere Affinität zu Hermopolis

Die Thronbesteigung des Nektanebos wird in dieser Inschrift der hermopolitanischen Göttin Nehemet-auai zugeschrieben, für die der dankbare König in den ersten Jahren seiner Herrschaft einen Tempel errichtete. Sie wird auch vom Verfasser des Textes mit der Uräusschlange an der Stirn des Königs identifiziert. Die Göttin nahm ihren Sitz in dem neuen Tempel zur großen Freude der Einwohner von Hermopolis, und der König belohnte die dortige Priesterschaft überreich. Dann gedachte Nektanebos weiterer Gottheiten:

Nehemet-auai

...Er baute das wieder auf, was [verfallen] war, aus schönem Stein, die Flügel des Tores aus Zedernholz, mit Bronze beschlagen, in der Länge von 60 Ellen (und) einer Breite von 30 Ellen. Die Ruhestätte seiner Mutter Useret Nehemet-auai[65]*; das »Haus Chemenu*[66]*, Haus der Goldenen», so wurde es genannt. Es gibt darin acht Sistren*[67] *von Hathor Nehemet-auai.*

(...) Sie kamen, um Seiner Majestät zu sagen: «Das Haus deiner Mutter, Useret Nehemet-auai ist fertig, dauerhaft und beständig wie der Himmel; Säulen aus schönem weißem Stein sind vor diesem Haus, jede mit den vier Gesichtern des Sistrums gekrönt[68]*, mit Gold überzogen, (und) das Gewölbe – ein fürwahr schöner Anblick – aus echtem Stein. Der große Sitz ist in der Mitte, umgeben mit Gold in seinem Inneren; die Flügel seiner Tore sind aus Gold, mit eingemeißeltem großen Namen Seiner Majestät, wie man das seit Urzeit nie gemacht hat». Seine Majestät stattete den Sitz mit Gefäßen aus Gold, Silber und jedem echten Stein aus, (mit) allerlei schönen Sachen. Ihre Majestät* [= die Göttin] *freute sich darüber mehr als über das, was früher dort war...*

Ausbau des Thot-Tempels

Jetzt galt es vor allem, den Tempel des Thot, der an der Spitze des hiesigen Pantheons stand, auszubauen:

Achtes Jahr, dritter Monat [der Jahreszeit] des Herauskommens [= des Winters]: *Seine Majestät gründete den Sitz für seinen Vater Thot, den zweifach großen Herrn von Chemenu, den Großen Gott, der aus der Nase von Re hervorkam, des Schöpfers seiner Schönheit; aus schönem, weißem Stein, (und) den Fußboden aus dem Kis-Stein*[69] *mit einer Länge von 220 Ellen und einer Breite von 110 Ellen; vortreffliche Arbeit für alle Ewigkeit. Man hat nie etwas ähnliches seit uralten Zeiten gemacht.*

Seine Majestät war dort mit den Arbeiten jede Nacht und jeden Tag beschäftigt, (und) beendete sie glücklich, er sah (nämlich), daß sein Vater Thot in sie einkehrte, während Seine Majestät sich des Lebens, der Dauer und der Herrschaft (...) – für immer. Er brachte mehr göttliche Opfer dar, als es (ihrer) dort vorher gab. Seine Majestät belohnte die Propheten und Priester zum Abschluß aller Arbeiten, die er in Her-set[70] *durchgeführt hatte.*

Nektanebos I. und II.

Die letzte Dynastie des pharaonischen Ägyptens, die 30. Dynastie, bilden eigentlich zwei große Herrscher, die den gleichen Namen tragen: Nektanebos. Die antike Geschichtschreibung trennt ihre Regierungszeit durch die kurze, höchstens zweijährige Herrschaft von Theos, der ein Sohn Nektanebos' I. und ein Onkel Nektanebos' II. war.

Theos

Sebennytos wird Hauptstadt

Die aus Sebennytos stammende Dynastie verlängerte die unabhängige Existenz des pharaonischen Ägyptens um 37 Jahre (378–341 v. Chr.), bevor der Thron dieses Landes wiederum den Persern zufiel. Sebennytos wurde zur Hauptstadt der 30. Dynastie und zu einem großen Kulturzentrum. Die hier verehrte Göttin Isis startete in der Regierungszeit Nektanebos' I. fast eine Weltkarriere, die sie dann in den weiteren Jahrzehnten und Jahrhunderten machte.

Djedhor

Nektanebos I., der Sohn des Oberbefehlshabers Djedhor (so der ägyptische Prototyp des griechischen Namens Taho, Tachos oder Theos), sicherte Ägypten eine sechzehnjährige Zeit des Friedens und der Prosperität. Die Idylle wurde zwar durch den Feldzug Artaxerxes' II. gegen Ägypten gestört, der im Jahre 373 v. Chr. unter Beteiligung von griechischen Söldnern unternommen und von dem Satrapen Syriens befehligt wurde; die Perser gelangten aber nicht einmal bis Memphis. Vor dem Einzug in die Hauptstadt wurden sie durch den hohen Nilwasserstand zurückgehalten.

Vergeblicher Feldzug des Artaxerxes

Theos wird Koregent

Seit 366 v. Chr. suchte Nektanebos I. erneut nach einem Bündnis mit Sparta und Athen, dazu – wie es scheint – von seinem Sohn Theos angeregt, der wahrscheinlich im Jahre 365 zum Mitherrscher seines Vaters wurde. Der politisch aktive Sohn unterstützte, schon zum selbständigen Herrscher geworden, eine Revolte der Satrapen gegen Artaxerxes II. und versucht sogar Syrien zu unterwerfen. Von dem athenischen General Chabrias dazu aufgewiegelt, führte er ein hartes Steuersystem ein. Er ließ zudem Münzen prägen, um seine griechischen Söldner zu entlohnen.

Münzprägung

Syrienfeldzug des Theos

Der große Feldzug nach Syrien unter dem Kommando des Theos im Jahre 360 v. Chr. mit dem bejahrten König von Sparta, Agesilaos, an der Spitze der griechischen Söldner und einer Flotte, die von Chabrias befehligt wurde, endete für den ehrgeizigen Pharao tragisch. Seine Abwesenheit nützte nämlich sein Bruder aus, der für die Zeit des Krieges in Ägypten die Pflichten eines Regenten erfüllen sollte. Die Unzufriedenheit der Ägypter mit den Steuerbelastungen, die ihnen von Theos auferlegt worden waren, ausnutzend, beschloß er, seinen Sohn auf den Thron zu setzen, der gerade mit der ägyptischen Armee in Syrien weilte. Er holte ihn nach Ägypten und rief ihn zum Pharao aus. Für den jungen Fürsten sprachen sich Agesilaos und die meisten Soldaten aus. Theos blieb also nicht anderes übrig, als an den Hof des persischen Königs zu fliehen. In Ägypten begann die achtzehnjährige Regierungszeit des Usurpators Nektanebos II. (359–341 v. Chr.), des letzten Pharaos des dynastischen Ägyptens.

Ein Staatsstreich

Nektanebos II.

Der letzte Pharao war Sohn eines Generals. In den Anfängen seiner Regierungszeit mußte er den Kampf mit einem Thronbewerber führen, der aus Mendes stammte und der von einem Teil der Bevölkerung unterstützt wurde. Mit Hilfe von Agesilaos und den Spartanern gelang es ihm, den Aufstand zu unterdrücken. Im Winter des Jahres 351/350 v. Chr. mußte er die Angriffe der Perser abwehren, die von Artaxerxes III. Ochos angeführt wurden. Der Angriff endete zwar mit einem Mißerfolg, die Perser ließen sich aber dadurch nicht entmutigen. Sie stellten sich erneut im Jahre 343 v. Chr. an den Grenzen Ägyptens auf, diesmal mit Kräften, die das ägyptische Potential wesentlich übertrafen. Nektanebos II. rettete sich durch eine Flucht nach Oberägypten, wo er noch zwei Jahre nach dem Abzug der Perser die Macht behielt. Sein Ende ist uns unbekannt; wir wissen dagegen, daß

Angriff Artaxerxes' III.

Nektanebos II. muß fliehen

Erneute Perserherrschaft

Ägypten erneut in die Hände der Perser gelangte, deren Herrschaft am Nil noch elf Jahre andauerte.

Bautätigkeit der 30. Dynastie

Die beiden großen Könige der 30. Dynastie, Nektanebos I. und II., entwickelten eine unerhört aktive Bautätigkeit, die den berühmtesten Pharaonen der Jahrhunderte zuvor alle Ehre eingebracht hätte. Fast in allen wichtigen religiösen Zentren ganz Ägyptens wurden Spuren ihrer Tätigkeit in Form von zerstörten Tempeln, mit Reliefs verzierten Steinblöcken, Naoi, Stelen, Statuen, mit Inschriften versehenen rituellen Gegenständen und desgleichen mehr entdeckt.

Nektanebos I. landesweit vertreten

Der erste dieser beiden Herrscher machte sich einen Namen dank der neuen und renovierten Tempel nicht nur in Hermopolis, sondern auch in Tanis, Heliopolis, Memphis, Letopolis, Koptos, Karnak, Elkab, Philae und an vielen anderen Stellen. In den letzten Jahren wurden Überreste seiner sakralen Bauten auch in Mendes, Moalla und auf Elephantine entdeckt. Den Tempel in Luxor schmückte er mit einer Allee von Sphingen, die, mit den Köpfen des Pharaos versehen, im wesentlichen bis auf den heutigen Tag erhalten ist.

Abb. 72

Sphingen und Naoi

Eine ähnliche Allee entstand vor dem Serapeum in Memphis, dessen Umgebung gründlich umgebaut wurde. Einzelne Sphingen, gestiftet von Nektanebos I., schmückten auch einige andere ägyptische Tempel. Im Deltagebiet fand man einige Naoi, die von dem König verschiedenen Gottheiten geweiht wurden. Hergestellt aus Hartgestein, wurden sie reich mit Reliefs verziert.

Sopdu-Naos von Saft el-Henne

Der berühmteste von ihnen ist ein großer Granitnaos aus Saft el-Henna (Ostdelta), der sich heute im Ägyptischen Museum in Kairo befindet. Durch seinen Reichtum an mythologischen Szenen und Gestalten erinnert dieses Objekt an das Sanktuar im Darius-Tempel, von dem oben die Rede war. Der Naos war dem Gott Sopdu geweiht und bildet eine grundlegende Quelle zur Erforschung der Rolle dieses Gottes in der ägyptischen Religion.

Krönungsstele Nektanebos' I.

Eine wunderschöne, im ersten Regierungsjahr des Königs hergestellte Stele aus schwarzem Granit enthält einen hieroglyphischen Text, der über die Krönung Nektanebos' I. und über seine Spenden für den Tempel der Göttin Neith in Sais informiert. Die Göttin sollte den zehnten Teil aller Einkommen von Zollgebühren und Steuern erhalten, mit denen die Handwerksproduktion belegt war. Im Oberteil der Stele war der Herrscher dargestellt, der der Göttin eine riesige Halskette opfert.

Abb. 73

In saitischer Tradition

Obwohl man in der Skulptur und im Relief jener Periode künstlerische Anregungen aus der Zeit der Saitenherrscher, der 26. Dynastie, erahnen kann, überraschen uns einige Bildnisse Nektanebos' I., die aus dem Deltagebiet stammen, mit ihrer Originalität in der Behandlung der Physiognomie des Herrschers. Die auf Basaltplatten ausgeführten Reliefs, die sich heute in den Museen von Bologna und London befinden, zeigen den Herrscher mit fast karikaturistischen Zügen. Die dominierenden Merkmale seines vollen Gesichts sind die gewaltige spitze Nase und das Doppelkinn. Den Kopf mit einer deutlich bemerkbaren Dolichozephalie schmückt eine enganliegende Haube, die an die «kuschitische» Kopfbedeckung er-

Abb. 74

innert. Oder sind vielleicht auch in diesen Porträts Nachahmungen von Vorbildern aus der Zeit der 26. Dynastie zu sehen, wie sie beispielsweise die naturalistischen Bildnisse von Psammetich I. und Psammetich II. verkörpern? Zweifellos sind dies aber Darstellungen, die der authentischen Physiognomie der letzten Pharaonen näher stehen als ihre wesentlich zahlreicheren Bildnisse im «klassischen» Stil.

Echte Porträthaftigkeit

Nektanebos II.

Abb. 77

Nektanebos II. stand seinem gleichnamigen Vorgänger in der Ehrenbezeugung gegenüber den ägyptischen Göttern in nichts nach. Ist dies als ein Symptom der Frömmigkeit, die in Zeiten politischer Unsicherheit zunimmt, zu werten oder auch als Bedürfnis nach Selbstwerbung, unter Verwertung des besten propagandistischen Mittels, das damals die Theologie war? Es fällt schwer, auf diese Frage heute eine Antwort zu erteilen.

Der König übertrifft seinen Namensvetter

Wie dem aber auch sei: Zumindest suggerieren die mit seinem Namen signierten und bis heute erhaltenen Denkmäler, daß der letzte Pharao zu den besonders religiösen Herrschern gehörte. Tempel errichtete und erneuerte er fast überall, und die Priesterschaft erhielt Schenkungen, die noch größer waren als die in der Zeit Nektanebos' I. In der memphitischen Nekropole schmückte er den östlichen und westlichen Apis-Tempel – Bauwerke, die an den Dromos grenzten, der zum Serapeum führte – mit Reliefs.

Apis- und Buchis-Stier

Armant

Er vergaß auch den zweiten heiligen Stier, den Buchis, nicht, der in Oberägypten verehrt wurde. Von Anbeginn der 30. Dynastie an wurden heilige Stiere mit diesem Namen nach ihrem Tod in einer dem Serapeum gleichwertigen Grabanlage, die sich in Hermonthis, etwa 20 km südlich von Theben, befand, beigesetzt. Die Ortschaft heißt heute Armant. Im Altertum wurde sie als das «südliche Heliopolis» angesehen. Kein Wunder also, daß die Nekropole der Buchis-Stiere Bucheum oder «Haus des Atum» hieß. Buchis wurde als Verkörperung des kriegerischen Gottes Month angesehen, und seine Bestattungen im Bucheum wurden bis in die Zeiten Diokletians (284–305 n. Chr.) fortgesetzt.

Buchis-Stele Nektanebos' II.

Bauten im Delta

Abb. 75, 81

Der Name Nektanebos' II. tritt hier nicht nur auf den Steinblöcken auf, die aus einem Tempel stammen, den der letzte Pharao stiftete, sondern auch auf einer Stele aus seinem dritten Regierungsjahr, die über die Geburt, die Inthronisation und den Tod eines Buchis-Stieres informiert, außerdem auf einer formschönen grünen Fayencevase, die im Ägyptischen Museum in Kairo aufbewahrt wird. Zahlreiche Spuren der Bautätigkeit Nektanebos' II. im Deltagebiet sind unter anderem in Heliopolis, Athribis und Bubastis erhalten. Aus dieser letztgenannten Ortschaft stammt zum Beispiel ein Naosfragment aus rotem Granit mit einem Relief, das den vor einer Gottheit knienden König darstellt, der eine Figur der Göttin Maat opfert. Der König trägt hierbei auf dem Haupt die *Chepresch*-Krone, also die Blaue Krone, die den Sieg symbolisiert.

Ausbau von Sebennytos

Die herrlichsten Bauwerke dieser Dynastie wurden jedoch in Sebennytos errichtet, dem Heimatort der letzten Pharaonen. Die im Norddelta gelegene Stadt erreichte in dieser Zeit den Status eines der wichtigsten Zentren der Kultur und Reli-

Abb. 87 gion und behielt diesen Rang noch in der Ptolemäerzeit. Aus gewaltigen Granit- und Dioritblöcken in roter, schwarzer und grauer Farbe entstand hier ein monumentaler Tempel, der von den Ptolemäern später ausgebaut und dessen Ausschmückung von ihnen ergänzt wurde. Ein wesentlicher Teil dieser Reliefs befindet sich heute in europäischen und amerikanischen Museen.

Behbeit el-Hagar An Ort und Stelle, in Behbeit el-Hagar – so der heutige Name der Ortschaft –, liegt inmitten von Anbaufeldern, unweit eines arabischen Dorfes, ein Haufen von Quadersteinen mit Resten der Reliefdekoration aus der Ptolemäerzeit. Ein natürliches Ambiente der vergangenen Größe bildet das üppig wachsende Gras, und die Hohlräume zwischen den Blöcken sind ein Sitz von Schlangen. Ringsherum herrscht absolute Stille. Ist der Rest nur Schweigen? – Diese Frage will noch von den Archäologen beantwortet werden. *Taf. 10.1 Abb. 86, 88*

Isis-Tempel Im Altertum wimmelte es hier von Machthabern, Handwerkern und Ankömmlingen aus der ganzen zivilisierten Welt. Die Bauwerke von Sebennytos überragte der Tempel der Isis, obwohl der wichtigste der hier verehrten Götter Onuris war, ein Jäger und Krieger, der von den Griechen mit Ares gleichgesetzt wurde. Die Ägypter verbanden ihn meistens zu einer synkretistischen Einheit mit dem Luftgott Schu, der in der heliopolitanischen Enneade, der Götterneunheit, zusammen mit Tefnut das erste Götterpaar bildete, welches der Urgott Atum ausspuckte, nachdem er seinen eigenen Samen geschluckt hatte. *Onuris-Schu*

Naos aus Sebennytos Eben dieser Gottheit mit Namen Onuris-Schu weihte Nektanebos II. einen eindrucksvollen Dioritnaos, dessen Fragment, in einem der Tempel des alten Sebennytos gefunden, heute im Ägyptischen Museum in Kairo zu bewundern ist. Der König, natürlich mit der Siegeskrone auf dem Kopf, wird hier mit zwei kugelförmigen Gefäßen gezeigt, in denen er dem Gott ein Weinopfer darbringt. Der auf dem Thron sitzende Onuris trägt auf seinem Haupt eine Krone aus vier Federn, deren Länge größer ist als der ganze Rumpf des Gottes. Hinter dem Gott steht eine Göttin mit Katzenkopf. Es ist Bastet, die Göttin, die im benachbarten Bubastis herrschte. *Bastet von Bubastis*

Die Reliefausschmückung der Tempel in Sebennytos war ein Werk der besten ägyptischen Künstler, die – vielleicht – aus den besonders schöpferischen Bildhauerwerkstätten des ganzen Deltas hierher gebracht wurden. In der Regierungszeit Nektanebos' II. erarbeiteten sie einen spezifischen Stil, der der Reliefkunst in der Ptolemäerzeit ein entscheidendes Gepräge verleihen sollte. Wir finden seinen Widerhall in der Ausschmückung der größten Tempel dieser Zeit, und sogar in einigen sakralen Bauwerken der römischen Zeit, die in den ersten Jahrhunderten unserer Zeitrechnung errichtet wurden. *Höchste künstlerische Qualität*

Rückgriff auf die Saitenzeit Dieser Stil knüpft an die ästhetischen Kanons der 26. (saitischen) Dynastie an, was am besten in der Gestaltung des Gesichts, mit vollen Wangen und einem Doppelkinn, sichtbar wird. Den heiteren Gesichtsausdruck betont der lächelnde Mund mit angehobenen Mundwinkeln. Diese Bildnisse erkennen wir sofort an der spezifischen Manier in der Modellierung der Augen wieder. Der mandelförmige Augapfel wird begleitet von einer geometrischen Führung der Reliefstreifen, die die Augenbraue betonen und das Augenlid mit einem kosmetischen Strich verlängern. Die einige Jahrzehnte später ausgeführten Reliefs, die Alexander den Großen, Philipp Arrhidaeus, ja sogar die ersten Ptolemäer darstellen, kopieren dieses Modell fast ohne Änderungen.

Von den Ptolemäern adaptierter Stil

Dabei waren es Zeiten, in denen man Fragen des Stils große Bedeutung beimaß. Davon zeugen zumindest zahlreiche Umarbeitungen und Retuschen, die zur Zeit Alexanders und seiner Nachfolger an den Reliefs der Pharaonenzeit durchgeführt wurden. Alexander begnügte sich beispielsweise nicht mit der Errichtung seines eigenen Sanktuars im Innersten des Tempels Amenophis' III. in Luxor, sondern ließ auch die Reliefs umarbeiten, die eine der Kapellen des Jubiläumstempels Thutmosis' III. in Karnak schmückten. Bei diesem «kosmetischen» bildhauerischen Eingriff wurde natürlich die alte Thematik beibehalten; verändert wurde der Stil, indem den Gestalten und Hieroglyphen gerundetere Formen verliehen wurden. Bei dieser Gelegenheit wurde auch der Name des Thutmosis ausgemeißelt und durch die Namen Alexanders ersetzt; natürlich nicht überall – schließlich haben wir nicht mit Barbaren zu tun. An der Vorderseite dieses Raumes und in einigen Szenen, die sein Inneres ausschmücken, wurde immerhin der Name des großen Pharao beibehalten. Diese ganze Aktion nannte sich mit Sicherheit «Erneuerung» des vernachlässigten Sanktuars. Die Leute Alexanders verfügten über ausreichend historisches Gespür oder vielmehr politische Schlauheit, und seine ägyptischen Bildhauer über ausreichende Erfahrung, um zu wissen, wie Propaganda zu betreiben ist, so daß der Wolf satt ist und das Schaf heil bleibt.

Alexander-Sanktuar im Luxor-Tempel

Abb. 76, 78

Usurpationen von Thutmosis III....

Einer der Ptolemäer ließ später die Reliefs Ramses' II. an einer äußerst repräsentativen Stelle, nämlich im Durchgang des zweiten Pylons in Karnak, umarbeiten. Die an einer so besuchten Stelle angebrachten Szenen hatten besondere propagandistische Bedeutung. Das versenkte Relief Ramses' II. wurde dabei nunmehr in ein erhabenes Relief verwandelt, wobei der Name des Pharaos der 19. Dynastie durch denjenigen Ptolemaios' VI. ersetzt wurde. Nur hie und da erinnert eine winzige Kartusche des großen Ramses – übriggelassen im versenkten Relief – daran, wer der Stifter dieser herrlichen Dekoration war. Stilistische Retuschen im Dienste der Politik! – nicht zum ersten und nicht zum letzten Mal.

...und von Ramses II.

2. Pylon von Karnak

Auch in der Zeit Nektanebos' II. kommt also eine Vorliebe für den Stil in harmonischem Einklang mit übersteigertem Gefühl für das eigene Interesse vor. Auch dieser Herrscher widmete sich den Göttern nicht uneigennützig. Die Kunstwerke aus seiner Regierungszeit sind das Zeugnis einer fieberhaften Suche nach einer religiösen Legitimation der Macht. Er war nicht der erste Usurpator auf dem ägyptischen Thron, und er hat sich ebenso wenig die Mittel künstlerischen Ausdrucks erdacht, die die Rechtskraft seiner Herrschaft bestätigten.

Legitimationsprobleme eines Usurpators

Viele Herrscher der vergangenen Epochen wurden bereits im Schatten von Tieren dargestellt, die als Verkörperungen der größten Götter galten. In der Rundplastik sahen wir bereits einen kleinen Pharao, der unter dem Kopf einer riesigen Hathor-Kuh steht oder von einer gigantischen Kobra beschützt wird, die ihren Schild hinter dem Körper des Königs aufbläht und ihren Kopf auf seine Krone stützt. Die Künstler des letzten Herrschers dieser Dynastie nahmen diese Muster in Anspruch.

Nektanebos II. im Schutz des Falken

Sie stellten einige gleichartige, kleinformatige Statuen her, die Nektanebos II. als eine unansehnliche Gestalt darstellten, die zwischen den Klauen eines wesentlich größeren Falken steht. Das Tier, das Horus, den Stammvater der Pharaonen verkörpert, war der sicherste Garant der Macht. Die schönste und besterhaltene dieser Skulpturen, aus grauem Stein gefertigt, befindet sich in den Sammlungen des Metropolitan-Museums in New York. Sie stammt aus Heliopolis – einem religiösen Zentrum, in dem die Macht des Pharaos vom Ur- und Sonnengott bestätigt wurde.

Abb. 79

Der Schutz des Horus und anderer Götter half aber dem letzten Herrscher der 30. Dynastie nicht viel. Der auf Schritt und Tritt spürbare Eifer des politischen Emporkömmlings hätte es ihm vielleicht erlaubt, Ägypten eine Blütezeit zu gewähren und die altägyptische Zivilisation in ganz andere Bahnen der weiteren Entwicklung zu leiten, wenn die Perser seine Pläne nicht vereitelt hätten. Wie bereits erwähnt, besetzte Artaxerxes III. Ochos im Jahre 343 v. Chr. das Land der Pharaonen.

Artaxerxes III. erobert Ägypten

Der Ruf des Eroberers bei den antiken Geschichtschreibern ist grauenhaft. Man verlieh ihm sogar den Beinamen Esel. Er soll angeblich den in Mendes verehrten heiligen Widder getötet haben. Beachten wir, daß dies das größte Verbrechen war, ähnlich der Ermordung des Apis-Stieres durch Kambyses. Es scheint, daß die antike Tradition, wenn sie den Feind als möglichst großen Barbaren zeigen wollte, ihm vor allem einen Mord in die Schuhe schob, den er an einem der heiligen Tiere der Ägypter begangen haben soll.

Mord an heiligen Tieren?

Pherendates wird Satrap

Die zweite Herrschaft der Perser in Ägypten dauerte nur etwas mehr als zehn Jahre. In der Regierungszeit des Satrapen Pherendates verbreitete sich im Nilland das Münzsystem, und einige Produkte der lokalen Prägestätten waren Nachahmungen attischer Münzen mit Hinzufügung einer demotischen Inschrift. Im Gegensatz zu den Herrschern der 27. Dynastie waren die persischen Könige dieses Jahrzehnts gar nicht bemüht, sich auf irgendwelche Weise in den Fluß des ägyptischen Lebens einzuschalten; vielmehr behandelten sie dieses Land sehr streng. Ein Ägypter war wahrscheinlich jener Bagoas, der Artaxerxes III. vergiftete und dessen Sohn Arses (338–336 v. Chr.) auf den persischen Thron setzte.

Bagoas vergiftet Artaxerxes

In Ägypten brach ein Aufstand unter der Führung von Chababasch aus, einem der Fürsten des Deltagebietes. Mit seiner Hilfe versuchte Nektanebos II. vergeblich, den Thron wiederzuerlangen. Chababasch erhielt eine Zeitlang seine Position in Memphis aufrecht, er konnte aber die Fremdherrschaft nicht mehr abschütteln.

Aufstand des Chababasch

Alexander d. Gr. besiegt Darius III.

Die Rolle des Befreiers sollte Alexander der Große spielen, der Darius III. Kodomanos (336–332 v. Chr.) in der Schlacht bei Issos (333 v. Chr.) besiegte und im Dezember 332 v. Chr. in der Nähe von Pelusium auf der Sinaihalbinsel die Grenze zu Ägypten überschritt. Einige Tage später stand er vor den Toren von Memphis, wo der neue Satrap Masakes ihm das Land ohne Kampf übergab. Alexander der

Masakes

Große wurde «Herr Beider Länder». Auf seinem weiteren Weg nach Nordwesten längs des westlichen Nilarmes gelangte er ans Mittelmeer, wo er an der Stelle des Dorfes Rakotis eine Stadt gründete, das spätere nach ihm benannte Alexandrien.

Gründung Alexandrias

Die weitere Strecke seines Feldzugs führte längs der Meeresküste nach Westen und über Paraitonion (Marsa Matruh) in die Oase Siwa, wo das uralte Orakel Amuns über das weitere Schicksal des makedonischen Königs entscheiden sollte. Wie unschwer vorherzusehen war, bestätigte das Orakel, daß Alexander ein Sohn des Gottes sei und daher das Recht habe, über die ganze Welt zu herrschen. Nun blieb nichts anderes übrig, als einen Statthalter für die Verwaltung Ägyptens zu ernennen und weiter die Welt zu erobern. Die Finanzen des Landes wurden Kleomenes von Naukratis anvertraut, und Alexander zog im Frühjahr 331 v. Chr. an den Euphrat. Acht Jahre später kehrte er von dort im Sarg zurück. Ptolemaios I. bestattete seinen Leichnam im Zentrum Alexandriens, in einem prächtigen, eigens für ihn errichteten Mausoleum, dessen Reste bis auf den heutigen Tag noch nicht entdeckt wurden.

Der Zug in die Oase Siwa

Ein folgenreicher Orakelspruch

Alexander-Mausoleum

Nach dem Tod Alexanders rief die makedonische Armee Philipp Arrhidaeus (323–317 v. Chr.) zum König aus, einen etwas wankelmütigen Stiefbruder des verstorbenen Herrschers. Philipp erschien zwar nie in Ägypten, doch im thebanischen Tempel des Amun-Re in Karnak wurde für ihn eine prachtvolle Barkenkapelle aus Granit errichtet. Dieses Sanktuar ist bis auf unsere Zeiten hervorragend erhalten geblieben – wohl um das Paradoxon zu bestätigen, daß, je weniger wichtig der König war, um so besser «sein» Werk bekannt ist. Die Wände der Kapelle schmücken farbige Reliefs, die Philipp als Pharao zeigen, und sogar – Macht der Ironie! – einen ganzen Zyklus von Szenen, welche die einzelnen Episoden seiner Krönung illustrieren.

Philipp Arrhidaeus

Barkensanktuar in Karnak

Taf. 11

Der Stil dieser Reliefs verrät sie als getreue Kopie der Vorbilder, die von den Künstlern in Sebennytos zur Regierungszeit der 30. Dynastie erarbeitet worden waren. Oder waren es vielleicht sogar dieselben Bildhauer, die noch zwanzig Jahre früher im Norden des Landes für Nektanebos II. gearbeitet hatten? Selbst wenn es nur ihre Schüler waren, wiederholten sie einfach die wohlbekannten Schemata, ohne sich überhaupt um Authentizität in der Darstellung der Physiognomie des Königs zu kümmern.

Vorbild Sebennytos

Obwohl in den an den Wänden dieser Kapelle angebrachten Inschriften Philipp Arrhidaeus als «Herr Beider Länder» bezeichnet ist, unterlag jetzt die Situation einer vollkommenen Umkehrung. Denn nicht er herrschte über die «Beiden Länder», sondern Ägypten wurde zu einem «Land zweier Herren», die überdies alle beide abwesend waren. Zum zweiten König wurde nämlich der Sohn von Alexander und Roxane, erst nach dem Tode seines Vaters geboren, ernannt. Auch er kam nie nach Ägypten, obwohl man für ihn ganz im Süden des Landes, auf Elephantine, ein monumentales Tor errichtet hatte, das seinen Namen auf den Reliefs trägt, die ihn als Pharao darstellen. Ähnlich wie sein Vater trug er den Namen Alexander, und in der heutigen Historiographie wird er als Alexander IV. gezählt.

Alexander IV. als Gegenspieler Philipps

Perdikkas, Antipater und Polyperchon

Hatte dieses ganze Durcheinander einen größeren Einfluß auf das weitere Schicksal Ägyptens? Natürlich nicht, denn das Land wurde sowieso von jemand ganz anderem regiert. Zuerst war es ein Herrscher namens Perdikkas, seit 321 v. Chr. Antipater, und seit 319 v. Chr. Polyperchon. Der Sohn des Antipater, Kassandros, verbündete sich mit Philipp Arrhidaeus gegen den letztgenannten der Regenten und gegen Olympias, die Mutter Alexanders des Großen. Sie wurden jedoch besiegt, und Philipp fiel dabei in die Hände der Olympias, die ihn töten ließ. Seitdem galt Alexander IV. als selbständiger König. Er erfreute sich jedoch der vollen Macht nicht länger als ein Jahr. Im Jahre 316 v. Chr. geriet er in Abhängigkeit von Kassandros, der ihn fünf Jahre später samt seiner Mutter hinrichten ließ.

Kassandros

Olympias

Alexander IV. wird Alleinherrscher

In Ägypten wurde jedoch weiterhin nach den Regierungsjahren des nicht mehr lebenden Königs gerechnet – bis 305 v. Chr., als sich Ptolemaios I. Soter zum König ausrufen ließ. Letzterer war ein Sohn des Lagos, daher wird auch die ptolemäische Dynastie, die dann über Ägypten bis ins Jahr 30 v. Chr. herrschte, mitunter Lagiden-Dynastie genannt. Nach dem Tode Alexanders des Großen war Ptolemaios zunächst Satrap von Ägypten. Er ließ sich zum König ausrufen, um sich den Versuchen zu widersetzen, die Monarchie Alexanders wiederzubeleben, und um über ein unabhängiges Land zu regieren.

Ptolemaios I. wird König

Die Dynastie der Ptolemäer

Dieses Ziel wurde erreicht. Die zwölf aufeinanderfolgenden Ptolemäer wurden zu griechischstämmigen «Pharaonen» Ägyptens. Obwohl die Reliefs, welche die Wände der zahlreichen in ihrer Regierungszeit errichteten Tempel schmücken, die Herrscher in der Pharaonentracht zeigen, residierten diese in Alexandrien, kleideten sich in griechische Gewänder und sprachen griechisch.

Anknüpfen an alte Traditionen

Ihre Einstellung zur Kultur des pharaonischen Ägyptens war jedoch voller Achtung. Sie erkannten die uralten Götter an, für die sie monumentale Tempel errichteten. Viele dieser Heiligtümer sind bis auf unsere Tage gut erhalten geblieben. Man kann heute Ägypten nicht besuchen, ohne den ptolemäischen Tempel des Horus in Edfu zu sehen, den der Hathor in Dendera oder den Tempelkomplex auf der Insel Philae, unweit von Assuan, welcher der Göttin Isis geweiht war. Auf paradoxe Weise sind sie mitunter die einzige Quelle, um manche wichtigen Aspekte der altägyptischen Religion kennenzulernen. Dies trifft besonders in der Sphäre des Ritus zu, da dort Texte und Szenen im Flachbild erhalten sind, die man in älteren Tempeln nicht findet, obwohl man in diesen eigentlich nach den Vorlagen suchen sollte, die von den Theologen und Künstlern der ptolemäisch-römischen Zeit verwertet worden sind.

Edfu, Dendera und Philae

Taf. 12, 13
Abb. 84, 85

Hauptstadt Alexandria

Alexandrien entwickelte sich im 3. Jh. v. Chr. zur führenden Metropole der hellenistischen Welt, die es mehrere Jahrhunderte lang blieb. Doch die neue Hauptstadt Ägyptens fungierte sozusagen «ad Aegyptum», «bei Ägypten», und war im Prinzip ein Zentrum griechischer Kultur, obwohl man sie gern auch mit altägyptischen Denkmälern schmückte, die aus verschiedenen Städten des Deltagebietes nach hier gebracht wurden, so aus Heliopolis, Memphis, Sais oder Bubastis. Die Anwesenheit der pharaonischen Zivilisation war hier jedoch nur symbolisch, und man könnte sie eher als Ägyptomanie qualifizieren denn als Ägyptophilie, und schon keinesfalls als Ägyptosophie.

Weiterleben der alten Götter

Die traditionelle altägyptische Kultur dagegen entwickelte sich weiterhin in den großen Kultzentren der uralten Götter. Die Ptolemäer unterstützten die ägyptische Priesterschaft, und zahlreiche Texte sprechen von reichen Bodenschenkungen wie auch von der Zuerkennung von Privilegien für Götter, ihre Tempel und Diener. Die Krönung einiger Ptolemäer erfolgte nach altägyptischem Ritual im Ptah-Tempel in Memphis (so die Krönung Ptolemaios' V., wahrscheinlich auch die Ptolemaios' II.). Die alljährlichen Priestersynoden, abgehalten in wechselnden Städten, waren eine Art sachlicher Dialog zwischen dem alexandrinischen Hof und der ägyptischen intellektuellen Elite. Als Gegenleistung für ihre Freigiebigkeit erhielten die Ptolemäer verschiedene Titel und Ehren, die ihre Herrschaft über das ägyptische Volk sanktionierten.

Beibehaltung des Krönungsrituals

Priestersynoden und deren Dekrete

Die von den Priestersynoden erlassenen Dekrete wurden auf Steinstelen festgehalten, meistens in mehreren Kopien, die in den Tempeln der verschiedenen Landesteile aufgestellt wurden. Da es oft mehrsprachige Dokumente sind, oder solche, die zumindest in zwei verschiedenen Schriftarten abgefaßt sind, spielten sie eine wichtige Rolle bei der Entzifferung der Hieroglyphen. Das berühmteste unter ihnen ist der «Stein von Rosetta», auf dem in ägyptischer Sprache mit hieroglyphischer und demotischer Schrift, wie auch in griechischer Sprache und Schrift die Beschlüsse der Synode festgehalten wurden, die am 27. März 196 v. Chr., also in der Zeit Ptolemaios' V. Epiphanes, in Memphis stattgefunden hatte.

Stein von Rosetta

Ptolemaios V. auf Philae

Aus der Regierungszeit dieses Herrschers erhielten sich auch zwei andere Dekrete, angebracht an der Wand eines der Tempel auf der Insel Philae. Beide sind in hieroglyphischer und demotischer Schrift verfaßt. Ein anderes bekanntes Dokument dieser Art, das sogenannte «Kanoposdekret», ist älteren Ursprungs; abgefaßt wurde es nämlich von den Priestern, die sich im neunten Regierungsjahr Ptolemaios' III. Euergetes, also im Jahre 238 v. Chr., in Kanopos versammelt hatten. Bis in unsere Zeiten erhielten sich zwei vollständige und drei fragmentarische Kopien dieses Dokuments. Sein Text ist in drei Schriftarten festgehalten, ähnlich wie auf dem «Stein von Rosetta».

Kanoposdekret

Ausbau des Isis-Tempels von Sebennytos

Taf. 10.1
Abb. 86, 88

Zwei große religiöse Zentren dieser Zeit verdienen besondere Aufmerksamkeit. In jedem von ihnen wurde nämlich Isis verehrt – eine Göttin, die alsbald eine internationale «Karriere» machen sollte. Das erste von ihnen ist das bereits erwähnte Sebennytos im Norden des Landes, ein bedeutender Mittelpunkt der Religion und der Kultur schon seit der 30. Dynastie. Die Ptolemäer bauten hier den Tempelkomplex aus, der von Nektanebos I. und Nektanebos II. begründet worden war.

Wirkungsstätte des Manetho

Eben hier war in der Zeit Ptolemaios' I. und II. der berühmte Priester Manetho tätig, dem wir die redliche Niederschrift der Geschichte des pharaonischen Ägyptens verdanken. Leider ist sein Werk nur aus späteren Abschriften bekannt, die den Inhalt des Originals nur unzureichend wiedergeben. Trotzdem bildet seine Einteilung der ägyptischen Geschichte in Dynastien – bestätigt auch durch alt-

Urheber der Dynastien-Einteilung

Serapis-Kult

ägyptische Quellen – die Grundlage der Chronologie, derer wir uns bis auf den heutigen Tag bedienen. Man vermutet, daß Manetho auch einer der Schöpfer des Serapis-Kultes, also des hellenisierten ägyptischen Gottes Osiris-Apis, war. Dieser Kult verbreitete sich rasch und spielte eine gewichtige Rolle in der kulturellen Annäherung der Ägypter und der Griechen; und er überschritt dann weitläufig die Grenzen Ägyptens.

Philae

Erweiterungen in ptolemäischer und römischer Zeit

Meroe

Abb. 102

Das zweite wichtige Zentrum des Isis-Kultes war Philae, eine an der südlichen Grenze Ägyptens gelegene Nilinsel. Das bescheidene Bauwerk, das hier von Nektanebos I. gestiftet worden war, wurde in der ptolemäischen und römischen Zeit durch majestätische Tempel und Portiken erweitert, zwischen denen sich zahlreiche Pilger aus der ganzen zivilisierten Welt bewegten. In kultureller und sprachlicher Hinsicht muß es damals ein wahres Babel gewesen sein. Hierher gelangten auch Anhänger der Isis aus dem Staat Meroe, der südlich von Ägypten lag. Als Erben des Kuschitenstaates entwickelten die Meroiten eine Kultur mit ägyptischen Wurzeln, die aber manche afrikanischen Elemente aufweist, was man am besten an den Reliefs der meroitischen Tempel verfolgen kann. Ihre Sprache, geschrieben in einem Alphabet, das von den ägyptischen Hieroglypen abgeleitet ist, stellt für die Philologen immer noch ein Rätsel dar.

Rettungskampagne der UNESCO

Versetzung nach Agilkia

In unseren Zeiten erlebte der Tempelkomplex von Philae eine unerwartete Reise, in Zusammenhang mit dem Bau des Assuandammes und der Entstehung des großen Stausees südlich der Insel. Um die unschätzbaren Denkmäler der Architektur und der Bildhauerkunst vor Schäden durch das Wasser dieses Sees zu retten, organisierte die UNESCO eine internationale Rettungskampagne, die den Abbruch aller hier erhaltenen Bauwerke und deren Verlegung auf die 800 Meter weiter liegende Insel Agilkia zum Ziel hatte. Die Rettungsaktion dauerte acht Jahre, von 1972 bis 1980. Die in ihrer ursprünglichen Anordnung wiederhergestellten Tempel von Philae bilden heute eine der größten touristischen Sehenswürdigkeiten Ägyptens.

Isis-Kulte im Norden und Süden

Isis, Serapis und Harpokrates

Die beiden Zentren des Isis-Kultes – das eine im Norden, das andere im Süden des Landes – binden wie mit einer religiösen Klammer das von den Griechen und dann von den Römern regierte Land der Pharaonen. Man kann darin ein Symbol der besonderen Aufgabe sehen, die jetzt die ägyptischen Götter zu erfüllen hatten. Mit den griechischen Gottheiten identifiziert, näherten eben sie die Ägypter und die Griechen einander an. Sie waren Träger einer synkretistischen Kultur, die die «Beiden Länder» erfaßte und die sich anschickte, die hellenisierte Welt zu erobern. Keine geringeren als Isis, Serapis oder Harpokrates wurden jetzt zu den wahren «Herren Beider Länder», zu geistigen Trägern der altägyptischen Zivilisation in die Welt der klassischen Kultur.

Die Doppelgleisigkeit der ägyptischen Kultur in den letzten Jahrhunderten v. Chr. fand ihren Ausdruck nicht nur in der sakralen, sondern auch in der sepulkralen Kunst, die naturgemäß in beachtlichem Grade auch einen sakralen Charakter aufweisen mußte. Ein besonders bekanntes Beispiel des ägyptisch-griechischen

Abb. 102 Thronende Königin von Meroe. Relief an der Pyramide N 6 in Meroe.

Grab des Petosiris in Tuna el-Gebel

Taf. 9.3, 10.2

Hermopolis

Taf. 8.2

Abb. 71

Eklektizismus vom Ende des 4. Jhs. v. Chr. ist eine Kapelle, die das Grabdenkmal des Petosiris, eines der bedeutendsten ägyptischen Würdenträger dieser Zeit, darstellt. Schon sein griechischer Name ist die hellenisierte Fassung des ägyptischen Pa-di-Usir, das heißt «Derjenige, den Osiris gab». Petosiris war Hohepriester des Gottes Thot in Hermopolis, und sein schönes Grabmal befindet sich in der Nekropole dieser alten Stadt, das heißt im heutigen Tuna el-Gebel. Aus der biographischen Inschrift, die an den Wänden der Grabstätte angebracht ist, erfahren wir, daß ein Verdienst des Verstorbenen die Erneuerung von Tempeln und Kulten in Zeiten politischer Verwirrung war. Diese Information veranlaßt uns, das Bauwerk in die Übergangszeit zwischen der Herrschaft der Perser und der Griechen zu datieren.

Datierung des Petosirisgrabes

Ein derartiges Datum ergibt sich ebenfalls aus der Ikonographie und dem Stil der diese Texte begleitenden Szenen. Obwohl ihre Thematik an die Dekoration der Grabmäler der Pharaonenzeit anknüpft, ist das künstlerische Konzept griechisch. Diesen Eindruck schwächt nicht einmal die Tatsache, daß die Szenen von hieroglyphischen Inschriften begleitet sind. Obwohl die Körper der Ägypter in der Regel noch nach den steifen Regeln des ägyptischen Reliefkanons dargestellt werden, tragen die Bauern und Handwerker meistens griechische Tuniken. Die Darstellung der nackten Körper der im Weinberg arbeitenden Menschen scheint eine getreue Kopie mancher aus der griechischen Vasenmalerei bekannten Gestalten zu sein.

Ägyptisch-griechischer Mischstil

Griechische Sicht der Dinge

Die Szenen aus dem Alltagsleben sind reich an Einzelheiten, die in den ägyptischen Flachreliefs nicht auftauchen, dagegen für die griechische Erfassung der Umwelt charakteristisch sind. In der Prozession der typisch ägyptische Opfer darbringenden und traditionell dargestellten Menschen bemerken wir plötzlich einen Jungen, der auf den Armen des Vaters sitzt und sich mit dem Kopf an ihn schmiegt; ein anderes Kind in den Armen der Mutter wendet sich interessiert nach hinten zu Vögeln, die von der nächsten Person getragen werden. Diese Details verraten eine nicht mehr «ägyptische», mehr persönliche und aufgeschlossene Einstellung des Künstlers zu der uns umgebenden Wirklichkeit. In diesem Zusammenhang trittt eine Ästhetik in Erscheinung, die das natürliche Modellieren bevorzugt, und somit mit den bisherigen Kanons der Menschendarstellung bricht.

Auflösung des alten Proportionskanons

Sogar die religiöse Szene, die die Geburt des Osiris-Chepri als Skarabäus mit der Federkrone auf dem Kopf – geschützt durch die Flügel der Göttinnen Uto und Nechbet, welche Ober- und Unterägypten symbolisieren – darstellt, vermittelt einen neuen Geist. Manche Ägyptologen behaupten sogar, daß diese Szene bereits eine «interpretatio graeca» des ägyptischen Mythos illustriert. Die Flachreliefs, die wir in der Grabkapelle des Petosiris sehen, lassen nicht mehr den geringsten Zweifel aufkommen, daß die ägyptischen Götter jetzt zum gemeinsamen Eigentum der Ägypter und der Griechen geworden sind. In diesem Sinne verkörpern also sie die «Herren Beider Länder».

Interpretatio graeca

Götter als «Herren Beider Länder»

Das letzte Jahrtausend des pharaonischen Ägyptens
Polnische Archäologie am Nil

Die Ptolemäer-Dynastie herrschte in Ägypten bis zum Jahr 30 v. Chr., bis sich die berühmte Kleopatra VII. – Tochter Ptolemaios' XII. und Kleopatras V., Königin von Ägypten seit 51 v. Chr. und seit 34 v. Chr. «Königin der Könige» – durch einen Schlangenbiß das Leben nahm. Ägypten wurde zu einer römischen Provinz und blieb es drei Jahrhunderte lang.

Kleopatra VII.

Ägypten wird römische Provinz

Es handelte sich hierbei nicht um die erste Begegnung der Römer mit der Kultur des Pharaonenlandes. Schon zu Anfang des 1. Jhs. v. Chr. war in Rom der Isis-Kult eingeführt worden. In die Zeit des Sulla, um 80 v. Chr., reichen Erwähnungen über das erste «Collegium» ihrer Bekenner zurück. Der Tempel dieser Göttin wurde an einer der ehrwürdigsten Stellen, auf dem Kapitol, errichtet. Der Senat ordnete zwar alsbald seinen Abriß an, unbekannte Täter errichteten ihn aber sofort wieder neu. Zerstört wurde der Tempel noch mehrmals: in den Jahren 58, 53, 50 und 48 v. Chr.

Isiskulte in Rom

Isis-Tempel auf dem Kapitol

Die Hartnäckigkeit der Isis-Jünger beim ständigen Wiederaufbau des Tempels zeugt davon, wie tief verwurzelt der Kult der ägyptischen Göttin in Rom bereits war. Die «Collegia Isiaca» erhielten zwar von Caesar das Verbot, die Stadt zu betreten, aber schon im Jahre 43 v. Chr. ließen die Triumvirn ein gemeinsames Heiligtum für die Götter des Nillandes errichten, wahrscheinlich das «Iseum Campense» auf dem Marsfeld, das zum Zentrum der ägyptischen Kulte in Rom werden sollte.

Iseum Campense auf dem Marsfeld

In der Zeit des Tiberius, um das Jahr 19 n. Chr., kam es zu einem Skandal, der zur Folge hatte, daß der Tempel zerstört und seine Statuen in den Tiber geworfen wurden. Wiederaufgebaut wurde er erst von Caligula um 40 n. Chr. In der Regierungszeit von Titus, im Jahre 80 n. Chr., fiel das Heiligtum der ägyptischen Götter einer Feuersbrunst zum Opfer, aber schon wenige Jahre später wurde es von Domitian (81–96 n. Chr.) restauriert. Alexander Severus (222–235 n. Chr.) verschönerte diesen ganzen Komplex von Tempeln und begleitenden Bauwerken, der ein Gebiet von 200 x 70 Metern einnahm.

In Rom gab es auch andere Tempel der ägyptischen Götter. Kleinere Isea – Tempelchen, die der Göttin Isis geweiht waren – wurden noch an drei anderen Stellen der Stadt errichtet. Zusammen mit Serapis erfuhr die ägyptische Göttin in einem

Kleinere Isis-Heiligtümer in Rom

Ein Serapeum in Rom weiteren Tempel Verehrung, und in der Zeit Caracallas (211–217 n. Chr.) wurde überdies ein Serapeum errichtet, ein prachtvolles Bauwerk, das später von Justinian (527–565 n. Chr.) abgetragen werden sollte.

Kunstimporte aus Ägypten Um die Stadt auszuschmücken führten die römischen Kaiser aus Ägypten zahlreiche Skulpturen, Obelisken und Reliefs ein, die in pharaonischen Zeiten hergestellt worden waren. Kunstwerke in ägyptischem und ägyptisierendem Stil wurden auch an Ort und Stelle, in Rom, hergestellt. Die Ägyptomanie erreichte ihren Höhepunkt in der Regierungszeit Hadrians, dessen Liebling Antinous im Nil ertrank, wahrscheinlich in der Gegend des späteren Antinoopolis. *Hadrian und Antinous*

Die Kaiser suchten Ägypten nicht nur auf, um Aufstände der Einheimischen zu unterdrücken oder einen sprichwörtlichen «acte de présence» zu praktizieren, sondern auch in touristischer Absicht. Eines der beliebtesten Ziele ihrer Pilgerfahrten waren die berühmten «Memnonskolosse» in Theben-West, jene gewaltigen Statuen Amenophis' III., von denen eine in römischen Zeiten als Bildnis des Memnon angesehen wurde, eines mythologischen Sohnes der Eos, Göttin der Morgenröte, der von Achilleus während des Trojanischen Krieges getötet worden war. Wahrscheinlich verursachte im Jahre 27 n. Chr. ein Erdbeben, daß die Statue Risse bekam; die Ritzen füllten sich nachts mit Feuchtigkeit, die in Zusammenwirken mit der Morgensonne das Hervorbringen eines Tones verursachte, der von den Besuchern als Klagelaut des Memnon angesehen wurde. *Memnonskolosse als Reiseziel* *Klagelaute der Eos*

Ägypten als Kornkammer Roms Abgesehen von ihren Sentimentalitäten und Snobismen beuteten die Römer das fruchtbare Land der Pharaonen skrupellos aus, indem sie die einheimische Bevölkerung mit gewaltigen Steuern belegten. In den am Nil für ägyptische Götter errichteten Tempeln ließen sich die Kaiser als Pharaonen mit allen klassischen Attributen ihrer Macht darstellen. Zu den herrlichsten unter den bis auf den heutigen Tag erhaltenen Reliefs dieser Zeit gehören die Szenen, die in Dendera (Oberägypten) auf den Interkolumnienplatten des sogenannten «Geburtshauses» («Mamisi») ausgeführt wurden. Errichtet wurde dieses Bauwerk für den Gott Horus unmittelbar neben dem Tempel der Göttin Hathor in der Regierungszeit des Kaisers Augustus. Die Dekoration der Interkolumnien, über einhundert Jahre jünger als das Gebäude selbst, zeigt den Kaiser Trajan als Pharao, der Isis Opfer darbringt, welche wiederum mit der Brust das Horus-Kind stillt. Hinter der göttlichen Gebärerin steht der jugendliche Gott Ihi. *Mamisi von Dendera* *Reliefs Trajans*

Mittlerrolle Alexandriens Das kosmopolitanische Alexandrien war ein Vermittler der griechisch-ägyptischen Kultur in die ganze zivilisierte Welt. Ihre wirksamsten Botschafter waren jedoch die Götter, insbesondere Isis, Serapis, Anubis, Harpokrates, Osiris und Apis. Die ihnen geweihten Sanktuarien und verschiedenen kultischen Objekte werden überall dort gefunden, wohin die römische Armee gelangte, von Spanien bis zu den Grenzen Mesopotamiens und von der Nordküste Afrikas bis nach Mittelengland. Die Kenntnis dieser Kulte ist heute fast ein besonderes Wissenschaftsgebiet, das bereits eine gewaltige Zahl von ägyptologischen Veröffentlichungen zu notieren hat. Während die Römer den Kult der antiken Götter verbreiteten, tauchte für *Das Heer verbreitet ägyptische Götter* sie in Ägypten selbst eine Bedrohung auf: das Christentum. Nach der Auflösung des römischen Imperiums in ein westliches und ein östliches Kaiserreich im Jahre 323 n. Chr. gelangte Ägypten in die Sphäre byzantinischer Einflüsse, wo das Christentum zur Staatsreligion wurde. Die alexandrinischen Patriarchen, Nachfolger des Evangelisten Markus (40–63 n. Chr.), der eine christliche Gemeinde in Alexandrien gegründet hatte, spielen jetzt – auch in der Politik – eine führende Rolle in dem Land am Nil.

Reichsteilung in Rom

Aufstieg des Christentums

Durch ein Edikt des Kaisers Theodosius II. von 392 n. Chr. wurde die Verehrung altägyptischer Götter verboten. Trotzdem blieb das Kultzentrum der Isis auf der Insel Philae noch über einhundert Jahre lang in Funktion. Als der byzantinische General Maximius im Jahre 451/452 n. Chr. mit den südlichen Nachbarn Ägyptens, den Blemmyern und Nobatiern, einen Vertrag schloß, mußte er ihnen freien Zugang zum Isis-Tempel garantieren und auch zusagen, ihnen von Zeit zu Zeit die Statue dieser Göttin nach Nubien zu den Sitzungen des Orakels zu «entleihen». Die endgültige Niederlage bildete für die beharrlichen Priester und Gläubigen die Anordnung Justinians, die in den Jahren 535–537 n. Chr. zur zwangsweisen Schließung der Tempel auf Philae führte. Im Tempelbezirk der Isis wurden bald darauf vier Kirchen angelegt.

Theodosius-Edikt von 392

Blemmyer und Nobatier

Verbotsedikt Justinians

Das Christentum war jedoch nicht imstande, das kulturelle, also auch das religiöse Erbe der vergangenen Jahrtausende auszurotten. Das christliche Gedankengut und in noch höherem Maße die Kunst bedienten sich in den ersten Jahrhunderten unserer Ära der bereits gefestigten Errungenschaften der eklektischen antiken Kultur, in der sich die einheimischen ägyptischen Elemente mit fremden, meist griechischen und jüdischen Elementen vermischt hatten. In Alexandrien, aber auch in anderen Städten Ägyptens, lebten weiterhin hervorragende Persönlichkeiten verschiedener Nationen und Religionen und waren dort schöpferisch tätig.

«Heidnische» Elemente im Christentum

Das verbindende Element bildete die gemeinsame Sprache: das Griechische, die Sprache der intellektuellen Elite und der Verwaltung, obwohl sich letztere auch, besonders in der Provinz, der demotischen Sprache und Schrift bediente. Diese Sprache war die vorletzte Entwicklungsetappe des Altägyptischen, und die demotische entwickelte sich aus der hieratischen Schrift. Infolge einer weiteren Evolution in den ersten Jahrhunderten unserer Zeitrechnung entstand auf der Grundlage der demotischen Sprache das Koptische, dessen sich in Schriftform vor allem die als Kopten bezeichneten ägyptischen Christen bedienen sollten. Aus praktischen Gründen begann man diese Sprache im griechischen Alphabet niederzuschreiben, ergänzt durch einige Zeichen der demotischen Schrift zur Wiedergabe spezifischer Laute. Die Bezeichnung für die Kopten und ihre Sprache entstand aus dem griechischen Wort *Aigyptioi*, und dieses wiederum ist die hellenisierte Form der alt-ägyptischen Bezeichnung des memphitischen Haupttempels, des *Hut-ka-Ptah*, das heißt «Sitz (des) Ka [=Kapelle] des Ptah».

Griechische Sprache als Klammer

Kopten

Koptische Schrift

Die byzantinische Epoche umfaßte in Ägypten nicht viel mehr als drei Jahrhun-

Beginn der Islamisierung

derte (323–641 n. Chr.) und endete mit der Eroberung des Landes durch die Truppen des Kalifen Omar unter dem Kommando von Amr Ibn el-As. Seit diesem Ereignis ist der Islam – bis auf den heutigen Tag – die herrschende Religion in Ägypten.

Tempel werden zu Kirchen

Das von Byzanz abhängige Ägypten war seinerzeit ein politisch, militärisch und ökonomisch schwaches Land; üppig entwickelte sich dort dagegen das religiöse Leben. Die Tempel der ägyptischen Götter wurden in Kirchen umgewandelt, wobei natürlich die Errichtung neuer sakraler Bauten nicht vernachlässigt wurde.

Eremitentum

Aus Furcht vor Verfolgungen, aber auch zur vertieften Kontemplation, wählten viele Christen ein Eremitenleben und popularisierten damit den neuen Glauben auch außerhalb des Niltales. In der Wüste gründeten sie Klöster und höhlten sich in den Felsen bescheidene Wohnsitze aus oder adaptierten zu diesem Zweck Felsgräber aus früheren Zeiten. Das Leben der Anachoreten und Eremiten kontrastierte mit dem Lebensstil der Kirchenhierarchie, was mitunter zu Konflikten und Spaltungen führte.

Christentum in Nubien

Nach der Eroberung des Landes durch die Araber entwickelte sich das Christentum weiterhin in uneingeschränkter Weise südlich von Ägypten, in Nubien. Die Bevölkerung des Nordsudan ist bis heute in beachtlichem Ausmaß christlich. Trotz verschiedener Schwierigkeiten haben die Kopten ihre Religion auch in Ägypten erhalten; und die in ihrer Sprache geschriebenen religiösen Texte sind – neben den mehrsprachigen Texten der Ptolemäerzeit – ein Ausgangspunkt für die Erforschung der Sprache des pharaonischen Ägyptens.

Das letzte Jahrtausend des alten Ägyptens

Das letzte Jahrtausend des alten Ägyptens, das die ptolemäische, römische und byzantinische Periode umfaßt, also die Jahre vom Ende des 4. Jhs. v. Chr. bis in die Anfänge des 7. Jhs. n. Chr., ist eine sehr interessante Zeit. Die einheimische Bevölkerung, die sich der demotischen und später der koptischen Sprache bediente, lebte in Symbiose mit dem griechischen ethnischen Element, dessen Kultur die uralte Zivilisation bereicherte. Die griechische Sprache fungierte hier mit den gleichen Rechten wie die ägyptische, und das Alphabet der Griechen, adaptiert zur Notierung der einheimischen Sprache, diente letztendlich dem Weiterleben der letzteren.

Koptische Kunst aus ägyptischen und griechischen Wurzeln

Eine Widerspiegelung der gleichen Erscheinungen finden wir in der Kunst. Ägyptische und griechische Elemente stießen in den Werken der Bildhauer bzw. Maler der griechisch-römischen Zeit aufeinander und gingen in dieser Form in das Repertoire der frühen koptischen Kunst ein, die soweit über keine eigenen Traditionen verfügte.

Eben dieses Jahrtausend der Begegnung zweier großer Kulturen bildete das bevorzugte Forschungsgebiet der polnischen Archäologen in Ägypten.

Deir el-Bahari in der Spätantike

Eines der Objekte der altägyptischen sakralen Architektur, in denen sich die Pharaonenzeit mit der griechisch-römischen Periode und mit der byzantinischen Epoche traf, ist der Tempel der Königin Hatschepsut in Deir el-Bahari (Theben-West). Diese uralte Kultstätte der Göttin Hathor, gelegen am Fuße eines Felsmassivs, war bis in die Römerzeit ein Ziel von Pilgerreisen solcher Menschen, die bei der Gottheit Hilfe suchten. In ptolemäischer Zeit wurde ein Teil des Tempels umgebaut und ein kleines Sanktuar angelegt, das zugleich die Rolle eines Sanatoriums und eines Orakels spielte. Verehrt wurden darin zwei große ägyptische Heilige, zwei berühmte Architekten und Weisen vergangener Epochen, die auch als mit magischen Kräften versehene Ärzte angesehen wurden.

Ptolemäische Umbauten

Der erste von ihnen war Imhotep, in den Anfängen des Alten Reiches der Schöpfer der ersten Steinpyramide, der «Stufenpyramide» des Königs Djoser (3. Dynastie) in Sakkara. Der zweite lebte über eintausend Jahre später. Er stammte aus dem unterägyptischen Athribis, und in Theben war er für einen der berühmtesten Herrscher der 18. Dynastie, Amenophis III., tätig. Er hieß Amenophis-Sohn-des-Hapu. Zu seinen Werken zählten unter anderem der Totentempel des Königs, von dem sich bis in unsere Zeiten zwei Statuen erhalten haben, die später «Memnonskolosse» genannt wurden.

Imhotep und Amenophis-Sohn-des-Hapu

Den ersten der beiden Heiligen identifizierte man in griechisch-römischer Zeit mit Asklepios, der zweite von ihnen erhielt dagegen damals den Namen Amenothes und galt als Sohn des Apis. Die beiden großen Männer wurden also als Götter angesehen, und die Kapelle in Deir el-Bahari, wo sie im Relief dargestellt sind, stiftete Ptolemaios VIII. Euergetes II. Die hieroglyphischen Texte und die Szenen, die an den Wänden dieses Sanktuars ausgeführt sind, waren Gegenstand der Studien und einer «editio princeps» von Dr. Ewa Laskowska-Kusztal. Die Wissenschaftlerin wurde dann zur Bearbeitung der dekorierten Elemente der Tempelarchitektur dieser Zeit eingeladen, die vom Deutschen Archäologischen Institut in Elephantine entdeckt worden waren.

Vergöttlichte Baumeister

Verehrung in Deir el-Bahari

Trotz ihres fragmentarischen Erhaltungszustandes, der die Arbeit eines Epigraphikers keineswegs erleichtert, erwiesen sich diese Inschriften als sehr interessant. Sie lassen nämlich die Vermutung aufkommen, daß Dr. Laskowska sich auf den Spuren eines «Lebenshauses» befindet, eines Bauwerks von grundlegender Bedeutung für das Ritual der Erneuerung der Königsmacht, wie sich aus der Lektüre des liturgischen Textes ergibt, von dem im vorigen Kapitel die Rede war.

«Lebenshaus»

Das Einziehen eines ptolemäischen Sanktuars in den Hatschepsuttempel war mit der Notwendigkeit verbunden, eine der Nischen des ursprünglichen Bauwerkes zu vermauern. Diese Wandvertiefung wurde im Jahre 1982 von der polnisch-ägyptischen archäologischen Mission während der in Deir el-Bahari durchgeführten Ausgrabungs- und Konservierungsarbeiten entdeckt. In ihrem Inneren fand man unter anderem eine Münze von Ptolemaios VI. Philometor mit der Darstellung eines bärtigen Zeus-Amun auf der Vorder- und eines auf einem Blitz stehenden Adlers auf der Rückseite.

Eine vermauerte Nische

An der Wand dieser Nische befindet sich ein demotischer Text, der von Prof. Edda Bresciani von der Universität in Pisa übersetzt wurde. Mit schwarzer Tusche auf die weiße Kalksteinwand geschrieben, erwies sich dieser Text als die erste bekannte demotische Inschrift aus dem ersten Regierungsjahr von Ptolemaios I. So-

Demotische Wandbeschriftung

ter, der – wie wir wissen – Satrap Ägyptens nach dem Tode Alexanders des Großen war, bevor er sich zum König ausrufen ließ. Es ist auch der einzige bisher entdeckte demotische Text, in dem der Name von Berenike I., der Gattin dieses Herrschers, den Namen ihres Gemahls begleitet. Andere demotische Texte, die an den Wänden des Hatschepsuttempels von Pilgern hinterlassen worden sind, bilden einen Forschungsgegenstand von Prof. Krzysztof Winnicki. Die Dokumentation und Lesung der zahlreichen griechischen Graffiti dagegen, die von Gläubigen in der ptolemäischen und römischen Zeit angebracht wurden, erfolgt durch Dr. Adam Lajtar Manche von ihnen liefern interessante Informationen über die Bräuche der Pilger; sie lassen sogar annehmen, daß diese im Tempel übernachteten, wahrscheinlich, um dort auf einen prophetischen Traum zu warten.

Berenike I.

Griechische Pilgergraffiti

In byzantinischer Zeit wurde der Tempel der Königin Hatschepsut in ein Kloster umgewandelt, viele andere Tempel wiederum in Kirchen. Studien über das Kloster des hl. Phoibammon in Deir el-Bahari führte Prof. Wlodzimierz Godlewski durch und veröffentlichte sie in Form einer Monographie.

Umwandlung in ein Kloster

Ägyptische Götter erhielten in der ptolemäischen Zeit, ja sogar schon früher, griechische Namen. Wir erinnern uns daran, daß zum Beispiel die kriegerische Göttin Neith, die mit einem Bogen in der Hand dargestellt und besonders in Sais verehrt wurde, als Athene galt. Eine Verkörperung von Isis und Hathor war Aphrodite. Einige ägyptische Namen wurden hellenisiert, so Osiris-Apis zu Serapis und *Hor-pa-chered* (= Horus-das-Kind) zu Harpokrates. Zu Ehren dieser Gottheiten wurden Feste abgehalten, die mit dem Trinken von Wein und dem Entzünden von Fackeln bzw. Öllampen verbunden waren. Zu den Pflichten der Teilnehmer an den Versammlungen gehörte die Darbringung bzw. Finanzierung der dazu unentbehrlichen Produkte. Verzeichnisse solcher Aufgaben, in griechischer Sprache auf Scherben notiert, die von großen Tonamphoren stammen, wurden unter anderem in dem von einer Grabungsmission des Deutschen Archäologischen Instituts in Kairo erforschten Totentempel Sethos' I. (19. Dynastie) in Theben-West gefunden. Diese Ostraka wurden von Prof. Zbigniew Borkowski, einem früh verstorbenen, hervorragenden polnischen Papyrologen entziffert und in das 2. Jh. n. Chr., also in die Römerzeit, datiert.

Gräzisierung ägyptischer Götter

Harpokrates-Feste

Abb. 57

Dieser Wissenschaftler bearbeitete auch die griechischen Inschriften der byzantinischen Zeit aus dem Theaterbau, der von polnischen Archäologen in Kom ed-Dikka in Alexandrien freigelegt wurde. Sie sind ein interessantes Zeugnis der Streitigkeiten von Gruppierungen unterschiedlicher Anschauungen auf dem Boden des frühchristlichen Alexandriens.

Theater von Alexandrien

Die polnischen Ausgrabungen in Alexandrien, seit 1958 bis auf den heutigen Tag durchgeführt, wurden durch die Freilegung von zwei monumentalen Bauwerken im Zentrum der römischen und der byzantinischen Stadt wie auch von Wohnvierteln aus dieser Zeit gekrönt. Unter der Leitung von Prof. Kazimierz Michalowski wurden hier das bereits erwähnte Theatergebäude entdeckt, das die Funktion eines Odeons ausübte, sowie ein Komplex öffentlicher Thermen. Beide

Polnische Grabungen in Alexandrien

Bauten erfuhren des öfteren Umgestaltungen. Mit der Rekonstruktion und Interpretation der einzelnen Nutzungsetappen der Badeanstalt befaßte sich viele Jahre lang Dr.-Ing. Wojciech Kolataj, der sie dann in Form einer grundlegenden Monographie vorstellte und der auch die Arbeiten in Kom ed-Dikka gegenwärtig leitet.

Thermen neben dem Theater

Obwohl die ganze Welt erwartet, daß die Archäologen, die sich mit dem antiken Alexandrien befassen, vor allem die Frage beantworten, wo sich das Grab Alexanders des Großen befindet, kann man begründete Zweifel anmelden, ob es je gelingen wird, diese Neugierde zu befriedigen. Die moderne Stadt entwickelte sich hier im 19. und 20. Jh. unserer Zeitrechnung so schnell, daß es den Archäologen nicht gelungen ist, alle Überreste antiker Bauwerke zu untersuchen. In Kom ed-Dikka hingegen, also dem Gebiet der heutigen polnischen Ausgrabungen, ermöglicht das Grundwasserniveau nur an wenigen Stellen eine Untersuchung der Schichten, die tiefer als die römischen liegen. Ein anderes Hindernis auf dem Wege zu solchen Untersuchungen stellen die hier erhaltenen Bauwerke aus der römischen und byzantinischen Zeit dar, die beseitigt werden müßten, um den Archäologen den Zugang zu den ptolemäischen Schichten frei zu machen. Vielleicht ist die Entdeckung des Grabes Alexanders des Großen künftigen Archäologen vorbehalten, die über noch modernere technische Methoden verfügen werden als die Wissenschaftler unserer Zeit.

Moderne Überbauung erschwert Grabungen

Suche nach dem Alexandergrab

Die polnischen Forschungen bezüglich des letzten Jahrtausends des alten Ägyptens beschränken sich nicht auf die zwei erwähnten Grabungsstätten. Einige zehn Kilometer westlich von Alexandrien wurden in der Ortschaft Marina am Mittelmeer Überreste einer Stadt und ihrer Nekropole entdeckt. Die archäologischen und konservatorischen Arbeiten führt hier unter anderem eine Gruppe von Spezialisten unter der Leitung von Prof. Andrzej W. Daszewski durch.

Marina

Äußerst interessante Ausgrabungen veranstaltet eine andere polnische Mission in der Ortschaft Naqlun in der Oase Fayum. Ein frühchristliches Kloster, das von Frau Prof. Ewa Wipszycka-Bravo anhand eines wenig beachteten griechischen Papyrus identifiziert wurde, erweist sich seit einigen Jahren als eine Stätte sensationeller Entdeckungen. Neben einem zerstörten sakralen Bauwerk stießen die Archäologen, die dort unter der Leitung von Professor Wlodzimierz Godlewski tätig sind, auf eine antike Müllgrube, die sich als eine unerschöpfliche Quelle von – mitunter in durchaus gutem Zustand erhaltenen – Papyri in griechischer, koptischer und arabischer Sprache erwies. Zur dabei größten wissenschaftlichen Sensation wurde die Auffindung des Fragments eines lateinischen literarischen Textes, dessen Verfasser identifiziert werden konnte. Nicht minder interessant ist die Entdeckung einer großen Zahl von Eremen, aus den Felsen herausgehauenen Wohnhöhlen von Einsiedlern, in der Nähe des Klosters.

Naqlun im Fayum

Klosterruinen

Reiche Papyrusfunde

Eremitenhöhlen

Die stürmische Geschichte des frühen Christentums im heutigen Nordsudan wurde zum traditionellen Tätigkeitsbereich der polnischen archäologischen Schule. Eingeleitet hatte diese Forschungen vor über dreißig Jahren Prof. Kazimierz Micha-lowski mit seinen aufsehenerregenden Entdeckungen in Faras. Die dort

Christentum in Nubien

Faras freigelegten frühchristlichen Wandmalereien, geborgen vor der Überflutung durch den Assuan-Stausee, bereichern heute die Sammlungen des Archäologischen Museums in Khartum und des Nationalmuseums in Warschau. Zahlreiche Inschriften in koptischer, griechischer und nubischer Sprache werfen neues Licht auf die Geschichte des südlichen Nachbarns Ägyptens in christlicher Zeit.

Dongola Die Ausgrabungstätigkeit der polnischen Archäologen in Nubien endet jedoch nicht in Faras. Die archäologische Mission unter der Leitung von Dr. Stefan Jakobielski arbeitet seit etlichen Jahren in Dongola – einem anderen wichtigen Verwaltungs- und Religionszentrum des Nordsudan im ersten Jahrtausend unserer Ära.

Minschat Abu Omar In ungewöhnlichem archäologischem Kontext treten Bestattungen aus der griechisch-römischen und frühchristlichen Zeit in der Nekropole von Minschat Abu Omar auf, einem im Ostdelta gelegenen Ort. Die von Ägyptologen aus München, mit Prof. Dietrich Wildung an der Spitze, entdeckte Nekropole war vor einigen Jahren ein Feld von Ausgrabungen, an denen sich auch polnische Wissenschaftler aktiv beteiligten. Zu den Leitern der Feldarbeiten dieser Mission zählte Professor Lech Krzyzaniak vom Archäologischen Museum in Poznán. Die stratigraphische Besonderheit des Gräberfeldes in Minschat beruht darauf, daß auf ein und demselben Niveau abwechselnd frühdynastische Gräber aus den ersten Jahrhunderten *Frühdynastische und römische Gräber* des 3. Jts v. Chr. und Bestattungen aus den letzten Jahrhunderten der Antike, also aus den ersten Jahrhunderten unserer Zeitrechnung, auftreten. Die beiden Gräbertypen, die sozusagen eine Klammer bilden, welche den Beginn und das Ende des Altertums in diesem Gebiet verbindet, sind in hervorragendem Zustand erhalten und bilden eine wichtige archäologische Quelle für das Verständnis der Geschichte des Ostdeltas.

Tell Atrib Unter den archäologischen Stätten, in denen das Polnische Zentrum für Mittelmeerarchäologie der Universität Warschau Ausgrabungen durchführt, kann Tell *Taf. 15 Abb. 89, 90* Atrib als ein echter Querschnitt durch die Geschichte Ägyptens im letzten Jahrtausend des Altertums angesehen werden. Dieser Ort, 50 km nördlich von Kairo gelegen und heute ein Vorort der Großstadt Benha, bildete das erste Grabungsfeld einer polnischen archäologischen Mission nach dem Zweiten Weltkrieg in Ägypten. Die Ausgrabungen nahm im Jahre 1957 Prof. Kazimierz Michalowski auf. Viele Jahre wurden sie von Dr. Barbara Ruszczyc in Zusammenarbeit mit dem Koptischen Komitee in Kairo geführt; und im Jahre 1985 wurden hier Rettungsarbeiten unter der Leitung des Autors dieses Buches aufgenommen, die gegenwärtig unter Beteiligung der Ägyptischen Altertümerverwaltung fortgesetzt werden. Das Ziel der letztgenannten Arbeiten ist eine umfassende Untersuchung des Areals in der *Kom Sidi Jusuf* Umgebung des Kom Sidi Jusuf, das für eine moderne Bebauung in absehbarer Zukunft bestimmt ist. In diesem Gebiet liegen ein Wohnviertel der Ptolemäerzeit und Ruinen der römischen Stadt in unmittelbarer Nachbarschaft, und an beide grenzen Überbleibsel der byzantinischen Ansiedlung. Vertreten sind hier also alle drei Phasen des ausgehenden Altertums in Ägypten.

Der arabische Name Tell Atrib entstammt dem koptischen Athrebi oder Atrepe, und dieser wiederum dem griechischen Athribis. Letztgenanntes Wort ist seinerseits eine hellenisierte Fassung des altägyptischen Namens *Hut-ta-heri-ib(et)*, der in der pharaonischen Zeit zur Bezeichnung der Hauptstadt des zehnten unterägyptischen Gaues gebraucht wurde, der gerade diese Gegend umfaßt. In der ägyptischen Sprache war dieser Name ein einfacher Satz mit der Bedeutung «Stadt in der Mitte», man stellte sich nämlich vor, daß Athribis in der Mitte des Deltas liegt.

Das antike Athribis

Die in diesem Satz auftretende Wendung *heri-ib* konnte aber auch eine andere Bedeutung haben, nämlich «auf dem Herzen» oder «das auf dem Herzen ist». Wir hätten es dann mit einer «Stadt auf dem Herzen» zu tun. Diese Interpretation des Namens findet ihre Begründung in der lokalen Theologie von Athribis. Man glaubte nämlich, daß in dieser Stadt eine der größten Reliquien aufbewahrt wurde, nämlich das Herz des von seinem Bruder Seth zerstückelten Osiris. Weitere Teile seines Körpers wurden in verschiedenen anderen religiösen Zentren Ägyptens verwahrt. Das Herz, nach ägyptischem Glauben der Sitz des Verstands, war jedoch ein besonders wichtiges Organ. Daher entwickelte sich auch um dieses Herz der mit Athribis verbundene Mythos. Das Herz des Osiris sollte durch die Göttin Chuit betreut werden, deren Hauptaufgabe das Einhüllen des verstorbenen Gottes – und besonders seines Herzens – war.

Ein mehrdeutiges Wortspiel

Herz des Osiris

Chuit

In das lokale Pantheon gingen natürlich alle Götter des Osiriskreises ein, also vor allem «Horus-das-Kind», Isis, Nephthys und Hathor. Die lokale Verkörperung des Horus wurde mit dem Gott Chenti-Cheti gleichgesetzt, der die Gestalt eines Krokodils, eines Falken oder eines Stieres annehmen konnte. Das letztgenannte Tier erfreute sich in Athribis besonderer Verehrung. Der heilige Stier von Athribis, *Kem-wer* genannt, wurde sogar zur heraldischen Gestalt in dem Emblem, das den zehnten unterägyptischen Gau bezeichnete.

Chenti-Cheti

Emblem des 10. Gaues

Dem Leser dieses Buches ist Athribis bislang vor allem aus dem Text bekannt, der den triumphalen Zug des kuschitischen Königs Pianchi (25. Dynastie) durch Nordägypten schildert. Diese Episode der Geschichte brachte der Stadt keinen Ruhm ein, obwohl einer der späteren kuschitischen Könige hier einen Tempel stiftete. Athribis wurde vor allem als Heimatstadt von Amenophis-Sohn-des-Hapu berühmt, des vergöttlichten Architekten und Weisen, der zur Zeit Amenophis' III. wirkte. Schon zu Lebzeiten wurde ihm eine fast königliche Ehre zuteil, und zwar die Errichtung eines eigenen Totentempels in der Reihe ähnlicher Bauwerke in Theben-West, die sonst nur den Pharaonen vorbehalten blieben.

Geburtsstadt von Amenophis-Sohn-des-Hapu

Alles verweist darauf, daß der Schöpfer der «Memnonskolosse» auch um die Entwicklung seiner Heimatstadt bemüht war, denn das archäologische Material, das in Athribis entdeckt wird, ist reich an Zeugnissen der Größe der Stadt eben seit der Zeit jenes Amenophis, also seit dem 14. Jh. v. Chr. Es handelt sich dabei vor allem um von monumentalen Bauwerken stammende, mit Reliefs verzierte Steinblöcke, sowie herrliche Statuen aus verschiedenen Gesteinsarten.

Erste Blüte im Neuen Reich

Am berühmtesten unter den letztgenannten ist eine Statue eines heilkräftigen Priesters namens Djed-Hor (ägyptischer Prototyp des griechischen Namens Taho

Djed-Hor

Heilige Falken oder Theos), der gegen Ende des 4. Jhs. v. Chr. lebte. Sein Verdienst war, wie die am Sockel der Statue angebrachte Inschrift kündet, die Errichtung eines Sanktuars mit zwölf Kapellen zur Mumifizierung der Falken, der heiligen Tiere des Gottes Chenti-Cheti. Die aus schwarzem Granit gefertigte Statue zeigt den Priester in ei- *Statue des Djed-Hor* ner für die kuboiden «Würfelhocker» typischen Haltung, das heißt hockend, mit bis an die Brust angezogenen Beinen und mit Händen, die auf den Knien ruhen. Angelehnt an die Beine ist eine magische Stele von einer für jene Zeiten charakteristischen Form. Sie zeigt den jugendlichen Horus, der auf Krokodilen steht und in den Händen verschiedene gefährliche Tiere hält. Die Stele wird bekrönt vom Kopf des Bes, eines Gottes mit karikaturhaften Zügen, der mit einer besonders wohltuenden magischen Kraft ausgestattet war. Alle diese Gestalten sind in erhabenem Relief ausgeführt. Die ganze Statue des Djed-hor ist bis auf das Gesicht, die Hände *Magische Texte* und die Füße mit hieroglyphischen Inschriften mit magischem Inhalt bedeckt, im Sockel der Statue ist hingegen vor der hockenden Gestalt ein ovaler Wasserbehälter eingetieft. Hier floß Wasser ein, das in Berührung mit den hieroglyphischen Zauberformeln magische Kraft annahm und den Menschen Schutz vor Unheil ge- *Ein heilkräftiges Bildwerk* währte. Man schrieb also dieser Statue prophylaktische Eigenschaften zu. Zu bewundern ist sie heute im Ägyptischen Museum in Kairo. Von einer identischen Parallelstatue, die wohl auf der anderen Seite des Eingangs in einen der Tempel von Athribis aufgestellt war, hat sich heute nur noch der Sockel erhalten.

Fremde im Tempel des Chenti-Cheti Eine der wichtigsten historischen Informationen, die der biographische, in den Sockel der Statue eingemeißelte Text liefert, ist die Nachricht von Fremden, die sich im Tempelbezirk des Horus-Chenti-Cheti niedergelassen hatten. Als sie von dort vertrieben wurden, zogen sie einige Hundert Meter weiter nach Osten. Die *Abb. 91, 92, 96* Rede ist hierbei wohl von Soldaten aus der Armee Alexanders des Großen. Wenn man die Stelle berücksichtigt, an der sich – aufgrund der archäologischen Daten – der Horus-Tempel befand, kann man mit großer Wahrscheinlickeit annehmen, daß das von unserer Grabungsmission entdeckte Stadtviertel, etwa einen halben *Eine antike Soldatensiedlung* Kilometer östlich von dieser Stelle entfernt, eben diese Vorstadt des ptolemäischen Athribis war, wo gegen Ende des 4. Jhs. v. Chr. manche Soldaten der makedonischen Armee ihren festen Wohnsitz fanden, wobei das Heer wohl ethnisch variierte, aber dennoch durch ein überwiegend griechisches Element geprägt war. Darauf verweist nicht nur die griechische – wenn auch bestimmte orientalische Elemente aufweisende – Ikonographie zahlreicher von uns gefundener Objekte, sondern auch die Tatsache, daß dieses Viertel erst ab der zweiten Hälfte des 4. Jhs. v. Chr., also noch nicht während der spätdynastischen Zeit, bewohnt war.

Sondagebohrungen Die von uns durchgeführten Bohrungen, die bis in die Tiefe von einigen Metern unterhalb der frühesten der freigelegten Schichten reichten, wiesen keine Spuren irgendeiner Nutzung dieses Gebietes vor der letzten Dynastie der einheimischen Pharaonen auf. Nur einige Kalksteinblöcke mit Überresten eingemeißelter Kartu- *Tempelbau Nektanebos' II.* schen Nektanebos' II. (361–343 v. Chr.) verweisen auf die Existenz eines monumentalen Tempels dieses Herrschers in Athribis, aber auch dieser dürfte sich nicht in unmittelbarer Nachbarschaft des von uns untersuchten Stadtviertels befunden haben. Die Blöcke konnten von einer anderen Stelle herbeigeschleppt worden sein, um zu Gefäßen oder anderen Gegenständen verarbeitet zu werden, ja sogar zu Kalk, wie es die Anwesenheit von Kalkbrennereien in den von uns freigelegten spätptolemäischen Schichten suggeriert. *Verschleppte Spolien?*

Unter den fragmentarisch erhaltenen, mit hieroglyphischen Inschriften in vertieftem Relief dekorierten Kalksteinblöcken, die in der Nähe eines spätptolemäischen Kalkofens lagen, fanden wir während der Grabungskampagne 1995 zwei Fragmente, die sich zu einer Kartusche mit dem Thronnamen Alexanders des Großen, *Setep-en-Re-meri-Amun*, zusammensetzen ließen. Da dieser Thronname auch von Philipp Arrhidaeus und Ptolemaios I. Soter, den Nachfolgern Alexanders d. Gr., getragen wurde, bezeugt dieser Fund, daß am Anfang der Ptolemäerzeit ein wichtiger Tempel, vielleicht unweit des von uns ausgegrabenen Stadtviertels, erweitert oder gar errichtet worden war. *Namenskartuschen Alexanders d. Gr.* *Abb. 80*

Die tiefste, dem späten 4. Jh. v. Chr. entsprechende Schicht unserer Grabung barg mehrere Objekte, die die Identifizierung des Stadtviertels als eine griechische Niederlassung eindeutig bestätigen. Zwei nebeneinander gefundene Terrakottafigürchen zeigen einen makedonischen Reiter, der – altägyptischen Vorbildern gemäß – einen Gefangenen niedertritt. In der nur unwesentlich höher liegenden Schicht wurde ein Herrscherkopf aus Kalkstein, wohl ein Bildhauermodell, entdeckt, der einen der frühen Ptolemäer, wahrscheinlich Ptolemaios II. Philadelphos, darstellt. Diese Datierung bestätigen einige bronzene und zwei silberne Münzen gleicher Herkunft, die größtenteils seiner Regierungszeit, in Ausnahmefällen der seines Vaters, Ptolemaios' I. Soter, entstammen. Besonders interessant ist in diesem Zusammenhang die Münze, die zwar Soter darstellt, aber zur Regierungszeit seines Sohnes, und auch nicht in Alexandrien, sondern in Ptolemais an der westasiatischen Küste, dem heutigen Akko, geprägt worden war. *Griechische Statuenfunde* *Abb. 91, 92* *Abb. 94* *Abb. 93*

Wir wissen aus schriftlichen Quellen, daß in dem ptolemäischen Athribis neben der griechischen auch eine jüdische Kolonie existierte. Es waren also alle Bedingungen erfüllt, damit hier eine hellenistische *Koiné* aufblühte – eine lokale Version der synkretistischen Kultur, die die ganze Welt umfaßte, die sich in der Einflußsphäre der Mittelmeerzivilisation befand. Verschiedene einheimische Traditionen blühten jetzt in Symbiose mit der griechischen Kultur auf, und die Sprache und Mythologie der Griechen wurden zum gemeinsamen Nenner der Verständigung vieler Nationen. *Jüdische Siedler* *Schmelztiegel der Kulturen*

In dem hellenistischen Mittelmeerkessel spielte Ägypten eine äußerst schöpferische Rolle. Unsere Ausgrabungen in Tell Atrib bestätigen die immer mutiger vorgetragene These, daß der originäre Beitrag dieses Landes sich nicht nur auf Alexandrien, den Sitz der Ptolemäer und neue Hauptstadt des Landes beschränkt, sondern auch die ägyptische *Chora*, also die Provinz, einbezieht. In dieser Peripherie existierten nämlich uralte Traditionen, die von den griechischen «Pharaonen» makedonischer Abstammung berücksichtigt werden mußten. Das heilige Feuer der *Unterschätzte Provinz*

Konservatives Memphis

antiken ägyptischen Kulte schützten nämlich vor allem die Priester in Memphis, der alten Hauptstadt des Pharaonenstaates am südlichen Rand des Nildeltas. Nur auf Kosten zahlreicher Konzessionen, nicht nur ausschließlich geistiger Natur, zugunsten des memphitischen Priestertums, gelang es den Ptolemäern, von Alexandrien aus die Macht über Ägypten auszuüben, unter Beibehaltung einer relativen, durchaus nicht stabilen Ruhe in der Provinz.

Zwischen Alexandrien und Memphis

Athribis, gelegen zwischen der alten und der neuen Hauptstadt des Landes und seit eh und je mit Memphis verbunden – und zwar als Domäne der Kronprinzen – befand sich nun im Brennpunkt der Rivalität und der gegenseitigen Einflüsse der beiden Zentren. Es hatte die Chance, bei der Artikulation der ägyptischen Ausformung hellenistischer Kultur eine wichtige Rolle zu spielen. Die polnisch-ägyptischen Ausgrabungen, die seit 1985 systematisch in Tell Atrib geführt werden, bewiesen, daß hier ein Zentrum hervorragender Künstler und Handwerker existierte, denen es gelang, die altägyptischen Traditionen ebenso mit Elementen der griechischen Kultur zu verbinden, als auch mit starken Einflüssen des Orients, vor allem des achämenidischen Persiens, das sich schon vor den Eroberungen Alexanders des Großen den Weg in das Land am Nil geebnet hatte.

Ungestörte Schichten

Schon in der ersten Kampagne dieser Ausgrabungen, denen geophysikalische Forschungen vorausgegangen waren, erwies es sich, daß wir es vor Ort mit einer Stratigraphie von Schichten zu tun haben, die meistens nicht miteinander vermischt sind, und wenn sie hie und da gestört sind, dann hauptsächlich infolge der Tätigkeit der Schatzgräber, die, wie Notizen von Reisenden informieren, schon seit dem Mittelalter die Ruinen des antiken Athribis sehr hoch zu schätzen wußten. Die Überreste, die sich damals in Gestalt mehrerer ausgedehnter Hügel präsentierten, waren nämlich als Fundgrube von Gegenständen bekannt, die aus Gold und Silber hergestellt waren, was zweifellos mit dem Bestehen von Goldschmiedewerkstätten in diesem Gebiet in antiken Zeiten zusammenhängt.

Aphroditefiguren aus Marmor

Schon wenige zehn Zentimeter unter der Erdoberfläche entdeckten wir im Laufe einer der ersten Probegrabungen einen Komplex fragmentarisch erhaltener Marmorfiguren, von denen die meisten Aphrodite darstellen. Das verwunderte uns nicht, denn die griechische Göttin der Liebe – am Nil mit Isis und Hathor, den wichtigsten weiblichen Gottheiten des altägyptischen Pantheons, gleichgesetzt – erfreute sich im hellenistischen Ägypten ungewöhnlicher Popularität. Einige ägyptische Städte erhielten damals den Namen Aphroditopolis.

Erhaltene Bemalung

Eine Überraschung war für uns dagegen die Anwesenheit von Polychromie an der Oberfläche einiger Skulpturen. In dem feuchten Klima des Nildeltas, in dem Boden, der systematisch durch Kanäle bewässert wird, ist dies ein Ereignis. Das Gewand einer halbnackten Aphrodite bewahrte seine blaue Farbe, und die Frisur des hübschen Köpfchens einer anderen Statuette bedeckte eine rötliche Ockerschicht.

Eine noch größere Überraschung war die Tatsache, daß die Marmorfragmente im Kontext von Münzen und gestempelten Amphorenhenkeln gefunden wurden, deren Datum eindeutig auf eine nicht gestörte archäologische Schicht des 3. Jhs. v. Chr. verweist. Sollten wir auf Kopien oder Nachahmungen des berühmten Standbildes der Aphrodite gestoßen sein, das von Praxiteles selbst hergestellt worden war, dessen Söhne schließlich – wie schriftliche Quellen angeben – Ägypten zu Beginn der hellenistischen Epoche besucht haben? *Datierter Kontext*

Nach der ersten Grabungskampagne wußten wir noch nicht, ob wir es mit Überresten einer Bildhauerwerkstatt zu tun hatten, die auf die Bildnisse der griechischen Göttin spezialisiert war, oder ob wir einfach eine der vielen Kultstätten der Göttin vor uns hatten. Es war schwer, anhand der Architekturüberreste irgendetwas zu schlußfolgern, da die Mauern des Raumes, in dem die Skulpturen aufgefunden wurden, aus Lehmziegeln, einem sehr instabilen Baustoff, errichtet worden waren. *Werkstatt oder Kultstätte?*

Erst im Laufe der späteren Ausgrabungen, die alljährlich vom Polnischen Zentrum für Mittelmeerarchäologie der Warschauer Universität in Kairo in Zusammenarbeit mit der Ägyptischen Altertumsverwaltung durchgeführt werden, erwies es sich, daß wir einen großen Komplex von Werkstätten entdeckt hatten, in denen einige Jahrhunderte lang Künstler und Handwerker verschiedener Spezialisierungen tätig waren. Die größte Gruppe bildeten die Töpfer, die nicht nur Tausende von Gefäßen äußerst variantenreicher Formen und Verzierungen hinterließen, sondern auch Keramiköfen, Depots ungebrannter Gefäße, Formen zum Abdrücken der plastischen Dekoration und Pigmente zur Farbenherstellung. Letztere dienten auch den einheimischen Koroplasten, deren Schaffen in Gestalt unzähliger Terrakottafigürchen mit reicher und oft sehr origineller Ikonographie überliefert ist. Auf ihre Herkunft aus lokalen Werkstätten verweisen Fragmente ungebrannter, obgleich bereits modellierter Figuren oder gar Fehlbrände kleiner Terrakotten bzw. ihrer Teile. Aus dem gleichen Rohstoff wie die Gefäße und Figürchen wurden hier auch Öllampen hergestellt, die sich mitunter durch Formen auszeichnen, welche bisher an keiner anderen Stätte der hellenistischen Welt bezeugt sind. *Handwerkerviertel* *Töpfereien* *Abb. 103, 104* *Abb. 95, 97, 107*

Die Bildhauer hinterließen hier nicht nur Fragmente von Marmorfiguren im griechischen Stil, sondern auch Modelle verschiedener Gegenstände aus Kalkstein, der, im Unterschied zu dem importierten Marmor, ein ägyptischer Baustoff war. Als eines dieser Modelle scheint der bereits erwähnte Kopf Ptolemaios' II. Philadelphos fungiert zu haben. Steinmetze verarbeiteten hier Fragmente der monumentalen steinernen Architektur früherer Epochen, wie Stümpfe und Basen von Granitsäulen oder Sockel von Statuen und Sarkophagen, zu Steingefäßen. *Bildhauermodelle* *Abb. 94*

Aus den hiesigen Werkstätten stammten wohl auch zahlreiche Fayencegegenstände, die in demselben Kontext gefunden wurden. Im griechischen und griechisch-persischen Stil ist die Reliefverzierung mancher Fayencegefäße gehalten; für den Bedarf der altägyptischen Kulte wurden dagegen sowohl Amulette produziert, die verschiedene Gottheiten des pharaonischen Ägyptens darstellten, als auch Figürchen mit sepulkraler Bestimmung, die sogenannten *Uschebti*. Aus Fayence wurden auch zahlreiche Votivfiguren hergestellt, die einen typisch hellenisti- *Fayencen* *Abb. 105*

Edelmetallverarbeitung

schen synkretistischen Stil aufweisen. Das Aufspüren von Hinweisen auf die Tätigkeit von Toreuten (Edelmetallbearbeitern) in den hiesigen Werkstätten erinnert dagegen an einen Indizienprozeß, da – wie wir erwähnt haben – die Ruinen der antiken Stadt schon in den vorigen Jahrhunderten von Gold- und Silbergegenständen «gesäubert» wurden, und zwar auf eine Art und Weise, die mit Archäologie nichts zu tun hat.

Münzen als Datierungshilfe

Vom wissenschaftlichen Standpunkt aus gesehen ist die genaue Datierungsmöglichkeit der von uns gefundenen Objekte besonders wertvoll, da diese nämlich in ungestörten Schichten vorkommen. Das Vorhandensein vieler gut erhaltener Münzen ermöglicht es, die aufeinanderfolgenden Schichten nicht nur einzelnen Phasen der ptolemäischen Epoche zuzuteilen, sondern mitunter sogar mit einer Genauigkeit bis auf die Regierungszeit eines konkreten Herrschers zu datieren. Dies betrifft besonders die Kontexte, die chronologisch der ersten Hälfte der Ptolemäerzeit entsprechen, also dem 3. und der ersten Hälfte des 2. Jhs. v. Chr., bis zur Regierungszeit Ptolemaios' VI. Philometors. Dank dieser Umstände finden einige Kategorien von Denkmälern, die bisher allgemein auf die «griechisch-römische Epoche» oder – mitunter falsch – auf die «römische Zeit» datiert wurden, endlich, in Anlehnung an die Stratigraphie, eine präzise chronologische Zuordnung.

Möglichkeiten der Feindatierung

Theologischer Hintergrund

Außer den chronologischen Festlegungen verdanken wir den aus den Werkstätten des ptolemäischen Athribis stammenden Materialien in gleichem Umfang neue Einblicke in das gegenseitige Durchdringen der ägyptischen und griechischen Tradition in der ägyptischen Provinz, nicht nur auf künstlerischer, sondern auch auf religiöser und politischer Ebene. Das betrifft insbesondere die Kunst im Dienste der «politischen Theologie», das heißt der dynastischen Propaganda, die sich in mythologische Gewänder kleidete.

Erotische Motive

Isis anasyromene Taf. 14.2

Abb. 108

Fruchtbarkeitsaspekte

Die Aufmerksamkeit der Forscher wurde durch die Tatsache geweckt, daß ein gewaltiger Teil der Terrakottafigürchen aus Athribis einen erotischen Charakter aufweist. Zahlreiche Figuren, die Isis-Aphrodite «anasyromene» darstellen – also als Frau, die mit einer «obszönen» Geste durch Anheben des Gewands ihren Schoß entblößt –, werden von Darstellungen nackter Frauen begleitet, die ebenso mit mythologischen Gestalten assoziiert werden konnten. Dazu gehört ein Figurentyp, der allgemein als «Konkubine» bezeichnet wird, und der eine liegende Frau mit am Körper anliegenden Armen darstellt, deren einzige «Kleidung» in einer üppigen Kopfbedeckung besteht, oder auch der Typ einer Frau, die mit gespreizten Beinen hockt und mit der Hand auf ihren geschwollenen Schoß hinweist. Sie trägt Stiefel und ist außer einem reichen Kopfschmuck mit zwei Ketten geschmückt, die sich zwischen ihren Brüsten kreuzen. Ihre Geste und ihr üppiger Schoß verweisen deutlich darauf, daß derartige Ex-Vota mit dem Fruchtbarkeitskult in seinem erotischen Aspekt in Verbindung standen.

Abb. 109

Gemeinsam mit den Terrakotten, die nackte Frauen darstellen, treten in Athribis phallische Figuren auf, die Männer mit einem übertrieben großen Glied zeigen. Es handelt sich sowohl um Darstellungen mythologischer Gestalten, darunter des ägyptischen Bes und des Harpokrates, als auch um Männergestalten außerhalb des Pantheons, die oft griechische Kleidung tragen. Sogar personifizierte Tiere werden auf ähnliche Weise dargestellt. Eine derartige Figur zeigt den Kampf zwischen einem gepanzerten Frosch und einem mit einem Schild bewaffneten Tier. Obwohl sich der Kopf des letzteren nicht erhalten hat, kann man es mit großer Wahrscheinlichkeit als Maus ergänzenen und die ganze Szene als eine rundplastische Fassung der «Batrachomyomachia» – also des Kriegs zwischen Fröschen und Mäusen – interpretieren, einer hellenistischen Parodie der «Ilias» des Homer, die sonst nur in literarischen Quellen bezeugt ist. Aufmerksamkeit weckt die Tatsache, daß beide zoomorphe Krieger sich durch gewaltige Phalli auszeichnen.

Phallische Figuren Taf. 14.1

Frösche-Mäuse-Krieg

Die Entdecker dieser interessanten Gruppe von Terrakotten verwunderte die Tatsache, daß die meisten Figuren mit erotischem Charakter innerhalb und in der Nähe einer öffentlichen Badeanstalt gefunden wurden, die in der Nähe der Werkstätten, und zwar nördlich davon, entdeckt worden war. Dieses ungewöhnliche Bauwerk, bestehend aus kleinen Wasserbecken unterschiedlicher Form, die längs eines schmalen Korridors angeordnet sind, muß in der Zeit Ptolemaios' VI. entstanden sein, da das numismatische Material aus der Schicht, welche dessen Boden bedeckte, ausschließlich Münzen dieses Herrschers aufweist. Unter dem Fußboden wurde dagegen eine Münze aus der Regierungszeit seines Vaters, Ptolemaios' V., gefunden.

Ein öffentliches Bad

Datierung des Bades

Die solide Konstruktion aus gebrannten Ziegeln, bedeckt mit einer dicken Schicht wasserdichten Verputzes mit einer rot bemalten Oberfläche, verfügt unter dem Fußboden über eine ordentliche, das Wasser ableitende Kanalisation, die aber mit den Wasserbecken überhaupt nicht verbunden ist. Das benutzte Wasser aus den Becken mußte über den Boden fließen, dessen Neigung den Abfluß in das Kanalisationssystem gewährleistete. Das dem Bad zugeführte frische Wasser wurde in großen halbkugeligen, dickwandigen Tongefäßen gesammelt, die jeweils grau gebrannt und mit glänzender schwarzer Glasur überzogen waren. Ihre Oberfläche weist eine Reliefverzierung auf, die deutlich eine Nachahmung von Metallgefäßen zeigt. Sogar die großen Henkel dieser Behälter, modelliert in erhabenem Relief, haben hier eine dekorative Funktion.

Abb. 110

Kanalisationen

Metallimitationen in Ton

Wie die Wasserbecken benutzt wurden, illustriert eine der Terrakottafiguren, die in der Nähe der Badeanstalt gefunden wurden. Sie stellt eine nackte Frau dar, die auf dem überhöhten hinteren Teil eines ovalen Wasserbeckens sitzt und sich mittels einer kleinen Schüssel mit einwärts gebogenem Rand mit Wasser begießt. Hunderte derartiger Schüsseln, hergestellt in den lokalen Töpferwerkstätten, füllten die Erdschicht, die unmittelbar auf den Ruinen des ptolemäischen Athribis lag. Sogar die Depots ungebrannter Gefäße enthielten vor allem Schüsseln dieser Form.

Terrakotta einer Badenden

Einen anderen Stammgast der Badeanstalt zeigt eine originelle Terrakotte, die als kleines Flakon fungierte. Sein hoher Hals wächst aus dem Kopf der Gestalt des

Ein originelles Flakon

nackten, hockenden Jünglings mit langen, auf den Rücken herabfallenden Locken heraus. Über seinen linken Arm ist ein zusammengefaltetes Gewand gelegt, wahrscheinlich ein Himation, eine Art mantelartiger Überwurf, und an seinem linken Bein lehnt ein Gegenstand in der Form einer Scharre. Diese in der Nähe eines Töpferofens aus dem Ende des 3. Jhs. v. Chr., unweit der Badeanstalt gefundene Figur zeichnet sich durch archaiserende Züge aus. Eine ähnliche Gesamtkomposition und eine gleichartige Modellierung der einzelnen Details finden wir bei den Statuetten der *Komasten* – Jünglinge, die für ihren Tanz während ritueller Prozessionen bekannt waren.

Lokales Imitat griechischer Vorbilder

Derartige Figürchen kommen in der Kunst des archaischen Griechenlands vor. Ein Flakon mit ähnlichen Ausmaßen, der von den in der Athener Agora tätigen amerikanischen Archäologen gefunden wurde, hat die Form eines knienden Athleten, der sich eine Schleife um den Kopf bindet. Unsere Figur ist jedoch aus Nilton hergestellt, der dunkelgrau gebrannt ist. Sowohl das Material als auch die Brandtechnik verweisen auf die gleiche lokale Werkstätte, in der die oben erwähnten Nachahmungen von Metallgefäßen zur Aufbewahrung von Wasser in der Badeanstalt entstanden sind.

Kouroi als Vorbilder

Die Imitation des Stils griechischer Künstler früherer Zeiten verspüren wir nicht selten in den Werken der athribitischen Koroplasten der hellenistischen Zeit. Reminiszenzen der archaischen *Kouroi* kann man in der Form einer der Terrakottafiguren erkennen, die wir im Inneren eines großen Topfes aus den Anfängen des 3. Jhs. v. Chr. gefunden haben. Alle stellen sogenannte Konkubinen dar, nackte Frauen mit längs des Körpers herabhängenden Armen. Ihr Stil ist jedoch variabel, und eben eine von ihnen erinnert mit ihren maskulinen Proportionen und Körperformen eher an die Statuen athletischer Jünglinge von vor zwei Jahrhunderten als an die sinnlichen Rundungen hellenistischer Frauenbildnisse.

Keramikdepot in einem Privatbad

Gerade diese Terrakottengruppe verdient aber noch aus einem anderen Grund Aufmerksamkeit. Sie gehörte nämlich zu einem keramischen Depot, das direkt auf dem Fußboden eines privaten Baderaumes aus den Anfängen der Ptolemäerzeit lag. Die Entdeckung dieses kleinen Bades in einer genau datierten Schicht, die sich unter den Überresten von Werkstätten befand, war eine völlige Überraschung. In seinem unteren Teil komplett erhalten, besaß dieses kleine Badezimmer drei kleine Becken von unterschiedlicher Form und gleich daneben einen kleinen Heizofen. Den Fußboden bildete eine dicke Estrichschicht, die direkt auf der Erde verlegt wurde, obwohl diese vorher nicht nivelliert worden war. Eine Senkung des Fußbodens zu der Wand hin, die den Becken gegenüber lag, gewährleistete einen Abfluß des Wassers in eine Kanalisation, die aus keramischen Rohren besteht und direkt in ein großes zylindrisches, in den Boden eingelassenes Gefäß führt.

Frühptolemäische Datierung

Da wir in der nächsten Nachbarschaft dieses Badezimmers Fragmente zahlreicher zertrümmerter keramischer Wannen fanden, kann man annehmen, daß in diesem Areal bereits in den ersten Jahrzehnten nach Alexander dem Großen ein Badekomplex bestand, dessen Funktion außer dem hygienischen auch kultische

Aspekte aufwies. Darauf würde die Anwesenheit von Votivfigürchen neben den im Bad benutzten Gefäßen verweisen. Ablutionen oder nur ein Begießen mit Wasser zu magischen Zwecken war in Ägypten eine seit eh und je bekannte Praxis. In diesem Kontext erinnern wir an die Statue des Djed-Hor, des «Erlösers», deren Funktion eben auf der Übertragung magischer Kräfte auf das Wasser beruhte, das an der Statue herabfloß und sich in dem Becken sammelte, das im Sockel des Standbildes eingetieft war. Die Statue stammt aus einer Zeit, die dem von uns entdeckten Bad nur unwesentlich vorangeht.

Kultische Aspekte

Neben erotischen Figuren fand man in der öffentlichen Badeanstalt aus der Zeit Ptolemaios' VI. auch zahlreiche Terrakotten, die verschiedene Gestalten des dionysischen *Thiasos* darstellen. Unter den Begleitern des Dionysos erkennen wir hier den Satyr, den Silen und den Priapos. Besonders schön und ikonographisch variantenreich sind die Figürchen, die den Silen darstellen. Sogar eine der in Athribis hergestellten Öllampen hat die Form eines nackten Silens mit ziemlich lichtem Haar, dessen Phallus die Funktion des Brenners der Lampe ausführt. Das erotische Spiel eines Silens mit einem Pan ist im Relief auf einer Aplike einer schwarzgefirnißten Plakettenhydria dargestellt, die aus alexandrinischen oder gar fremden Werkstätten nach Athribis gelangte. Den Dionysos selbst ahnen wir in einigen Figürchen, die fragmentarisch, meist ohne Kopf, erhalten sind. Es scheint, daß eben der Gott des Weines, gekleidet in ein weibliches Gewand, ein junges Mädchen begleitet, das eine dreieckige Harfe, ein für Szenen dionysischen Inhalts charakteristisches Instrument, spielt. Die weiblichen Elemente im Wesen des Dionysos hatten ihre mythologische Begründung, die besonders mit dem Fruchtbarkeitskult verbunden war. Eine andere Darstellung des Dionysos ist wohl bei einem nackten Mann mit einem gigantischen Phallus gegeben, der einen bockbeinigen Jüngling begleitet. Diese ungewöhnliche Darstellung des griechischen Gottes kann als *interpretatio aegyptiaca* der Gestalt des Dionysos angesehen werden, vielleicht sogar als originale ikonographische Erfindung eines der Koroplasten aus Athribis.

Figuren des Dionysos-Kreises

Abb. 106

Satyrn, Silene und Priapen

Dionysos

Interpretatio aegyptiaca

Zum Kennenlernen des Charakters der hiesigen Kulte bieten sich die Harpokrates-Köpfchen aus Terrakotta an, bei denen der junge Gott außer einer ägyptischen Kopfbedeckung, beispielsweise der Doppelkrone der Pharaonen, auch Efeublätter trägt. Sie beweisen nämlich eine Symbiose des mythologischen Osiris-Kreises mit dem dionysischen Element. Osiris selbst taucht in Begleitung von Isis in einem Relief auf, das eine der Miniaturstelen aus Kalkstein schmückt, die wir auf dem Gelände der Badeanstalt und in deren Umgebung gefunden haben. Diese Stelen besitzen meist die Form eines einfachen Naos, in dessen Innerem eine nackte Göttin mit herabhängenden Armen steht. Bei der frontalen Wiedergabe dieser Bildnisse scheint es sich um eine Nachahmung der Darstellungen der asiatischen Fruchtbarkeitsgöttin Kybele zu handeln, deren Kult auch in Ägypten populär war. Doch die Tatsache, daß die nackte Göttin, die auf einer der Stelen dargestellt ist, die Krone der Isis trägt, erlaubt es, diesen Typ von Votivobjekten eher mit dem Kult der altägyptischen Göttin zu verbinden, die im ptolemäischen Ägypten mit Aphrodite

Harpokrates

Abb. 98–101

Isis und Osiris

Einfluß der Kybele

assoziiert wurde. In der Nachbarschaft dieses Bildwerkes wurde auch das Fragment einer kleinen magischen Stele gefunden, die eine Darstellung des «Horus auf Krokodilen» trägt und mit dem Kopf des Schutzgottes Bes bekrönt ist.

Votive des Dionysos-Kultes

Der Charakter der in dem Gebiet der Badeanstalt gefundenen Votivgaben bestätigt die Hypothese von der kultischen Funktion dieser Anlage. Sie ist zweifellos mit dem Kult des Dionysos zu verbinden, der hier offensichtlich mit dem ägyptischen Osiris assoziiert wurde. Ein anderes Zeugnis für dessen Verehrung sind zahlreiche Terrakottafiguren, die auf die theatralischen Aspekte der Dionysosfeierlichkeiten anspielen: Kleine Votivmasken, die eine der Gestalten der Neuen Attischen Komödie darstellen, Figuren von Schauspielern, schließlich groteske und karikaturhafte Bildnisse der Vertreter verschiedener gesellschaftlicher Gruppen bieten ein breites Spektrum der lokalen dionysischen Tradition.

Komödienmasken

Typische Trinkgefäße

Dieses Bild ergänzen zahlreiche zum Trinken von Wein bestimmte Gefäße, darunter *Lagynoi*, also Flaschen, deren spezifische Form sich durch einen gedrungenen, breitschultrigen Behälter und einen hohen, schmalen Hals mit einem senkrechten Henkel auszeichnet. Von ihnen leitet eines der Trinkfeste zu Ehren des Dionysos seinen Namen ab: die *Lagynophorien*. Eine ausgesuchtere Form haben einige kleinere Flaschen, die ebenfalls in den hiesigen Werkstätten hergestellt wurden. Wie die Terrakotta-Figürchen in einer Form hergestellt, haben sie die Gestalt von Weintrauben. Eines der Model, die zur Produktion solcher Gefäße dienten, fanden wir in einer Schicht, die durch Münzen in die Zeit Ptolemaios' IV. Philopator datiert wird.

Traubenförmige Gefäße

Ein Depot anderer Trinkgefäße wurde in einem Nebenraum der Badeanstalt entdeckt, der sich in seiner Konstruktion und Funktion von dem Badetrakt wesentlich unterscheidet. Der Raum zeichnet sich durch besonders dicke Wände aus Lehmziegeln aus, die mit farbig ausgeführtem Verputz überzogen sind , der in eine Reihe quadratischer Panneaux unterteilt ist. Er wies keine Wasserbecken auf, enthielt dagegen eine Reihe kleiner Amphoren mit aufgemalten Verzierungen, wie auch verschiedenartiger Kelche. Zusammen mit ihnen fand man hier Fragmente phallischer Votivfiguren. Alles scheint darauf zu verweisen, daß hier bacchische Treffen stattfanden, was zusätzlich unsere Vermutung bestätigen würde, daß die Badeanstalt ein Ort war, der Dionysos-Anhängern diente. In ihrer Funktion erinnert diese Anlage an ein *Stibadion*, den Typ eines idyllischen «Nestchens», das mit dionysischen Kulten erotischer Färbung zusammenhing. Kleine Bauwerke derartiger Bestimmung, die sich durch Anwesenheit zahlreicher phallischer Figuren und Flachreliefs kennzeichnen, sind aus Delos und anderen Zentren hellenistischer Kultur bekannt.

Ein Versammlungsraum von Bacchanten?

Parallelen in Delos

Unter unseren Funden aus der Umgebung der Badeanstalt weckt die Terrakottafigur eines mit originellen Reliefs geschmückten Elefanten Aufmerksamkeit. Auf dem indischen Elefanten muß ursprünglich ein Gott gesessen haben, der den Sieg des Dionysos symbolisierte, und zwar in Anspielung auf die Triumphe Alexanders des Großen im Osten. Vielleicht war es Harpokrates, vielleicht der jugendli-

Elefantenterrakotte

Abb. 103/104
Ritualszene mit Altar, Opfertieren und altägyptischen Kronen der Götter Isis und Osiris. Reliefdekor eines Prunkgefäßes des 2. Jhs. v. Chr. aus Tell Atrib.

Abb. 105 Magische Amulette aus Tell Atrib. Fayencefigürchen der Ptolemäerzeit, darunter eine Darstellung der nilpferdgestaltigen Göttin Thoeris.

Abb. 106 Junger Satyr. Kopf einer Terrakottafigur aus Tell Atrib. 2. Jh. v. Chr.

Abb. 107 Griechisch-römische Ersch nungsformen altägyptischer Gottheite Kopf des Serapis, der hellenistischen V sion des Osiris-Apis. Reliefdekor eir Gefäßes der Ptolemäerzeit.

Abb. 108 Magisch-erotisches Fruchtb keitsymbol: nackte Frau mit voluminös Bauch. Aus Tell Atrib.

Abb. 109 Phallischer Zwerg mit Lotosblüten an der Stirn. Terrakottafigur aus Tell Atrib. 2. Jh. v. Chr.

Abb. 110 Die Kanalisation des öffentlichen Bades aus der Zeit Ptolemaios' VI. in Athribis.

che Dionysos – wir können das nicht feststellen, da der obere Teil der Terrakotte nicht mehr erhalten ist. Die Reliefs dagegen, die den Körper des Elefanten schmücken und die bisher in der hellenistischen Koroplastik keine Analogie finden, zeigen zwei Parallelszenen, die inhaltsmäßig eine Einheit bilden. Auf der einen Seite des Elefanten ist der Spaßvogel Bes zwischen zwei Hähnen tanzend dargestellt, auf der anderen erkennen wir zwei nackte Tänzer mit Phalli, die bis zum Boden reichen. Da im antiken Griechenland der Hahn ein typisches Liebesgeschenk in homoerotischen Beziehungen war, kann man leicht erraten, daß das Ganze an «griechische Liebe» als einen der vielen Aspekte der dionysischen Erotik anknüpft.

Rätselhafte Begleitfiguren

Außer den erotischen und theatralischen Aspekten trägt der Dionysos-Kult im ptolemäischen Ägypten auch eine deutliche politische Prägung. Als Protoplast der Ptolemäer war dieser Gott nämlich die Hauptfigur der «politischen Theologie», die vom alexandrinischen Hof angeregt wurde. Dynastische Propaganda verwertete diese Assoziationen auf unterschiedlichste Weise, und die in Athribis tätigen Künstler waren nicht imstande, ihr Werk von diesen Einflüssen freizuhalten. Ihre Ideen bezüglich der Verbindung von Mythologie und Politik nehmen mitunter originelle Formen an. So sehen wir zum Beispiel in einem Relief, das aus der Wandung eines Terrakotta-Rhytons herausgedrückt ist, einen jugendlichen Gott mit einer Radialkrone auf dem Kopf, der einen *Thyrsos*, ein Attribut des Dionysos, in der Hand hält. Die solare Gottheit wird hier aber deutlich mit einem der Ptolemäer identifiziert, denn sie steht auf einem Blitz, zwischen zwei Adlern mit ausgebreiteten Flügeln. Diese typischen Elemente der königlichen Heraldik wurden den Bildnissen entlehnt, die wiederholt und unzählige Male auf ptolemäischen Münzen, dem populärsten Instrument der dynastischen Propaganda, vorkommen. Zu beiden Seiten des Gottes sehen wir zwei Reiter mit Lanzen, zweifellos Dioskuren, deren Kult in Ägypten sehr populär war, und oberhalb dieser Szene einen Fries, der eine Reihe von geflügelten, mit der siegreichen Nike zu identifizierenden Frauengestalten zeigt.

Dionysos als Träger politischer Ideen

Mythologie und Politik

Terrakotten und Münzen als Propagandainstrumente

Diese Anhäufung von Symbolen des Triumphes und Ruhmes hat zweifellos eine poltische Aussagekraft. Um diese Nuß zu knacken, bleibt nur noch übrig, die Frage zu beantworten, um welchen der Ptolemäer es hier geht. Die archäologische Schicht, in der das Fragment gefunden wurde, entspricht chronologisch dem Ende des 3. Jhs. v. Chr.; die wahrscheinlichste Zuweisung läßt also das Werk mit der Zeit Ptolemaios' IV. Philopator verbinden. Es ist kein Zufall, daß eben seit der Regierungszeit dieses Herrschers der Dionysos-Kult in der ägyptischen Provinz populär wurde. Der Sieg des Philopator über Antiochos III. bei Raphia im Jahre 217 v. Chr. – erst möglich geworden durch den Präzedenzfall, wie ihn die Einberufung von 20 000 Ägyptern zur Verstärkung des Heeres darstellte – näherte nämlich den alexandrinischen Hof der ägyptischen *Chora* an. Es ist durchaus wahrscheinlich, daß die Siegessymbole, die in dem Relief auf dem Rhyton aus Athribis gemeinsam vorkommen, sich auf den Triumph eben dieses Herrschers beziehen.

Triumphemblematik

Blüte des Dionysos-Kultes

Eine Priesterprüfung

Es ist interessant, daß auf einem Papyrus aus der gleichen Zeit eine Anordnung erhalten ist, in welcher die für den Dionysos-Kult in der ägyptischen Provinz zuständigen Personen zu einer «Überprüfung» nach Alexandrien bestellt werden. Sie sollten am Königshof ihre Kompetenzen bestätigen, indem sie bis in die dritte Generation zurück nachweisen mußten, bei wem sie Unterricht genommen hatten. Auch wenn es dabei – wie einige Forscher vermuten – im Grunde genommen um Steuerfragen ging, die in dem Erlaß nicht erwähnt werden, so ist doch die Sorge der Ptolemäer um die Erhaltung der Einheit, vielleicht sogar einer Orthodoxie des dionysisch-dynastischen Kultes, beachtenswert.

Protome eines Rhytons

Dionysos und Ariadne

Eine mythologische Verkörperung eines der Ptolemäer können wir auch in der schönen Figur des Dionysos annehmen, die zur «Protome» eines anderen in Athribis gefundenen Rhytons gehörte. Der bärtige Gott bildete hier eine statuarische Gruppe mit einer Göttin, die sich auf seinen Arm stützt, wahrscheinlich Ariadne – seine Lebensgefährtin – oder Selene – seine Mutter –, die in diesem Fall zweifellos mit einer der ptolemäischen Königinnen identifiziert wurde. Leider blieb von der Gestalt der Göttin lediglich der Scheitel des Kopfes erhalten. Wir müssen also in der Sphäre von Vermutungen verbleiben, wenn es um ihre Identifizierung geht.

Gottebenbildlichkeit der Herrscher

Die beiden Götter werden hier wieder vom Bildnis eines Adlers mit ausgebreiteten Flügeln begleitet – einem heraldischen Symbol, das uns vergewissert, daß dieses Götterduo ein ptolemäisches Herrscherpaar birgt. Dem stratigraphischen Kontext nach zu schließen, in dem die Fragmente dieses schönen Rhytons gefunden wurden, handelte es sich höchstwahrscheinlich um Ptolemaios VI. und seine berühmte Mutter, Kleopatra I., oder um seine Gattin und Schwester, Kleopatra II.

Wandungsmotive

Diese Gruppe bildete die Stirnseite des Rhytons, dessen Wandungen Relieffriese schmückten. Das zentrale Motiv der Dekoration ist eine erotische Szene, die ein Paar im Bett in der Position *coitus a tergo* zeigt, und zwar in Begleitung mythologischer Gestalten, darunter einer Frau mit ikonographischen Zügen der auf einer Lyra spielenden Isis. Ein Fries von Amorfiguren, die in einem anderen Bildstreifen dieser reichen Verzierung auf Delphinen dargestellt sind, betont zusätzlich die dionysischen Aspekte des ganzen Gefäßes. Das aus einer ungewöhnlich spröden Tongattung hergestellte und äußerst dünne Wände aufweisende Gefäß war wohl ein Modell, dessen sich ein Meister bediente, um eine ähnliche Vase aus einem edleren Rohstoff wie Gold oder Silber herzustellen. Das zweifellos für rituelle Zwecke bestimmte Gefäß konnte während der Feierlichkeiten zu Ehren des Dionysos benutzt werden.

Modell für ein Metallgefäß

Dieser faszinierende Gegenstand weckt jedoch unsere Aufmerksamkeit nicht nur wegen seiner ausgesuchten Dekoration, sondern auch wegen seiner Form. In seinem unteren Teil ist nämlich das Rhyton mit einem länglichen, ovalen Fuß abgeschlossen, der für orientalische, unter dem Einfluß persischer Traditionen verbleibende Rhyta charakteristisch ist. So findet also die stürmische Geschichte Ägyptens in den letzten Jahrhunderten vor unserer Zeitrechnung ihre Widerspiegelung sogar im Kunstgewerbe der ägyptischen Provinz.

Persisches Erbe

In dem Wirrwarr der verschiedenen kulturellen Einflüsse, die wir in den Werken der Künstler aus Athribis wiederfinden, führt jedoch der sprichwörtliche Ariadnefaden nach Alexandrien. Möglicherweise arbeiteten einige der hiesigen Meister auf Bestellung des Ptolemäerhofes. Auch wenn dem nicht so war, so blieben dennoch ihre Werke in der künstlerischen Feinheit nicht hinter den Erzeugnissen der Hofkunst zurück, und bezüglich ikonographischer Originalität überragen sie nicht selten das, was alexandrinische Kunst bis in unsere Zeiten überliefert hat. Eins steht aber durchaus fest: Die Kunstwerke dienten der dynastischen Propaganda der Ptolemäer. Alles weist darauf hin, daß wir in den Darstellungen des Dionysos oft Porträts alexandrinischer Herrscher annehmen dürfen, während viele Darstellungen der Isis oder der Aphrodite als Bildnisse königlicher Gemahlinnen gelten müssen.

Ateliers der Hofkunst

So verhielt es sich wohl auch im Falle einer kleinen Terrakottafigur aus Athribis, die eine Frau im Gewand und mit der Frisur der Isis darstellt. Der Koroplast hat sie mit zwei Kindern dargestellt, dem jüngeren an der Brust und dem älteren an der Seite. Das letztere, zweifellos ein Sohn, trägt am Hals ein Amulett in Form eines Herzens, das ein Kennzeichen des Harpokrates ist. Da diese Figur sich von allen anderen bekannten Darstellungen der Isis und ihrer Priesterinnen, wie auch der Ammen und Erzieherinnen – Frauen, die ebenso mit Kindern dargestellt wurden – unterscheidet, ist die Interpretation dieser Gestalt als einer der ptolemäischen Königinnen, die mit Isis identifiziert wurden, am wahrscheinlichsten. Am alexandrinischen Hofe war eine derartige Gleichsetzung nichts Ungewöhnliches. Wenn man berücksichtigt, daß die Figur in einer archäologischen Schicht gefunden wurde, die aufgrund des numismatischen Befundes in die Zeit Ptolemaios' V. Epiphanes und Ptolemaios' VI. Philometor zu datieren ist, kann man darin nur Kleopatra I. sehen, die – als Witwe des ermordeten Epiphanes – etwa fünf Jahre lang als Regentin fungierte. Sie war damals Mutter von zwei minderjährigen Söhnen, von denen jeder später den ägyptischen Thron bestieg – als Ptolemaios VI. Philometor und Ptolemaios VIII. Euergetes II.

Isis mit zwei Kindern ...

... als Bildnis von Kleopatra I.

Vom Standpunkt der ägyptischen Theologie aus konnten alle beide als jugendlicher Horus, als Harpokrates, gelten, der seit pharaonischen Zeiten als Protoplast der ägyptischen Herrscher angesehen wurde. Unter den in der Nähe dieser Figur gefundenen Münzen sind zwei am besten erhalten. Die eine, geprägt wahrscheinlich in der kurzen Regentschaft von Kleopatra I., zeigt den Kopf der Isis mit den für sie typischen Locken. Manche Forscher glauben, dies sei eine Darstellung der Königin selbst als ägyptischer Göttin. Die zweite Münze stammt aus der Regierungszeit ihres älteren Sohnes Ptolemaios' VI. und weist einen bärtigen Herakles mit einem Löwenskalp auf dem Kopf auf. Mit diesem Gott, ähnlich wie mit Dionysos, identifizierten sich die ptolemäischen Herrscher vielfach. Auf den Münzen der Ptolemäer sehen wir jedoch am häufigsten Zeus-Amun, den Gott, der die Verbindung der beiden großen Zivilisationen, der ägyptischen und der griechischen, symbolisiert – eine Verbindung, deren Erbe bis in unsere Zeiten hineinwirkt.

Isis und Königin

Münzbilder bestätigen die Interpretation

Zeus-Amun

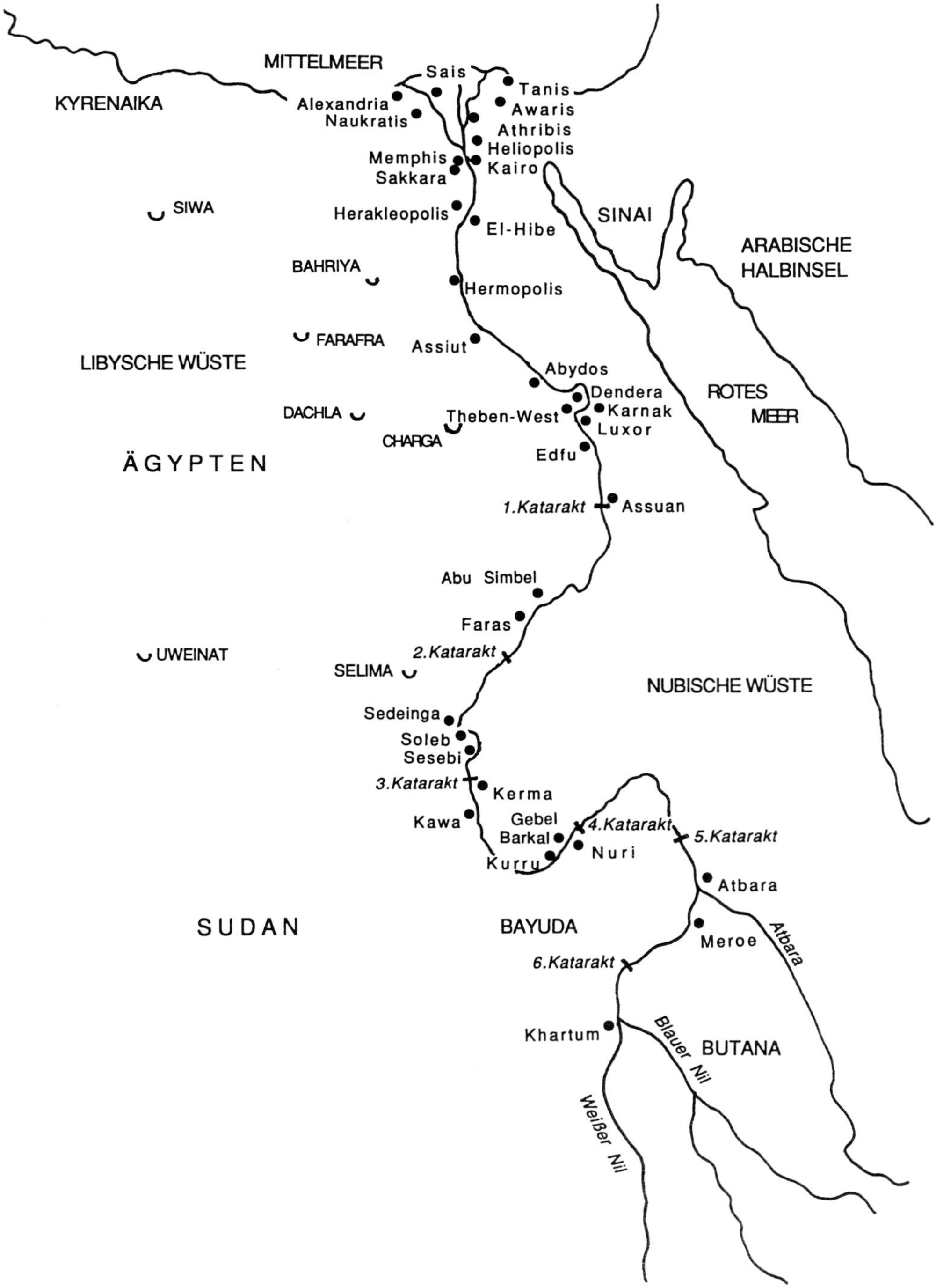

Abb. 111 Karte Ägyptens und Nubiens mit den wichtigsten Fundorten.

Anmerkungen

1 Werkatel, ein in Djanet/Tanis wohnhafter phönizischer Kaufmann und Reeder, der wohl in ägyptischen Diensten stand. Den gleichen Namen fand man in einer Seglerfirma des 2. Jhs. v. Chr.: vgl. Eisler, Barakhel Sohn et Cie, in: ZDMG 78 (1924) 61-63.

2 «Seth» hier: Gott der Stürme; «in seiner Zeit»: in der Zeit, wenn er, erzürnt, einen Sturm hervorrief.

3 Festung am östlichen Nilufer gegenüber der Insel El-Hiba in Mittelägypten, 32 km südlich von Herakleopolis Magna.

4 Der Name bedeutet «Die Zwei Großen an Magie» und meint damit die beiden Uräusschlangen an der Königskrone. Osorkon war also Sohn eines Gekrönten, d. h. eines Königs.

5 Angst hat die Menschen befallen, die in beiden Teilen des Landes sind, d. h. in Ober- und in Unterägypten.

6 Das altägyptische Ach-bit, das heißt «Dickicht des Papyrus des Königs von Unterägypten», der mythologische Geburtsort von Horus, assoziiert mit einer Insel in der Nähe von Buto.

7 Die Rede ist hier von der Statue der Göttin, wahrscheinlich der Mut.

8 Es war ein Fest, das in Letopolis (dem heutigen Ausim) begangen wurde, das im zweiten unterägyptischen Gau lag. Ein typischer Ritus dieses Feiertages war die nicht näher bekannte Feuerprobe, die in der Nacht abgehalten wurde, um die Feinde und die bösen Kräfte abzuschrecken.

9 Der Tag des Erscheinens des Sternes Sothis (= Sirius) wurde als Beginn des neuen Jahres angesehen.

10 *hnn*: altägyptisches Hohlmaß, ca. 0,48 Liter.

11 Eine der Tempelinstitutionen, deren Funktion bisher nicht bekannt ist.

12 Geistiger Doppelgänger, einer der Aspekte des menschlichen Wesens.

13 Göttin-Löwin, identifiziert mit der Göttin Sachmet.

14 Bezeichnung des Verstorbenen.

15 Einer der Aspekte des menschlichen Wesens. Das Erblicken des Tageslichts war ein traditioneller Wunsch des Verstorbenen.

16 Bezeichnung des Reiches der Toten.

17 Das heißt: ich nahm an der Bestattungsprozession teil, die mit den begleitenden Ritualen einen ganzen Tag andauerte.

18 Sumpfgebiete, die zu Imau, der Hauptstadt des Gaus des Westens gehörten.

19 In der Nähe des Palastes des Königs im 18. oberägyptischen Gau.

20 Das heißt: Er wand sich wie eine Schlange um die Stadt.

21 Die Bezeichnung des kuschitischen Herrschers als eines Königs von Unterägypten ist in diesem Augenblick ein rein propagandistischer Trick oder auch ein Euphemismus, der die Unterwürfigkeit der Besiegten betont.

22 Die Krone von Ober- und Unterägypten; in diesem Fall eine der historischen Wahrheit nicht entsprechende Schmeichelei (vgl. Anm. 21), die aber zweifellos den Ehrgeiz des Kuschiten widerspiegelt.

23 Die hermopolitanische Achtheit bestand aus vier Paaren von Urgöttern. Der ägyptische Name von Hermopolis (Hemenu) bedeutet «Acht».
24 Der Name bedeutet «Jener Wind in den Händen der (Göttin) Bastet».
25 Das heißt, er verzichtet auf die Gaue, die er wahrscheinlich früher erobert hatte, um im Kampf gegen Pianchi freie Hand zu haben.
26 Poetischer Name von Memphis, der an die Lage der Stadt an der Grenze zwischen Ober- und Unterägypten erinnert. Er kann auch eine übertragene Bedeutung haben, indem er die uralte Stadt als einen Garanten des Gleichgewichts zwischen den Beiden Ländern bezeichnet.
27 Wörtlich «Palast des Ka des Ptah», ein Tempel in Memphis.
28 Poetische Metapher mit der Bedeutung «er stellte sie dort auf, wo sie am Platze waren».
29 Ort zwischen Memphis und Heliopolis, wo Atum in der Gestalt eines bogenschießenden Affen verehrt wurde.
30 Das heutige Ain Schams im Stadtviertel Matarija von Kairo.
31 Der Fluß trägt hier den Namen des Urozeans, aus dem der Schöpfergott aufstieg.
32 Die Rede ist hier wahrscheinlich von dem Band, das den Kopf der kuschitischen Herrscher schmückt, obwohl man sich schwer seine Einführung in das ägyptische Ritual noch vor der Beherrschung des Landes durch die Kuschiten vorstellen kann. Vielleicht geht es hier um einen Propagandatrick des Autors des Textes.
33 Benben – ein Stein oder ein Hügel in Heliopolis, auf dem sich der Urgott Atum am Beginn der Geschichte gezeigt haben soll; es war auch eine Erscheinungsform dieses Gottes.
34 Der Name bedeutet «die Lebenden».
35 Unterägyptischer Gau, dessen Hauptstadt Athribis (das heutige Tell Atrib), war.
36 Lokalisierung unsicher, vielleicht geht es um die heutige Stadt Kaha südlich von Athribis.
37 Es geht wohl um die Herrscher libyscher Herkunft, die in der Regel eine Feder auf dem Kopf tragen.
38 Der älteste bekannte Name des späteren Athribis.
39 Osorkon IV., letzter Vertreter der 23. Dynastie; oben im Text als Verbündeter von Herakleopolis erwähnt; dargestellt auch in der die Stele bekrönenden Szene.
40 Ein nicht genau lokalisierter Ort in der Nähe von Tanis.
41 Das heutige Tell el-Moqdam. Der Ort war Hauptstadt des Fürstentums Leontopolis und ist ausschließlich aus diesem Text bekannt.
42 Aus den vorigen Fragmenten des Textes wissen wir, daß Tefnacht bereits einen Sohn in den Kämpfen um die Wallanlagen «Groß-an-Siegen» verloren hat und daß der zweite aus dem Sitz von Osorkon I. geflohen ist.
43 Atfih, die Hauptstadt des 22. oberägyptischen Gaues, oben bereits als eine der von Tefnacht eroberten östlichen Städte erwähnt, «Sitz der Herrin des Vorstehers der Kuh» genannt.
44 Der Name des kuschitischen Herrschers wurde hier auf Befehl Psammetichs II. einige Jahrzehnte nach der Entstehung des Textes ausgemeißelt.
45 Ein Epitheton, das die Namen der Verstorbenen begleitet.
46 Horus – der Beschützer und Rächer des Osiris.
47 Heliopolitanischer Gott der Erde.

48 Beide Teile des Landes, das heißt Ober- und Unterägypten.
49 Einer der Namen von Psammetich I.
50 Das heißt, der Regierungszeit von Psammetich I.
51 Ein Titel der Würdenträger.
52 20. oberägyptischer Gau mit der Hauptstadt in Nen-nesu = Herakleopolis Magna.
53 Der Name Sema-taui-tef-nacht bedeutet: «Die Vereinigung der Beiden Länder (ist) seine Kraft».
54 Wörtlich: damit der an der Spitze der Ka's (Plural) steht.
55 Schepenupet II., die Tochter Taharkas.
56 «Mutter» in übertragenem Sinne, das heißt Schepenupet II., die Gottesgemahlin des Amun.
57 Amenardis II., die Adoptivtochter von Schepenupet II.
58 1 Arure = 2756,5 qm.
59 Das Geschichtswerk des Herodotos von Halikarnassos, II. Buch, 151–153, übertragen von Theodor Braun, Insel-Verlag, Leipzig 1927.
60 Das Geschichtswerk des Herodotos von Halikarnassos. Übertragen von Theodor Braun. Zweites Buch 161-163, 169-174, 177-179, 181-182. Insel-Verlag, Leipzig 1927.
61 Das heißt der Weißen Krone Ober- und der Roten Krone Unterägyptens.
62 Der in Letopolis, also dem altägyptischen Chem bzw. dem heutigen Ausim, geehrte Horus.
63 «Gottesvater»: Titel eines Würdenträgers, dessen Sohn König wurde.
64 Das heißt mit einem nicht ausgesprochenen hieroglyphischen Schriftzeichen, das man an das Ende eines Wortes stellte, um dessen Inhalt zu präzisieren.
65 Eine in Hermopolis als Partnerin des Gottes Thot verehrte Göttin. Ihre theologische Bedeutung hat in der Spätzeit zugenommen.
66 Chemenu – die «Stadt der acht (Götter)», das heißt der Ogdoade; Ogdoade, eine der Bezeichnungen von Hermopolis.
67 Es geht hier wahrscheinlich um acht Säulen mit Kapitellen in der Form des Sistrums, eines Musikinstruments, dessen Element der Kopf der Göttin Hathor ist. Die Zahl der Sistren knüpft an die hermopolitanische Achtheit der Götter an.
68 An jeder Seite des viereckigen Kapitells war ein Sistrum mit dem Gesicht der Hathor herausgearbeitet.
69 Identifiziert mit einer harten Kalksteinart.
70 Eine der Bezeichnungen von Hermopolis, die sich vielleicht nur auf den Tempelbezirk in diesem Ort bezieht.

Literatur (Auswahl)

MAHMUD ABD EL-RAZIQ, Die Darstellungen und die Texte des Sanktuars Alexanders des Großen im Tempel von Luxor. Archäologische Veröffentlichungen des Deutschen Archäologischen Instituts Kairo 16 (Mainz 1984)

JEAN LECLANT (HRSG.), Ägypten III: Spätzeit und Hellenismus, 1070 v. Chr. bis 4. Jahrhundert n. Chr. Universum der Kunst (München 1981)

Africa in Antiquity. The Arts of Ancient Nubia and the Sudan I: The Essays (New York 1978)

Africa in Antiquity. The Arts of Ancient Nubia and the Sudan. Proceedings of the Symposium held in Conjunction with the Exhibition, Brooklyn, Sept. 29 – Oct. 1, 1978. Meroitica. Schriften zur altsudanesischen Geschichte und Archäologie 5 (1979)

MAURICE ALLIOT, Le culte d'Horus à Edfu aux temps des Ptolémées. 2 Bde. Bibliothèque d'Étude 20/1–2 (Kairo 1949/54)

JAN ASSMANN, Das Grab des Basa (Nr. 389) in der thebanischen Nekropole. Grabungen im Asasif 1963-1970, Bd. 2. Archäologische Veröffentlichungen des Deutschen Archäologischen Instituts Kairo 6 (Mainz 1973)

DERS., Das Grab der Mutirdis. Grabungen im Asasif 1963-1970, Bd. 6. Archäologische Veröffentlichungen des Deutschen Archäologischen Instituts Kairo 13 (Mainz 1977)

MANFRED BIETAK/ELFRIEDE REISER-HASLAUER, Das Grab des Anch-Hor, Obersthofmeister der Gottesgemahlin Nitokris, Teil 1. Textbd. und Schuber mit Plänen für Teil 1 und 2. Untersuchungen der Zweigstelle Kairo des Österreichischen Archäologischen Instituts 4 (Wien 1978)

B. V. BOTHMER, Egyptian Sculpture of the Late Period, 700 B. C. to A. D. 100. Ausstellungskatalog Brooklyn Museum, 18. Okt. 1960 bis 9. Jan. 1961 (New York 1960)

E. BRESCIANI/S. PERNIGOTTI/M. P. GIANGERI SILVIS, La tomba di Ciennehebu, capo della flotta del Re. Biblioteca degli studi classici e orientali 7. Serie egittologica. Tombe d'etá saitica a Saqqara 1 (Pisa 1977)

The Bubastide Portal. Reliefs and Inscriptions at Karnak, vol. 3. The University of Chicago Press (Chicago 1954)

ÉMILE CHASSINAT, Le temple d'Edfou, 14 Bde. Mémoires de la Mission archéologique française au Caire 10, 11, 20–31 (Kairo 1897, 1918, 1928–1934, 1960)

DERS./FRANÇOIS DAUMAS, Le temple de Dendara, tome VI–VIII (Kairo 1965, 1972, 1978)

Cleopatra's Egypt. Age of the Ptolemies. Ausstellungskatalog Brooklyn Museum, 7. Okt. 1988 bis 2. Jan. 1989 (New York 1988); dt. Ausg.: Kleopatra – Ägypten um die Zeitenwende. Ausstellungskatalog Hypo-Kulturstiftung München, 16. Juni bis 10. Sept. 1989 (Mainz 1989)

JEAN-PIERRE CORTEGGIANI, L'Égypte des Pharaons au Musée du Caire (Paris 1979); dt. Ausg.: Kunst des alten Ägypten im Museum Kairo (Paris, o. J.)

FRANÇOIS DAUMAS, Les mammisis des temples égyptiens. Annales de l'Université de Lyon, sér. 3, lettr. 32 (Paris 1958)

DERS., Les Mammisis de Dendara (Kairo 1959)

NORMAN DE GARIS DAVIES, The Temple of Hibis in El Khargeh Oasis III: The Decoration. Publications of the Metropolitan Museum of Art, Egyptian Expedition 17 (New York 1953)

PHILIPPE DERCHAIN, Zwei Kapellen des Ptolemäus I. Soter in Hildesheim. Zeitschrift des Museums zu Hildesheim, Neue Folge 13 (1961). Wissenschaftliche Veröffentlichungen 5 (Hildesheim 1961)

FRANÇOISE DUNAND, Le culte d'Isis dans le bassin oriental de la Méditerranée, 3 Bde. Etudes préliminaires aux religions orientales dans l'empire romain 26 (Leiden 1973)

DOWS DUNHAM, The Royal Cemeteries of Kush. Bd. 1: El-Kurru (Cambridge 1950); Bd. 2: Nuri; Bd. 4: Royal Tombs at Meroe and Barkal; Bd. 5: The West and South Cemeteries at Meroe (Boston 1955, 1957, 1963)

CHRISTINE FAVARD-MEEKS, Le temple de Behbeit el-Hagara. Essai de reconstruction et d'interpretation. Studien zur Altägyptischen Kultur, Beih. 6 (Hamburg 1991)

JEAN-CLAUDE GOYON, Confirmation du pouvoir royal au Nouvel An (Brooklyn Museum Papyrus 47.218.50). Bibliothèque d'Étude 52 (Kairo 1972)

NICOLAS GRIMAL, Quatre stèles napatéennes au Musée du Caire, JE 48863–48866. Textes et indices. Mémoires de la Mission archéologique française au Caire 106 (Kairo 1981)

DERS., La stèle triomphale de Pi(ankh)y au Musée du Caire, JE 48862 et 47086–47089. Mémoires de la Mission archéologique française au Caire 105 (Kairo 1981)

DERS., Histoire de l'Égypte Ancienne (Paris 1988)

Günter Grimm/Dieter Johannes, Kunst der Ptolemäer- bis Römerzeit im Ägyptischen Museum Kairo (Mainz 1975)

Adolphe Gutbub, Textes fondamentaux de la théologie de Kom Ombo, 2 Bde. Bibliothèque d'Étude 47/1–2 (Kairo 1973)

Fritz Hintze, Mussawwarat es Sufra 1.2: Der Löwentempel, Tafelbd. Archäologische Forschungen im Sudan (Berlin 1971)

Karl Janssen-Winkeln, Ägyptische Biographien der 22. und 23. Dynastie. Ägypten und Altes Testament 8/1 (Wiesbaden 1985)

Jack A. Josephson, Egyptian Royal Sculpture of the Late Period, 400–246 B. C. Sonderschriften des Deutschen Archäologischen Instituts Kairo 30 (Mainz 1997)

K. A. Kitchen, The Third Intermediate Period in Egypt (1100 to 650 B. C.), 2d ed. (Warminster 1973)

Klaus Peter Kuhlmann/Wolfgang Schenkel, Das Grab des Aba, Theben Nr. 36, 2 Bde. Archäologische Veröffentlichungen des Deutschen Archäologischen Instituts Kairo 15/16 (Mainz 1980)

Ewa Laskowska-Kusztal, Die Dekorfragmente der ptolemäisch-römischen Tempel von Elephantine. Elephantine XV. Archäologische Veröffentlichungen des Deutschen Archäologischen Instituts Kairo 73 (Mainz 1996)

Jean Leclant, Enquêtes sûr les sacerdoces et les sanctuaires égyptiens à l'époque dite «éthiopienne» (XXVe dynastie). Bibliothèque d'Étude 17 (Kairo 1954)

Ders., Montouemhat. Quatrième prophète d'Amon, Prince de la ville.Bibliothèque d'Étude 35 (Kairo 1961)

Ders., Recherches sur les monuments thébains de la XXVe dynastie dite éthiopienne. Bibliothèque d'Étude 36 (Kairo 1965)

Gustave Lefebvre, Le tombeau de Petosiris, 3 Bde. (Kairo 1923/24)

M. F. Laming Macadam, The Temples of Kawa II: History and Archaeology of the Site. Text- und Tafelbd. (London 1955)

Dimitri Meeks, Les donations aux temples dans l'Égypte du 1er millénaire avant J.-C., in: State and Temple Economy in the Ancient Near East II. Proceedings of the International Conference organized by the Katholieke Universiteit Leuven from the 10th to the 14th of April 1978 (Leuven 1978) 605–687

Herman de Meulenaere, La famille du roi Amasis, in: Journal of Egyptian Archaeology 54 (1968) 183–187

DERS., La famille royale des Nectanebo, in: Zeitschrift für Ägyptische Sprache und Altertumskunde 90 (1965) 90–93

DERS./P. MACKAY, Mendes II. The Brooklyn Museum and the Institute of Fine Arts, New York University (Warminster 1976)

DERS., Les monuments du culte des rois Nectanebo, in: Chronique d'Égypte 35 [No. 69/70] (1960) 92–107

DERS., Le surnom égyptien à la Basse Époque. Uitgaven van het Nederlands Historisch-Archaeologisch Instituut in het Nabije Oosten 19 (Istanbul 1966)

PIERRE MONTET, Le nécropole royale de Tanis, Bd. 1: Les constructions et le tombeau d'Osorkon II à Tanis; Bd. 2: Les constructions et le tombeau de Psousennes à Tanis; Bd. 3: Les constructions et le tombeau de Chéchanq III à Tanis (Paris 1947, 1951, 1960)

HANS WOLFGANG MÜLLER, Der Torso einer Königsstatue im Museo Archeologico zu Florenz. Ein Beitrag zur Plastik der ägyptischen Spätzeit, in: Studi in memoria di Ippolito Rosellini nel primo centenario della morte, 2 Bde. (Pisa 1955) 181–221

DERS., Ein Königsbildnis der 26. Dynastie mit der «Blauen Krone» im Museo Civico zu Bologna, in: Zeitschrift für Ägyptische Sprache und Altertumskunde 80 (1955) 46–68

PETER MUNRO, Die spätägyptischen Totenstelen. Ägyptologische Forschungen 25 (Glückstadt 1973)

KAROL MYSLIWIEC, Royal Portraiture of the dynasties XXI–XXX (Mainz 1988)

DERS., Athribis – eine hellenistische Stadt im Nildelta, in: Antike Welt 25/1 (1994) 35–46

EDOUARD NAVILLE, The Festival-Hall of Osorkon II in the Great Temple of Bubastis (1887–1889). 10th Memoir of the Egypt Exploration Fund (London 1892)

ANDRZEJ NIWINSKI, 21st Dynasy Coffins from Thebes. Chronological and Typological Studies (Mainz 1988)

JÜRGEN OSING ET AL., Denkmäler der Oase Dachla aus dem Nachlaß von Ahmed Fakhry. Archäologische Veröffentlichungen des Deutschen Archäologischen Instituts Kairo 28 (Mainz 1982)

RICHARD A. PARKER/JEAN LECLANT/JEAN-CLAUDE GOYON, The Edifice of Taharka by the Sacred Lake of Karnak. Brown Egyptological Studies 8 (Providence & London 1979)

GEORGES POSENER, La première domination perse en Égypte. Recueil d'inscriptions hiéroglyphiques. Bibliothèque d'Étude 11 (Kairo 1936)

JAN QUAGEBEUR, Reines ptolémaiques et traditions égyptiennes, in: Das ptolemäische Ägypten. Akten des Inernationalen Symposions 27.–29. Sept. 1976 in Berlin (Mainz 1978) 245–262

MARQUIS DE ROCHEMONTAIX, Le temple d'Edfou I,1-3. Mémoires de la Mission archéologique française au Caire 10 (Paris 1892, 1894, 1895)

EDNA R. RUSSMANN, An Egyptian Royal Statuette of the Eighth Century B. C., in: Studies in Ancient Egypt, the Aegean and the Sudan. Essays in honor of Dows Dunham on the occasion of his 90th birthday, June 1, 1980 (Boston 1981) 149–155

DIES., The Representation of the King in the XXV Dynasty. Monographies Reine Elisabeth 3 (Brooklyn & Brüssel 1974)

MOHAMED SALEH/HOURIG SOUROUZIAN, Das Ägyptische Museum Kairo. Offizieller Katalog (Mainz 1986)

SERGE SAUNERON, Esna, Bd. I: Quatre campagnes à Esna; Bd. II–III: Le temple d'Esna; Bd. V: Les fêtes réligieuses d'Esna aux derniers siècles du paganisme (Kairo 1959, 1962, 1963, 1968)

DERS./HENRI STIERLIN, Edfou et Philae. Derniers temples d'Égypte (Paris 1975); dt. Ausg.: Die letzten Tempel Ägyptens: Edfu und Philae (Zürich & Freiburg 1978)

RAMADAN EL-SAYED, La déesse Neith de Sais I: Importance et rayonnement de son culte. Bibliothèque d'Étude 86/1 (Kairo 1982)

DERS., Documents relatifs à Sais et ses divinités. Bibliothèque d'Étude 69 (Kairo 1975)

GEORG STEINDORFF, Reliefs from the Temples of Sebennytos ans Iseion in American Collections, in: Journal of the Walters Art Gallery 7–8 (1945) 39–59

The Temple of Khonsu, Bd. 1: Scenes of King Herihor in the Court; Bd. 2: Scenes and Inscriptions in the Court and the First Hypostyle Hall. The Oriental Institute of Chicago University (Chicago 1979, 1981)

CLAUDE TRAUNECKER/FRANÇOISE LE SAOUT/OLIVIER MASSON, La chapelle d'Achôris à Karnak. Recherche sur les grandes civilisations, Synthèse 5 (Paris 1981)

ELENI VASSILIKA, Ptolemaic Philae. Orientalia Lovaensia Analecta 34 (Leuven 1989)

PASCAL VERNUS, Athribis. Textes et documents relatifs à la géographie, aux cultes, et à l'histoire d'une ville du Delta égyptien à l'époque pharaonique. Bibliothèque d'Étude 74 (Kairo 1978)

STEFFEN WENIG, Africa in Antiquity. The Arts of Ancient Nubia and the Sudan II: The Catalogue (New York 1978)

Herbert E. Winlock, The Temple of Hibis in the El Khargeh Oasis I: Excavations. Publications of the Metropolitan Museum of Art. Egyptian Expedition 13 (New York 1941)

Erich Winter, Untersuchungen zu den ägyptischen Tempelreliefs der griechisch-römischen Zeit. Österreichische Akademie der Wissenschaften, phil.-hist. Klasse, Denkschriften 98 (Wien, Graz & Köln 1968)

Jean Yoyotte, Nectanébo II comme faucon divin?, in: Kêmi 15 (1959) 70–74

Ders., Les principautés du Delta au temps de l'anarchie libyenne. Études d'histoire politique, in: Mélanges Maspéro 1: Orient ancien. Heft 4. Mémoires de l'Institut Français d'Archéologie Orientale du Caire 64 (Kairo 1961) 121–181

Quellenpublikationen der vom Autor übersetzten Texte

Unsere Übersetzung von „Bericht des Wenamun" lehnt sich an die von Tadeusz Andrzejewski in seinem Buch „Opowiadania egipskie" (= „Ägyptische Erzählungen"), Warszawa 1958, S. 199–212, an.

Chronik des Fürsten Osorkon am «Bubastidenportal» in Karnak:
Abschrift: The Epigraphic Survey (Hrsg.), Reliefs and Inscriptions at Karnak, Vol. III: The Bubastide Portal. Oriental Institute Publications LXXIV (Chicago 1954) pl. 16, 18-53
Übersetzung und Kommentar: R. A. Caminos, The Chronicle of Prince Osorkon (Rom 1958)

Apis-Stele aus der Zeit Scheschonks V.:
J. Vercoutter, Textes biographiques du Sérapeum de Memphis (Paris 1962) 2–3 [texte A]

Triumphstele des Königs Pianchi:
N.-C. Grimal, La stèle triomphale de Pi(ankh)y au Musée du Caire (Kairo 1981)

Adoptionsstele der Nitokris:
R. A. Caminos, The Nitocris Adoption Stela, in: The Journal of Egyptian Archaeology« 50 (1964) 71–101, 2–17

Texte der Darius-Statue aus Susa:
J. Yoyotte, Les inscriptions hiéroglyphiques, Darius et l'Egypte. Teil des Artikels «Une statue de Darius découverte à Suse», in: Journal Asiatique 260 (1972) 253–266.

DERS., Les inscriptions hiéroglyphiques de la statue de Darius à Suse, in: Cahiers de la Délégation Archéologique Française en Iran 4 (1974) 181–214

Stele Nektanebos' I. aus Hermopolis:
G. ROEDER, Zwei hieroglyphische Inschriften aus Hermopolis (Ober-Ägypten): Der Denkstein des Königs Nacht-nebôf, in: Annales du Service des Antiquités Egyptiennes 52 (1952) 375–442, Z. 22–26, 29–31, 34–35

Bildnachweis

Dieter Johannes (Deutsches Archäologisches Institut, Kairo): Abb. 9, 25, 48.
Andrzej Bodytko (Polish Center of Mediterranean Archaeology, Cairo): Abb. 69, 73, 75.
Zbigniew Doliński (Polish Center of Mediterranean Archaeology, Cairo): Abb. 8, 20, 21, 22, 76.
Waldemar Jerke (Polish Center of Mediterranean Archaeology, Cairo): Abb. 44.
Joachim Willeitner, München: Abb. 1, 46, 111.
Courtoisie de l'Institut Français d'Archéologie Orientale au Caire: Abb. 43.
Courtesy The British Museum, London: Abb. 49, 51, 74.
Courtesy Cleveland Museum of Art: Abb. 6, 7.
Nach: D. Dunham, Recollections of an Egyptologist (Boston 1972): Abb. 36.
Nach: S. Hodjash/O. Berlev, The Egyptian Reliefs and Stelae in the Pushkin Museum of Fine Arts, Moscow (Leningrad 1982) Nr. 113: Abb. 52.
Nach: Journal Asiatique 260 (1972) pl. I, IV: Abb. 58, 60.
Archiv: Abb. 16.
Alle übrigen Aufnahmen stammen vom Verfasser.

Chronologische Übersicht

ÄGYPTEN	VORDERASIEN
FRÜHDYNASTISCHE (ARCHAISCHE) PERIODE – FRÜHZEIT **1.-2. Dynastie (um 3100-2686)** Entstehung des ägyptischen Staates aus der Verbindung des nördlichen und südlichen Teils des Landes, wahrscheinlich in der Regierungszeit des Narmer (Menes). ALTES REICH **3.-6. Dynastie (um 2686-2181)** Zeit der Errichtung der großen Pyramiden in der memphitischen Nekropole. «Pyramidentexte». ERSTE ZWISCHENZEIT **7.-10. Dynastie (um 2181-2133)** MITTLERES REICH **11.-12. Dynastie (um 2133-1786)** Könige mit den Namen Intef, Mentuhotep, Amenemhet, Sesostris. Blütezeit der ägyptischen Literatur, geschrieben in der klassischen Sprache. «Sargtexte». ZWEITE ZWISCHENZEIT **13.-17. Dynastie (um 1786-1567)** Die Hyksos in Nordägypten: 15.-16. Dynastie. Letzter Herrscher der 17. Dynastie: Kamose. NEUES REICH **18.-20. Dynastie (um 1567-1085)** Herrscher mit den Namen Amenophis, Thutmosis (18. Dynastie) sowie Ramses und Sethos (19.-20. Dynastie). Die «monotheistische» Häresie Echnatons und die Rückkehr zur religiösen Orthodoxie in der Regierungszeit des Tutanchamun (18. Dynastie). Entwicklung von Theben: Tempel des Amun-Re in Karnak, Grabstätten und Grabtempel in Theben-West. Entwicklung und Untergang der imperialen Macht Ägyptens. Die neuägyptische Sprache. «Totenbuch».	

ÄGYPTEN	VORDERASIEN
DRITTE ZWISCHENZEIT **21. Dynastie (um 1085-945)** *Könige mit Sitz in Tanis:* Smendes Amenemnisu/Neferkare Psusennes I. Amenemope Osorkon d. Ä. Siamun Psusennes II. *Hohepriester des Amun mit Sitz in Theben:* u. a. Pinodjem I., Masaharta, Mencheperre, Smendes II., Pinodjem II., Psusennes III.	Saul, der erste König des israelischen Staates, kämpft gegen die Philister und andere Nachbarvölker. David, König Israels aus dem Geschlecht Juda, vereinigt die Königreiche Israel und Juda (mit Hauptstadt in Jerusalem). Salomo, Davids Sohn, König von Israel und Juda, errichtet den Tempel des Jahwe in Jerusalem. Höhepunkt der Entwicklung des jüdischen Staates.
22. Dynastie (um 945-745) *libysche Könige mit Sitz in Bubastis:* Scheschonk I. um 945-924 Osorkon I. um 924-889 Scheschonk II. um 890 Takeloth I. um 889-874 Osorkon II. um 874-850 Harsiese um 870-860 Takeloth II. um 850-825 Scheschonk III. um 825-773 Pimaj um 773-767 Scheschonk V. um 767-730 Osorkon IV. um 730-715	Nach dem Tod von Salomo (um 930 v. Chr.) Zerfall des Staates in das Südreich Juda (mit Hauptstadt Jerusalem) und das Nordreich Israel (mit Hauptstadt Sichem, später Samaria). Scheschonk I. erobert und plündert Jerusalem. Ägypten hilft Israel im Kampf gegen Juda.
23. Dynastie (um 818-715) Petubastis I. um 818-793 Juput I. um 804-783 Scheschonk IV. um 783-777 Osorkon III. um 777-749 Takeloth III. um 754-734 Rudamun um 734-731 Juput II. um 731-720 Scheschonk VI. um 720-715 (Identifizierung unsicher) **24. Dynastie (um 730-715)** *Könige mit Sitz in Sais:* Tefnacht I. um 727-720 Bokchoris um 720-715	Jeroboam II., König von Israel seit 784, ist der letzte bedeutende Herrscher dieses Staates. 734: Israel verliert Galiläa an Assyrien. Seit 722 ist Israel eine Provinz Assyriens.
25. Dynastie (um 747-656) *kuschitische Fremdherrschaft* *zum Teil gleichzeitig mit der 23. und 24. Dynastie:* Pianchi um 747-716 Schabaka um 716-702 Schebitku um 702-690 Taharka 690-664 Tanutamun 664-656	Niederlage von Ägypten und Juda im Kampf gegen Sanherib in Süd-Palästina. Gyges, König von Lydien, gewährt Ägypten militärische Hilfe im Kampf um dessen Vereinigung.

MESOPOTAMIEN/PERSIEN	GRIECHENLAND
Die Assyrer erobern Babylon (um 1100 v. Chr.)	Wanderungen der Dorer (um 1100 v. Chr.), die sich an dem Ägäischen Meer niederlassen, die Achaier besiegen, die Zentren der mykenischen Kultur zerstören, fast die ganze Peloponnes beherrschen, die Ionier aus dem festländischen Griechenland an die Westküste von Kleinasien verdrängen.
Ankunft der Meder im nordwestlichen Iran (Medien) um 900 v. Chr., ihre Abhängigkeit von Assyrien. Assurnasirpal II., König von Assyrien, besiegt die Aramäer und unterwirft die phönizischen Hafenstädte, um 883. Ägypten unterstützt erfolglos Syrien gegen Assyrien.	In den Stadtstaaten (Polis) entwickelt sich der typisch griechische Lebensstil. Die griechische Kolonisation in Italien. Sparta gewinnt die Übermacht in Griechenland dank der Unterwerfung von Messenien (730).
Adadnirari III., König von Assyrien bis 782, beherrscht Babylonien und kämpft gegen Syrien um 806. Tiglatpilesar III., König von Assyrien, erobert Damaskus (745), siedelt die rebellierenden Völker um, unterwirft Syrien und Phönizien (732) und erobert Babylon (729), das einen Bestandteil des assyrischen Staates bildet. Assyrien erobert Israel und entführt dessen Bevölkerung (etwa 30.000 Leute) in die Gefangenschaft. Sargon II., König von Assyrien bis 705, erobert den hethitischen Staat in Nordsyrien (717). Ende der neuhethitischen Kultur. Sanherib, König von Assyrien bis 681, errichtet herrliche Bauwerke und Stadtmauern in Ninive. Im Lauf der nächsten zwei Jahrhunderte unterwerfen die Assyrer ganz Vorderasien. Aufstand von Babylonien gegen Assyrien (703). Sanherib erobert und zerstört Babylon (689). Asarhaddon, König von Assyrien bis 669, unterwirft Ägypten (671). Höhepunkt der assyrischen Macht. Schwächung der politischen Macht, kulturelle und wissenschaftliche Entwicklung Assyriens in der Regierungszeit von Assurbanipal (bis 630).	Die griechische Kolonisation in Italien, Sizilien und am Schwarzen Meer.

ÄGYPTEN	VORDERASIEN

SPÄTZEIT

26. Dynastie (664-525)
mit Sitz in Sais:

Psammetich I. (seit 656 über ganz Ägypten)	664-610
Necho II.	610-595
Psammetich II.	595-589
Apries	589-570
Amasis	570-526
Psammetich III.	526-525

27. Dynastie (525-404)
Erste Perserherrschaft
mit Sitz in Susa und Persepolis:

Kambyses	525-522
Darius I.	522-486
Xerxes	486-465
Artaxerxes I.	465-424
Darius II.	424-405
Artaxerxes II.	405-359

28. Dynastie (404-399)
mit Sitz in Sais:

Amyrtaios	404-399

29. Dynastie (398-378)
mit Sitz in Mendes:

Neferites I.	398-393
Mutis I. (?)	393-391
Psammuthis	391-390
Achoris	390-378
Neferites II.	378

30. Dynastie (378-341)
mit Sitz in Sebennytos:

Nektanebos I.	378-360
Theos	361-359
Nektanebos II.	359-341

31. Dynastie (343-332)
Zweite Perserherrschaft:

Artaxerxes III.	343-338
Arses	338-336
Darius III.	336-332

Necho II. versucht Syrien zu erobern und unterstützt das zusammenbrechende Assyrien. Er erleidet eine Niederlage im Kampf gegen die Babylonier und Meder und verliert Syrien. Apries unterstützt erfolglos den Aufstand Syriens gegen Babylon. Nebukadnezar II. erobert Juda, zerstört Jerusalem und entführt die Bevölkerung in die «Babylonische Gefangenschaft».

Aufstand der griechischen Kolonien in Kleinasien gegen Persien, mit Unterstützung von Athen ist Ursache der persischen Kriege. Die Perser erobern Milet und unterdrücken den Aufstand der griechisch-ionischen Städte.

MESOPOTAMIEN/PERSIEN	GRIECHENLAND
Babylonien wird zur assyrischen Provinz (648). Entstehung eines von Assyrien unabhängigen Königreichs Medien östlich von Assyrien. Nabopolassar, König von Babylonien, befreit seinen Staat von assyrischer Herrschaft und verbündet sich mit den Medern. Die Meder und die Babylonier zerstören Assur (614) und Ninive (612). Ende der assyrischen Macht. Entstehung des neubabylonischen Staates (um 605).	Tyrannei in vielen griechischen Staaten. Kodifizierung des athenischen Rechtes durch Solon (um 594). Peisistratos, Tyrann von Athen, gelangt zur Macht in Anlehnung an die ärmste Bevölkerung (560-527). Ende der griechischen Kolonisation im westlichen Teil des Mittelmeerraumes.
Die Perser, ein Bergvolk, Vasallen von Medien, gründen ein Königreich in der Gegend von Susa (576). Kyros, der erste König des altpersischen Staates, befreit das Land von der Oberherrschaft Mediens (um 550), erobert Babylonien (539). Ende des neubabylonischen Staates, Ende der «Babylonischen Gefangenschaft»: die Juden kehren nach Palästina zurück. Eroberungen Darius' I.: Der persische Staat erstreckt sich vom Indus bis nach Makedonien und Ägypten mit Libyen. Einteilung des Landes in 20 Satrapien. Die Perser erobern und zerstören Babylon (479).	Themistokles athenischer Befehlshaber in den Kriegen gegen Persien. In Athen Reformen der Gesellschaftsordnung im demokratischen Geiste, durchgeführt von Kleisthenes (509). Entwicklung der Kultur in Athen in der Zeit des Perikles (500-429). Siege der Griechen über die Perser bei Marathon (490) und Salamis (480). Befreiung der griechischen Städte in Kleinasien (479). Der die griechische Herrschaft in Europa und Kleinasien absichernde Frieden.
Nach vielen Aufständen gegen die Perser erlangt Ägypten die Unabhängigkeit wieder (404).	Der korinthische Krieg zwischen Korinth, Athen und Theben gegen Sparta (395-387). Die Perser diktieren die Friedensbedingungen: die griechischen Städte Kleinasiens und Zypern gehen in persische Herrschaft über. Wirken des Demosthenes, eines griechischen Politikers und Redners.
	Philipp II., König von Makedonien (359-336). Demosthenes hält in Athen Reden gegen Philipp («Philippische Reden»).
	Nach dem Sieg über die Verbündeten Athens (Schlacht bei Chaironeia, 338) wird Philipp zum Befehlshaber der griechischen Armee gegen die Perser. Griechenland unter makedonischer Herrschaft.

ÄGYPTEN	GRIECHENLAND
MAKEDONEN UND PTOLEMÄER **Makedonische Könige (332-305):** Alexander d. Gr. 332-323 Philipp Arrhidaeus 323-317 (Ptolemaios Lagos regiert als Satrap) Alexander IV., Sohn der Roxane 317-305	Nach dem Tod von Philipp II. (336) wird Alexander der Große zum König von Makedonien. Feldzug Alexanders gegen die Perser und Sieg über Darius III. bei Issos (333). Nach der Eroberung von Kleinasien und Syrien beherrscht Alexander ohne Kampf Ägypten, wo er Alexandrien gründet.
Ptolemäerdynastie (305-30): Ptolemaios I. Soter 305-285 Ptolemaios II. Philadelphos 283-246 Ptolemaios III. Euergetes I. 246-221 Ptolemaios IV. Philopator 221-205 Ptolemaios V. Epiphanes 205-180 Ptolemaios VI. Philometor 180-145 Ptolemaios VII. Neos Philopator 145 Ptolemaios VIII. Euergetes II. 145-116 Ptolemaios IX. Soter II. 116-107 Ptolemaios X. Alexander 107-88 Ptolemaios IX. (erneut) 88-81 Ptolemaios XI. Alexander 81-80 Ptolemaios XII. Neos Dionisos (Auletes) 80-51 Kleopatra VII. Philopator 51-30	Zerfall der Monarchie Alexanders nach dessen Tod (323) in Staaten, die von seinen Feldherren regiert werden. Ägypten unter der Herrschaft der makedonischen Ptolemäer.
RÖMISCHE HERRSCHAFT (30 v. Chr. – 323 n. Chr.)	
BYZANTINISCHE PERIODE (323-641 n. Chr.)	

Register

Die geraden Ziffern beziehen sich auf Seitenzahlen, die *kursiven* auf Abbildungsnummern der Strichzeichnungen und Schwarzweißabbildungen, die **fetten** auf die Abbildungsnummern der Farbtafeln.